귀환

Return by Yim Chol Kyu

Published by Hangilsa Publishing Co., Ltd., Korea, 2009

귀환

임철규 지음

한길사

귀환

지은이 · 임철규
펴낸이 · 김언호
펴낸곳 · (주)도서출판 한길사

등록 · 1976년 12월 24일 제74호
주소 · 413-756 경기도 파주시 교하읍 문발리 520-11
    www.hangilsa.co.kr
    E-mail: hangilsa@hangilsa.co.kr
전화 · 031-955-2000~3   팩스 · 031-955-2005

상무이사 · 박관순 | 영업이사 · 곽명호
편집 · 배경진 서상미 신민희 홍혜빈 장혜령 | 전산 · 한향림
마케팅 및 제작 · 이경호 이연실 | 관리 · 이중환 문주상 장비연 김선희

출력 · 지에스테크 | 인쇄 · 현문인쇄 | 제본 · 일광문화사

제1판 제1쇄 2009년 8월 30일

값 25,000원
ISBN 978-89-356-6134-3 03800

• 잘못 만들어진 책은 구입하신 서점에서 바꿔드립니다.

이 도서의 국립중앙도서관 출판시도서목록(CIP)은
e-CIP홈페이지(http://www.nl.go.kr/cip.php)에서 이용하실 수 있습니다.
(CIP제어번호: CIP2009002260)

이경원 씨를 비롯한
내 주위의 가까운 제자들에게

귀환

	책머리에	9
1	노스탤지어	11
2	1930년대 '모던보이' 정지용, 그리고 그의 '고향'	19
3	1950년대 '모던보이' 김규동, 그리고 그의 '귀환'	45
4	바람의 꿈 – 성원근과 그의 '오, 희디흰 눈속 같은 세상'	69
5	임권택의 「창」과 이창동의 「밀양」 – 인간으로의 '귀환'	89
	I. 「창」	91
	II. 「밀양」	110
6	박경리의 『토지』 – 귀환의 비극성	133
7	호메로스의 영웅들 – 귀환의 비극성	225
8	문학가의 길 – 오뒤세우스와 북으로 가는 '비전향장기수들'	315
	I. 호메로스의 『오뒤세이아』	317
	II. 북으로 돌아가는 비전향장기수들	365
	찾아보기	411

책머리에

나는 학인(學人)의 길에 발을 들여놓으면서부터 차츰 마음속에 연구주제로 담아놓았던 연구 분야 중 마지막 주제 '귀환'을 이 책을 통해 마무리함으로써 그 긴 여정을 끝내고 있다. 나는 이 책에서 호메로스의 작품을 빼고는 우리네 문학예술작품들을 다루었다. 일찍이 『왜 유토피아인가』(1994)에서 박노해의 시와 황석영의 장편소설 『장길산』을 본격적으로 다루었던 적이 있지만, 외국문학 전공자로서의 나는 이 책을 통해 우리네 문학 연구에 돌아온 것이다. 결국 '고향'으로 '귀환'한 것인가. 이런 점에서 나의 책 『귀환』은 뜻깊은 작업의 결과물이라 할 수 있다.

호메로스와 박경리와 같은 위대한 문학가의 작품뿐 아니라 다른 문학예술가의 작품들도 '나'를 통해 다시 태어나고 있다. '나'의 목소리가 '그들'의 목소리가 되고, '그들'의 목소리가 '나'의 목소리가 되어 '그들'도 다시 태어나고 '나'도 그들을 통해 다시 태어나고 있다. 작가와 비평가의 관계는 결국 이러한 것이어야 하지 않나 하는 것이 내가 훌륭한 작품들을 경험하고 난 뒤의 느낌이었다.

나와 한길사의 대표 김언호 선생과의 오랜 인연은 나의 첫 번째 번역서 노스럽 프라이의 『비평의 해부』(1982)와 첫 평론집 『우리시대의 리얼리즘』(1983)이 한길사에서 출간되기 이전에 이미 맺어졌지만, 책으로서 그와 맺은 인연만 따진다 하더라도 이미 25년을 뛰어넘고 있다. 이 책 『귀환』은 내가 주제를 정해놓고 출간한 책들 중 가장 마지막 주제에 해당하는 책이다. 어쩌면 이 책을 끝으로 이러한 종류의 책으로 맺은 그와의 인연은 다하는 것이 아닌가 싶다.

아무쪼록 이 책이 좋은 평판을 얻어 그가 나에게 베푼 지금까지의 관심과 호의에 조금이라도 보답이 되었으면 한다. 그리고 나의 책들을 통해 인연을 맺었던 한길사 편집부를 포함한 여러 직원에게 많은 감사를 드린다.

2009년 6월
임철규

1
노스탤지어

고향으로 돌아가고 싶어하는 것, 머물고 있는 '지금-여기'가 고통으로 남아 있는 한, 떠나온 고향을 돌아가고 싶어하는 것이야말로 가장 원초적이고 근원적인 욕망이다. 이 욕망이 너무 강렬하거나 강렬한 욕망이 좌절될 때 나타나는 것이 이른바 '향수병'이다. 일찍이 1688년에 스위스 의사 호퍼(Johannes Hofer)는 고국을 떠나 독일에 유학하고 있던 스위스의 의학도나, 타국의 전쟁에 참전한 용병(傭兵)·선원·노예가 깊이 앓고 있는 병증에 주목하고, 그들의 증상을 '향수병' 또는 '노스탤지어'(nostalgia)라 명명했다. 그는 '귀환'을 의미하는 그리스어 노스토스(nostos)와 '병'과 '고통'을 의미하는 알고스(algos)를 합성시켜 이렇게 명명했던 것이다.

유럽 도처에서 일어난 전쟁에 참전했던 스위스 용병들은 노스탤지어의 최초 희생자였다. 루소는 스위스의 가난한 가정에서부터 온 10대 소년 용병들이 모국의 음악 '목가'(牧歌)를 들었을 때, 슬픔을 이기지 못해 무기를 버리고 고향으로 돌아가려 했다고 들려주고 있다.[1] 그 멜로디가 불러

---

1) Françoise Davoine과 Jean-Max Gaudillière 공저, *History Beyond Trauma*, Susan Fairfield 옮김 (New York: Other Press, 2004), 106쪽을 볼 것.

일으키는 어린 시절에 대한 기억을 참을 수 없어, 스타로뱅스키의 용어를 빌리자면, "기억의 강렬한 감정"(passion de souvenir)[2]에 압도되어 그들은 모두 전의(戰意)를 잃었다.

우울증의 증상을 일부 갖고 있는 이 병은 기력을 빠지게 하고, 구토가 일어나고, 식욕을 잃게 하고, 두통이 생기고, 심장박동을 멈추게 하고, 혈압이 오르고, 몸이 쇠약해지고, 자살 충동에 빠지게 하는 등 무서운 증상을 보여주었다.[3] 1733년 한 러시아 군사령관은 향수병에는 공포를 주입시키는 것이 효험이 있는 줄 알고 이 병으로 전의를 상실한 병사들을 산 채로 매장시켰다. 이를 목격한 향수병에 걸린 병사들의 증상이 일시적으로는 가라앉았지만, 좀처럼 사라지지 않았다. 그 병의 유일한 치유 방법은, 병사들이 고향으로 돌아가는 것밖에 없었던 것이다.[4] 향수병을 앓고 있는 모든 이에게 "고향으로 돌아가는 것 이외에는 어떠한 치유도 없었다."[5]

18세기 말까지 유럽 전역에 걸쳐 모든 의사들은 향수병이 "치명적"이고, "무서운 병"이라는 데 의견 일치를 보았다.[6] 향수병이 하나의 정신 질환이라는 규정이 19세기 말까지 이어지다가, 오늘날에는 더 이상 정신 질환으로는 받아들여지지 않고, 고향과 고향의 과거를 애타게 그리워하는 하나의 감정으로 받아들여지고 있다.

---

2) Jean Starobinski, "The Idea of Nostalgia," *Diogenes*, 54 (1966), 93쪽.
3) Willis McCann, "Nostalgia: A Descriptive and Comparative Study" (Ph.D. diss., Dept. of Psychology, Indiana University, 1940), 5쪽; Janelle L. Wilson, *Nostalgia: Sanctuary of Meaning* (Lewisburg: Bucknell UP, 2005); 21쪽[173쪽 주2)]에서 재인용. 그리고 George Rosen, "Nostalgia: A 'Forgotten' Psychological Disorder," *Clio Medica*, 10 (1975), 32쪽, 34쪽과 Svetlana Boym, *The Future of Nostalgia* (New York: Basic Books, 2001), 4쪽을 볼 것.
4) David Lowenthal, *The Past is a Foreign Country* (Cambridge: Cambridge UP, 1985), 11쪽.
5) Johannes Hofer, "Medical Dissertation on Nostalgia (1688)," Carolyn Kiser Anspach 옮김, *Bulletin of the Institute of History of Medicine*, 2 (1934), 387쪽.
6) Jean Starobinski, 앞의 글, 95쪽.

우리는 고향을 그리워하는 마음, 그 애타는 그리움에 따른 정신적 고통을 일컬어 '향수' 또는 '향수병'이라 하며, 호퍼의 명명에 따라 이러한 마음의 상태, 마음의 병을 일컬어 '노스탤지어'라 하고 있다. 호퍼가 노스탤지어를 고향으로 귀환하고자 하는 강렬한 욕망, 이에 따른 정신적 고통으로 규정했듯, 처음에 공간 개념에서 출발한 노스탤지어가 차츰 시간 개념으로 옮겨 가다가, 마침내 지난날을 향한 동경과, 그 동경에 따른 지난날의 이상화라는 개념으로 굳어져 가고 있다.

괴테가 19세기 영국 시인 골드스미스(Oliver Goldsmith)의 시 「황폐한 마을」을 읽고는, 이 시인이 "순진무구한 과거를 심히 우울한 감정을 갖고 되살리고 싶어했다"[7]고 지적했듯, 과거를 이상화하는 것이 노스탤지어의 핵심이다. "노스탤지어는 과거를 이상화함으로써 과거를 왜곡시킨다"[8]는 주장이 나오는 것도 이 때문이다.[9]

일찍이 칸트도 노스탤지어의 본질을 파악하여 고향을 애타게 그리워하는 사람을 두고 그 사람이 진정 돌아가고 싶어하는 것은 특정 장소, 즉 그의 어린 시절의 고향땅이 아니라 특정 시간, 즉 그가 고향땅에서 보낸 바로 그의 어린 시절이라 주장했다. 그러나 지나간 시절은 더 이상 되돌릴

---

[7] J.W. Goethe, *From My Life: Poetry and Truth*, *Goethe's Collected Works* (New York: Suhrkamp, 1983~88), 4: 402~403쪽.

[8] Avishai Margalit, *The Ethics of Memory* (Cambridge/M.A.: Harvard UP, 2002), 62쪽.

[9] '노스탤지어'가 과거를 거짓되게 이상화한다 하여 이따금 그것은 '역사의 오용'과 동일시되기도 한다. David Lowenthal, "Nostalgia tells it like it wasn't," *The Imagined Past: History and Nostalgia*, Martin Chase와 Christopher Shaw 공편 (Manchester: Manchester UP, 1989), 20쪽을 볼 것. 마르크스적 '허위의식', 사르트르적 '옳지 못한 믿음'(mauvaise foi)으로 부정적으로 인식되기도 한다. 이에 대해서는 Raphael Samuel, *Theatres of Memory* (London: Verso, 1994), 1: 17쪽을 볼 것. '노스탤지어'에 대한 포괄적인 논의뿐 아니라, 부정적이거나 긍정적인 입장에 대한 논의는 Susannah Radstone, *The Sexual Politics of Time: Confession, Nostalgia, Memory* (London: Routledge, 2007), 112~142쪽을 볼 것.

수도 없고 되찾아질 수도 없기 때문에, 그 사람이 고향땅에 돌아간다고 해서 행복해지는 것은 아니라고 했다. 칸트는 귀환의 존재론적 불가능성을 이야기했다. 아니 "칸트는 귀환이란 불가능한 것이라고 경고했다."[10] 칸트의 이러한 인식은 현대에도 이어지고 있다. 공간과 달리 시간은 되돌아갈 수도 되돌릴 수도 없는 것이기에, "노스탤지어는 이러한 슬픈 사실에 대한 반동"[11]이라는 주장이 그것이다.

노스탤지어가 잃어버린 과거를 향한 동경이라 할 때, 이때의 '과거'는 과거의 '시간'뿐만이 아니라 잃어버린 과거의 '공간'도 포함된다. 고향으로 돌아간다는 것은 자기가 떠난 곳으로 돌아갈 수 없다는 것을 깨닫는 것을 의미한다. 그 장소와 자기 자신이 그동안 변했기 때문이다. 이는 일찍이 헤라클레이토스가 주장했던 것인데, 이런 인식은 키르케고르에게도 이어진다. 키르케고르는 우리는 우리가 그리워하는 고향에 돌아갈 수 없다고 했다. 떠나온 우리의 고향은 그때와 똑같은 장소가 결코 아니기 때문이라는 것이다. 그 역시 칸트와 마찬가지로 귀환의 불가능성을 다른 각도에서 강조했다.[12]

노스탤지어는 귀환의 불가능성을 전제로 한 욕망이다. 황지우는 시「노스탤지어」(1998)에서 "나는 고향에 돌아왔지만/아직도 고향으로 가고 있는 중이다"라고 노래했다. '아직도 고향으로 가고 있는 중'이 노스탤지어의 본질이므로, 이것은 비극일 수밖에 없다. 귀환을 향한 욕망이 허망하

---

10) Jean Starobinski, 앞의 글, 95쪽.
11) Linda Hutcheon, "Irony, Nostalgia, and the Postmodern," *Methods for a Study of Literature as Cultural Memory*, Raymond Vervliet와 Annemarie Estor 공편 (Amsterdam: Rodopi, 2000), 195쪽.
12) S. A. Kierkegaard, *Repetition: An Essay in Experimental Psychology*, W. Lowrie 옮김 (New York: Harper, 1964), Part. I; Edward S. Casey, *Getting Back into Place: Toward a Renewed Understanding of the Place-World* (Bloomington: Indiana UP, 1993), 298쪽에서 재인용.

다는 것을 알면서도, 고향은 그때의 고향 모습 그대로 여전히 자기를 기다리고 있다는 환상을 통해 자기 위안을 얻으려 하기 때문이다. 따라서 노스탤지어가 "대상이 없는 비애…… 욕망을 위한 욕망"[13]이라 규정되는 것도 그렇게 무리한 것만은 아니다.

그러나 노스탤지어는 과거, 즉 "뒤를 향하는 것일 수 있지만 또한 앞으로 향하는 것일 수도 있다."[14] 과거에 대한 기억이 기억으로만 그치는 것이 아니라 잃어버린 과거의 본질적인 가치들을 기억함으로써, 현재를 비판하고 현재의 모순을 지양하여 미래의 이상사회를 구현할 비전도 제공해주기 때문이다. 우리는 이를 '기억의 정치화'라 부를 수 있다.

하지만 노스탤지어의 본질은 기억의 정치화가 아니다. 기억의 정치화는 유토피아적 욕망 또는 비전의 본질이기 때문이다. 노스탤지어가 유토피아적 욕망으로 향할 때, 이것은 이미 노스탤지어가 아니다. 벤야민은 혁명을 "과거를 향해 내딛는 호랑이의 도약"[15]이라 했다. 유토피아적 욕망이나 비전과는 달리 노스탤지어에는 '호랑이의 도약'이 없다. '신화'를 만드는 것이 노스탤지어라면, '역사'를 만드는 것은 유토피아적 욕망이기 때문이다. 미래를 향하는 유토피아적 욕망과 달리 노스탤지어는 과거를 그리워하는, 존재하지 않는 근원, 잃어버린 '고향'을 그리워하는 무망(無望)의 울부짖음이다.

---

13) Susan Stewart, *On Longing: Narratives of the Miniature, the Gigantic, the Souvenir, the Collection* (Durham: Duke UP, 1993), ix쪽.
14) Svetlana Boym, 앞의 책, xvi쪽.
15) Walter Benjamin, *Gesammelte Schriften*, Rolf Tiedmann과 Hermann Schweppenhäuser 공편 (Frankfurt am Main: Suhrkamp, 1972~89), 1: 701쪽.

2

1930년대 '모던보이' 정지용, 그리고 그의 '고향'

고향

정지용(鄭芝溶, 1902~50)은 1932년 7월에 『동방평론』에 「고향」을 발표했다. 그의 나이 31세였다.

고향에 고향에 돌아와도
그리던 고향은 아니러뇨

산꿩이 알을 품고
뻐꾸기 제철에 울건만,

마음은 제 고향 지니지 않고
머언 항구(港口)로 떠도는 구름

오늘도 메 끝에 홀로 오르니
흰 점 꽃이 인정스레 웃고,

어린 시절에 불던 풀피리 소리 아니 나고
메마른 입술에 쓰디쓰다

고향에 고향에 돌아와도
그리던 하늘만이 높푸르구나 (전문)

「고향」은 "고향에 고향에 돌아와도" 마음은 "그리던 고향"에 온 것 같지 않은, '귀환이 없는 귀환'의 아픔을 노래하고 있다. "마음은 제 고향 지니지 않고 떠도는 구름"이라는 표현을 통해 고향에 돌아왔지만 고향을 다시 찾는, 즉 잃어버린 '제 고향'을 다시 찾으려 하염없이 방황하는, 귀환의 존재론적 불가능성이 노래됨을 알 수 있다.

정지용의 고향은 예나 다름없이 여전히 "산꿩이 알을 품고 뻐꾸기 제철에" 울고, 하얀 "꽃이 인정스레" 웃고 있다. 그러나 그가 찾고 있는 고향은 지난날 그가 "풀피리" 불던 "어린 시절"의 고향이다. 지난날은 되돌아올 수도 다시 돌이킬 수도 없기 때문에, 지금 그가 불고 있는 피리에는 그때 "불던 피리 소리 아니" 날 수밖에 없다. 따라서 잃어버린 그때의 고향을 향한 그리움은 그리움만으로만 남아 있기 때문에, 지금의 피리 소리는 "메마른 입술에 쓰디쓸" 뿐이다.

정지용이 그리던 고향은 찾아질 수 있는 고향이 아니다. 그런데도 그는 "떠도는 구름"이 되어 잃어버린 고향을 찾아 헤매는 것이다. 그는 1927년 3월 「고향」을 발표하기 여러 해 전인, 그의 나이 26세 때 『조선지광』(朝鮮之光)에 「향수」(鄕愁)를 발표했다.

넓은 벌 동쪽 끝으로
옛이야기 지줄대는 실개천이 회돌아나가고,
얼룩백이 황소가

해설피 금빛 게으른 울음을 우는 곳

―그곳이 차마 꿈엔들 잊힐 리야

질화로에 재가 식어지면
빈 밭에 밤바람 소리 말을 달리고,
엷은 졸음에 겨운 늙으신 아버지가
짚베개를 돋아 고이시는 곳

―그곳이 차마 꿈엔들 잊힐 리야

흙에서 자란 내 마음
파아란 하늘빛이 그리워
함부로 쏜 화살을 찾으려
풀섶 이슬에 함추름 휘적시던 곳

―그곳이 차마 꿈엔들 잊힐 리야

전설 바다에 춤추는 밤물결 같은
검은 귀밑머리 날리는 어린 누이와
아무렇지도 않고 예쁠 것도 없는
사철 발벗은 안해가
따가운 햇살을 등에 지고 이삭 줍던 곳

―그곳이 차마 꿈엔들 잊힐 리야

하늘에는 성근 별
알 수도 없는 모래성으로 발을 옮기고,
서리까마귀 우지짖고 지나가는 초라한 지붕,
흐릿한 불빛에 돌아앉아 도란도란거리는 곳

—그곳이 차마 꿈엔들 잊힐 리야 (전문)

「향수」에 등장하는 그의 고향은 "넓은 벌"이 멀리 뻗어 있고, 그 벌의 "동쪽 끝으로" "실개천"이 "옛이야기 지줄대"며 굽이돌아 흐르고, "얼룩백이 황소가/해설피 금빛 게으른 울음을 우는 곳"이자, 목가적인 풍치가 넘쳐나는 전형적인 농촌마을이다.

해질 무렵 얼룩백이 황소가 황홀한 노을빛, 그 황금빛에 취한 채 느린 속도로 평화롭게 "게으른" 울음소리를 내뱉는 이미지와, 낮은 목소리로 인간에게 "옛이야기" 들려주는 실개천의 이미지를 통해, 그리고 2연에서 "밤바람 소리"가 "빈 밭"을 "말"〔馬〕처럼 달리면서 자장가를 불러주면 그 바람소리에 맞춰 "엷은 졸음에 겨운 늙으신 아버지가 짚베개를 돋아 고이시"고 잠을 청하는 이미지와, 4연에서 "어린 누이"의 "검은 귀밑머리"가 "전설 바다에 춤추는 밤물결"이 되고, 그 밤물결이 또한 누이의 검은 귀밑머리가 되어 함께 출렁이며 춤추는 이미지를 통해, 그의 어린 날의 고향이 문학사에서 인간의 이상형으로 칭송되어오는, 이른바 '황금시대' 이미지를 단편적이나마 담고 있음을 알 수 있다.

영국의 마르크스주의 역사가 힐이 "대부분의 사람들은 저마다 자신만의 에덴동산·아르카디아·황금시대 전설과 유사한 전설을 가지고 있다"[1]고 말하기 훨씬 오래전에 실러는 "각 개인은 저마다 자신만의 낙원, 자신만의 황금시대를 가지고 있다"[2]고 말한 바 있다. '황금시대'는 일찍이 헤시오도스의 『노동과 나날』에서도 이야기되고 있다. 인간은 신과 함께 살았고, 아무런 근심이나 슬픔 또는 힘든 일 없이 살았으며, 일체의 악에서 떠난 삶을 살았다. 그리하여 그들은 죽음마저 잠에 취한 듯, 고통 없이 맞이했다. 모든 좋은 것이 그들의 것이었다. 비옥한 대지가 저절로 풍부한 곡식과 과일을 생산해줌으로써 인간은 노동의 수고 없이 편안하고 평화스럽게 살 수 있었다(『노동과 나날』, 112~119행). 한편 '황금시대'에는 인간은 인간끼리, 『구약』의 선지자 이사야가 노래하듯(「이사야서」, 11: 7) 동물은 동물끼리, 자연과 인간과 동물 모두가 함께 어울려 평화롭게 살았다. 이렇게 낙원 상태로 살던 인간에게는 탐욕과 증오와 분노가 없었으므로 법과 무기와 전쟁이 존재할 이유가 없었다. 계절은 늘 푸른 봄이었다.[3]

정지용의 '자신만의 황금시대'는 「향수」에서 부분적으로 드러나 있듯, 인간이 자연이 되고 자연이 인간이 되는, 인간과 자연과 동물이 공감하고 함께 어울리는, 블로흐의 용어를 빌리자면 "인간의 자연화, 자연의 인간화"가 이루어지는 이른바 "동일성의 고향"[4]이다.

황금시대가 '푸른' 세계와 연관된 것은 잘 알려져 있다. 이 시대는 푸른 봄·푸른 대지·푸른 하늘의 시대로 일컬어진다. 「향수」에 등장하는 중요한 상징 가운데 하나가 '빛'이다. 정지용은 3연에서 "흙에서 자란 내 마음"이 "파아란 하늘빛이 그리워" 그곳을 향해 "쏜 화살을 찾으려" 이슬에 "함추름" 젖어 있는 풀이 무성한 수풀을 헤매고 있었다고 노래한다. 중요

---

1) Christopher Hill, *The World Turned Upside Down: Radical Ideas during the English Revolution* (London: Temple Smith, 1972), 121쪽.
2) Harry Levin, *The Myths of the Golden Age in the Renaissance* (New York: Oxford UP, 1972), xv쪽에서 재인용.
3) 이에 대해서는 임철규, 졸고 「황금시대와 로마제국의 이데올로기」, 『왜 유토피아인가』 (서울: 민음사, 1994), 243~245쪽을 참조할 것.
4) Ernst Bloch, *The Principle of Hope*, Neville Plaice · Stephen Plaice · Paul Night 공역 (Oxford: Blackwell, 1986), 203쪽, 209쪽.

한 상징으로 등장하는 빛은 '천상의 빛', 곧 "파아란 하늘빛"이다.

영국의 낭만주의 시인 워즈워스는 시 「불멸을 깨닫는 노래」에서 "초원·숲·시내·대지, 일상의 모든 광경"이 '천상의 빛'의 옷을 입었던 때를 회상한다. 그러면서 그때의 "환상의 빛은 어디로 사라졌으며/그 영광과 꿈은 어디 있는가"라고 노래하면서, 빛의 상실을 한탄한다. "대지에서 사라져간" 그 "영광의 꿈을 추적하는" 어린아이를 등장시켜 그 아이가 태어난 "고향" "장엄한 궁전"이 "천국"임을 상기시킴으로써, 그 아이가 천상의 빛을 입은 존재임을 암시하고 있다. 그 아이가 추적하고 워즈워스가 찬탄해 마지않는 '천상의 빛'이 무엇을 상징하는가에 대해서는 다양하게 해석될 수 있다. 하지만 그 신성한 천상의 빛은 '경험'에 의해 타락하기 이전 의식의 순수상태, 어린아이가 표상하는 순진무구한 상태를 의미한다고 할 수 있다. 워즈워스가 그 상실을 한탄하고 찬탄해 마지않았던 '천상의 빛'은 어린아이가 표상하는 순진무구의 빛이다.[5]

"화살"을 쏘며 쫓던 정지용의 "파아란 하늘빛" 역시 워즈워스의 '천상의 빛'과 마찬가지로 '경험'에 의해 타락하기 이전의 의식의 순수상태, 티 없던 어린 시절의 순진무구한 빛이다. 그의 고향은 자연과 인간이 모두 하나가 되는 '동일성의 고향'만이 아니라, 우리가 '경험'에 의해 타락하기 이전 의식의 순수상태, 순진무구한 어린 날의 영혼의 상태이다.

따라서 그의 '고향'은 돌아갈 수 있거나 찾아질 수 있는 고향이 아니다. 정지용의 '고향'은 기억 속에 아름답게 채색되어 단편적으로 남아 있고, 무거운 현실의 '경험'에 의해 쉽사리 무너지고 마는 환상의 "모래성"이다. 그의 노스탤지어는 무너진 '환상'의 "모래성"을 향한 무망의 울부짖음이다. "고향에 고향에 돌아와도/그리던 고향은 아"닐 수밖에 없는

---

5) 이에 대해서는 임철규, 졸고 「낭만주의, 리얼리즘, 모더니즘, 그리고 포스터모더니즘」, 『눈의 역사 눈의 미학』(파주: 한길사, 2004), 156~160쪽을 볼 것.

것이다. 귀환의 존재론적 불가능성, 절망을 아프게 노래한 것이 「고향」 이다.

모던보이

정지용은 일본 도시샤(同志社) 대학에서 유학을 끝내고 귀국 후 1932년 「고향」을 발표하기 전인 1926년 유학기간 중, 초기의 대표적인 시인 「카페 프란스」를 발표했다. 교토에 있는 조선의 유학생들이 이국적이고 데카당적인 '카페 프란스'에 드나들면서 술 마시고 여급들을 상대로 수작 부리는 장면을 묘사하고 있다. 일제 강점 아래 있던 조선 유학생들의 영혼이 얼마나 '비뚤어져 있었고' 자조적이었던가를 보여준다.

「카페 프란스」에서처럼 정지용의 초기 시에도 도시 이미지가 더러 있지만 전체적으로 볼 때, 그의 시에는 도시 이미지가 그렇게 크게 눈에 띄지는 않는다. 오히려 전혀 눈에 띄지 않는다고 말하는 것이 정확하다. 이는 그의 산문에도 그대로 적용된다. 동시대의 도시문명을 표상하는 아스팔트·전차·네온사인·전등·백화점·영화관·카페·유곽 등의 이름이 그의 시에는 거의 등장하지 않는다. 이는 그가 귀국 후 경성에서 줄곧 문학활동을 하며 생활하고 있었지만, '인공도시' 경성의 어두운 분위기, 그와 같은 모더니즘 계열의 시인인 이상(李箱)·김기림(金起林)·김광균(金光均) 등이 경험했던 근대 문명의 불안과 긴장을 그다지 깊이 의식하지 못했음을 보여준다고 할 수 있다.

근대 도시 교토의 데카당적인 또 한 면을 상징하는 '카페 프란스'에서 '흐느적거리다' 유학을 마치고 조국으로 돌아온 정지용이 목격하는 1930년대의 경성도, 전차·철도·극장·영화관·카페·백화점·병원·은행 등, 완연한 근대 도시의 면모를 갖추고 있었다. 특히 일본인 상가가 밀집되어 있던 충무로와 명동은 "작은 도쿄"[6]라 일컬어질 정도로 "오늘날 명동 못지않게 현란"⁷⁾했다. 카페와 식당이 즐비하게 늘어서 있었고, 각종 상점의 진열장에는 값진 물건과 사치스러운 물품이 얼굴을 내밀고 있었고, 진열장의 조명과 함께 상점 안은 갖가지 휘황찬란한 전등불로 불야성을 이루고 있었다. "방울꽃 모양의 아름다운 가로등, 다양한 상품과 형형색색의 네온사인 앞에 사람들은 넋을 잃었다."⁸⁾ 이곳은 "한번 산책이라도 하지 않고는 참을 수 없는 문명의 매혹을 흩뿌리는 곳"⁹⁾이었다. 번화가 충무로에는 네온사인 광고탑이 우뚝 선 채 아래를 내다보고 있었다. 광고탑 건너 남대문로 맞은편에는 조선은행과 조선상업은행이 나란히 선 채 화려한 백화점의 쇼윈도와 함께 소비문화에 길들여진 도시 사람과 경성으로 구경하러 온 시골 사람의 소비욕구를 부추기면서, 그들의 돈주머니를 눈여겨보고 있었다.

광고탑 위로 붉은 벽돌과 흰 화강암 석조가 조화를 이룬 르네상스풍의 화려한 경성우편국이 자리 잡고 있었고, 우편국 정면 현관에는 연인들의 데이트의 약속시간을 확인시켜주기 위해 자리 잡고 있는 듯, 커다란 벽시계가 걸려 있었다. 경성우편국과 미쓰코시 백화점 부근에는 "주로 룸펜 지식인군으로 이루어져 있"던¹⁰⁾ 이른바 도시 '산책자'들이 무작정 거닐고 있었다. 남대문로 광장에는 두 쌍의 중앙 분수대가 휘황찬란하게 물을 뿜고, 광장의 큰 분수대 사이로 뚫린 복선 레일 위에는 두 량짜리 미제 대형전차가 달리고 있었다. 이 모두가 발전하는 대도시 경성의 '근대화' 면모, 즉 '인공도시'의 겉모습을 포괄적으로 보여주는 광경이었다.

이 '인공도시' 아스팔트 위로 짙은 화장을 하고 파마를 한 모던걸들이

---

6) 노형석, 『모던의 유혹 모던의 눈물-근대 한국을 거닐다』(서울: 생각의 나무, 2004), 274쪽.
7) 같은 책, 123쪽.
8) 같은 책, 54쪽.
9) 같은 책, 274쪽.
10) 최혜실, 『한국 근대문학의 몇 가지 주제』(서울: 소명출판, 2002), 38쪽.

홀쭉한 모양의 치마를 입고 뾰족한 구두를 신고, 파라솔과 양장모를 쓰고 돌아다니고 있었다. 나팔통바지 · 나비 넥타이를 한 모던보이들이 돌아다니면서 카페 · 다방 · 댄스홀 등을 드나들며 커피와 칼피스, 양주나 폭탄주를 마시며 향락에 취해 있었다. 모던보이들은 카페나 다방에 앉아서 유성기 소리에 맞춰 손가락으로 장단을 치기도 하고, 카페에서는 파마머리에 짧은 스커트 · 뾰족구두를 신은 여급과 신나게 댄스를 추고 있었다. 그들은 우미관 · 단성사 등 영화관을 제 집처럼 드나들면서 영화에 나오는 서양 배우들의 몸짓과 옷차림을 흉내 낸다든가 서양음악을 흥얼거리는 등, "서구문화로 자신을 치장할 때 비로소 자신이 가장 근대적일 수 있다고 믿었다."[11]

1930년대의 경성의 모던보이들은 돈 많은 자본가의 아들이자 부르주아의 자녀였다. 「카페 프란스」에서 화자(話者) 정지용이 자신은 "자작(子爵)의 아들도 아무것도 아니란다"라고 하는 표현에서 알 수 있듯, 당시의 모던보이들은 대부분 지체 높거나 돈 많은 자의 아들, 이른바 '난봉꾼'이었다. 조선의 마르크스주의자들은 이들을 일컬어 "근대적 퇴폐꾼들"[12]이라고 했다.

'근대적 퇴폐꾼들'뿐 아니라 가령 정지용이 문학동인으로 참여했던 「구인회」의 회원 중 박태원 · 이상 · 김유정 등이 밤낮 매일 만나던 "조선 지식인층의 집합소라 할 수 있는" 다방 '낙랑팔라'[13]를 비롯해 경성 번화가의 다방 · 카페 등 뒷골목에는 유곽, "맥주 광고탑과 방울 전등이 늘어선 환락촌",[14] 술집 등이 자리 잡은 채, 박팔양(朴八陽)이 시 「점경」(點景,

---

11) 신명직, 『모던ㅅ보이, 京城을 거닐다-만문만화로 보는 근대의 얼굴』 (서울: 현실문화연구, 2003), 145쪽.
12) 박영희 · 최학동 외, 『모-던껄, 모-던뽀이 대논평(大論評)』, 〈별건곤〉, 1927. 12, 114~120쪽; 신명직, 같은 책 94쪽에서 재인용.
13) 최혜실, 『한국근대문학사 II』 (서울: 경희대학교 출판국, 2005), 69쪽.
14) 노형석, 앞의 책, 277쪽.

1933)에서 노래했듯, 지나가는 이들을 "교태로 손짓하며 말없이 부"르고, 주위에는 빈민지대가 깊은 고통의 신음을 토해내고 있었다. 1924년에 김기진은 그의 글 「경성의 빈민 – 빈민의 경성」에서 "경성 인구 28만에 실업자가 20만"이라고 했다.[15] 식민지 근대체제가 진전되어가면서 빈민은 가는 곳마다 홍수를 이루었다. 이것이 '인공도시' 경성의 근대화의 이면을 어김없이 드러내주는 도시의 진정한 모습이었다.

오장환(吳章煥)은 시 「수부」(首府, 1936)에서 경성을 "지도 속에 한낱 화농된 오점"이라 노래했다. 그러나 정지용의 시에는 근대 도시의 겉면뿐 아니라 이면의 점경(點景)도 전혀 눈에 띄지 않는다. 도시적인 풍물을 의도적으로 드러내주던 이상·김기림·김광균 등과 달리, 정지용은 애써 자기 내면의 세계에 깊이 침잠하는 현실도피적인 '지적' 모던보이로 남아 있는 것처럼 보였다.

그의 시에는 또한 식민지 조선의 암울했던 농촌 현실이 전혀 부각되고 있지 않다. 그가 「향수」 「고향」을 발표했던 1920년대와 1930년대의 농촌은 암울하기 그지없었다. 1918년에 조선인 토지가 무려 27만여 정보가 일본 소유로 넘어갔고, 이로 말미암아 소작지조차 경작할 수 없었던 숱한 농민들이 고향을 떠날 수밖에 없었다. 수많은 농민이 화전민·도시노동자로 전락했고, 만주나 시베리아 등지로 이농민으로 떠났고, 값싼 노동자로 이민생활을 하기 위해 하와이나 멕시코로 향했다.[16]

1920년과 1924년 사이에는 총생산량 14,421천 석 가운데 3,299천 석의 쌀이 일본으로 송출되었지만, 해마다 증가하다가 1930년과 1936년 사이에는 총생산량 16,842천 석 가운데 그 반에 해당하는 8,160천 석이 송출되었다.[17] 곡물을 빼앗기다 싶어한 농민들은 더 이상 궁핍을 버티지 못하

---

15) 김기진, 「경성의 빈민 – 빈민의 경성」, 『개벽』, 1924. 6. 105쪽; 이경훈, 『대합실의 추억 – 식민지시대의 근대문학』 (파주: 문학동네, 2007), 147쪽에서 재인용.
16) 윤영천, 『한국의 유민시』 (서울: 실천문학사, 1987), 17쪽.

고 고향을 떠날 수밖에 없었다. 일본의 경제 수탈은 농촌의 몰락과 궁핍을 가속화했다. 정지용의 시에는 그 어디에도 이러한 농촌의 현실이 반영되고 있지 않다. 그의 고향은 충북 옥천이었다. 농촌 출신으로서 그의 현실인식에 대한 배타적인 무관심이 드러나는 대목이다.

하지만 그가 도시화로 특징 지어지는 근대 문명의 한계와 위기를, 이상의 소설 『날개』의 주인공 '나'가 "현란을 극한 정오", 미쓰코시 백화점 꼭대기의 화려한 '옥상정원'에서 '흐느적거리는' 경성의 일상을 내려다보면서 날자고 절규했던 인공도시 경성의 어두운 현실과 그리고 식민지 조선 농촌의 참혹한 현실에 무관심했다고 단정할 수는 없다.

이는 당대의 현실과는 별천지인 그의 어린 시절 고향, 농촌을 이상화하는 시 「향수」에 의해 역설적으로 확인된다. 그는 이 시에서 모든 예술의 고유한 역설, 즉 현실로부터 거리두기는 동시에 그 현실을 강조하고 부각시키기 위한 것이라는 역설을 행하고 있다. 목가 또는 전원시(pastoral)는 현실을 대면케 하는 하나의 방식이며, 이상적인 목가의 세계를 현실과 대비시킴으로써 현실을, 그 현실을 지탱해주는 체제를 은밀히 비판하고 전복시키려는 의도를 가진 불온한 문학 장르라는 주장이 나오는 것도 이 역설 때문이다. 정지용의 「향수」는 목가 또는 전원시의 풍치를 소상히 드러내주는 작품이다.

지난날 고향땅의 목가적인 시절이 "차마 꿈엔들 잊힐 리" 없다는 애절한 목소리를 「향수」의 매 연에서 반복적으로 내뱉음으로써, 정지용은 일제의 경제 수탈에 의해 황폐해지고 궁핍해지고 있는 목가의 고향, 농촌의 암울한 현실을 역설적으로 부각시키려는 것을 놓치지 않고 있다. 더 더욱 그 어린 시절의 고향을 '황금시절'의 고향으로 이상화함으로써, 근대화의 전형적인 산물인 '인공도시' 경성의 부정적인 현상을 역설적으로 부

---

17) 조선사연구회, 『한국의 역사』, 조성을 옮김 (서울: 한울, 1985), 209쪽.

각시키려는 것도 놓치지 않고 있다.

'인공도시' 경성의 변화가 어디에도 자연과 인간이 조화롭게 공존했던 '동일성의 고향'의 흔적은 찾아볼 수 없었다. 그가 「유리창 2」에서 "아아, 항 안에 든 금붕어처럼 갑갑하다/별도 없다. 물도 없다"고 노래하듯, 정지용에게 1930년대의 경성의 근대화는 자본주의 사회가 타락한 결과물인 '도시화'였고, 이 도시화는 그에게 '자연'의 안티테제였다. 일본 도시샤 대학 영문과 학부에서 공부할 때 그의 학부 졸업논문은 영국 낭만주의 시인이었던 「윌리엄 블레이크의 시에 있어서의 상상력」(1928)이었다. 영국 낭만주의 시인에게 '자연'은 "근대화의 위기"의 표상인 '도시'의 안티테제였고, 그들에게 '근대화' '도시'의 안티테제로서 '자연'은, "근대적 시간과 역사 밖에 있는" 선험적인 고향이었다.[18] 정지용에게도 그들처럼 '근대화' '도시'의 안티테제가 바로 '자연'이었다.

정지용의 「향수」에 나오는 '고향'은 다름 아닌 '도시'의 안티테제인 '자연'이라 해도 무리는 아니다. 그러나 그 고향이 그리워 돌아왔지만, 그 고향은 그의 고향이 될 수 없었다. '모던보이'였던 정지용 자체가 당시의 모더니스트 시인과 마찬가지로 근대화의 산물인 '도시'의 자식, 김기림의 용어를 빌리면 "도회의 아들"[19]이 되어 있었고, 어린 시절 티 없이 순진무구했던 영혼의 순수상태는 더 이상 그에게 존재하지 않았다. 그에게 '자연'이란 다름 아닌 '파아란 하늘빛'인 영혼의 순수상태였고, 이것이 그가 찾던 그의 어린 시절의 '고향'이었기 때문이다.

---

18) Sare Makdisi, *Romantic Imperialism: Universal Empire and the Culture of Modernity* (Cambridge: Cambridge UP, 1998), 25쪽, 14쪽.
19) 김기림, 「모더니즘의 역사적 위치」(1939), 『김기림 전집 2』 (서울: 심설당, 1988), 56쪽.

횔덜린, 하이데거, 아도르노, 그리고 정지용

간혹 정지용의 '고향'은 '고향'의 시인으로서 횔덜린을 다룬 하이데거의 인식과 연관된 채 언급되고 있다. 하이데거는 현대인을 영혼이 '제 고향'을 잃고 추방상태에서 살아가는 존재로 보았다. 그는 위대한 시인을 잃어버린 '제 고향'을 불러일으키는 자로 규정했다. 그에게 그런 '위대한 시인'은 횔덜린이었다. 폴 드 만의 유명한 표현 그대로 "신자가 『성서』를 인용하듯, 횔덜린은 하이데거가 인용하는 유일한 자이다."[20] 시의 본질은 무엇보다도 잃어버린 고향을 기억하는 데 있음을 인식했던 하이데거는 "고향의 본질은 추방 속에서 오직 빛나기 시작한다"고 했다.[21] 고향은 고향을 잃은 자에게만 진정 보이기 때문이다. 그가 횔덜린의 「귀향」(Heimkunft) 같은 시를 높이 평가한 것도 이 때문이다.

횔덜린은 「사랑스러운 청백색으로 피어나는……」에서 "이룬 공적은 많지만, 시적으로 인간들이 이 지상에서 거주한다"[22]고 노래한 적이 있다. 하이데거는 잃어버린 고향을 횔덜린의 표현을 빌려 '시적으로 인간들이 이 지상에서 거주하는' 곳이라 규정했다.[23] 그는 '성스러운 깃'이야말로 '시적인 것'이며, '시적인 것'이야말로 인간에게 진정한 고향, 진정한 '거주지'를 가능하게 할 수 있다고 했다.[24]

---

20) Paul de Man, "Heidegger's Exegeses of Hölderlin," *Blindness and Insight* (Minneapolis: U of Minnesota Press, 1983), 250쪽.
21) Martin Heidegger, "Die Sprache Johann Peter Hebels," *Denkerfahrungen, 1910~1976* (Frankfurt am Main: Klostermann, 1983), 73쪽 이하.
22) Friedrich Hölderlin, "In loverly blueness……", *Poems and Fragments*, Michael Hamburger 옮김 (Cambridge: Cambridge UP, 1980), 601쪽.
23) Martin Heidegger, "……Poetically Man Dwells……", *Poetry, Language, Thought*, Albert Hofstadter 옮김 (New York: Harper & Row, 1971), 213~229쪽을 볼 것.
24) Martin Heidegger, *Hölderlin's Hymn "The Ister"*, William McNeill과 Julia Davis

따라서 세계가 그 자체를 성스러운 것으로 드러낼 때, 즉 시적인 것으로 드러날 때, 그때만이 진정 고향으로 귀환하는 것이 가능하다는 것이다. 그는 "시적인 것이 적절히 드러날 때, 그때 인간은 이 지상에서 인간답게 거주한다"[25]고 말하기 때문이다.

휠덜린은 만년에 "지상에는 척도(尺度)가 있는가?" 하고 묻고는, 지상에는 인간을 위한 "척도가 없다"고 했다.[26] 그가 "지상에는 척도가 없다"고 한 것은, 무엇보다도 신들에 의해 버림받은 인간이 영적으로 추방상태에 있다는 것을 의미한다. 따라서 보편적인 척도로 받아들여졌던 신이 이 지상에서 떠난 이상, 절대적으로 무조건적이고 궁극적인 척도가 더 이상 지상에 없다는 것을 의미한다.

신이 인간을 떠나고, 인간도 신을 떠난 시대의 절망을 깊이 통감했던 휠덜린처럼 하이데거도 모더니티를, "신의 도주" 시대이자 "영적 쇠퇴"의 시대로 특징 지었다.[27] 그러면서 성스럽고 신적인 것, 즉 '시적인 것'이 사라진 지금의 지상에는 인간들을 위한 '척도'가 없음을 절감했다. 낭시가 하이데거의 텍스트를 읽으면서 이 철학자에게 '지상'은 "외부"에 지나지 않는다고 말한 바 있다.[28] 하이데거에게 '척도'가 존재하지 않는 지상은 '외부'에 지나지 않았다. 이것이 인간의 고향이 될 수는 없었다.

공역 (Bloomington: Indiana UP, 1996), 138~139쪽.
25) Martin Heidegger, "······Poetically Man Dwells······", 앞의 책, *Poetry, Language, Thought*, 229쪽.
26) Friedrich Hölderlin, "In lovely blueness······", 앞의 책, *Poems and Fragments*, 601쪽.
27) Martin Heidegger, *Introduction to Metaphysics*, Gregory Fried와 Richard Polt 공역 (New Haven: Yale UP, 2000), 40쪽.
28) Jean-Luc Nancy, *Des lieux divins, suivi de Calcul du poète* (Mauvezin: Trans-Europ-Repress, 1997), 85쪽; Jean-Luc Nancy, "The Calculation of the Poet," *The Solid Letter: Readings of Friedrich Hölderlin*, Aris Fioretos 엮음 (Stanford: Stanford UP, 1999), 72쪽.

횔덜린은 인간들이 "이룬 공적은 많지만"이라고 말했다. 소포클레스의 『안티고네』에 대한 횔덜린의 논의를 언급하면서 하이데거는 『안티고네』에서 인간이 이룬 문명의 업적을 찬미하는 코로스의 발언 가운데 "이상한 존재는 많지만, 인간보다 더 이상한 존재는 아무것도 없다"(332~333행)라는 발언에 주목한 바 있다. 이 발언에 등장하는 그리스어 데이논(deinon)의 이중적인 의미를 통해 그는 인간의 존재론적인 불안을 지적했다. '데이논'을 '이상한'으로 옮긴 하이데거는, 관습적이고 일상적인 것의 한계를 뛰어넘어 비일상적인 것으로 향하는 경향을 의미한다는 점에서, 그것은 '무서운'이라는 의미를 내포하고 있을 뿐 아니라 '폭력적'인 의미도 내포되어 있다고 지적했다.[29]

코로스의 찬미 그대로 인간이 자연을 정복해 '이룬 공적'은 많다. 그러나 코로스는 인간의 궁극적인 성공은 자연을 정복하는 데 있는 것이 아니라 어떤 도덕적인 선택을 하는가에 달려 있음을 노래하고 있다(365~370행). 인간은 결국 그 "무모함으로 인해"(371행) 그들이 정복한 자연과 그들이 이룩한 도시국가로부터 버림받는 존재가 되고 있다고 노래함으로써, 코로스는 인간 존재의 존재론적 실향성을 강조한다.

하이데거에 따르면, 고대 그리스인에게 '기술'은 자연을 '경이'의 대상으로 삼고 그 속에 담겨 있는 사물의 모습과, 그 사물에 대한 진리를 드러내주기 위한 것이었다. 그러나 오늘날의 기술은 '자연'을 그 자체 있는 그대로, 본질적인 '존재'대로 두지 않고 효용가치의 대상으로 '틀 지어' 찢고 파괴하는 무서운 무기로 변하고 있다. 하이데거는 '강간'이라는 용어를 사용하지는 않았지만, 인간의 오만에 찬 '무모함으로 인해' 자연을 무참히 유린하는 현대 과학기술의 행패를 일종의 "강간"으로 특징지었

---

[29] 이에 대해서는 임철규, 졸저 『그리스 비극-인간과 역사에 바치는 애도의 노래』 (파주: 한길사, 2007), 324~327쪽을 참조할 것.

다.[30] 인간의 손이 "오용"[31]되어 이 무시무시한 살인의 도구가 되고 있기 때문이다.

"기술의 역사"는 "경이의 상실의 역사, 탈마법화의 역사"가 되어가고 있다.[32] 하이데거는 지난날 거주할 집을 지었을 때, 건축 재료를 생명 없는 물건으로 취급하지 않고, 관심과 정성을 다해 다룰 깊은 인연의 대상으로 여기고, 마치 예술작품을 생산하듯 온 힘을 다해 그 재료로 집을 짓던 장인정신의 '손'이, 지금은 영혼이 없는 기계의 손이 되고 있는 데 통탄을 금치 못했다. 아도르노는 "정확한 의미로서의 거주는 이제 불가능하다"고 했다.[33] "안락함" "단란함"을 담보했던 "전통적인 집"의 "자취"와 "흔적"은 온데간데없고, "독립적인 삶에 대한 동경마저 추방해버린" "초현대식 주택", 말하자면 "일종의 노숙자 수용소" 또는 "공장"처럼 변해버린 초현대식 주택이 판을 치고,[34] 주위의 온갖 풍경이 "표정 없"을 뿐만 아니라 "인간의 손이나 손의 직접적인 도구들이 사물에 가했던 부드럽고 온화"한 "느낌 같은 것"이 존재하지 않는[35] 오늘날에 전통적인 의미의 '거주'는 불가능하다고 했다.

아도르노와 동일한 인식을 가졌던 하이데거도 이 지상에서의 '거주'는

---

30) 이에 대해서는 Richard Rojcewicz, *The Gods and Technology* (New York: State University of New York, 2007), 71쪽을 볼 것.
31) Martin Heidegger, *Parmenides*, André Schuwer과 Richard Rojcewicz 공역 (Bloomington: Indiana UP, 1992), 80쪽.
32) Jonathan Bate, *The Song of the Earth* (Cambridge/M.A.: Harvard UP, 2000), 253~256쪽.
33) Theodor W. Adorno, *Minima Moralia: Reflexionen aus dem beschädigten Leben* (Frankfurt am Main: Suhrkamp, 1980), 42쪽; 테오도르 아도르노, 『미니마 모랄리아-상처받은 삶에서 나온 성찰』, 김유동 옮김 (서울: 길, 2005), 59쪽.
34) Theodor W. Adorno, 같은 책, *Minima Moralia*, 42쪽; 테오도르 아도르노, 같은 책, 『미니마 모랄리아』, 59쪽.』
35) Theodor W. Adorno, 같은 책, *Minima Moralia*, 54쪽; 테오도르 아도르노, 같은 책, 『미니마 모랄리아』, 72쪽.

불가능하다고 했다. 하이데거에게 '거주'란, 단순히 소유한다든가 산다는 것과 다르다. 성스러운 대지에 '시적'으로 집을 짓고 사는 것이 그에게는 '거주'의 개념이기 때문이다.

그렇다면 진정한 '거주', 즉 성스러운 대지에 '시적'으로 집을 짓고 사는 것은 지상에서 정말 불가능하다는 것인가. 하이데거에 지상에서 '시적'으로 집을 짓고 산다는 것은 대체 무엇을 의미하는가. 횔덜린은 그의 시 「고향」, 특히 「귀향」에서 이를 밝히고 있다.

인간을 버린 신, "한때 나를 보호해준…… 친근한 신들"(횔덜린, 「고향」, 11~12행)[36]이 나를, 인간을 다시 보호해주고, "우리 인간과 더불어 기쁨을 창조하려 몸을 굽히고", "번영된 행복을 도시와 집에 나누어주고" "슬픈 자들을 다시 즐겁게 만들어주고", 나이 많은 이들의 마음을 다시 젊게 만들어주고, "심연의 깊은 곳까지" 사랑을 베풀어 그곳까지 환히 밝게 해주어, 인간이 "즐거운 마음 다시금 나래를 펼칠 때"(횔덜린, 「귀향」, 25~36행), 말하자면 인간을 버린 신이 인간을 다시 찾을 때, 그때가 '시적'이며, 그때에 지상에 진정한 고향이 인간에게 가능하다고 노래한다.

"모든 것이 친밀한 듯하고, 지나치며 나누는 인사마저 친구의 인사인 듯하고, 모든 얼굴이 근친자인 듯"(「귀향」, 53~54행) 할 때, 모든 사람, 모든 자연이 '나'처럼 보이는, 즉 인간이 자연과 하나가 되고, 모든 인간이 다른 인간에게 '타자'가 아니라 '자기'가 될 때, "우리가 식탁에서 축성(祝聖)을 행할 때"나 "하루의 생활 끝에서 휴식을 취할 때", 신을 떠올리며 그에게 감사를 할 때(「귀향」, 97~98행), 인간과 신, 인간과 자연, 인간과 인간 사이에 언제나 '친절이 친절을 낳는' 때가 도래될 때[37], 그때

---

36) 횔덜린이 "신들"이라고 칭할 때 그의 시 「유랑자」에 나타나 있듯, 신들은 "에테르" "대지" "빛"이며, 횔덜린은 이들을 "영원한 신들"이라 일컫고 있다.
37) Martin Heidegger, "……Poetically Man Dwells……", 앞의 책, *Poetry, Language, Thought*, 229쪽.

가 '시적'이며, 그때에야 지상에 진정한 고향이 인간에게 가능하다고 노래한다.

하이데거는 횔덜린의 이러한 고향을 '시적으로 인간들이 이 지상에서 거하는' 곳이라 했다. 그러나 하이데거는 이러한 '시적' 고향은 지상에서는 불가능하다고 했다. 그는 그것이 지상과 하늘 사이에 있다고 했다. 그는 인간이 자기가 살고 있는 지상이 수고롭고 안전에서 멀어져 있을 때, 그들은 눈을 위로 쳐들고 잠시 하늘을 쳐다보지만, "그러나 그 눈길은 여전히 하늘 아래 지상에 머무른다"면서 그 눈길이 "하늘과 지상 사이에 걸쳐 있는" 그곳이 "인간의 거주지"[38]라 했다.

'지상과 하늘 사이에 걸쳐 있는' 그곳이 어떤 의미를 갖고 있는지 구체적으로 밝혀주지 않지만, 하이데거는 우리가 귀환해야 할 고향이 하늘과 지상 사이에 있다고 함으로써, 우리가 살고 있는 이 지상에는 그러한 고향이 존재할 수 없음을 절망적으로 암시한다. 잃어버린 지난날, 다시 찾아질 수 없는 지난날의 '시적' 모습에 대한 우울한 기억, 그 노스탤지어가 하이데거의 '고향' 의식의 기조를 이루고 있다.

정지용은 「향수」에서 "흙에서 자란 내 마음/파아란 하늘빛이 그리워"라고 노래했다. 마음은 하늘빛이 파랗게 빛나는 '위로' 향하지만, 여전히 그 마음은 하늘 아래 지상에 머물고 있음을 노래한다. 그에게도 고향은 하이데거와 마찬가지로 지상과 하늘 사이에 존재하고 있다. 정지용의 '고향'은 횔덜린, 아니 하이데거와 마찬가지로 '시적' 고향이다. 그는 그들과 다른 각도에서 '자연의 인간화' '인간의 자연화'가 이루어지는 '동일성의 고향'을 노래했지만, 그의 이 성스러운 '동일성의 고향'도 '시적으로 인간들이 이 지상에서 거하는' 곳이나 다름없다. 그러나 이 고향은 정지용에게도 가능할 수 없었다. 그에게도 이 지상은 안주할 수 없는 낯

---

38) 같은 책, 220쪽.

선 '외부'에 지나지 않았고, 일제하의 식민지 조선의 땅은 더더욱 낯선 '외부'일 수밖에 없었기 때문이다. 그 불가능성은 「향수」의 '모래성'의 이미지로 확인된다.

횔덜린과 하이데거에게 고향상실이란, 무엇보다도 '존재론적'인 것이다. 신이 인간을 버리고 인간도 신을 버린, "성스러운 이름들이 결여된"(「귀향」, 101행) "궁핍한 시대"[39]에, 그들이 '추방' 상태에 있는 인간의 영혼이 돌아갈 고향을 그 추방이 있기 전의 어떤 '근원'에 설정하고 있다는 점에서, 그들의 '고향'은 정지용의 그것과 다르다. 그들이 '근원'으로 삼고 있는 그들의 정신적인 고향은 고대 그리스였다.

횔덜린의 주요 시 가운데 하나가 「기억」이다. 횔덜린은 이 시에서 신이 인간을 버리고 지상을 떠난 '궁핍한 시대'의 슬픔을 노래하면서 디오뉘소스 축제에서처럼 인간과 신이 '혼례'를 치러 하나가 되던 '축제'를 그리워한다. 그에게 "신의 광채" "성스러운 것"이 사라진 시대[40], 니체식의 "허무주의"[41]의 시대, 즉 '궁핍한 시대에 시인이 행할 과업'[42]은 신과 인간이 화해하고 결합해 다시 '혼례'를 치르는 행복한 시대를 가져오는 일이며,[43] 이를 위해 "신을 손님으로 맞이할 수 있는 집을 짓고,[44] 그들의

---

39) Friedrich Hölderlin, "Bread and Wine", 앞의 책, *Poems and Fragments*, 250쪽.
40) Martin Heidegger, "What are Poets for", 앞의 책, *Poetry, Language, Thought*, 91쪽, 94쪽.
41) Martin Heidegger, 앞의 책, *Introduction to Metaphysics*, 217쪽.
42) Friedrich Hölderlin, "Bread and Wine", 앞의 책, *Poems and Fragments*, 250쪽. 이 시에서 횔덜린은 "무엇을 행하고, 무엇을 말할지를/궁핍한 시대에 시인들은 왜 존재하는가를 나는 모르리"라고 노래하고 있다.
43) Friedrich Hölderlin, "The Rhein", *Hymns and Fragments*, Richard Sieburth 옮김 (Princeton: Princeton UP, 1984), 79쪽.
44) Martin Heidegger, *Gesamtausgabe*, F.-W. von Herrmann 엮음 (Frankfurt-on-Main: Klostermann, 1977~), 4: 148쪽; Julian Young, *Heidegger's Philosophy of Art* (Cambridge: Cambridge UP, 2001), 89쪽에서 재인용.

귀환을 기쁘게 맞이하는 일이었다. 이러한 집을 지상에서 짓는 것이 디오뉘소스의 "성스러운 사제들"[45]인 시인의 과업이며, 이 집이 "시적으로 인간들이 이 지상에서 거하는" 곳이며, 이곳이 인간이 귀환할 '고향'이라는 것이다. 그리고 이런 고향의 근원이 그들에게는 고대 그리스였다.

물론 정지용의 고향도 '동일성의 고향'뿐 아니라 '경험'에 의해 타락하기 이전의 영혼의 순수상태, 즉 '파아란 하늘빛'이라는 점에서 그들과 마찬가지로 존재론적이고 형이상학적이다. 횔덜린과 하이데거가 귀환하고자 하는 '고향'이 이 지상에서 현실적으로 이루어질 수 없다는 점에서, 정지용은 그들과 동일한 인식을 갖고 있었지만, 그들과의 동일한 인식은 여기에서 끝난다. 정지용의 '고향'은 그들과는 달리 일제 아래 식민지 조선이라는, 좀더 구체적인 역사·사회 상황과 분리될 수 없는 것이었기 때문이다.

횔덜린과 하이데거에게는 "이상적인 조국"[46]으로서 그들이 돌아갈 '정신의 고향'인 고대 그리스가 있었다.[47] 일찍이 니체가 "독일철학 전체를…… 이제까지 존재했던 최상의 것을 향한 동경"으로 특징 지으면서, 철학 전체가 동경했던 '최상의 것'은 다름 아닌 "그리스 세계"이며, 여기 빼고는 그 어떤 '집도' 더 이상 집이 아니며, 여기에 있을 때만 집에 있는 것 같다고 했듯이,[48] 횔덜린과 하이데거에게도 그들이 동경했던 '최상의 것'은 고대 그리스였다.

---

45) Friedrich Hölderlin "Bread and Wine", 앞의 책, *Poems and Fragments*, 250쪽.
46) Michel Haar, *The Song of the Earth: Heidegger and the Grounds of the History of Being*, Reginald Lilly 옮김 (Bloomington: Indiana UP, 1993), 143쪽.
47) 이에 대해서는 Charles Bambach, *Heidegger's Roots: Nietzsche, National Socialism, and the Greeks* (Ithaca: Cornell UP, 2003), 114~115쪽, 178~179쪽, 244~246쪽을 볼 것.
48) Friedrich Nietzsche, *The Will to Power* [1901], Walter Kaufmann 옮김 (New York: Vintage Books, 1967), 225쪽.

하이데거는 우리 시대를 "척도를 위한 싸움을 포기한 시대"라 규정했다.[49] 그러나 지상에 '척도'가 없다 할지라도, 그들에게는 그들이 돌아갈 '척도'의 고향, 고대 그리스가 있었기 때문에, 그들은 '자신의' 땅에서 그곳으로 귀환하고자 하는 소망을 외칠 수 있었다. '자신의' 땅이 있었다는 점에서, 그들의 고향상실과 귀환의식은 정지용의 그것과 근본적으로 다르다. 일본에 의해 나라를 빼앗긴 식민지 조선은 그 어디에도 '자신의' 땅을 가질 수 없었다. 자신의 땅이 없었으므로 돌아갈 '제 고향'도 존재할 수 없었다. 모국이라는 고향, '자신의' 땅을 잃은 시인에게는 그 땅을 되찾기 전에는 고향으로 귀환하는 것이 가능할 수 없었다. "마음은 제 고향 지니지 않고/······떠도는 구름"이 될 수밖에 없었다.

제2차 세계대전시 유대계 독일 '망명 지식인'으로서 미국에 머물고 있을 동안 아도르노는 독일어로『미니마 모랄리아 — 상처받은 삶에서 나온 성찰』(1951)이라는 책을 내놓았다. 그 책에서 그는 "망명 지식인은 모두 예외 없이 상처받은 사람이다"[50]라고 토로하면서 "언어를 몰수당한" "망명 지식인의 고립감은······ 낙인찍힌 타자에 대한 적대감이 강할수록 너욱 커진다"[51]고 말했다.

교전국인 독일의 지식인일 뿐 아니라 유대계 출신의 지식인이기 때문에 독일인과 유대인에 대해 반감이 농후했던 미국사회에서 아도르노는 이중의 고립과 소외, 불안감을 떨칠 수 없었다. 그러나 그는 자신의 '타성'(他性)을 억압하고 미국문화 풍토에 적응하려고 노력하는 대신, 자신

---

49) Martin Heidegger, *Contributions to Philosophy*, Parvis Emad와 Kenneth Maly 공역 (Bloomington: Indiana UP, 1999), 84쪽.
50) Theodor W. Adorno, 앞의 책, *Minima Moralia*, 35쪽; 테오도르 아도르노, 앞의 책, 『미니마 모랄리아』, 52쪽.
51) Theodor W. Adorno, 같은 책, 33쪽; 테오도르 아도르노, 같은 책, 52쪽.

의 타성과 '차이'를 더 드러내고자 했다. 그는 영어로 글을 쓰는 것을 거부했다. 아도르노는 자신처럼 '뿌리 뽑힌' 삶을 살아갈 수밖에 없는, 아니 자신처럼 "더 이상 고향이 없는 자에게는 글쓰기야말로 거주지가 된다"[52]고 했다.

거주할 '집', 아니 고향을 잃은 사람은 글쓰기 속에서 자신의 고향집을 짓는다. 말하자면 그는 "자신의 텍스트 속에서 집을 짓는다."[53] 망명 지식인으로서 낯선 땅에서 삶을 영위하던 아도르노에게 글쓰기라는 예술행위는 '더 이상 고향이 없는 자'들을 위한 '피난처', 바로 그들의 '고향'으로 인식되었고, 모국어로 글쓰기가 바로 그들의 '고향'과 동일시되었다. '낙인찍힌 타자에 대한 적대감'이 만연했던 일본의 식민지통치 아래서 낙인찍힌 일종의 '망명 지식인'으로 살아갈 수밖에 없었던 정지용도 아도르노와 마찬가지로 모국어로 시를 쓰는 예술행위 속에 고향이 있음을, 아니 글쓰기가 다름 아닌 자신의 고향임을 인식했다.

정지용은 누구보다도 많은 토착어 방언을 시의 재료로 삼아 자신이 거주할 집을 지었다. 「향수」를 포함한 그의 여러 시에서는 아름다운 고유의 조선어나 토착민 방언들이 쏟아져 나오고 있다. 하이데거는 "언어는 원래 방언"이었으며, "방언은 어머니의 언어일 뿐 아니라 언어의 어머니"라고 주장한 바 있다.[54] '어머니의 언어'이자 '언어의 어머니'이기 때문에 그것은 지금 쓰이고 있는 모든 언어의 "신비로운 원천"이며,[55] 잃어버린 '고향'(Heimat)의 언어가 바로 방언이라 했다.

정지용이 "구사한 언어는 발명이라는 이름에 값할 만큼 창의적이고 개성적이다. 민족어 위기의 시대에 그처럼 토박이말을 찾아내어 갈고닦은

---

52) Theodor W. Adorno, 같은 책, 87쪽; 테오도르 아도르노, 같은 책, 120쪽.
53) Theodor W. Adorno, 같은 책, 87쪽; 테오도르 아도르노, 같은 책, 120쪽.
54) Martin Heidegger, "Sprache und Heimat", 앞의 책, *Denkerfahrungen*, 88쪽.
55) Martin Heidegger, "Die Sprache Johann Peter Hebels", 같은 책, 74쪽.

사람은 그 이전에는 없었다. 그가 '언어미술이 존속하는 한 그 민족은 열렬하리라'라는 아포리즘을 남겨놓고 있는 것은 우연이 아니다."[56] 그가 작품에서 구사하는 단어는 그것이 마치 처음 얼굴을 내미는 듯, 조선말 고유의 아름다운 옷을 갈아입고 등장하고 있다. 그것이 토박이말일 때 더더욱 '고향의 언어'가 되어 아름답고 신비스러운 감정을 자아내면서 근원적인 그리움인 향수를 불러일으킨다.

그러나 그의 향수는 그의 고유 지역, 즉 자신이 태어난 고향땅에 대한 향수에서 잃어버린 조국 '고향'으로 확대되고 있다. 이것이 그뿐 아니라 조국상실을 바로 고향상실의 아픔으로 문학적으로 구체화했던 동시대의 많은 문학가의 운명이었다. 그들의 글쓰기는 아도르노처럼 그들의 피난처이자 '고향'이 되었다. 이것이 다름 아닌 일제 강점기의 조국을 잃은 그들이 담당했던 비극적인 운명이었다.

---

56) 유종호, "한국 시의 20세기 · 7 – 부족방언의 순화," 세계의 문학, 33: 1 봄호 (2008), 392~393쪽.

3

1950년대 '모던보이' 김규동, 그리고 그의 '귀환'

김규동과 김기림

　시인으로서는 그렇게 '위대하다'고는 할 수 없지만, 인간으로서는 훌륭하기 그지없는, 그리 흔치 않은 문학가 가운데 한 분이 김규동(金奎東, 1925~)이다.

　1925년 함경북도 종성에서 출생한 김규동은 지금의 김일성대학인 평양종합대학 조선어문학과의 학생이었던 1948년 1월에 삼팔선을 넘어 월남했다. 조선어문학과에 편입해 문학활동을 하기 전 그는 경성고보를 졸업하고 연변의과대학에 입학했다. 의사인 아버지가 돌아가기 전 손재주가 좋은 그에게는 외과의사, 성격이 침착한 그의 동생에게는 내과의사가 되어 아버지의 하는 일을 이어받기를 유언했기 때문이다.

　그러나 의과대학 생활에 흥미를 느끼지 못한 김규동은 밤낮 글쓰는 것으로 시간을 보냈다. 그는 바쁜 의사생활 때문에 단 한 시간도 자신만의 시간을 갖지 못했던 아버지의 고된 삶을 지켜보면서 의사생활을 계속한다면 글을 더 이상 쓸 수 없을 것이라 단정하고, 연변의과 3학년 때 의학도의 길을 포기했다. 김규동은 평양종합대학, 즉 지금의 김일성대학 조선어문학과 2학년에 편입했다.

문학가 나도향과 그의 작품세계에 대한 질문에 척척 거침없이 대답하고, 이에 관계되는 낭만주의와 상징주의에 대해서도 거침없이 설명하자, 교수들이 그의 실력에 탄복해 마지않았다. 이어지는 고리키에 대한 질문에 『어머니』를 비롯한 그의 작품이 프롤레타리아 문학의 시조라는 답을 내놓으면서도 고리키를 모더니즘 작가로 규정했다. 그 이유를 묻는 교수들에게 김규동은 "도스토옙스키가 없었더라면 고리키는 나올 수 없는 사람이다. 그러니까 도스토옙스키는 모더니즘에서 출발한 사람이므로 고리키는 모더니즘이다…… 고리키의 아버지는 바로 도스토옙스키"라고 했다. 그의 주장을 "특별한 해석"이라 보고 높이 평가했던 교수들은 그 편입시험에서 그를 1등으로 합격시켰다. "책을 많이 읽었"던 그는 당시 자신은 "문학에 대해서는 누구에게도 지지 않는다"고 생각했다.[1]

김규동은 1947년 한글 500주년 세종대왕 기념일에 「아침의 그라운드」라는 시를 써서 교지 창간호 제1면에 발표했다. 김일성대학의 교수와 학생 등 지성과 지식을 두루 갖춘 인민공화국의 천재들이 노동 인민을 위해 일할 각오를 다짐하기 위해 함께 손잡고 아침의 햇살이 눈부시게 비추는 그라운드에 모여드는 장관을 노래한 시였다. 1947년에 발표된 이 시는 그의 처녀 작품이었다.

첫 번째 작품 「아침의 그라운드」를 발표한 뒤 두 번째, 세 번째 작품을 잡지사에 보냈지만, 문학동맹의 심사를 거친 작품만 게재된다는 것을 알게 된다. 그래서 김규동은 문학동맹원이 되고자 했다. 동생이 잘 아는 고급당원의 추천을 받아 자격심사를 받기 위해 문학동맹에 갔다. 당시 문학동맹 시 분과 위원장은 『산 제비』라는 시집을 냈던 월북 문인 프롤레타리아 시인 박세영이었다. 그는 김규동에게 누구에게 글을 배웠느냐고 물었

---

[1] 김규동, 「김규동 시인의 문단회고 1 - 위대한 스승, 김기림」, 『시와 시학』 여름호 (2007), 201쪽.

다. 그는 자랑스럽게 "김기림 선생님"이라 대답했다. 그 옆의 비서가 김기림은 중노동을 해본 적이 없는 부르주아이며, 그가 남조선에서 발표한 「세계에 외치는 소리」라는 장시는 농민을 위한 시가 아니라 난해하기 짝이 없는 잡소리에 불과하다며 김기림을 비난했다.

이에 격분한 김규동은 "공산주의자가 부르주아 출신은 없습니까? 중국에서 마오쩌둥이나 저우언라이도 부르주아 출신이오. 북조선은 어떻게 된 판이오?" 하고 격하게 항변했다. 옆에서 그의 모습을 지켜보며 빙그레 웃던 박세영이 심사결과를 통지해주겠다며 그를 집으로 돌려보냈다.

문학을 하기 위해 의과대학을 포기하고 김일성대학 조선어문학과에 온 김규동에게는 문학다운 문학을 할 길이 이곳에는 눈에 보이지 않는 것 같았다. 그래서 그는 남으로 가기로 했다. 거기에는 김기림 선생, 시인 정지용 선생, 소설가 박태원 선생 같은 훌륭한 문학가가 있으니, 이것만으로도 상처를 받은 문학청년 자신에게 커다란 "마음의 위로"가 되리라 확신했기 때문이다.[2] 어머니께 3년 후 통일이 되어 다시 뵈올 것이라고 약속하고는 대학생 모자를 쓴 채 삼팔선을 넘었다. 24세이던 1948년 1월에 어머니 곁을 떠났으니, 어머니에게 드린 그 약속을 지키지 못한 채 60년이 넘는 긴 세월이 흘러간 것이다.

김규동이 「회고」에서 자신이 1948년 1월에 남조선 서울에 오게 된 것은 "김기림 선생 탓"이라 했듯, 김기림에 대한 그의 존경은 이루 말할 수 없을 정도로 대단했다. 그의 스승을 폄하하고 비난하는 북쪽의 사람들을 그 누구도 그는 용납할 수 없었다. 그에게 김기림은 글자 그대로 '위대한 스승'이었기 때문이다.

김규동이 나이 19세 무렵 함경도 경성고등보통학교를 다닐 때, 그에게 영어를 가르쳤던 "조선의 이름 있는 시인"[3] 김기림의 그때 나이는 37세

---

[2] 같은 글, 212쪽.

였다. 37세라는 젊은 나이에도 불구하고, 김기림은 "원숙하고 침착하고 진짜 스승 같은 무게와 품격과 언어"를 두루 갖춘 "흠잡을 데가 없는" 완전한 인격자였다. 그뿐 아니라 "자상하고 참 따뜻한" 마음을 가진 넓은 인간이었다. 김규동은 "오래 살면서 많은 사람 만나봤지만" 그만큼 훌륭한 분을 만나지는 못했으며, 6·25전쟁 때 북으로 납치되어 갔던 그 스승이, 그에게는 "참으로 우리나라의 지성인으로서 아까운 분"으로 각인되어 있었다.[4]

김기림의 가르침과 인격을 잊지 못해 김규동은 자식들에게도 늘 김기림은 "인간으로서 위대한 교사다. 위대한 철학가다"[5]라고 얘기했을 정도로, 김기림은 그에게 '위대한 스승'이었다. 김규동이 시인 노천명이 결혼하지 않았던 것도 김기림에 대한 흠모 때문이며, 그녀가 그의 문학정신뿐 아니라 그의 "인격…… 완전히 도취되어" 일생 동안 그를 향한 "청교도적인 사랑"을 품고 있었다고 들려줄 정도로,[6] 김기림은 또 한편 그에게 '위대한 인간'이기도 했다.[7]

그를 만나기 위해 혈혈단신 삼팔선을 넘어 서울로 온 김규동은 김기림의 주선으로 노량진에 있던 5년제 상공중학교(지금의 중앙대부속고)에서 2년 반가량 국어선생을 하면서 6·25전쟁이 터져 김기림이 납북되기 전까지 그를 매일 만났다.[8] 김규동에 따르면 김기림은 당시 "참으로 외

---

3) 김규동, 「나의 시론」, 『시문학사』, 404호 (2005), 54쪽.
4) 김규동, 앞의 글, 「김규동 시인의 문단회고 1」, 197~198쪽.
5) 같은 글, 210쪽.
6) 같은 글, 219쪽.
7) 그의 스승에 대한 존경은 그가 가장 '즐겨 읊는 시 한 수도 스승의 시가 될 수밖에 없다. 김규동은 이렇게 말하고 있다. "김기림(1908~50)의 「바다와 나비」는 내가 쓸쓸할 때, 외로울 때 은근히 조용조용 읊어보는 시다." 『책과 인생』 168 (2007).
8) 김규동은 자신으로 하여금 "근대문학의 에스프리에 접하게 해준 이는 다름 아닌 김기림이었다"고 한다. 김규동, 「'후반기'동인시대의 회고와 반성—부정과 우상파괴의 시학」, 『시와 시학』, 창간호 (1991), 367쪽을 볼 것.

로웠"다.⁹⁾ 왜냐하면 김기림은 남한에 와서 임화·이태준 등이 참여해서 만든 '조선문학가동맹'에 가담하여 문학활동을 했으나 이 '동맹'을 불온시하던 경찰의 탄압으로 조직이 해체되자, 그에게는 작품을 발표할 마땅한 지면도 여의치 않았을 뿐 아니라, 반대편 진영에서는 그를 '빨갱이'로 '모략'하고 냉대했기 때문이다.

북에서 내려온 지 얼마 되지 않은 김규동이 영향력 있는 문단의 문인들 주위를 기웃거리고 있을 때, 김기림은 자신을 빨갱이로 모는 남조선이 "이상한 곳이니까 문인들을 아무나 사귀지 말라고" 그에게 거듭 충고했다.¹⁰⁾ 김규동은 그때의 상황을 시「플라워다방-보들레르, 나를 건져주다」의 끝부분에서 이렇게 회상했다. "김 군 친구를 아무나 사귀면 안 돼요/차차 내가 좋은 친구를 소개할 테니/너무 서둘지 마시오/라고 훈계하였다."¹¹⁾

김기림이 납북된 뒤, 김규동이 그 후 문단 헤게모니를 장악하기 위해 갖은 추악한 정치권력을 행사하던 문학가들에 대한 반감을 끝내 극복하지 못했던 까닭은, 그에게 깊이 각인되어 있던 '위대한 스승' 김기림의 이미지 때문이었다. 나이 여든이 훨씬 넘은 작금에 이르기까지 그가 역사와 인간을 배반하지 않고 이에 합당한 '예의'를 갖추면서 지금껏 올곧게 살아온 것은 '위대한 스승' 김기림 영향 때문이었다.

김규동과 김기림의 관계는 마치 고대 그리스에서 아들과 아버지의 관계와 흡사하다. "호메로스의 영웅시대는 물론 고전시대의 아테나이에서도 아들은 언제나 자신을 따라다니는 아버지의 이미지를 의식하고 있었고, 그러한 아버지에 뒤지지 않기 위해 노력했다. 아버지의 이미지는 아들로 하여금 언제나 자신의 행동을 검열하게 하는 '내면화된 타자' '내부

---

9) 김규동, 앞의 글, 「김규동 시인의 문단회고 1」, 213쪽.
10) 같은 글, 214쪽.
11) 김규동, 시집 『느릅나무에게』(파주: 창비, 2005), 163~164쪽.

의 강력한 검열관'이었다." 위대한 전사(戰士)나 훌륭한 인간이 되어 아버지를 '수치스럽게' 만들지 않는 것이야말로 아들이 마땅히 지켜야 할 "삶의 원칙이자 본질이었던 것이다."[12]

김기림은 김규동이 자신의 삶의 지표(指標)로서 언제나 찾고자 하는 '고향'이었고, 그가 자신과 역사를 배반하려 할 때마다 자신을 다시 돌아보게 하는 '내부의 강력한 검열관' 고향의 '아버지'였다.

「나비와 광장」

1950년 그의 나이 26세 때 6·25전쟁이 터지고, 이에 납북당한 김기림과 이별하고 부산으로 피란을 간 김규동은 1951년에 「후반기」동인을 결성했다. 1951년~1953년 사이에 「후반기」동인에서 활동했던 그는 "김기림 선생이 간 뒤에 '할 수 없다. 우리가 깃발을 세우자'고 해서" 조향·박인환·김경린·이봉래·김차영을 규합해 "'우리는 좌익도 아니고 우익도 아니다. 우린 모더니즘'이다"라고 외치며 6인의 모더니즘 동인을 결성했다.[13] 그가 「후반기」동인은 우익도 좌익도 아닌 모더니즘이라고 외쳤던 것은 김기림을 불온시하고 그를 따르는 자신을 "삐딱하게 보고" "외면"했던[14] 김동리·조연현 등 당시 문단에 강력한 영향력을 행사하던 우익 문학가들에 대한 반발의 일환으로 볼 수 있다.

그가 부산 피란시절 『연합신문』에 문화부장으로 있었을 때, 박종화·김동리·조연현 등이 주도하던 '문협'에 반기를 들고, 조향으로 하여금 신문에 '문총 해체론'을 제기하는 논문을 쓰게 하고, 저들 중심의 '중앙

---

12) 임철규, 졸저 『그리스 비극-인간과 역사에 바치는 애도의 노래』 (파주: 한길사, 2007), 222~224쪽을 볼 것.
13) 김규동, 앞의 글, 「김규동 시인의 문단회고 1」, 215쪽.
14) 같은 글, 215쪽.

정부'에 맞서 그들 「후반기」동인 중심의 '작은 정부'를 만들고자 했던 것도[15], "정치에 있어서 여운형 선생 같은" 인격의 소유자, 좌익사상을 지녔지만 문학의 "예술성"을 지켰던 김기림·정지용 같은 시인이 보여주었던 길, 즉 문학의 "사상성"과 "예술성"을 동시에 구현하는 것이 세계문학과 "같이 가는 유일한 길"임을 인식했기 때문이다.[16]

모더니스트 「후반기」동인이 당시 문단의 지배세력에 대한 반동에서 출발했다는 점에서 기존질서에 대해 체제 저항적이었고, '문협' 전통파에 속했던 유치환·서정주 등의 '인생파', 조지훈·박목월·박두진 등의 '청록파'의 전통 서정시에 대한 반동에서 출발했다는 점에서, 전위예술로서도 체제 저항적이었다. "반역과 파괴를 더 존중하였"던 「후반기」동인은 "일체의 기득권이나 권위에 도전하여 새로운 질서를 창조해나가기만 하면 우리의 새 시대는 열린다고 굳게 믿어 마지않았다."[17]

김규동은 그의 시론에서 '인생파'와 '청록파' 시인을 일컬어, 현실의 고통과 비극을 도외시하고 지나간 과거의 전통 속에 도피하여 서정의 날개를 퍼덕이는 유파들이라 치부하고는, 이를 한국 시단의 슬픈 운명이자 비극이라 진단했다. 「후반기」동인이, 감상적인 낭만주의 재래시를 배격하고 근대문명의 산물인 도시와 도시화의 여러 현상을 시의 내용으로 삼고 음악성 대신 회화성을 강조하는 시적 이미지를 중시하는 서양 모더니즘 기법을 수용했던 1930년대 김기림의 '모더니즘'을 답습한다는 점에서 볼 때, 그들을 김기림의 후예로 봐도 무리는 아니다.

"문명의 아들" "도회의 아들"[18]이라 일컬어지는 김기림의 '모더니즘'

---

15) 김규동, 「김규동 시인의 문단회고 2-50년대 문단 뒤안길 이야기」, 『시와 시학』 가을호 (2007), 160쪽.
16) 같은 글, 167쪽.
17) 김규동, 앞의 글, 「'후반기'동인시대의 회고와 반성」, 361쪽.
18) 김기림, 「모더니즘의 역사적 위치」(1939), 앞의 책, 『김기림 전집 2』, 56쪽.

이 일제 강점기의 경성을 물적 토대로 하여 근대화를 가져온 현대문명에 대한 기대와 동시에 이에 대한 불안과 비판에 초점을 두었던 것과 마찬가지로, 「후반기」동인 역시 그들의 시의 세계를 현대문명과, 근대화의 산물인 도시화에 대한 기대와 동시에 불안과 절망에 초점을 두었다. 그러나 그들, 특히 김규동에게 현대문명에 대한 불안과 절망이란, 6·25전쟁이라는 비참한 현실, 그의 용어로 표현한다면 '현실의 암흑'이 전제되어 있었다.

따라서 "세계주의자였던"[19] 스승 김기림의 근대문명에 대한 인식과 비판이 세계사적인 전망 아래서 이루어진, 좀더 추상적이고 본질적인 것이었다면, 김규동의 그것은 좀더 구체적이고 역사적이었던 것이다. 김규동은 그의 모더니즘 시기의 대표작이라 할 수 있는 「나비와 광장(廣場)」(1955)에서 이를 확연히 드러내고 있다.

    현기증 나는 활주로의
    최후의 절정에서 흰나비는
    돌진의 방향을 잊어버리고
    피 묻은 육체의 파편들을 굽어본다

    기계처럼 작열한 작은 심장을 축일
    한 모금 샘물도 없는 허망한 광장에서
    어린 나비의 안막을 차단하는 건
    투명한 광선의 바다뿐이었기에—

    진공의 해안에서처럼 과묵(寡默)한 묘지 사이사이

---

[19] 김재용, 『협력과 저항—일제 말 사회와 문학』 (서울: 소명출판, 2004), 206쪽.

숨가쁜 Z기의 백선과 이동하는 계절 속
불길처럼 일어나는 인광(燐光)의 조수에 밀려
이제 흰나비는 말없이 이즈러진 날개를 파닥거린다

하얀 미래의 어느 지점에
아름다운 영토는 기다리고 있는 것인가
푸르른 활주로의 어느 지표에
화려한 희망은 피고 있는 것일까

신도 기적도 이미
승천하여 버린 지 오랜 유역―
그 어느 마지막 종점을 향하여 흰나비는
또 한 번 스스로의 신화와 더불어 대결하여본다 (전문)

  김규동은 이 시에 등장하는 '나비'는 "어쩌면 물결치는 환상과 어둡고 슬픈 상념을 지닌 시인 자체의 변신"[20], 바로 자기 자신이라고 밝힌 바 있다. '나비'는 "현기증"을 일으킬 정도로 급속도로 앞으로 달리는 현대문명의 한가운데 놓여 있다. 1930년대의 모더니즘의 시에 흔히 등장했던 전차, 기차 대신 이 시에서는 동시대의 현대문명의 첨단을 표상하는 '비행기'가 등장하고 있다. 그는 '비행기'라는 이미지를 통해 현대문명이 현기증을 일으킬 정도로 빠른 속도로 "돌진"하고 있음을 보여준다. 그러나 현대문명의 '돌진'의 방향이 "활주로"의 최후의 지점에 이르고 있음을 보여줌으로써, 김규동은 현대문명의 종국적인 '파국'을 암시할 뿐 아니라, 현대문명을 군용비행장의 "활주로"와 동일시함으로써 현대문명의 파괴

---

20) 김규동, 「현대시의 난해성」, 『새로운 시론』 (서울: 산호장, 1959), 53쪽.

적인 속성도 드러내주고 있다.

　무섭게, 그리고 빠르게 앞으로 돌진하고 있는 거대한 현대문명 앞에서 김규동은 날개가 툭 떨어져 나가기 쉬운 한 마리 작은 "나비"가 되어, 어디로 향할지 모른 채 서 있다. 시(詩)처럼 '순수' 그 자체였던 "흰" 나비에게는 "피 묻은 육체의 파편들", 갈기갈기 찢겨진 전쟁의 상흔(傷痕)만 앞에 보일 뿐이다. 벤야민이 그의 「역사철학 테제」에서 지금까지의 인류 역사를 '잔해' 위에 또 '잔해'가 쉼 없이 쌓이는 '파국'의 역사로 바라보고, '진보'의 허구성, 역사의 비인간성에 처절한 절망을 쏟아내었듯,[21] 김규동의 '나비'도 "피 묻은 육체의 파편들," 즉 '파국'의 상흔만이 현대문명의 끝에 남아 있는 것을 보고 절망을 토한다.

　불안과 공포, 아니 분노에 젖어 "기계처럼" 이글이글 불타오르는 "심장"을 식혀줄 어떠한 희망의 "샘물"도 보이지 않은 역사의 현장, 무망의 "광장"에서 나약한 "어린 나비"는 "투명한 광선의 바다", 즉 폭탄이 투하될 때마다 거기서 눈부시게 쏟아져 나오는 어지러운 파괴의 빛줄기에 시야가 가려져 두려움에 떨며 머뭇거리고 있다.

　폭탄을 싣고 전선으로 "숨가"쁘게 향하는 군용비행기 "Z기"는 적막한 "해안"처럼 말없이 누워 있는 죽은 자들, 전쟁의 희생자들의 "묘지 사이사이"에 "백선"을 뿜어대며 날아가고 있다. 시간은 흘러 계절은 숱하게 오가지만, 전쟁은 쉽사리 끝나지 않을 듯, 폭탄은 계속 떨어지고, 떨어질 때마다 "불길처럼" 솟구쳐 일어나는 "인광"에 압도되어, 전쟁의 끝없는 공포에 압도되어, "흰나비"는 그 한쪽 귀퉁이가 떨어져 나간 "날개를 파닥거린다." 갈 길을 찾기 위해 부질없이 몸부림친다.

　"흰나비", 아니 김규동에게 전쟁의 상흔이, 아니 역사의 모든 상처가

---

21) 이에 대해서는 임철규, 졸고 「역사의 천사－발터 벤야민과 그의 묵시록적 역사관」, 『왜 유토피아인가』(서울: 민음사, 1994), 373~407쪽을 참조할 것.

다 아문 "아름다운" "미래"가 언제 오려나. 군용비행기가 날고 뜨는 파괴적인 "활주로"가 아니라, "푸르른 활주로", 인간에게 희망이 되는 '문명의 길'을 펼쳐줄 "화려한 희망"은 언제 오려나.

그러나 지금 그가 딛고 있는 이 땅은 신의 어떠한 도움도, 어떠한 기적도 불가능한 버림받은 '유형지'(流刑地)에 지나지 않는다. 하지만 절망을 절망으로만 안을 수는 없다. '흰나비' 김규동은 "그 어느 마지막 종점을 향하여", 그에게 마지막 "화려한 희망"으로 남아 있을지도 모를 목적지를 향해, 귀퉁이가 떨어져 나가지 않은 다른 한쪽 날개를 퍼덕이며 비상의 "신화"를 꿈꾸고 있다.

김규동이 대표작 「나비와 광장」을 비롯해 그가 「후반기」 모더니즘 동인 시절에 발표했던 작품들을 두고 "정신분열증의 광기를 발산하고 있는 것"[22]에 지나지 않았다고 회상하면서, 「후반기」동인은 "역사현실을 도외시하는 사이비 모더니즘의 아류에 불과"했다고 진단한 바 있다.[23] 그는 "전쟁은 국토를 완전 폐허화하였"고, "남북 인구의 반이 목숨을 잃었거나 불구가 되었"던 "참담한 민족현실 앞에"서, "그 암흑과 절망 속에서 민중이 어느 한 마디나마 알아들을 수" 없었던 시를 발표했던 자신을 "창피스러운" 존재로 매도한 바 있다.[24]

그러나 시집 『나비와 광장』(1955)의 「부치는 글」에서 8·15가 가져온 정치 혼란, 6·25전쟁이 가져온 민족의 고통과 수난을 생각하면서 자신이 겪은 "체험은 너무나 험하고 무거운 것이 아닐 수 없었으니 이는 곧 나의 감성의 성장과정에 있어서 특히 중요한 작용을 하였다고 믿어 의심치 않는다"[25]고 밝히고 있듯, 그리고 조금 전에 살펴본 「나비와 광장」에서도 알

---

22) 김규동, 앞의 글, 「나의 시론」, 56쪽.
23) 김규동, 「변혁의 길, 은둔의 길-나의 시적 편력」, 『시와 시학』 가을호 (2006), 103쪽.
24) 김규동, 앞의 글, 「나의 시론」, 56쪽.

수 있듯, 김규동은 전쟁의 고통, 황폐화된 역사의 현장과 상흔, 민족의 앞날에 대한 절망 등에 등을 돌리고, '순수'라는 탈이데올로기적인 서정의 바다에서 '순수미학'을 노래하던 인생파나 청록파의 시인들과는 달리, '참담한 민족현실'을 외면할 수 없었다. 그가 겪었던 체험이 얼마나 '험하고 무거운 것'이었던가는 같은 시기에 발표했던 또 다른 시, 가령「검은 날개-전쟁(戰爭)」(1955)에서도 확연히 드러나고 있다.

    무거운 하늘의
    회색(灰色) 뚜껑을 열어 재끼고
    모든 신(神)들은 세기(世紀)의 종말(終末) 위에
    검은 화환(花環)을 뿌리며
    지상의 희극(喜劇) 앞에
    눈을 감는다

    쇠잔(衰殘)한 태양(太陽)처럼 또는
    침묵(沈默)한 해협(海峽)과도 같이

    이윽고
    먼 하늘에 상장(喪章)처럼
    날리는
    오! 화려(華麗)한 그림자여
    검은 날개여! (부분)

  이 시를 지배하고 있는 이미지는 '검은' 또는 '회색'빛의 죽음의 이미

---

25) 김규동,「詩集 '나비와 廣場'에 부치는 試論」,『바다와 廣場』(서울: 산호장, 1955).

지다. 신들은 "하늘의 희색 뚜껑을 열어 재끼고" 그 속에 담겨 있는 죽음이라는 "검은 화환"을 종말로 향하는 지상의 인간에게 뿌리면서 인간이, 아니 동족이 서로 죽이는 웃지 못할 비극적인 "희극"에 아랑곳하지 않고 아무 말 없이 지친 듯 눈을 감고 있다. 신들이 인간을 버린 지상의 유형지, 이곳 한반도에서 전쟁은 죽음이라는 "검은 날개"를 "상장(喪章)처럼" 달고 "화려"하게 뻔쩍이는 폭탄과 총탄을 쏟아내면서 하늘 아래 지상을 내리치고 있다. 그의 이러한 절망적인 인식은 「항공기는 육지를 떠나고」 (1955)에서도 그대로 이어지고 있다.

그러나 김규동은 그때의 그의 그러한 절망적인 상황 속에서도 자신을 전적으로 절망 속에 내팽개치지 않았다. 이는 「헌시-우리들의 기빨을 세우자」(1955)에서 그대로 드러나고 있다. "황막한 광야" "황폐한 도시"의 "세찬 비바람 속에/검은 연기를 헤치고/"우리들의 기빨을 세우자"고 외치는 데서 확인된다.

'어머니'

김규동은 1958년 그의 두 번째 시집 『현대의 신화』를 출간하고 나서 10여 년이라는 긴 공백 기간을 거친 뒤, 『죽음 속의 영웅』이라는 세 번째 시집을 1977년에 내놓았다. 그는 "나는 50년대를 거쳐 60년대 4·19혁명을 거치는 격동의 현실 속에서 시를 어떻게 써야 하는가 하는 숙제를 두고 절망에 가까운 고뇌에 침몰되어 있었다"고 회상하면서, 60년대의 거의 대부분 문학창작에서 손을 떼었던 그때를 일컬어 "침묵의 시기, 벙어리 시기"[26]였다고 토로한 바 있다. 『죽음 속의 영웅』은 '분단'과 '독재'라는 절망적인 현실 앞에서 겪어야 했던 그의 내적 변화를 보여주는 작

---

26) 김규동, 앞의 글, 「나의 시론」, 56쪽.

품이었다.

　서시 「죽음 속의 영웅」에서 "다시 태어나기 위해선/소멸되지 않으면 안 된다"고 노래하고 있듯, 그의 변화의 핵심은 '반성'이었다. 말하자면 시인으로서뿐 아니라 지식인으로서 그의 정치의식 핵심은 '반성'이었다.

　『죽음 속의 영웅』을 출간하기 4년 전 1974년에 민주회복국민회의 민주회복국민선언대회에 참가하면서, 1975년에 자유실천문인협회 고문에 추대되면서, 유신체제 그리고 그 후 이어지는 80년대의 군사독재체제에 반대하는 민주화운동에 적극 가담하면서부터, 김규동은 시적 인식의 전환을 맞게 된다. 그는 1977년의 시집 『죽음 속의 영웅』에 나오는 「희망」이라는 시에서 이렇게 노래하고 있다.

　　지난날
　　38선을 넘을 때
　　안내꾼에게 준 할아버지의 회중시계는
　　아직도 시간을 가리키고 있는지
　　해체된 풍경 속에
　　잃어버린 것은
　　스승과 눈물과 후회뿐인 줄 알았더니
　　추락하여 가는 내면의 눈에
　　번개같이 스치는 것은
　　깨끗한 한 개의 희망이다
　　스산한 나뭇가지에
　　빛의 다른 한쪽이 머무는 것을 보고
　　무서운 경이(驚異)를 느낀다
　　그것은 내일을 향한 순간의 전율
　　푸른 공간의 전락(轉落)을 뒤로

부서져 내리는 차가운 유리조각
오 희망을 위하여는
처참한 것을 넘어서야 한다. (부분)

유신체제 아래 민주주의가 숨을 쉬지 못하고 모두가 두려움과 불안에 떨던 억압적인 공포의 나날을 경험했던 김규동은, 절망의 빛이 아니라 "무서운 경이"나 "전율"을 느끼게 하는 '희망'의 빛이, "추락"해가는 자기 내면의 한 켠에 "번개같이" 스쳐가고 있음을 경험한다. 그 빛은 다름 아닌 오늘의 "처참한" 현실을, '분단'과 '독재'라는 비극적인 현실을 "차가운 유리조각"처럼 냉정하게 바라보고 이를 극복하려는 결의에 찬 희망, "한 개의" "깨끗한" "희망"임이 드러난다. "잃어버린 것은/스승과 눈물과 후회뿐인 줄 알았더니" 잃어버린 것은 다름 아닌 내일을 향한 '희망'이라는 것을 깨닫고, 이 '희망'을 위해 '추락'해가고 있던 지금의 '나'를 극복하겠다고 다짐하고 있다.

대동아공영권의 전쟁동원이든 내선일체의 황국신민화이든 이에 동조하는 글을 내놓았던 많은 조선의 문인과 달리 이에 대한 '저항'으로 글을 쓰시 않고 '침묵'으로 일관했던 일제 말의 저항 문학인이 많이 있었다. 그 가운데 한 사람이 김규동의 스승 김기림이다.[27] 김기림은 1941년 중반 이후 일절 글을 쓰지 않았다. 그의 침묵은 "일본의 식민주의에 대한 강한 저항"[28]의 표현이었다.

김규동이 50년대의 그 절망적인 민족의 현실 앞에서도 '기빨을 세우자'고 외칠 수 있었던 것도, 이 시에서 '희망'을 노래하는 것도 언제나 그의 '내부의 강력한 검열관'으로 자리 잡고 있던 김기림 때문이었다. 그는

---

27) 이에 대해서는 김재용, 앞의 책, 204~221쪽을 볼 것.
28) 같은 책, 221쪽.

"역사와 현실에 대응하는 냉철한 지성, 그것을 나는 일찍이 김기림 선생의 생활에서 배우게 되었다"[29]고 회상한 바 있다. 그에게 김기림은 절망을 뛰어넘게 하는 희망의 정신이었다.

1985년에 출간한 시집 『깨끗한 희망』의 「자서」(自序)에서 김규동은 "이 땅의 시인인 이상 분단이라는 다급하고 절실한 문제를 떠나서는 존재의의를 찾을 수 없다는 생각과 목을 조이는 분단의 사슬을 문제 삼지 않고는 시의 문제를 해결할 수 없다는 자각을 갖게 된 것이다"[30]라고 토로한 바 있다. 김규동은 80년대 군사독재에 맞서 민주화를 위한 저항운동을 계속하면서 통일운동을 향한 열의에 자신을 불태우고 있었을 때, 그때부터 그의 시에 자주 등장하는 주제나 모티프는 '고향', 아니 고향의 '어머니'다. 물론 1950년대의 그의 모더니즘 시절에도 김규동은 「고향」(1955)이라는 시를 쓴 바 있다. 시집 『나비와 광장』에 수록된 「고향」이라는 시는 당시의 그의 모더니즘 계열의 시와 전혀 성격을 달리하는 전형적인 서정시다.

고향엔
무슨 뜨거운 연정이 있는 것이 아니었다

산을 두르고 돌아앉아서
산과 더불어 나이를 먹어가는 마을

마을에선 먼 바다가 그리운 포푸라 나무들이
목메어 푸른 하늘에 나부끼고

---

29) 김규동, 앞의 글, 「변혁의 길, 은둔의 길」, 102쪽.
30) 김규동, 「자서」, 『깨끗한 희망』 (서울: 창작과비평사, 1985), 33쪽.

이웃 낮닭들은 홰를 치며
한가히 고전(古典)을 울었다

고향엔 고향엔
무슨 뜨거운 연정이 기다리고 있는 것이 아니었다 (전문)

이 시에서 그는 떠나온 고향을 그리워하고 있다. 그곳에 그가 두고 온 연인이 있기 때문에 고향을 그리워하는 것이 아니다. "산과 더불어" 친구가 되어 "나이를" 함께 "먹어가고" 있는 마을이 있고, 그 마을에는 "바다"를 "그리"워하며 "푸른 하늘에 나부끼고" 있는 "그리운 포푸라 나무들"이 있기 때문이며, "홰를 치며" "한가히 고전"을 읊고 있는 "낮닭들"이 있기 때문이다. 전쟁의 상처를 입지 않았던 지난날의 평화스러운 목가(牧歌)의 농촌마을이 그의 고향 이미지로 떠오르면서 그곳이 그의 그리움의 대상이 되고 있다.

김규동의 그 어떤 시에서도 "마을에선 먼 바다가 그리운 포푸라 나무들이/목메어 푸른 하늘에 나부끼고"에서처럼 이렇게 빼어나게 '서정이 절정에 이른 표현은 찾아볼 수 없다. 그의 고향은 역사의 현장에서 초연히 떠나 있는 문자 그대로 '서정'의 나라다.

그러나 그가 "분단의 사슬을 문제 삼지 않고는 시의 문제를 해결할 수 없다는 자각을 갖게" 되고, 분단의 사슬을 끊기 위해 통일운동에 뛰어들면서부터 그의 '고향'은 '서정'의 고향이 아니라 '역사'의 고향이 된다. 김규동이 나이 24세이던 1948년 1월 어머니 곁을 떠났을 때, 3년 후 통일이 되는 날 다시 어머니를 찾아뵐 것이라 약속했다. "눈이 쌓여 있는 동구 밖 다리 위에서 어머님은 오래오래 제 모습이 보이지 않을 때까지 작은누이와 함께 바라보고 계셨습니다."[31] 그러나 그 약속은 끝내 지켜지지 못했다. '분단'이 그렇게 만들었기 때문이다.

그가 "분단의 사슬을 문제 삼지 않고는 시의 문제를 해결할 수 없다는 자각을 갖게 된 것이다" 했을 때, 그에게 분단의 극복이란, 다름 아닌 바로 어머니와 재회하는 것이었다. 그는 「천년 전처럼」에서 "고향이라……/ 우리에게 고향이란 없소/분단은 있어도 고향은 없다오/(『느릅나무에게』) 했다. 분단이 극복되지 않으면 어머니를 만나볼 수 없다. 따라서 분단이 있는 한, 그리하여 어머니를 만나볼 수 없는 한, 그에게는 고향은 없다. 어머니가 바로 그의 '고향'이었기 때문이다. 그가 50년대의 시 「고향」에서 "고향엔 고향엔/무슨 뜨거운 연정이 기다리고 있는 것이 아니었다"고 노래했을 때, 그는 '뜨거운 연정'이 결국 그의 어머니를 향한, 또한 어머니의 그를 향한 그리움이었다는 것을 그때는 미처 깨닫지 못했다.

김규동은 청년시절 객지에 나가 학교에 다녔을 때, "어머니가 보고 싶어 여학생같이 울었다"고 회상하고 있다. 그리고 "공부는 둘째로 하고 밤낮으로 고향 생각만 했다……. 서로 떨어져 산다는 것이……. 인간에게 잔인한 것이라는 강렬한 생각이 가슴을 짓눌"렀다고 덧붙인다.[32] "어머니가 보고 싶어 여학생같이 울었던" 김규동은 어머니와 '별리'(別離)한 것을 운명으로, 민족의 비극적인 운명으로 받아들이면서, 그의 '분단'의식에 고향의 '어머니'라는 모티프가 가슴 깊이 자리 잡아가고 있었다. 그는 시집 『죽음 속의 영웅』에 나오는 「북에서 온 어머님 편지」에서 이렇게 노래하고 있다.

꿈에 네가 왔더라
스물세 살 훌쩍 떠난 네가
마흔일곱 살 나그네 되어

---

31) 김규동, 「북에 계신 어머님께」, 『어머님전 상서』 (서울: 한길사, 1987), 100쪽.
32) 김규동, 앞의 글, 「나의 시론」, 53~54쪽.

네가 왔더라
살아생전에 만나라도 보았으면
허구한 날 근심만 하던 네가 왔더라
너는 울기만 하더라
내 무릎에 머리를 묻고
한 마디 말도 없이
어린애처럼 그저 울기만 하더라
목놓아 울기만 하더라
네가 어쩌면 그처럼 여위었느냐
멀고 먼 날들을 죽지 않고 살아서
네가 날 찾아 정말 왔더라
너는 내게 말하더라
다신 어머니 곁을 떠나지 않겠노라고
눈물 어린 두 눈이
그렇게 말하더라 말하더라 (전문)

　어머니의 꿈에 나타난 아들 김규동은 어머님을 보고 울기만 했다. "한 마디 말도 없이/어린애처럼 그저 울기만" "목놓아 울기만" 했다. 그의 "눈물 어린 두 눈"은 "다시 어머님 곁을 떠나지 않겠노라고" 울기만 했다. 인간에게 있어 가장 '잔인한 것'이 '별리'였기에, 그는 어머니 "무릎에 머리를 묻고" 울기만 했다. 그렇기 때문에 김규동은 1989년에 내놓은 시집 『오늘 밤 기러기떼는』에 나오는 시 「아침의 예의」에서 통일의 "그 아침"이 도래되어 '별리'의 상처 속에 앓고 있는 이들이 북으로 귀향할 때, "갖고 가는 것은 아무것도 없"이 "빈손으로 만나야 한다" "자나 깨나 그리던/그리움 하나만으로 만나야 한다"고 노래했다. "이 손/더러우면/그 아침/못 맞으리"(「아, 통일」, 『느릅나무에게』)라고 노래했다. '그리움'

이외 아무것도 없는 "깨끗한 손"(「빈손으로」, 『죽음 속의 영웅』)에 채워지는 것은 아무 말 없이 '그저 울기만' 하는 눈물 이외에 다른 무엇이 있으랴.

김규동이 이전의 시집에서는 물론 1991년에 시집 『생명의 노래』를 출간한 뒤 14년의 긴 공백을 깨고 2005년에 내놓은 신작 『느릅나무에게』에 이르기까지, 그의 시에 등장하는 한반도의 북쪽은 억압적인 이데올로기에 의해 고통받는 나라로 전혀 비쳐지지 않고 있다. 억압적인 이념이나 착취, 고통도 없는 순수의 세계로 그려지고 있다. "아름다운 조선"(「어머님의 손」, 『생명의 노래』), "때 묻지 않은 고향"(「고향은 변하지도 않고」, 『오늘밤 기러기떼는』)으로 묘사되고 있다.[33] 거기에는 "위대한 순수"(「어머님의 손」)의 '손'을 가진 어머니가 있기, 아니 있었기 때문이다. 그에게는 어머니가 바로 '고향'이고, 어머니가 그곳에 있었기에 그쪽이 그의 고향이 될 수밖에 없었고, 아니 그쪽의 고향땅이 바로 '어머니'였기 때문이다.

'어머니'는 우리 인간에게 주어진 가장 위대한 '선물'이다. 데리다는 이른바 '선물'에는 '순수하게' 주어짐이 없이 언제나 '경제'가 개입된다고 한다. 따라서 그는 선물의 '불가능성'을 주장했다. 데리다는 내가 선물을 준다면, 거기에는 늘 그 선물이 교환관계에 얽히고 말 위험이나 불가피성이 있게 마련이라고 했다. '내'가 누구에게 선물을 줄 때, 그때 늘 '나'는 상대방으로부터 그 대가로 선물 받기를 기대한다. 그러므로 '진정한', 말하자면 '순수한' 선물은 없다는 것이다. 진정한, 말하자면 순수한

---

[33] 『녹색평론』, 99호 (3~4월, 2008), 113쪽에 게재된 그의 최근 시 「흙」에는 북쪽의 '고향 흙'도 '농약 안 친' 향기 가득한 순수한 것으로 이상화되고 있다. 「흙」은 다음과 같다. 흙이 한 줌/흙 향기를 폐에 넣었소/이 흙은 내 고향 흙/농약 안 친 흙을/할머니가 보내왔소.

선물은 대가를 전제로 하지 않고 자유롭게, 조건 없이, 계산 없이, 즉 '경제'를 초월해서 주는 것이라는 것이다.[34] 그러나 '어머니'라는 선물만은 그렇지 않다. 그녀만이 단 하나뿐인 진정하고도 순수한 선물이다. 그렇기 때문에 어머니는 우리 인간에게 주어진 가장 위대한 선물인 것이다.

히브리어에서 '연민' '자비'를 의미하는 단어 '라하밈'(rakhamim)의 어원은 '자궁'을 의미하는 '라함'(rawkham)과 같으며, 『구약』의 신의 또 다른 이름인 '동정심이 많은 자'를 의미하는 '라훔'(rakhoom)(「출애굽기」, 34: 6)과도 똑같다.[35] 생명을 창조한다는 점에서, 그것도 자비와 연민을 터하여 생명을 창조한다는 점에서, '자궁'은 가장 본질적인 의미에서 바로 '창조'의 신이다. 자궁의 주체인 '어머니'는 그 가장 고유의 속성이 '자비'이자 '연민'인 신의 또 다른 이름이다. 『신약』「요한복음」의 저자가 궁극적으로 도달한 인식이 바로 "말씀이 신"이었듯(1: 1), 성 아우구스티누스가 궁극적으로 도달한 인식도 바로 "사랑이 신이다"가 아니었던가.[36] 자비의 신, 사랑의 신이 바로 어머니였기 때문에, 김규동에게 '어머니'는 위대했다. 따라서 그는 어머니의 손을 '위대한 손'이라 했다. 상처받은 영혼을 치유해주는 어머니의 '위대한 손'이, 어떠한 이념에도 때 묻지 않은 순수영혼의 '위대한 손'이 그를 기다리고 있기 때문에, 어머

---

34) '선물'에 대한 데리다의 포괄적인 논의는 Jacques Derrida, *Donner le temps*, I, *La fausse monnaie* (Paris: Éditions Galilée, 1991); Jacques Derrida, *Given Time*, I, *Counterfeit Money*, Peggy Kamuf 옮김 (Chicago: U of Chicago Press, 1992)을 볼 것.
35) Richard A. Cohen, *Ethics, Exegesis and Philosophy: Interpretation after Levinas* (Cambridge: Cambridge UP, 2001), 223쪽을 볼 것.
36) *In Johannis epistulam, Augustine: Later Works*, John Burnaby 옮김 (Philadelphia: Westminster Press, 1955), 〈소논문〉 9.0; Eoin Cassidy, "Le phénomène érotique: Augustinian Resonances in Marion's Phenomenology," *Givenness and God: Questiond Jean-Luc Marion*, Ian Leaskar와 Eoin Cassidy 공편 (New York: Fordham UP, 2005), 219쪽에서 재인용.

니가 있는 북쪽은 그의 고향이 될 수밖에 없는지 모른다.

호메로스는 오뒤세우스의 입을 빌려 "인간이 겪는 고통 가운데 떠돌아다니는 것보다 더 고통스러운 것은 아무것도 없다"(『오뒤세이아』, 15.343) 했다. 김규동에게 남쪽에서의 삶은 언제나 '표류(漂流)'에 불과했다. 어머니가 없이 지내는 남쪽의 삶은 '고통 가운데 가장 무서운 고통'인 떠돌이의 삶에 지나지 않았다.

그러나 그는 가장 최근의 시 「인정을 키워가는 저녁」에서 "산다는 것은 끊임없이 가는 것이다"라고 노래했다.[37] 그는 어머니가 아직 살아 계실지도 모를 북쪽의 '고향'을 향한 발길을 오늘도 놓치지 않고 있다. 그 고향을 향해 '끊임없이 가는 것'이야말로 그에게는 '산다는 것'의 궁극적인 의미이기 때문인지 모른다. 「인정을 키워가는 저녁」은 "다행히 오늘은 비가 내리지 않았다"는 구절로 끝을 맺는다. 그에게는 "언젠가는 돌아가게 될" 어머니가 있는 푸른 "고향하늘"(「산」, 『느릅나무에게』)이 있으므로, 그의 귀향하고자 하는 '희망'이 아직도 다한 것이 아니기 때문인지 모른다.

---

[37] 김규동, 「인정을 키워가는 저녁」, 『현대시』 7월호 (2008), 137쪽.

4

바람의 꿈[1]
— 성원근과 그의 '오, 희디흰 눈속 같은 세상'

원근

　1977년 학부 1학년 때 처음 만나 그가 대학을 졸업할 때까지 그 어느 교수들보다 내가 가까이할 기회를 많이 가졌던 원근은 세속적인 말로 표현하자면 '문제아'였다. 1학년 때의 그는 너무 순진한 미남 청년이었다. 그의 앳된 모습이 범상치 않은 눈빛과 함께 떠오르는 것은 아픈 기억의 투영 때문만은 아닐 터였다.
　아무튼 그는 대학생활을 2년도 채 넘기기 전 다른 학생들은 물론 동료

---

1) 이 글은 원래 성원근(成元根)의 유고시집 『오, 희디흰 눈속 같은 세상』(서울: 창작과비평사, 1996)에 부친 발문이었다. 그러나 후반부에 그의 시를 다룰 때 이 책의 주제인 '귀환'에 맞게 그의 시에 관한 원래의 발문의 내용을 다소 늘려 보완했다. 그를 간단히 소개하면 이렇다. 1958년 2월 28일 경남 밀양군 하남면 수산리에서 성호영과 서중교의 4남 1녀 중 막내로 출생. 1977년 연세대 영문학과에 입학, 1985년 8월 졸업. 1987년 2월 이정인과 결혼. 1991년 9월 아들 현오 출생. 1992년 『세계의 문학』 여름호에 「획」 외 4편의 시를 발표하면서 등단. 연세대 대학원 영문학과 졸업. 석사학위 논문으로 셰익스피어의 「맥베스의 비극적 인식」이 있음. 1993년 8월 악성골육종 진단을 받고 신촌 세브란스 병원에서 암 투병 시작. 1994년 5월 천주교에 입교. 9월 세례를 받음. 세례명은 요셉. 1995년 3월 4일 타계. 세브란스 해부학 교실에 시신과 안구를 기증.

교수들 사이에서도 이른바 '문제아'로 떠오르기 시작했다.

문제아, 그 말은 그의 시집을 온통 휘감고 있는 '바람'의 이미지와도 같이 강렬하면서도 형체를 알 수 없었던 그를 규정하는 우리의 잣대였다. 그는 그렇게 시간이 지남에 따라, 영문학을 비롯한 서양 학문에 점점 회의와 거부감을 느끼면서 동양의 노장(老莊)사상에 경도되는 듯했다. 게다가 허식과 위선을 민감하게 거부하는 그의 생활은 주위 사람들에게 상궤(常軌)를 벗어나는 기행(奇行)으로 비칠 수밖에 없었다.

그 많은 파격적인 생활태도 가운데 내가 경험한 가장 충격적이었던 것은, 주로 교수들이 드나드는 문과대학 현관문 옆 돌담 위에 맨발로 걸터 앉은 그가, 장기판을 깔아놓고 자기 옆을 스쳐 걸어가는 다른 학과의 교수들은 말할 것도 없이 영문학과 교수들에게마저 인사는 물론 눈길 하나 주지 않으면서 철저히 무시하는 듯, 혼자 장기를 두던 모습이었다.

나는 교수들에게 보내는 적의와 경멸에 찬 그의 태도에 때로는 당황했다. 그리고 많은 학생이 민주화를 위해 구속되고 분신마저 불사하던 유신 말기와 그 후의 숨 막히던 5공 시절의 혁명 열기를 비웃는 듯한 그의 '당치 않던' '도사(道士)와 같은' 태도에 때로는 분개하기도 했다. 그러나 독한 술로 주린 배를 채우고 내가 살던 학교 사택에 들러 혀 꼬부라진 목소리로 몇 마디 알 수 없는 말을 내뱉고는, 정원 뜰 앞 꽃무리 속에 얼굴을 파묻고 쓰러져 자던 그의 허기진 모습에서, 나는 말할 수 없는 아픔을 느끼기도 했다.

그가 이따금 무척 측은하게 보였기 때문이었을까. 내가 학점을 주지 않으면 졸업을 할 수 없는 결정적인 계기가 주어졌을 때, 나는 졸업하자마자 빠른 기간에 논문 형식의 짧은 글을 제출하도록 약속을 받은 후, 그가 졸업할 수 있게끔 미리 B학점을 주었다. 그러나 졸업한 뒤 오랜 세월이 지나도 그에게서는 아무런 소식이 없었다. 밤에는 술에 취한 채 신촌 일대를 돌아다니면서 고성을 지르거나 싸움하다가 파출소에 가기도 하고,

카페 디제이, 술집 바텐더를 전전하며 세월을 '바람'처럼 지낸다고 소문으로만 들었다.

그러던 그가, 오랜 방황의 끝을 알리는 신호인지, 대학원에 들어왔다. 그러나 졸업하면서 나와 한 약속을 어겼을 뿐 아니라, 대학원에 와서도 한번도 나를 찾아오지 않은 그를 나는 용서하지 않았다. 그가 복도에서 마주쳐 인사할 때에도 차디찬 시선을 줄 뿐이었다. 그러다가 몇 학기가 지난 어느 날 그가 처음으로 나의 연구실 문을 두드렸다. 석사학위 논문으로 '비극'을 연구하겠으며 나를 논문 지도교수로 모시고 싶다는 것이었다. 나는 논문 지도를 수락하기 전에, 우선 약속했던 논문 형식의 글을 제출할 것을 요구했다. '가짜' 학점으로 졸업하고 어떤 변명도 없이 약속을 내팽개쳤으니 '배신'의 빚을 갚아야 할 터였다. 그는 이를 전혀 예측하지 못한 듯, 당황하며 연구실을 나갔다. 그가 몇 개월 뒤에 약속한 글을 바쳤지만, 나는 결국 그의 논문 지도교수가 되기를 거절했다.

이처럼 냉정했던 내가 그를 비로소 따뜻하게 대할 수 있었던 것은, 그가 1977년에 대학에 들어온 뒤 1992년 2월에 석사를 마치기까지 숱한 방황의 곡절 가운데서도, 석사를 마친 후 직업다운 직업을 갖지 못한 채 아내의 가게일을 도와주면서도, 문학에 대한 열정을 간직하고 있었음을 알게 되었기 때문이다. 결국 시인이 되기 위해 그렇게 방황의 날개를 미친 듯 퍼덕였던 것인가. 1993년 여름 어느 계간지를 통해 시인으로 등장한 그를 보았을 때, 나는 마음속 깊이 그를 따뜻하게 받아들일 수 있었으며, 여태껏 그에게 느꼈던 실망은 사랑과 희망으로 변화되었다.

원근은 바람이었다. 형체를 알 수 없는 것, 아니 인연이 닿기까지 형체를 감추는 것이 바람이라면, 원근은 바람처럼 때로는 자유였고, 때로는 분노였고, 때로는 외로움이었고, 때로는 절망이었다. 신촌 길거리에서 우연히 그를 만났을 때, 나는 그의 등단 시들을 칭찬하면서 훌륭한 시인으로 대성하기를 격려했다. 그리고는 그와 처음 만났던 그때처럼 그를 좋아하기 시작했다.

  석사를 마친 후 2년이 지난 1994년, 훌쩍한 키에 한번도 정장을 한 것이 기억에 없을 정도로 허름한 입성에 곱슬곱슬한 머리를 잘 빗지도 않고 다니던 그가, 드디어 정장을 하고 처음으로 대학에서 강의를 하려던 그 무렵, 그는 일상이 너무나 부담스럽다는 듯 불치의 병에 몸져눕는 처지가 되고 말았다. 규격과 관습의 세계 너머로 불어가고 불어오는 바람처럼 살고자 했던 원근, 『도덕경』의 대도(大道)와 같이 유유히 흘러가는 생명의 흐름에 자신을 맡기고자 했던 것일까. 그렇다면 그가 일상에 편입되어야 하는 바로 그 순간, 도시라는 거대한 병원에서 맞지 않는 생체 이식수술이라도 받은 환자처럼 거부반응을 일으킨 것은 아닐까.

  암일지 모른다는 선고를 받고도 별다른 동요나 두려움 없이 병원 앞 돌자리에 앉아 담배를 피우던 그에게, 유학을 끝내고 돌아와 모교에서 수업을 시작한 지 보름 만에 폐암 선고를 받고 수술했던 내 경험을 들추며 그 역시 오진일지 모른다는 판에 박힌 위로로 그의 어깨를 두드릴 수밖에 없던 그때, 죽기 바로 몇 개월 전 나의 연구실에 전화를 했을 때, 죽지 말고 절망의 바다에서 비상하여 아름다운 영혼의 날개로 노래하는 훌륭한 시인이 되어달라는 나의 부탁에, 오히려 나의 안부를 물으며 나의 건강을 염려 하던 그때, 죽기 전에 병원에 기증한 그의 시신이 영구차에 실려 병원 해부실로 향하기 바로 직전 아내의 오빠이자 그를 가장 사랑하던 친구가 터뜨리는 기막힌 오열을 듣던 그때, 그리고 그의 몸 전부를 이 세상에 주고 가는 그에게, 한때 내가 얼마나 차가운 선생이었는가를 후회하면서 회한과 부끄러움 속에 영결식장을 나오던 그때, 나는 그가 얼마나 큰사람인가를 깨달았다. 그리고 이제 그의 시집 앞에서 그 느낌을 확인받는다.

멸종된 '영웅'

하룻밤 새 세상은 달라지리라
말라붙어 있던
떡갈나무 잎새 하나만 떨어졌어도
세상은 달라지는 것을
밤새 하얗게 변할 세상을 기다린다

추위에 발갛게 언
짐승의 발소리 살얼음 위를 걸어가고
건너야 할 강은 그리도 넓고 깊은 것인지
밤새 강이 얼기를 기다린다
겨울이 조심스레 건너가야 할

하늘에 엷은 얼음 얼고 눈이 덮이면
세상은 달라지리라
싸락눈발 속을 지나간
짐승의 발갛게 언 발자취만 남아도 세상은 달라지는 것을
• 「눈을 기다리는 밤」 (전문)

1977년 그가 대학생활을 시작했던 그때는 유신 말기였다. 민주화를 위한 학생들의 투쟁이 격렬하기 짝이 없던 시절이었다. 이후 이어지는 5공의 군사독재체제 아래서 보낸 그의 학창시절도 그러했다. 그는 당시 민주화를 위한 학생들의 투쟁에 적극적으로 뛰어들었던 적이 거의 없었던, 아니 전혀 없었던 것으로 기억된다. 원근에게는 자기 밖의 어떤 것도, 그것이 역사이든 무엇이든 간에, 자기보다 우선이 될 수 없었다. 자기 자신에

게 철저히, 절대적으로 순수해야만 하는 자아, '희디흰 눈', 이것이 그때 그가 추구했던 모습이었던 것 같다.

이것이 그의 자랑스러운 '오만'이었고, 이런 오만을 위해 시대의 아픔을 애써 무시하려 했던 그는 오만으로 벗어날 수 없었던 죄의식을 견디는 방법으로 '증오'를 선택했다. 그래서 그는 "기름진 배때기"가 "짓밟혀 허리를 꺾고 사는 자들"을 착취하는 사회를 증오한 것은 물론이고, "플래카드 같은 신화 따위를 이마빡에 두르고"(「탈주범의 모놀로그 10, 11」) "티 나게" 사회를 비판하는 "당신들"까지 증오한다.

······그들에 대한 증오는 쉬 잊겠으나
······
꿈속까지 쫓아와 내 잠든 등골을 시리게 하던
당신들의 눈동자를 나는 용서하지 못하겠다
• 「탈주범의 모놀로그 5」

지금 방아쇠를 당기는 저들보다
내 증오심 속에서 부산을 떨고 있는 당신들이 나는
가증스러운 거다
• 「탈주범의 모놀로그 4」

'민주화'를 위해 투쟁하는 동료 학생들의 모습에서 이따금 그는 '순수'가 아니라 '자기'의 이미지를 더 높여 오직 역사 속에 자신을 '영웅'으로 자리매김하려는 위선을 보았다. 그는 이들의 모습에서 '역사'의 이름으로 자신을 정당화하려는 가식의 몸짓, 즉 "역사의 영원한 화석이 되기를 꿈꾸"(「탈주범의 모놀로그 13」)는 비순수의 위선을 보았던 것이다. 원근에게는 그들이 "내거는······ 정의, 자유, 평등, 민주······"가 "하얀 천조각의 신화"(「탈주범의 모놀로그 11」)에 지나지 않는 것처럼 보였다. "인간에게 희생과 순교와 영웅이 가능하더냐?" "어느 역사와 무리 속에서/희생과 순교와 영웅이 있더냐/모두 잊으랴"(「탈주범의 모놀로그 14」)라고 외친다.

　죄의식과 증오에서 벗어난 후에야, 용서한 후에야 죄를 물을 수 있음을 아는 그에게는, 그래서 "'정의'란 낱말은 그 정의가 너무 허망"(「탈주범의 모놀로그 9」)했다.

> 내가 그들을 단죄하지 못했다면
> 내가 그들을 용서하지 못했듯이,
> 내가 나를 용서했다면 내가 나를
> 단죄하듯이,
> 　•「탈주범의 모놀로그 7」

　그는 오히려 "무상으로 내왕하는 메아리"(「산」) 같은 도사(道士)의 노래를 부르고 싶어했다. "비 내리면 빗속 거닐고/눈 내리면/하아얀 길을 뽀드득 밟으며……/흰 눈을 조금 쌓아"두고(「노래」), 마음은 "빈 가슴 풀어헤쳐/……사무치게/노래부르는……"(「노래부르기」), 그저 그렇게 평범하게 티 없이 살아가는, 그리고 다른 세상을 꿈꾼다면 눈이 오기를 기다리기만 하면 되는 도사의 노래를 부르고 싶어했다.

> 하룻밤 새 세상은 달라지리라
> ……
> 싸락눈발 속을 지나간
> 짐승의 발갛게 언 발 자취만 남아도 세상은 달라지는
> 것을

• 「눈을 기다리는 밤」 (부분)

그러나 "대가를 치르지 않아도 좋을 그런 꿈을 꾸며 죽고 싶"었던(「탈주범의 모놀로그 3」) 그도 정작 그 꿈이 무엇인지는 모르는 채였으며, 이것이 그를 방향도 없이 "어딘가에서 어디론가로"(「탈주범의 모놀로그-시작하는 노래」) 방황하게 만든 원인이 되었다.

무엇이 꿈이었던가
무엇이 꿈이었던가
외쳐 불러도 답이 없는 것을.
• 「산」 (부분)

장시 「탈주범의 모놀로그」에 나타나 있듯, 원근은 탈주범을 통해 자신의 자의식을 형상화하고 있다. '탈주범'은 자신의 자의식을 형상화하는 적절한 이미지였기 때문이다. 장시에 등장하는 탈주범 지강헌은 장래 시인이 되고 싶었던 순수한 청년이었다. 가난한 삶을 견디다 못해 절도를 행하다가 상습절도죄 등으로 징역 17년이라는 선고를 받았다. 1988년 10월 8일, 88서울올림픽이 끝난 지 며칠이 지난 그날, 지강헌은 그와 함께 수감되어 있던 동료 25명과 함께 대전교도소·공주교도소·공주치료감호소 등으로 이감(移監)되어가던 도중, 감독이 소홀한 틈을 타서 호송버스에서 탈출하여 서울로 잠입했다.

대부분의 탈옥수가 검거되었지만, 지강헌을 비롯한 일행 네 명은 8일 동안 도피생활을 하다가 10월 16일, 경찰에 의해 포위되자 서울 남가좌동의 어느 가정집에 잠입하여 일가족을 잡고 인질극을 벌이기 시작했다. 그는 자신들과 대치 중이던 경찰에게 국민들에게 할 말이 있다며 텔레비전 생중계를 요구했고, 이것이 받아들여지자 그는 텔레비전을 통해 자신들의 심정을 밝히면서 "유전무죄 무전유죄"라고 외쳤다. 그리고 경찰에게 노래 「홀리데이」를 들려달라고 요구했다. 경찰이 스피커를 통해 비지스의 「홀리데이」를 들려주고, 이 노래가 크게 울려 퍼지는 가운데 경찰 특공대가 그 집 안으로 투입되었다.

수많은 국민들이 텔레비전으로 지켜보는 가운데 그중 가장 나이 많은 지강헌이 소지하고 있던 권총을 들고 총알을 자신의 머리에 발사했고, 다시 한 명이 방바닥에 떨어진 권총을 집어 들고 자신의 가슴을 쏴 자살했고, 다른 한 명이 다시 권총을 잡으려 하자 이를 인질을 죽이려는 것으로 오인한 경찰이 총을 쏴 그를 사살했다. 나이가 가장 어린 탈주범 하나만이 생포되었다.

탈주범 지강헌은 범죄자라는 사회의 낙인을 증오하고 경멸하고 도피했지만, 자신을 추적하는 사회로부터 결코 자유로울 수 없는 한 탈주범에 지나지 않았다. 그렇지만 자신 속에 그를 담고 있었던 원근은 그의 주인공처럼 증오와 경멸 속에서 자폭하지는 않는다. 그의 고통스러운 죄의식과 증오와 경멸은 "당신네들, 나의 가증스러운 적들을 내가 뿌리까지, 사실은, 사랑하고 있었음을 확인"(「탈주범의 모놀로그 1」)하기 위한 연습이었다. 그는 어느새 그 고통을 승화시키는 아름다운 사랑의 노래를 부르고 있기 때문이다.

너의 아름다움을 찾아주기 위해서
내가 더 낮아지고
더러워지는 거다

너의 깊은 슬픔 배 띄워주려고
더 넓어지고 더 깊어질 뿐이다

• 「하류에서」 (부분)

이 가슴
너의 고향이 되도록
언제까지 넓어지리라
• 「획―오, 희디흰 눈속 같은 세상」 (부분)

여기서 우리는 그의 바람 같은 방황이 실은 세상에 대한 증오가 아니라, 방향을 잃은 세상을 사랑하는 그의 유일한 방법이었음을 알게 된다.

그러나 이 세상이 암흑임을 알았을 때
나의 의식은 그 어둠을 보기 위해 덩달아
구정물처럼 탁해졌었지
• 「탈주범의 모놀로그 5」

그는 우리 곁을 떠났지만, 그리하여 우리는 우리 곁을 떠난 그가, 어둠을 그저 어둠으로 둘 줄 아는 '도사'를 꿈꾸었던 그가, 그 어둠 속에서 한순간 빛나지 않을 수 없었던 멸종된 '영웅'이었음을 기억할 것이다.

어둠을 빛으로써 비춰보지 말며
어둠으로써 어둠 속에 안식하는
빛나는 한순간의 어둠
• 「머무르기」 (부분)

사람은 노래따라 가는 것일까. 그렇다면 노래가 운명을 만드는 것일까, 아니면 운명이 노래에 실리는 것일까. 죽음을 노래한 시인이 요절하면 우리는 왠지 불길한 느낌이 든다. 죽음에 취하여 죽음을 불러온 것이 아닐까 하고. 그러나 운명이라는 우리가 잘 이해하지 못하는 이름을 함부로 사용하여 그를 설명하지는 말자. 적어도 그는 죽음에 취한 것이 아니라 죽음을 직시하려 했다. 그러니 '바람'처럼 그를 자유롭게 놓아두자. 우리에게는 그를 묶어둘 권리가 없다.

> 너희는 임의로 나를 너희 속에 넣을 권리가 없다
> 나는 나의 뜻과 나의 욕망에 따랐을 뿐
> 내 속에서 너희가 살았는지는 몰라도
> 나는 나를 위해 살았고 너희를 위해 산 것이 아니다
> •「탈주범의 모놀로그 15」

"죽은 자의 삶은 산 자들을 위해 있으나 살다 간 한 인간의 삶이 산 자들의 전유물이 되어 상징 속에 가두어질 순 없다"(「탈주범의 모놀로그 13」)고 말하는 그 자신도, 우리의 기억 속에 갇히길 원하지 않을 것이다.

> ······너희들의 일방적 상징 속에 나를 가둬두지 않으리라
> •「탈주범의 모놀로그 13」

> 잊어다오 잊어다오
> 다시는 너희의 편리한 뜻풀이를 받으며
> 상징처럼 각인된 채 살고 싶지 않다, 죽어 누운 이
> 시간까지도
> •「탈주범의 모놀로그 14」

그렇지만 벤야민이 말했듯, 우리는 누군가의 생애를 말하고 싶은 이야

기적인 충동을 아주 버릴 수는 없다. 원근은 큰사람이었다. 일찍이 벤야민은 "35세에 죽는 사람은 그의 생의 모든 점에서 35세에 죽는 사람이다"라고 한 독일의 문필가 모리츠 하이만(Moritz Heimann, 1869~1925)의 말을 명상의 재료로 삼은 바 있다.[2] 가령 예수의 생애를 생각할 때, 우리는 그가 33세에 죽은 사람이라고 할 수 있지만, 동시에 33년 동안 죽음을 준비한 사람이라고도 말할 수 있다. 우리도 어느 순간 죽기 위해 매순간 그 죽음을 준비하고 있다고 말할 수 있다. 죽음을 내려다보면서 마지막 순간을 향해 깨어 있는 정신으로 나아가는가, 아니면 어느 날 '도둑처럼' 다가온 죽음에 맞닥뜨리는가가 다를 뿐이다.

그가 오랜 투병생활 끝에 수녀님의 위로를 받으면서 맑은 정신으로 죽음을 맞이했다는 사실과, 죽음을 기다리면서 자신의 시신을 병원에 기증하기로 결심했다는 사실은, 죽음을 준비하는 그의 정신이 담대하게 깨어 있었음을 짐작하게 한다.

> 삶이 두렵다고 해서 죽음이 익숙해지는 것도
> 죽음이 두렵다고 해서 삶이 편안해지는 것도 아니다
> 오로지 낯설고 낯설음
> •「탈주범의 모놀로그 11」

낯선 죽음과 그로 인해 낯설어지는 삶을 마주해야 했던 그에게 죽음은 투명하게 완성해야 할 생애 최고의 과제였다. 그는 생전에 "삶을 담보로 죽음을 선택"했고, "그 죽음을 담보로 지금의 순간을 이어"(「탈주범의 모놀로그 1」)간다 하지 않았던가.

---

[2] Walter Benjamin, "The Storyteller," *Illuminations: Essays and Reflections*, Harry Zohn 옮김, Hannah Arendt 엮음 (New York: Schocken Books, 1969), 100쪽.

전통적으로 철학은 '죽음을 위한 준비'로 인식되었다. 이런 인식은 플라톤의 소크라테스(플라톤『파이돈』64a4-6)에서 출발하여 키케로, 스토아 철학 일반으로 이어졌다. 그리고 이런 인식은 철학적으로 사유한다든가 철학적으로 산다는 것은 죽음을 배운다는 것으로 바라보았던 몽테뉴에게도 이어졌다. 몽테뉴의 이러한 입장은 그의 초기 글에서 나타났다. 그러나 후기 글에서 그는 초기 입장을 거두어들이고, 플라톤의『파이돈』의 소크라테스·키케로·스토아 철학 일반에 대해 직접 공격이라도 하듯, "죽음은 삶의 목표가 아니라 사실 삶의 끝"[3]이라 단언했다.

몽테뉴는 죽음을 두려워했다. 죽으면 '나'는, 그리고 '나'와 관계되는 모든 것이 끝난다고 믿었기 때문이다. 그는 세상에 의미 있는 차이, '나' 아닌 그 누구도 할 수 없는 의미 있는 일을 하여 자신만의 고유한 '차이'(差異)를 세상에 남기지 않으면, '나'는 '나의' 죽음과 더불어 끝나는 것이라 생각했다. 그는 교회가 약속했던 '불멸'에 대한 믿음을 걷어차고 스타로뱅스키가 지적했듯, 신에 대한 믿음과 이로 인한 불멸에 대한 믿음에 의해 죽음에 대응했던 것이 아니라, 자신을 후세 사람들의 기억 속에 영원히 '불멸의 존재'로 자리 잡도록 자신만의 '차이'를 보여주는 문학이나 예술을 남기는 것으로 죽음에 대응했다. "그의『수상록』은 하나의 기념물의 가치를 가질 운명이었다"(방점은 필자).[4]

죽음을 두려워할 만큼 젊은 나이였는데도 원근은 죽음을 담대하게 맞이하면서 몽테뉴식의 '기념물'은 아니라 할지라도 자신만의 고유한 '차이'를 남기고 우리와 작별했다. 이승을 떠나면서 그는 지상의 다른 생명들을 위해 자신의 몸 전부를 주었다. '도덕적인 자기'는 진정 어떤 '희생'

---

3) Michel de Montaigne, *The Complete Works of Montaigne*, Donald M. Frame 옮김 (Stanford: Stanford UP, 1942), 805쪽.
4) Jean Starobinski, *Montaigne in Motion*, Arthur Goldhammer 옮김 (Chicago: U of Chicago Press, 1985), 35쪽.

이 아닌가. 이것이 레비나스가 '주는 것'에, 더군다나 '자기를 주는 것'에 최대의 도덕적인 가치를 부여했던 이유다.

원근은 '자기'를 '주기' 위해 37세 동안 '죽음을 위한 준비'를 했던 것이었는지 모른다. 그러나 그는 몽테뉴처럼 그를 알고 있는 사람들의 기억 속에 자신을 영원히 살아남도록 하기 위해 '차이'를 세상에 남기고 떠난 것은 아니다. '차이'를 세상에 남기는 것은 '희디흰 눈속 같은 세상'에 살고자 하는 '도사'의 세계는 아니기 때문이다.

그러나 그만의 '차이'를 통해 그를 아는 모든 이의 기억 속에 그를 영원히 잊지 못할 '멸종된 영웅'으로 남도록 하는 것은 우리 몫이다. 그의 죽음을 슬퍼하는 우리의 '애도' 속에 그는 살아남을 것이다. 데리다는 "누구든 애도 없이는 살아남지 못하며"[5] '애도' 속에 있는 한 죽은 자들의 "죽음은 존재의 끝이 아니"라 했다.[6]

오, 희디흰 눈속 같은 세상

꿔―우 꿔―우
이렇게 바람 자고 조용한 날
거위는 슬프다
느티나무 그늘 깊은 데서
깃털을 단장하고
꿔―우 꿔―우
곱게 잎 지는 곳으로

---

[5] Jacques Derrida, *Politics of Friendship*, George Collins 옮김 (London: Verso, 1997), 13쪽.

[6] Jacques Derrida, *Cinders*, Ned Lukacher 편역 (Lincoln: U of Nebraska Press, 1991), 55쪽.

깃털 하나 뽑아낸다
• 「거위」 (전문)

원근은 슬픈 '깃털 하나 뽑아' 우리에게 남기고 37세라는 젊은 나이에 이 세상을 떠났다. 그는 일찍이 연세대 역사상 전혀 있어본 적이 없었던 기인(奇人) 중의 기인이었다. 규격과 관습의 틀을 훌쩍 뛰어넘으며 숨 막히는 일상의 질서를 유린했던 "야생마"(「획—오, 희디흰 눈속 같은 세상」)였다. "방약무인, 호호탕탕, 제 마음에 안 드는 이에게 마구 휘두르는 주먹질, 거듭 아픈 곳을 골라 찌르는 혹독한 평설, 돌발적이며 도발적인 범어, 유무무량의 술주머니 기타 등등", "무적의 쾌걸"[7]이 그였다.

"그에게 싸움이란 자신에게 딱 맞는 진지한 일감이다……. 나는 성원근의 싸움이야말로 그가 세상에 참여하는 방식이며 세상을 파악하는 방식이라고 생각했다. 당연히 그는 자신과 싸우지 않겠다고 등 돌리는 위선자를 미워했다. 싸우다보면 알맹이가 드러나는 가짜, 엉터리는 침을 뱉고 혐오했다. 그러나 제대로 된 싸움 상대는 최대한 존중했다. 드물게는 존경하기도 했다. 좋다, 싫다, 나쁘다, 잘못이다에 대해서 세상사람 모두가 알도록 크게 떠들었다. 젊어서는 눈 감고 주먹을 휘둘렀고 나이 들어서는 스텝과 테크닉을 익혀 상대를 골라가며 싸웠다. 그가 그토록 한 삼사십 년 싸우다가 어느 순간 싸움꾼으로 도통할 줄 알았다."[8] 그리고 "그는 닥쳐오는 한판 한판의 싸움을 온몸 온 힘 온 생애를 걸고 치르러 나왔다."[9]

그러나 이 세상에서 원근이가 '온몸 온 힘 온 생애를 걸고' 치른 그의

---

[7] 성석제, 「발문-흰 눈속 짐승 발자취를 좇아」, 성원근 유고시집 『오, 희디흰 눈속 같은 세상』 (서울: 창작과비평사, 1996), 138~139쪽.
[8] 같은 글, 142~143쪽.
[9] 같은 글, 144쪽.

'한 판 한 판의 싸움'은 절대 순수를 위한, '희디흰 눈속 같은 세상'을 위한 싸움이었다. '희디흰 눈속 같은 세상'이 '우리들의 마을'이 되기 위해 그는 싸웠다. 그의 시에는 「우리들의 마을」이라는 부제가 달린 시가 다섯 편이나 있다. 「풍향계의 신화-우리들의 마을 2」에는 "온종일 풍향계를 보고 있어도 도대체 바람의 방향을 알 수 없다"고 투덜거리는 마을 사람들의 불평이 있다. 마을 사람들의 불평 그대로 '바람' 그 자체인 원근의 정체는 알 수 없었다. 그는 우리의 "일방적 상징 속에" 그를 "가둬두"는 것을 용납하지 않았기 때문이다.

그러나 인연이 닿으면 인연에 따라 폭풍이 되고, 미풍도 되고, 사랑이 되고, 공포도 되고, 희망이 되고, 절망도 되는, 아니 그 무엇이나 다 되는 것이 '바람'이기에 그는 다름 아닌 바람이었다. 바람이었기에 그는 '야성'(野性)이었고, 야성이었기에 그는 다름 아닌 '불성'(佛性)이었고, 불성이었기에 그는 다름 아닌 순수 영혼의 '어린아이'였다. "투병 중에도 그는 그 몸으로 주초(酒草)를 마다하지 않았고, 아프면 아프다고, 배고프면 배고프다고 아이처럼 투정을 했다. 만족하면 만족했다고 하고, 보기 싫은 건 보기 싫다고 하고, 아쉬우면 아쉽다고 했다."[10] 그는 절대순수 그 자체, 바로 '희디흰 눈속 같은 세상'이었다.

우리는 원근과 같은 '무적의 쾌걸'을 더 이상 우리 시대에 찾아보기가 어려울 것 같다. 어쩌면 그와 같은 '아름다운' 감성의 존재를 더 이상 가져볼 수 없다는 것이 우리 시대의 가장 큰 불행 가운데 하나인지도 모른다. 그가 얻기 위해 온몸, 온 생애를 걸고 분투했던 '오, 희디흰 눈속 같은 세상'은 '감성'이 사라져가는 '어둠'의 현실에서 도저히 실현될 수 없는 한낱 '신화'로서만 우리에게 남을 수밖에 없는 것인가.

---

10) 같은 글, 145쪽.

어쩌면 당신은 영영 그곳에, 우리들의 마을에
갈 수 없을지 모른다
• 「술에 취한 바람의 헛소리―우리들의 마을 1」 (부분)

그러나 '오, 희디흰 눈속 같은 세상'이 참으로 우리가 궁극적으로 귀환해야 할 '우리들의 마을', 우리들의 고향이 아닌가.

학창시절 그의 주변에 모여든 사람들이 하는 일도 "가지가지였다. 유물론, 불교, 문학, 당구장 건달, 신학, 국문학, 구두닦이, 영문학, 다방 경영, 한학, 주점 운영, 번역, 등산, 글쟁이, 기계공학, 출판, 바둑, 교사, 환경학, 월급쟁이, 영화, 문예진흥, 운동, 에너지 관리, 음악, 철학에 관련된 한 시대의 광망(光芒)과 같은 여러 사람들."[11] 그들은 그와 함께 '술에 취한 바람'이 되어 '우리들의 마을'을 노래했다.

그가 꿈꾸던 '우리들의 마을'에는 "오늘도 바람은 불었고, 사실 그놈[풍향계]은 기가 막히게 잘 돌았다"(「풍향계의 신화―우리들의 마을 2」). 풍향을 알고 싶은 사람은 "바람개비처럼 자유롭게"(「풍향계의 신화―우리들의 마을 2」) 돌아가는 풍향계를 보고 실망할 것이다. "온종일 풍향계를 보고 있어도 도대체 바람의 방향을 알 수 없다"(「풍향계의 신화―우리들의 마을」)고 항용 투덜거리는 우리 마을 사람들에게 우리는, 그리고 '한 시대의 광망(光芒)과 같았던 그의 친구들은 "풍향계는 바뀌어도 바람은, 우리들의 마을에서, 영원하다"(「K-2의 신화―우리들의 마을 3」)고 말하리라. '우리들'의 원근은 "영원한 신화"(「K-2의 신화―우리들의 마을 3」)라고 말하리라.

---

11) 같은 글, 141쪽.

5

임권택의 「창」과 이창동의 「밀양」

―인간으로의 '귀환'

I. 「창」

영화감독 임권택(林權澤, 1936~)의 「창-노는 계집 창」(1997)은 삶의 가장 밑바닥에서 허우적거리며 살아가는 '하류여성' 창녀의 생애를 조명한 영화이다.

방울, 그리고 영은

1997년의 서울 사창가 거리의 밤풍경에서부터 시작된다. 아가씨들이 사내들을 호객한다. 길룡이라는 사내가 2호집 앞에서 17, 8년 전 이곳에서 만났던 방울이라는 여자를 찾는다. 영화의 장면은 바로 1979년 박정희 정권 시절의 과거로 되돌아간다.

사복경찰관들이 회사의 파업조치에 반발하여 야당당사 4층에서 농성 중인 봉제공장 YH무역 여공들을 강제 해산시킨다. 21세이던 김경숙 양이 이에 항의하여 자신의 오른손 동맥을 절단하여 자살한 사건뿐 아니라[1], 많은 여공이 중경상을 입은 사건이 라디오 뉴스를 통해 흘러나오고 있다. 방울이 사창거리 1호집 앞으로 걸어온다. 나이 열일곱 살의 고아원 출신이다. 청계천 피복공장에서 '시다'로 일하다 일이 너무 힘들고 임금이 적어, 술집에서 일하면 생활형편이 좀 나아지리라 생각하고 이곳에 오게 되었지만, 여기가 몸 파는 곳임을 알고 돌아가려 한다. 그러나 그녀를 여기 데려오는 데 소개비 10만 원이나 들었다며 호통 치는 포주의 위협에 못 이겨 방 안으로 끌려들어간 방울은 '펨푸'에 의해 강간당한다. "이 바닥에 한번 들어오면 절대로 못 빠져나가. 도망치다 잡히면 넌 개박살이야" 하고 소리치는 고참 창녀 미숙의 충고를 현실로 받아들인다.

펨푸가 호객하고 흥정하는 손님들로 활기찬 골목풍경. 골목 안 여러 창녀의 방에서는 변태스런 온갖 형태의 성행위가 행해지고 있다. 이곳을 빠져나가려다 용산 버스터미널에서 잡혀온 창녀 경숙이 동맥을 끊고 죽으려다 미수에 그쳐 차에 실려 병원으로 간다. 미숙은 그녀를 향해 여섯 식구를 먹여 살리는 신세라며 핏대를 올릴 때는 언제고, 죽기는 왜 죽으려 하냐 하고 울부짖는다. 사창가에 왔다가 아버지에게 들켜 목덜미가 잡힌 채 끌려가는 중학생이 보인다. 아버지는 아들을 향해 "그 골목은 이 세상에서 제일 타락하고 오염되고 더러운 갈보들이 썩은 몸뚱이를 파는 매음굴"이라고 소리친다. 단속에 걸려 경찰서로 호송되고 있던 윤락여성들이 달리는 호송버스에서 뛰어내리려 그중 3명이 사망하고 6명이 중경상을 입은 사고가 일어났다는 뉴스가 TV 화면을 통해 보도되고 있다.

방울은 하루에 15명의 남자를 받아들이면서 몸을 팔고 있다. 그녀를 향해 미숙은 "너 잘나갈 때 돈 잡아야 돼. 이 바닥에서 2, 3년이면 환갑 진갑 다 본 거나 마찬가지냐" 하면서, 몸이 감당할 수 있는 젊은 나이 때 손

---

1) 지금까지 김경숙 양이 강제 연행 도중 스스로 자신의 동맥을 절단하여 목숨을 끊었던 것으로 알려졌지만, 2008년 3월 21일자 진실과 화해위원회의 보고에 따르면, 그녀는 경찰에 맞아 죽었던 것으로 되어 있다.

님을 많이 받으라고 충고한다.

　1호집 복도에서 길룡과, 전라도 시골서 취직자리를 얻기 위해 온 그를 데리고 온 친구 동일이가 펨푸와 화대 계산을 하고 있고, 방울과 화자가 넓은 방에서 나와 동일과 길룡 앞에 선보인다. 방울은 길룡과 하룻밤을 같이 보낸다. 길룡은 너무 피곤해 보이는 방울과 성관계를 갖지 않고 방울이 자는 동안 그녀의 방을 떠나 밖으로 나간다. 새벽 교회 종소리가 들려오고 있다.

　박정희 대통령이 김재규의 총탄을 맞아 죽었다는 소식에 창녀들은 자신과 아무런 관련이 없는 시시한 사건으로 치부하며 화투를 치고 있다. 반면 포주들은 계엄이 선포되는 등, 비상시국 때문에 장사가 잘 안 될까 걱정한다. 가게를 운영하는 이웃남자가, 심한 독재를 하긴 했지만 가난을 면하게 했다고 박 대통령을 치켜세우자, 미숙은 "우릴 갈보로 만든 것도 그분 공로"라며 되받는다. 방울은 "사랑하는 나의 고향을 한번 떠나온 후에/날이 가고 달이 갈수록 내 맘속에 사무쳐/자나 깨나 너의 생각 잊을 수가 없구나……" 하며, 에스파냐 민요 「고향 생각」을 노래 부른다. 그 노래와 더불어 화면에는 그녀의 고향의 이미지가 떠오른다.

　〈메밀꽃들. 메밀꽃밭. 소나무와 당집. 당집. 도라지꽃들. 도라지꽃밭. 물싸움하는 아이들. 바위산 밑의 호산초등학교. 운동장. 뛰어노는 아이들〉.

　방울이가 '영은'이라는 이름으로 길룡이를 두 번째로 만난 것은 지방도시 광주 술집 '황실정'에서이다. 영은은 지방도시의 직업소개소에 팔려 '황실정'에 오게 된 것이다. "애비가 팔고 나면, 오빠놈이 팔아먹고, 오빠놈이 팔고 나면, 애비놈이 또 팔아먹"는, 미경을 포함한 버림받은 술집 작부들이 여기에 있다. 남자손님들과 '화끈하게 다 벗고' 술을 마신다. 다른 작부들 앞에서 성관계를 벌이자는 손님의 요구에 영은은 술에 취한 채 울고 있고…….

어느 날 영은이 경신정밀공업사를 지나다 자신을 돌아보는 길룡을 이상한 듯 되돌아보며 간다. 영은은 계속 길룡 쪽을 바라보면서 걷고, 길룡 또한 영은 쪽을 바라보다가 다시 기계를 돌리고 하던 일을 계속한다. '황실정' 앞에 나와 앉아 지나가는 손님을 호객하는 영은이가 오토바이 불빛이 비치는 곳을 향해 돌아보는 순간, 오토바이 위의 길룡이가 그녀를 보며 웃고 있다. 아주 오래전에 서울 그곳 사창가에서 만나 하룻밤을 같이 지냈지만, 그들은 서로를 알아보고 있었다.

길룡은 영은을 오토바이에 태우고 망향재 휴게소 고개를 더디게 넘는다. 영은의 눈앞에 거친 들꽃이 펼쳐져 있다. 들꽃을 보는 영은의 눈에 눈물이 고인다. 〈이정표 있는 들꽃 사이로 빨간 슬픈 꽃이 보인다〉. 영은이 울고 있다. 〈눈앞에 고향집 같은 집이 보인다〉. 영은은 회상에 잠긴다. 그녀의 어린 시절 고향집이 보이면서 방 안에서 나와 툇마루에 앉아 있는 아버지가 괴로워하고 있고, 죽은 어머니를 염하는 사람들이 방 안으로 들어간다. 그녀의 나이 여섯 살 무렵 무슨 병인지 모르지만 어머니가 죽고, 어린 동생이 죽고, 아버지가 이어서 곧바로 죽자, 고아원으로 보내진 영은은 자신의 고향이 어디인지 자신의 진짜 이름이 무엇인지도 모르고 있다.

회상에서 깨어난 영은과 안전모를 쓰지 않고 오토바이를 달리던 길룡이가 교통기동대에 의해 검문을 당한다. '황실정'에 되돌아온 영은은 그후 다시 그녀를 찾아온 길룡과 함께 오토바이를 타고 항구길을 달린다. 돌산 항구 해안가에 배들이 보인다. 손님들에게 인기 있는 자신을 못살게 구는 '황실정' 다른 작부들의 질투와 시기를 견딜 수 없어 영은은 '백양옥'으로 자리를 옮긴다.

여기에 오는 소개비, 오는 경비로 인해 영은에게는 빚만 왕창 늘어나고 있다. 어두운 방에서 잡지를 보며 자신을 기다리는 길룡에게 영은은 자기 손님이 떠나자 새벽 3시가 지나서야 달려온다. 길룡은 그녀의 머리를 쓰다주면서 수소문한 결과, 영은의 고향은 도처에 메밀꽃·도라지꽃이 지천으로 피어 있고, 마을 앞 큰 소나무 아래 당집이 있는 것으로 여겨진다면서 강원도 그 어디쯤일 것 같다고 알려준다. 이에 영은은 길룡에게 그곳을 찍은 사진을 보여주면 그 땅 이름은 모르지만, 그곳의 들꽃 한 송이, 풀 한 포기만 보아도 알아볼 수 있다며 고향이 있는 그곳에 데려다준다면 모든 것을 잊고 거기서 살고 싶다고 했다. 길룡은 빨리 돈 벌어서 영은의 빚을 갚아주고, 성능 좋은 오토바이를 사서 영은이를 태우고, 그녀와 함께 고향을 찾아 나서자고 말한다.

'백양옥'에서 '황산옥'으로 자리를 옮긴 영은은 다시 다른 곳으로 떠난다. TV에는 대통령으로 당선된 전두환의 취임식이 흘러나오고 있다. 길룡은 영은이가 한 달포 전에 그를 기다리다 다른 곳으로 옮겼다는 그녀의 친구 작부 애리의 전언을 들은 뒤, 순천 술집 앞 골목 사이를 지나다가 술집 안 입구에서 영은을 만난다. 영은은 그가 반가워 그의 뺨을 쓰다듬으면서 자기를 따르는 택시 기사를 소개한다. 올가을에 그와 결혼할 것이라는 영은에게 길룡은 축하의 말을 보내면서, 영은의 고향일 것 같은 곳을 찍은 사진을 보여준다. 영은은 사진 하나하나를 보면서 사진 속의 그곳은 고향이 아니라며 고개를 흔든다. 길룡은 "여기서 하룻길밖에 안 되는 동북면 고암리에 고향 비슷한 곳이 있다"며, 다음에 올 때 그곳 사진을 찍어오겠다며 그녀를 위로한다.

영은은 술집 주인의 허락을 받고 길룡의 오토바이를 타고 고암리 쪽으로 향한다. 그녀의 눈앞에 메밀꽃밭, 도라지꽃밭이 보인다. 고향집이라고 여겨지는 곳에 도착한 뒤 길룡이가 소나무 아래 당집의 위치를 가리키며 어때? 하며 묻자, 영은은 당집은 논 가운데 있었다며 고개를 돌린다.

'영세라' 술집으로 다시 자리를 옮긴 영은에게 길룡의 편지가 날아든다. 그 편지에서 길룡은 직장도 옮기고 집도 이사하는 바람에 1년 이상

영은을 찾지 못했노라고. 그렇지만 자신은 영은이가 시어머니의 학대와 남편의 잦은 폭행 때문에 그 택시기사와 헤어진 것을 알고 있다 했다. 그리고 자신도 부모의 성화에 견디지 못해 어떤 여자와 정혼을 했다면서 정혼한 여자의 사진을 그 편지에 동봉해 보냈다. 영은은 눈물을 흘리고 있다.

다시 때는 1988년 9월. 영은이가 방울이라는 이름으로 처음 몸 팔았던 서울 사창가 골목. 올림픽 개회식이 TV로 중계되고, 노태우 대통령이 개막선언을 한다. 동맥을 끊고 자살 소동을 벌이다 병원에 간 적이 있던 그 경숙이가 2호집 앞에서 미숙의 손님을 막고 호객하려 하자, 미숙은 그녀의 머리채를 잡아끌고 "니년 목 따고 병원에 자빠졌을 적에 니가 누구 덕에 살아났나, 이 의리 없는 년! 이 개 같은 년!" 하며 아우성친다. "나도 왕년에는 잘나간 적 있어! 나도 하루에 2, 30개 한 적 있어……" 하면서 팬티 바람으로 나뒹굴며 쓰러져 짐승처럼 울부짖는다.

2호집 포주가 이곳을 다시 온 영은에게 그녀가 달아나는 바람에 잡아오도록 사람을 푼 경비하고 그 동안 이자에 영업 손해 본 것까지 계산하여 선금 1,000만 원과 하이방비 300만 원을 요구한다. 미숙은 다시 이곳에 온 영은을 보고 끌어안는다. 서로 부둥켜안고 흐느낀다. 가게를 보는 이웃남자가 다시 돌아온 영은을 반갑게 맞이한다. 그는 그녀에게 올림픽 경기에다 의류와 자동차 수출이 잘돼 여기도 경기가 좋아졌다고 일러준다. 그리고 장사가 잘돼 전국에 향락업소가 40만 군데에다가 접대부가 100만이 넘는다고 했다. 미숙은 창녀들의 기둥서방 노릇을 하는 빠리꾼을 거론하면서 영은에게 "남편인 척, 애인인 척 빨대를 대고 피 빨아먹는 인간쓰레기들"이라며 조심하라고 충고한다.

사창가 골목길은 호객하는 아가씨들과 손님들로 붐빈다. 2호집 주인은 이 바닥에 발 들인 이상 "돈 벌어가지고 빠져나가는 것이 복수하는 것"이라며 손님을 많이 받으라고 아가씨들에게 말하자, 그들은 '네' 하고 힘차게 대답한다. 영등포에서 빼내어온 소향에게 2호집 주인이 다음 주부터 교회에 나가자고 한다. 그러자 자기 아버지도 신자라 하는 소향을 향해, 영은은 교인이면 교인답게 남의 단골손님을 가로채지 말라며 소리치다 함께 머리채를 잡고 뒹군다. 경기 좋은 골목 안에는 자가용, 봉고차 등의 단체 손님이 들이닥친다.

그랜저 승용차를 타고 온 단골손님이 영은을 찾는다. 그 손님은 포주의 허락을 받아 영은을 데리고 강가 작은 별장으로 데리고 간다. 나이가 많아 인기가 없는 미숙은 흑산도로 팔려간다. "거문도나 흑산도는 한번 들어가면 다시는 못 나온다"는 말과 더불어 경숙의 안타까운 한숨이 크게 흘러나온다. 전날 강가 별장으로 영은을 데리고 간 그랜저 승용차 손님이 영은을 기다리고 있다. 영은이 그 손님과 골목길을 나서는데, 그녀의 빠리꾼 옆에 길룡이 서 있다. 영은은 길룡에게 자기가 올 때까지 그녀의 방에서 기다리라며 손님을 따라나선다. 영은이가 그랜저 승용차에 내려 그 부잣집에 들어가자, 그자는 자녀들을 소개한다.

자신의 방에 앉아서 오랫동안 그녀를 기다리던 길룡에게 영은이가 달려온다. 길룡이 영은을 다시 보게 된 것은 그와 함께 고암리에 있는 고향집 같은 곳을 찾고 헤어진 이후 처음이다. 길룡은 영은에게 자신은 결혼 후 아내와 곧바로 헤어졌으며, 그 여자는 일본 어딘가 술집에 있다는 소문만 들었다고 들려준다. 영은은 길룡에게 자신은 외제가구를 구입해 돈 많이 번 나이 많은 그랜저 승용차의 부자와 결혼하게 될 것 같다고 알려준다.

그러나 그 부자와 결혼한 영은은 그와 곧 헤어진다. 왜냐하면 영은은 그의 둘째부인이 되는 줄을 알고도 결혼하긴 했지만, 그자를 위한 접대용 꽃이 되어야 했기 때문이다. 그자는 외국에서 손님이 오면 영은으로 하여금 그 손님과 잠자리에 들게 하고는, 이를 훔쳐보는 것이 그자의 낙이었던 것이다. 영은은 어느 날 그 집 대학생 아들이 자신을 덮치자 뛰쳐나와 버렸다.

길룡을 다시 만난 영은은 오수역에서 그의 오토바이를 타고 고향을 찾으러 간다. 길룡은 다리를 건너다 헬멧을 착용하지 않아 검문당한다. 둘은 오토바이를 타고 호산초등학교 앞길을 달려 고향을 찾아간다. 고향마을에 들어섰지만, 당집을 배경으로 바라본 고향마을은 변했다. 주위에 메밀꽃, 도라지꽃이 하얗게 춤을 추고 있지만, 아파트가 들어서 있는 것처럼 어렴풋이 보인다. 영은에게 변한 고향은 그녀가 찾는 고향이 아니었다. 그녀는 눈물을 흘린다. 오토바이에 영은을 태우고 그녀의 고향을 찾는 것이 유일한 보람이었던 길룡 또한 실망한 채, 그녀를 태우고 다시 떠난다.

어느 사창가. 여인숙 간판이 보인다. 영은이 문을 열고 들어가 애리를 찾는다. 영은은 그녀에게 부동산 경기를 타고 복덕방 해서 떼돈 번 남자가 돈을 대주어 술집을 차리게 되었다면서 언니가 술집 살림을 맡아 자기를 좀 도와주라고 부탁한다. 그곳은 탄광촌이니까 "우리 알아볼 사람은 아무도 없다"고 덧붙인다.

태백시의 폐광된 탄광촌. '왕실살롱' 안에 아가씨들이 모여 있다. 라디오에서는 아버지가 10년간 두 딸을 성폭행하여 딸들이 아버지를 고소한 사건과, 집으로 돌아가던 여학생이 집 앞에서 동네 불량배들에게 성폭행을 당한 뒤 그 충격으로 사망한 사건이 흘러나온다. 영은은 살롱 방 안에서 사내들과 화투를 친다. 애리와 빠리꾼 남자가 알몸으로 누워 있다.

애리는 '주인언니' 영은과 같이 보건소에 오라는 연락을 받는다. 보건소에서 걸어 나오면서 영은은 애리에게 500만 원씩이나 들여서 전에 있던 사창가에서 빼놓아오고 영업한다고 해준 옷이 몇 벌인데 에이즈가 다 무엇이냐 하며 화를 낸다. 애리는 걸리고 싶어서 걸린 것이냐며 맞대고 큰소리치며 싸운다. 애리는 '왕실살롱' 방에서 가방을 들고 골목으로 바쁘게 간다. 영은이 바로 뒤쫓아가서 다리 위에서 택시를 잡으려던 애리를 겨우 붙잡고 차비를 던져 준다. 택시가 사라지자 영은은 그쪽을 보고 흐느낀다.

오토바이를 타고 여수대교를 건너 바닷가 포구길을 달리는 길룡의 모습이 보인다. 바닷가 술집에 도착한 그가 술집에 들러 '최영은'을 찾는다. 아가씨 하나가 '왕실살롱'에서 이곳에 온 영은은 두 달 전에 팔려갔다고 말한다. 화려한 불빛이 비치는 감뚝거리 밤. 업소의 남자 주인을 따라 계단 위로 올라가던 영은은 문득 애리를 발견한다. 서로 놀란다. 영은이 있는 '물레방아'에 손님 5명이 떼 지어 몰려온다. 영은이 애리 옆에 앉는다. 애리는 이곳은 "완전히 감옥"이며, 모든 게 "단체생활"이고, "화장실 가는 것조차 허락받아야 한다"며 이곳의 업주들은 "피도 눈물도 없는 냉혈인간들"이자 "전국에서도 소문난 악질들"이라고 일러준다. 보건소 직원이 읍사무소에 들러 에이즈에 걸린 애리를 구급차에 태우고 떠난다.

다시 1997년. 방울이가 처음 몸을 팔았던 서울 사창가 골목. 10대들이 음란 비디오를 흉내 내어 비디오테이프를 제작했다는 뉴스가 라디오를 통해 흘러나온다. 2호집 안에서 호객하는 아가씨들의 모습이 보인다. 구멍가게 안에서 TV를 보는 세 사람 가운데 길룡의 모습이 보인다. 주인 남자가 이곳을 티뷰론을 타고 드나드는 젊은이들을 보고, "우리 때는 이 골목을 지나가는 것조차 부끄러워했는데 요것들은 창녀집 드나들기를 무슨 도서관 들어가듯이 당당해"라고 혀를 찬다. 그리고 호객하는 창녀를 두고 이곳을 못 빠져나가 안달하던 옛날과 달리 "요즘은 낮 따로 밤 따로 출근하질 않나" "순전히 취미생활" "아르바이트로 용돈 벌러 나온"다고 투덜거린다.

호객하는 아가씨들과 문란한 젊은 남자들. 어머니 같은 창녀와 아들 같은 손님이 정사 중이다. 늙고 초췌한 방울이가 소주에 약을 먹고 있다. 손님이 자기를 찾아왔다는 말을 듣고 문을 열자 길룡이 서 있다. 두 사람은 아무 말도 하지 않고 껴안은 채 무너진다. '지친 듯 고개를 떨구고' 방울은 "누군가 진심으로 날 사랑해줄 사람이 나타날 것 같아서 기다리고 또 기다렸는데 나타나질 않았어. 만신창이가 돼서 망가지고 나니까 그런 일은 있을 수 없다는 걸 깨달았어. 꿈이 깬 거야. 많이 보고 싶었어" 하며 길룡을 껴안는다. 길룡은 중동에서 기술자 생활을 마치고 귀국한 뒤 영은이가 3년이나 머물러 있었다는 섬으로 찾아갔지만, 그곳을 떠나 행적을 알 수 없어 그녀를 이제껏 찾지 못했다고 했다.

오토바이에 방울을 태우고 길룡은 시장길을 달린다. 포주의 허락을 받지 않고 사창가를 이렇게 빠져나와도 괜찮냐고 묻는 길룡에게 방울은 "아직도 갚아야 될 빚은 많은데 이제 아무도 날 간섭하지도 잡지도 않는다구. 왠지 알아? 내가 이곳 말고는 갈 곳이 없는 사람이란 걸 너무도 잘 알고 있기 때문이야" 하고 대답한다. 그들은 어디론가 떠난다. 영화는 길룡의 허리를 꽉 잡고 있는 방울. 방울을 태우고 〈도시를 달리는 오토바이의 뒷모습. 달리는 오토바이. 교통경찰이 보이고 서라고 신호한다. 오토바이. 교통경찰에 검문을 당한다. 면허증을 제시하는 길룡. 돌아보는 방울〉의 장면과 함께 끝난다.

농촌에 대한 도시의 승리

비참할 때 행복했던 시절을 회상하는 것보다 더 큰 슬픔은 없나니
• 단테, 『신곡』, 「지옥편」〈다섯 번째 노래〉

여주인공 방울(또는 영은)이가 창녀 생활을 하면서 점차 부서져가는 이 작품의 시대 배경은 박정희에서부터 시작하여 전두환을 거쳐 노태우로

이어지는 군사정권시절이다. 이는 박정희의 장례식, 전두환의 대통령 취임식, 노태우의 88올림픽 대회 개회선언 등의 장면에서 확인된다.

방울이가 일하던 공장에서 빠져나와 서울 사창가에 처음 발을 들여놓게 된 것은 경제개발을 이 나라의 근대화의 가장 중요한 수단으로 삼고 급속도로 '공업화'로 나아가던 1970년대 말 '유신정권' 시절이다. 전국 곳곳에 발전소와 공장·공단이 들어서고, 공업화 전략으로 농업이 무너지고 농촌이 피폐해져가면서 농촌의 수많은 인구가 도시로 내몰려 공장 노동자로 전락했던 때다. 1960년대에 240만 명가량이던 서울의 인구가 1972년에는 600만 명, 그리고 작품의 여주인공이 공장을 떠나 사창가로 자리를 옮겼던 1970년대 말에는 880만 명을 넘어서는 수준에 이르고 있었다. "1950년대가 전쟁으로 말미암아 생겨난 '전쟁난민'의 시대였다면, 1970년대는 공업화로 인해 나타난 새로운 '산업난민'의 시대였다."[2]

'자기 땅에서 유배당한 자들'이 되고 말았던 농촌 출신의 도시 노동자들이 값싼 노동으로 대량으로 공장에 공급되어 '노동노예'가 되었던 것도 "그[공업화] 전략의 주요 내용이었다."[3] 도시 노동자들은 열악한 노동환경, 무자비한 이윤추구를 위해 저임금을 강요하는 자본가의 폭압적인 횡포 등에 저항의 목소리를 내지 못한 채, 이른바 '공장의 노예'로 전락했다. 1970년 청계천 평화시장 의료제조회사에서 일하던 노동자 전태일이 노동자도 '인간'이라며 근로조건 개선을 촉구하기 위해 분신자살을 한 사건을 비롯해 이 작품에서도 소개되고 있듯, 1979년 8월 YH무역회사의 여자노동자들이 노동자의 생존권을 위해 투쟁하다 노조위원장 김경숙이 경찰의 폭력에 의해 사망하는 사건 등이 이어졌다.

공장의 여공들 가운데는 힘든 노동과 값싼 임금을 견디다 못해 공장을

---

2) 홍성태, 「폭압적 근대화와 위험사회」, 『개발독재와 박정희시대—우리 시대의 정치경제적 기원』, 이병천 엮음 (파주: 창비, 2003), 331쪽.
3) 같은 글, 326쪽.

떠나 윤락가로 발을 들여놓는 경우가 다반사였다. 작품의 여주인공이 청계천 피복 공장에서 시다로 일하다, 노동이 너무 힘들고 임금이 너무 적어, 어쩔 수 없이 사창가에 발을 들여놓고 있는 것처럼…… '공업화' 전략으로 농촌 젊은이들이 도시로 내몰려 '공장의 노예'로 전락하는 것뿐만이 아니라, 공장의 여공들이 노예 환경을 견딜 수 없어해 윤락가로 삶의 터전을 옮기는 사태 역시 군사정권 시절의 '근대화'의 유별난 특징이었다.

'유신시대'와 신군사정권시절은 이른바 '향락산업'이 유례없이 활개를 치던 시대였다. 외국자본에 의존적인 경제구조로 말미암아 외화가 절대적으로 필요했던 정권은, 기술이나 자본의 투자 없이 쉽게 외화를 벌 수 있는 방법으로 해외관광객을 적극 유치하기 위해 관광사업을 장려했다. 이를 위해 이미 1962년부터 특정지역 내에서 여성의 성매매나 특수관광호텔에서 외국인을 상대로 매춘행위를 하는 것이 법적으로 제제를 받지 않게 되었음은 물론, 오히려 정부에 의해 적극적으로 조장되었다. 여성의 성(性) 상품화는 미군 기지촌이나 윤락가에서만 행해진 것이 아니었다. 여성은 국가를 위한 '천연자원'이나 '부존자원'(賦存資源)이자 외국 관광객을 위한 매매'상품'으로서 무한정 공급되었다.

정부의 비호 아래 1970년 말부터 기하급수적으로 팽창한 관광사업과 '향락산업'은 80년대에 이르러 올림픽으로 인해 번창일로에 있었고, 정부의 외화 획득 전략은 매춘상품으로서 여성의 희생을 요함은 물론, 이 작품에서 애리가 에이즈의 희생물로 등장하는 경우처럼 에이즈의 확산까지 초래했다. 수십만 명에 이르는 기지촌 여성은 제외하더라도 외국 관광객을 위한 성매매를 포함하여 성 산업종사자의 숫자는, 이 작품의 배경이 되는 90년대를 기점으로 추산하면 대충 1,208,865명 이상이었고, 향락업소의 수는 313,991개 이상이 되는 것으로 나타났다.[4]

---

4) 민경자, 「한국매춘여성운동사 – '성 사고팔기'의 정치사, 1970~98」, 『한국여성인권

임권택의 「창」에는 이러한 시대 배경이 전면으로 등장하고 있다. 김재규의 총탄에 숨진 박정희 장례식이 TV에서 거행되는 장면을 보고 사창가에서 가게를 운영하는 이웃남자가 박 대통령의 경제업적을 칭송하자, 이를 두고 "우릴 갈보로 만든 것도 그분 공로"라고 내뱉는 창녀 미숙의 반응에서 드러나듯……, 임권택은 이 작품을 언급하면서 박정희 군사정권은 "온통 경제에다가만 모든 것을 쏟아부었"고 "인간의 개인적인 삶이나 어떤 고통에 대한 관심이 전혀 없었던 정권"이라고 평가하고 나서, "사실 매춘사업은 박정희 정권이 키워놓았다고 해도 과언이 아니"라고 주장한 바 있다.[5] "그런 정권 아래서" 방울처럼 "저렇게 무너지고 마는 사람을 찍으면 더 좋겠다는 생각이 들어서" 영화장면을 "박정희 장례식부터" 먼저 찍었던 것이라고 말한 바 있다.[6]

임권택은 자신에 대한 자존(自尊)을 쓰레기통에 던져버리고 생존을 위해 몸뚱어리를 팔아치우는, 팔아치울 수밖에 없는 한 '하류인생'의 인간 조건을 통해, 인간의 육체가 한낱 상품으로 '사물화'되어가는 자본주의 사회의 환부는 물론, 근대화·공업화가 가져온 가장 치욕적인 이 시대의 환부를 헤집고 있다. 그는 이러한 시대 상황을 전면에 내세우면서, 삶의 가상 밑바닥에서 허우적거리며 살아가고 있는 여주인공 방울(영은)이가 환부의 나락에서 튀쳐나와 어린 시절의 고향을 찾아 그곳으로 돌아가려 하지만 그녀의 그 강렬한 열망이 결국 좌절되고 마는, '귀환'의 절망을 이 작품의 주제로 설정하고 있다.

그러나 나이 여섯 살 때 어머니와 어린 동생이 죽고 곧바로 아버지가 죽자, 고아원으로 오게 된 방울은 정작 자신의 고향이 어디에 있는지, 자

운동사』, 한국여성의전화연합 엮음 (서울: 한울, 1999), 240쪽을 볼 것.
5) 임권택, 『임권택이 임권택을 말하다』, 대담 정성일, 자료정리 이지은 (서울: 현실문화연구, 2003), 389쪽.
6) 같은 책, 389쪽.

신의 진짜 이름도 모른다. 그녀의 고향은 도처에 하얀 메밀꽃·도라지꽃이 지천으로 활짝 피어 있고, 마을 앞 큰 소나무 아래 당집이 있는 것으로 기억되고 있다. 그곳의 들꽃 한 송이, 풀 한 포기만 보아도 고향을 금방 알아볼 수 있을 만큼 그곳은 그녀의 뇌리에 깊이 뿌리박혀 있다.

길룡이가 여러 지방을 헤매다 그녀의 고향일 것 같은 장소를 찾아내어 찍은 사진을 방울에게 보여주지만, 그녀는 아니라며 고개를 흔든다. 마침내 길룡이가 방울의 고향을 찾아 그녀를 오토바이에 태우고 그곳을 찾았을 때, 그곳은 방울이가 찾고자 한 고향이 아니었다. 그녀가 찾고자 한 고향땅은 그대로 고향땅이었다. 도처에 메밀꽃, 도라지꽃이 하얀 옷을 입고 춤을 추고 있었다. 그러나 당집을 배경으로 바라본 고향마을의 논 한가운데에는 이제 아파트가 들어서 있는 모습이 보였다. '아주 많이 변한 고향'은 그녀의 고향이 될 수 없었다. 아파트가 들어선 고향땅은 그녀에게 더 이상 고향이 아니었다. 그녀 앞에 아주 낯선 지역으로 다가온 고향은 비애의 장소일 뿐이다. 따라서 그녀의 '귀환'은 절망으로 끝난다.

일찍이 트로츠키가 자본주의 사회의 역사는 농촌에 대한 도시의 승리의 역사, 그리고 마르크스가 근대 역사는 농촌의 도시화라고 정곡을 찔렀듯,[7] 방울의 고향은 농촌에 대한 도시의 승리를 말해주듯, 그곳에는 도시의 상징물인 '아파트'가 들어서 있다. 1950년대에 중앙아파트(서울시 주교동, 1956년)·종암아파트(서울시 종암동, 1958년)·개명아파트(서울시 서대문구 충정로, 1959년) 등 최초의 아파트가 들어섰지만, 박정희 정권의 1960년대 공업화 전략으로 인구가 도시로 집중되어 한정된 땅에 많은 인구를 수용할 수 없게 되었다. 그러자 이를 해결하기 위해 아파트 건설이 본격적으로 추진되었고, 그 후 1970년대의 반포아파트와 1980년대의

---

7) Karl Marx, *Pre-Capitalist Economic Formations* (New York: International Publishers, 1964), 78쪽을 볼 것.

잠실아파트가 들어서면서 점차 고층화·대단지화되기 시작했다.

아파트는 전국적으로 모두 똑같은 단일 유형의 공동주택이었지만, '공동'주택이라는 명칭과 전혀 어울리지 않게 모든 것이 개인중심이고, 철저히 이웃과 격리된 가족중심의 사적 공간 거주지가 되었다. 철저히 이웃과 격리된 채 파편화된 개인으로서 살아갈 수밖에 없는 고독한 단독자(單獨者)의 탄생이 아파트의 탄생과 결부되어 있었다는 것도 우리 자본주의 근대화의 특징 가운데 또 다른 한 면이다. 아파트는 자본주의 근대화·공업화가 농촌 공동체 또는 공동체 정신을 붕괴시키는 과정을 압축적으로 보여주는 상징물이었다.

아파트가 들어선 고향은 방울에게 그리운 고향이 될 수 없었다. 인간의 삶을 철저히 개인중심적·가족중심적인 사적 공간 속에 고립시킴으로써 공동체의 존립, 공동체 정신을 원천적으로 봉쇄하는 '아파트'가 들어서 있는 고향은, 그녀에게 더 이상 고향이 될 수 없었다. 임권택은 그냥 한 숏으로 이 방에서 저 방으로 카메라를 이동하면서 여러 방을 동시에 담는 사창가의 방 장면을 보여주고 있는데, 그는 한 컷으로 "그 공간들을 육체를 파는 상점, 즉 진열장"으로 보여주기 위해 그런 구도를 취했다고 말한 바 있다.[8] 방울이가 매춘을 하는 사창가는 육체가 '진열'되어 있는 하나의 '상점'에 불과하고, 그 상점은 다름 아닌 '우리'와 같은 곳이다. 방울은 고향의 아파트에서 그녀의 삶 전체를 포획하고 구속하고 있는 '우리'와 같은 사창가의 숨 막히는 어두운 이미지를 보았던 것이다.

트로츠키와 마르크스가 자본주의 사회의 역사, 아니 인간의 역사는 농촌에 대한 도시의 승리의 역사, 농촌의 도시화의 역사라 했을 때, 그들은 도시화에 의해 붕괴된 농촌의 공동체, 공동체 정신이 공산주의의 도래에 의해 다시 복원될 수 있을 것이라 희망했지만, 불행하게도 복원의 가능성

---

8) 임권택, 앞의 책, 391쪽.

은커녕 그들의 주장 그대로 농촌은 완전히 도시화로 달음박질해 가고 있다. 역사는 복원의 희망은 뒤로 한 채 절망으로 향하고 있다. 방울의 고향에 들어선 아파트는 농촌에 대한 도시의 철저한 승리를 확인해주는 상징이며, 더 이상 그녀가 그리워하는 고향으로 되돌아갈 수 없음을 상징적으로 보여주는 허무의 기표(記標)이다.

도처에 메밀꽃・도라지꽃이 지천으로 활짝 피어 있던 그녀의 기억 속 고향은 다름 아닌 '자연'의 또 다른 이름이다. 자연은 인간의 삶을 포획하고 구속하는 것이 아니라 상처받은 인간의 영혼을 치유하고 포용하는 '어머니'이다. 방울은 '어머니' 자연을 찾아가 그로부터 세월의 신산(辛酸)만을 경험하고 산산조각이 난 영혼의 상처를 치유받고, 마모되어 없어진 삶의 의지를 되찾고 싶었지만, 그녀를 맞이한 것은 대신 들어앉은 아파트였다. 조만간 메밀꽃・도라지꽃밭도 자본의 칼날에 의해 완전히 쓰러지고, 대신 다방・카페・댄스홀・윤락가・부패건설업체 등, 도시의 어두운 자식들이 대거 들어설 것이다.

방울에게는 돌아갈 고향이 없다. 늙은 퇴물이 되어 상품의 가치로서 효력이 없는 자신을 더 이상 감시하고 감금할 필요성을 느끼지 않는 포주들이 그녀가 사창가를 빠져나가는 것을 무관심하게 지켜보는 가운데, 방울은 길룡의 오토바이를 타고 그곳을 떠나간다. 오토바이 뒷자리에 앉은 방울은 길룡의 허리를 힘껏 안은 채 도시를 달린다.

인간의 집

젊은 날 『소설의 이론』(1914~15)을 집필했을 때, 루카치(1885~1971)가 호메로스의 서사세계를 '선험적인 근원 또는 선험적인 고향'으로 인식했던 것은 잘 알려진 사실이다. 『소설의 이론』 마지막 장에서 그는, 서구보다는 한층 공동체 성격의 사회를 이루는 러시아에서 호메로스적 서사시의 복원 가능성을 내비치면서 자연과 밀접한 관계를 맺고 있는 유기적인 공동체 삶에 대한 묘사를 누구보다도 강렬하게 펼쳐 보이는 톨스토이에게서 '존재의 총체성'을 지향하는 서사시로 나아가려는 초월적인 성격의 소설 형식을 발견했다. 『소설의 이론』 이후 21년이 지난 1936년에도 루카치는 그를 일컬어 "객관적 대상들의 총체성"을 묘사하는 "호메로스의 진정한 아들"이라고 주장한 바 있다.[9]

그러나 루카치는 『소설의 이론』에서 톨스토이의 한계는 그 소설가가 총체화의 영역을 지나치게 자연에 집중시키면서 인간을 자연에 묶는 공동체에 너무 집착하는 데 있다며 "미래의 공동체는 인간을 자연에 묶는 공동체가 아니라, 인간을 인간에 묶는…… 공동체가 되어야 함"을 암시했다.[10] 그는 '인간을 인간에 묶는 공동체'의 비전이 도스토옙스키에 나타나고 있음을 암시하면서 이 책의 마지막 장을 맺는다.

애초에 『소설의 이론』은 미완으로 그친 그의 '도스토옙스키' 연구의 '서론'에 해당하는 글이었지만, 도스토옙스키를 연구하기 위해 그가 틈틈이 준비한 노트에서 조금씩 보여주듯, 루카치는 지위나 계급·가족적 혈연 등에 얽매임 없이 인간들이 서로를 진정으로 이해하고 아낌없이 사랑하고, 식섭 "영혼에서 영혼으로" 서로 교감하며[11] 더불어 살아가는 '사회적 공동체'의 가능성에 대해 집착하면서 일찍이 이 가능성의 비전을 도스토옙스키에서 발견했다. 마르크스주의자가 된 이후에도 그에게는 도스토옙스키는 "기계적이고, 비인간적이며, 영혼이 없는 자본주의의 온갖 물화된 사회가 지양되는 세계"를 보여준 소설가였다.[12]

---

9) Georg Lukács, *Studies in European Realism* (New York: Grosset & Dunlap, 1964), 153쪽.
10) 임철규, 졸고 「루카치와 황금시대」, 『왜 유토피아인가』 (서울: 민음사, 1994), 190쪽.
11) Georg Lukács, *Selected Correspondence 1902~1920: Dialogues with Weber, Simmel, Buber, Mannheim, and Others*, Judith Marcus와 Zoltán Tar 공편·공역 (New York: Columbia UP, 1986), 248쪽.

루카치는 1914년과 1917년 사이에 틈틈이 쓴 윤리에 관한 단편적인 글에서 도스토옙스키가 『카라마조프가(家)의 형제들』에서 보여주었던 인식과 똑같이, "우리 모두는 저마다 우리 이외 모든 사람과 세계의 모든 것에 대해 죄를 짓고 있다" 했다. 이는 세계에 만연하는 도덕적인 타락과 소외 현상 때문만은 아니라고 그는 쓰고 있다. 이어 그는 "개개인 모두가 이 지상의 모든 사람에게 집단적으로 또 개인적으로 책임이 있다. 이러한 통찰이 삶의 극치"라 했다.[13]

임권택의 작품을 이야기하면서 루카치를 끌어들인 것은 다름 아니라 루카치의 '도스토옙스키'처럼 임권택이 지향하는 세계도 '인간을 인간에 묶는 공동체'라는 것을 주장하기 위해서다. 자연이 더 이상 인간의 고향으로는 불가능한, 인간을 자연에 묶는 것이 더 이상 불가능한 사태에서, 임권택에게 앞으로 인간이 추구할 '고향'이 있다면, 그 길은 인간을 인간에 묶는 길 밖에는 없다는 것이다.

그러나 그것도 그 길은 '영혼에서 영혼'으로, 길룡처럼 순수영혼을 가진 인간이 '이 지상의 모든 사람에게 집단적으로 또 개인적으로 책임'을 지면서 그들끼리 연민의 바탕 위에서 서로를 묶는 공동체밖에 없다는 것이다. 이런 공동체가 인간이 추구할 '인간의 고향'이라는 것이다.

길룡이가 방울을 오토바이에 태우고 그녀의 고향을 찾으려 오수역을 지나 호산초등학교 쪽을 향할 때, 헬멧을 착용하지 않아 교통경찰에 검문 당한다. 그리고 마지막 장면에서 방울을 데리고 사창가를 완전히 빠져나와 도시를 달릴 때도, 또 한 번 검문당한다. '검문당한다'는 것, 그것은 귀환의 좌절은 언제나 열려 있고, 귀환의 가능성은 언제나 차단될 수 있다

---

12) Michael Löwwy, "Naphta or Settembrini? Lukács and Romantic Anticapitalism," *New German Critique* 42 (1987), 22쪽.
13) Ernst Keller, *Der junge Lukács: Antibürger und wesentliches Leben* (Frankfurt am Main: Sendler Verlag, 1984), 214쪽에서 재인용.

는 상징적 신호이다. 인간의 역사는 고향을 잃어가는 비애의 역사이다. 비애의 역사이지만, 그럼에도 불구하고 '희망'의 역사를 포기하지 않으려는 울부짖음 또한 그치지 않고 있다. 영화감독 임권택 역시 그러한 울부짖음을 그치지 않으려 하고 있다. 길룡의 오토바이를 타고 사창가를 떠나면서 방울은 언제까지나 그를 놓치지 않으려는 듯, 그의 허리를 꼭 껴안고 도시를 달린다. 그들의 그러한 모습은 '인간을 인간에 묶는' 이 길만이 인간의 길이라는 것을 보여주는 "희망"[14]의 상징이다.

임권택은 「임권택과의 대화」(1996)라는 한 대담에서 "인간끼리 서로 존중하는 바탕 위에서 사는 사회, 그런 사회가 민주주의 사회라고 본다면, 『개벽』에서 나오는 동학이 가지고 있는 종교는 사람이 곧 하늘이다 하는 개념이거든. 모든 개체를 하느님으로 받아들여 존중해야 할 존재로 보는 것," 이것이 "민주주의가 아니겠냐" 하고 말한 바 있다.[15]

임권택은 「창」을 통해 하느님이 바로 인간인, 이런 존귀한 존재인 '인간을 인간에게 묶는' '인간끼리 서로 존중하는' '인간의 집'을 짓고자 한다. 그는 이러한 인간의 집을 궁극적으로 우리가 돌아갈 인간의 '고향'이라 부르고 있다.

---

14) 임권택, 앞의 책, 『임권택이 임권택을 말하다』, 403쪽.
15) 임권택, 『임권택, 민족영화 만들기』, 데이비드 E. 제임스·김경현 공편, 김희자 옮김 (파주: 한울, 2005), 350~351쪽.

II. 「밀양」

영화감독 이창동(李滄東, 1954~)의 「밀양」(2007)[16] 역시 또 다른 각도에서 '인간을 인간에 묶는' '인간의 집'을 강조하려는 작품이다.

신애

영화는 드문드문 구름이 있는 푸른 가을 하늘을 비치는 화면과 더불어 일곱 살 남짓 된 아들 준과 함께 여주인공 신애가 승용차를 타고 죽은 남편의 고향 밀양으로 가는 데서부터 시작된다. 밀양시에 다가올 무렵, 승용차가 고장이 나 '서광카센터'에서 온 김종찬(39세)이 손을 보지만 시동이 걸리지 않는다. 종찬은 그들을 자기 차에 태우고 그 승용차를 자기 차로 견인하면서 밀양시로 향한다.

종찬은 신애의 부탁을 받고 피아노학원을 차릴 만한 가게 딸린 집을 얻어준다. '준피아노학원'을 차린 신애는 아이들을 가르치게 되고, 준은 원장이 직접 가르치는 '영재웅변학원'에 보낸다. 종찬이가 친구에게 핸드폰으로 서울의 음대에서 피아노를 전공했을 뿐 아니라 피아노경연대회에서 상을 탄 '진짜 피아니스트'가 피아노학원을 열었으므로 딸을 이 학원에서 피아노 교습을 받도록 하라며 전화하면서 '준피아노학원'으로 들어온다. 그는 주머니에서 작은 망치와 못을 꺼내 벽에 못질을 한 뒤, '모 피아노 연주경연대회에서 최우수상을 수상했다는 내용'이 들어 있는 액자를 벽에 건다. 이것은 종찬이가 만든 가짜 내용의 액자이다. 이 액자를 보고 아이들이 많이 올 것이라는 종찬이 말하자, 신애는 자기 일에 일절 간섭하

---

16) 제60회 칸 영화제 (2007) 여우주연상을 비롯해, 국내 · 아시아 주요 영화제에서 여러 부문의 상을 거머쥔 작품.

지 말라며 화를 낸다. 종찬은 쑥스러운 표정을 지으며 문 밖으로 걸어 나간다.

　신애는 준이가 교습을 받고 있는 웅변학원에 들러 수업을 지켜본 뒤, 원장 박도섭이 직접 모는 웅변학원 봉고차를 타고 집으로 향한다. 원장은 밀양에서는 인구가 줄어드니까 학원도 잘 안 된다며 피아노학원은 서울이 더 잘될 것이라 말하자, 그녀는 피아노학원을 하러 여기까지 온 것이 아니라 그냥 밀양이 좋고, 여기가 교통사고로 죽은 아이 아빠의 고향이라서 온 것이라 말한다. 그리고 여기 집 짓고 살고 싶어서 요즘 땅 보러 다니고 있으니, 좋은 땅이 있으면 소개하라고 덧붙인다. 박도섭은 갑자기 차에서 뛰어내려, 그를 보고 도망치는 십대로 보이는 처녀 아이를 붙잡고 끌고 와 차 안으로 사납게 밀어 넣는다. 날나리로 보이는 그 아이(정아)는 그의 딸이다.

　신애가 봉고차에 내려 피아노학원으로 들어가려 할 때, 길 건너 '은혜약국'의 김 집사가 그녀를 불러들어 그녀를 남편(강 장로)에게 인사시킨 뒤, 남편이 죽자 이곳으로 온 것을 알고 있다며 그녀에게 "마음의 위안을 얻을 수 있는" "큰 선물"로서 "하나님 말씀이 담긴" 책을 준다.

　밀양 외곽의 넓고 황량한 공터에 신애와 그녀를 보러 서울서 온 동생 민기, 그들 곁에 있는 종찬과 부동산의 신 사장이 보인다. 신 사장이 전자공단이 들어선다는 소문이 나 있는 황량한 들판을 가리키면서 그녀에게 열심히 설명을 하고 있다. 어느 사이 종찬이가 신애를 부르는 호칭이 '신애 씨'로 변한다. 민기는 신애에게 지대한 관심을 쏟는 것처럼 보이는 종찬에게 그는 누나의 취향에 어울릴 만한 남자가 절대 아니라며 관심을 거두라고 말한다.

　'영재웅변학원' 안에서 한 웅변발표대회에서 준을 비롯해 최우수상을 탄 아이들의 어머니들과 함께 신애가 원장 박도섭에게 점심 대접을 하고 있을 때, 그녀에게 핸드폰이 온다. 종찬이가 땅주인 '회장'이 그녀를 만나고 싶다는 내용이다. 신애는 이자가 너무 싼 은행에 돈을 넣어두는 것보다 땅 사놓는 것이 훨씬 유리하다며 곧 계약을 할 것이라 하자, 원장도 그러는 것이 좋다고 맞장구친다.

이웃 가게 아줌마들과 노래방에 갔던 신애가 저녁 늦게 집에 와 불을 켜고 아이의 방으로 가서 방문을 열자, 아이가 보이지 않는다. 안방에도 없다. TV만 켜져 있다. 화장실의 문을 열어본다. 없다. 피아노학원으로 연결된 문을 연다. 그러나 어디에도 아이는 없다. '마당으로 달려 나간다.' 전화벨이 울린다. 한참 동안 상대방 말을 듣고 있다가, 신애는 돈이 지금은 없지만 준비할 테니 아들 준이만 무사히 돌려보내주기만 바란다고 애원한다.

어두운 밤거리를 정신없이 달려가는 신애의 뒷모습이 보인다. 비명과 신음소리 같은 울음소리도 들린다. 종찬은 카센터의 사무실의 형광등 불빛 아래서 혼자 가라오케의 반주에 맞춰 노래 부르고 있다. 그녀는 그에게 도움을 청하려는 듯 카센터 쪽으로 발길을 향했다가 돌아서서 그 자리를 떠난다. 어두운 거리를 걷는 신애의 울음소리가 점점 더 크게 들려온다.

은행 창구에서 현금 570만 원을 찾는 신애의 모습이 보인다. 그녀는 밀양천 고수부지의 주차장 안을 지나 멀리 다리 밑의 쓰레기통 쪽으로 차를 몰고 간다. 아무도 모르게 쓰레기통 안에 비닐 가방을 넣는다. 그녀가 고수부지 주차장을 나와 큰길 쪽으로 차를 몰고 있을 때, 핸드폰의 벨이 울린다. 방금 돈을 지정 장소에 두었으니 언제 우리 아이를 돌려주느냐고 다급하게 물었지만, 전화는 끊긴다. 네댓 명의 10대 여자아이들이 아이스크림을 하나씩 손에 들고 핥으며 길을 건너가고 있고, 그 가운데 박도섭의 딸 정아가 보인다.

집 안. 전화벨이 울려 황급히 받지만, 전화는 끊어진다. 다시 전화벨이 울린다. 통화하는 동안 신애의 목소리는 차츰 흐느끼다가 울음으로 변한다. 돈은 그것밖에 없다 했다. 남편 교통사망으로 받은 보험금은 남편이 사업하다 빚진 것을 갚고 보니 전 재산도 그 돈밖에 없다며 울고 있다.

피아노학원에 온 형사들을 통해 신애는 준을 유괴한 자가 '영재학원' 원장 박도섭이라는 것, 그리고 딸 정아는 처음에는 아무것도 모른 채 아버지 시키는 대로 돈 심부름만 하다가 나중에 소문이 나자 눈치를 챈 것이라는 것을 듣게 된다. 그녀는 형사들을 따라 저수지로 향한다. 물가에 형사 두 명, 경찰관 한 명, 그들 곁에 수갑을 찬 박도섭이 서 있다. 저수지 물 밖으로 끄집어내진 시신. 두 손이 뒤로 묶여 있고, 포장용 테이프가 코와 입을 막고 있다.

영안실 안에는 장례비를 좀 싸게 하기 위해 아는 장의사와 이야기하는 종찬과 민기가 보이고, 검은 옷을 입은 창백한 신애의 모습도 보인다. 신애가 동생 민기에게 담배를 요구하다 거절당하자, 종찬이가 그녀에게 자신의 담배를 꺼내주면서 불도 붙여준다. '그녀의 얼굴은 유령처럼 무표정하다.'

'은행약국'에 들른 신애의 모습이 보인다. 김 집사는 그녀에게 마음의 고통을 치유할 수 있는 약은 "하나님 사랑밖에 없어요" 하며 부흥회를 알리는 선단지 '상처받은 영혼을 위한 기도회'라는 제목의 종이를 내민다. 그녀는 김 집사에게 낮은 목소리로 "만약에요…… 만약에 하나님이 있고…… 하나님의 사랑이 그렇게 크다면요…… 그러면 우리 아이 왜 그렇게 처참하게 죽도록 내버려두었어요?" 하자, 김 집사는 "그래도요, 세상 모든 일에는 우리 주님의 뜻이 있다는 걸 알아야 돼요……" 하며 아들의 죽음에도 하나님의 뜻이 개입되어 있다는 듯, 그녀를 위로한다.

피아노학원 앞거리에서 신애를 자꾸 따라오는 종찬의 모습이 보인다. 신애는 택시를 혼자 타고 준의 사망을 신고하기 위해 동사무소에 간다. 그녀는 보호자인 자신의 이름과 주민등록번호를 묻는데도 기억나지 않는 듯, 대답을 못 하고 당황해한다. 주민등록증을 찾기 위해 허둥지둥 가방을 열고 급히 가방을 뒤지다가 가방 속의 물건을 쏟고 만다. 바닥에 떨어진 물건들을 주워 담으려는 그녀에게 가까이 있는 동 직원이 다가와 같이 주워주려 하자, 신애는 괜찮다며 소리를 꽥 지른다. 깜짝 놀라 모두가 그녀를 이상스럽게 쳐다보는 가운데, 혼자 물건을 주워 담는 그녀의 모습을 종찬이가 쳐다보고 있다.

'동사무소를 나온 신애가 휘청휘청 걷고 있다.' 그녀에게 다가온 종찬이가 "어데 아파요?" 하고 묻지만, 아무런 대답 없이 '상처받은 영혼을 위한 기도회'라고 씌어진 부흥회 선전현수막이 보이는 상가건물 2층의 교회로 향한다. 종찬도 그녀 뒤를 따른다.

연단 앞에서 5인조 젊은 밴드 연주자들이 찬송가를 연주하고 있다. 음악에 맞춰 함께 찬송하고 기도하고, 손뼉 치고 눈물 짓는 다양한 신자들의 모습이 보인다. 그중에는 신애도 '이방인처럼' 앉아 있다. 그녀의 뒷자리에 종찬의 모습도 보인다. 부흥사의 기도 소리가 들린다. 신애는 고통스럽게 울부짖고 있다. 뒤에 앉아 있는 종찬은 어찌할 바를 모르고 그녀를 쳐다보고 있다. 부흥목사는 목 놓아 울고 있는 신애에게 다가와 그녀의 머리에 손을 얹은 채 기도를 계속한다.

피아노학원 바닥에 김 집사를 포함해 40대 초반의 여전도사들이 앉아 있는 모습이 보인다. 신애는 그들에게 '다시 태어난다는 말'이 무엇을 뜻하는 것인지, 김 집사님이 처음에 자기에게 '이 세상에는 눈에 보이는 것만 있는 것이 아니라 눈에 보이지 않는 것도 있다'고 한 말이 무엇을 뜻하는 것인지를 비로소 가슴으로 느낄 수 있다면서, 자기가 경험하는 모든 것이 하나님의 뜻임을 분명히 믿게 되었다며 감사를 표한다. 전도사는 "고통받는 어린양에게 구원을 주"신 하나님께 감사한다며 "하나님은 지금 이곳에 계십니다. 우리와 지금 이곳에 함께 계십니다. 우리를 구원하신 하나님, 지금 이곳에 계신 하나님을 찬양합시다……" 하며 함께 손뼉을 치며 노래하기 시작한다.

교회 앞 도로에서 붉은 경광봉을 들고 뛰어다니며 주차안내를 하는 종찬의 모습이 보인다. 종찬은 신애의 차가 들어오자, 경광봉을 흔들며 손짓한다. 신애가 그에게 다른 목적이 있어 교회에 나오는 것이 아니냐고 묻자, 종찬은 자기도 믿음이 있어 나온 것이라며 멋쩍게 웃는다. 신애가 지금 보고 계시는 "하나님 앞에 믿음이 있다고 맹세할 수 있어요?" 하며 다그치자 종찬은 아무 말 없이 '하늘을 힐끗 쳐다보고 다시 그녀를 본다.' 교회 안에 찬송가를 부르는 신도들 가운데 신애의 모습, 김 집사와 강 집사, 종찬의 모습이 보인다.

동네 가게 아줌마들에게 전도하는 신애의 모습이 보인다. 그리고 그다음, 밀양역 앞 광장에서 전도하며 노래하는 교인들 가운데 통기타를 어깨에 메고 연주하는 종찬, 그리고 신애의 모습이 보인다.

신애는 자신의 생일을 축하하기 위해 카페 안에 모인 교인들에게 이번 주일에 교도소에 가서 아이를 죽인 박도섭을 면회하고 싶다고 말한다. "내게 너무나 큰 고통을 안겨준 사람이지만…… 하나님이 원수를 사랑하고 용서하라고 했잖아요?" 하면서 그를 용서해주고 하나님의 사랑을 전해주고 싶다고 말한다. 모두 "이신애 씨 정말 대단하다!"고 말하며 감격해 마지않는다. 뒤이어 이를 전해들은 교회의 목사도 놀라워한다.

종찬의 차를 타고 오 집사와 박 집사, 그리고 신애가 가을꽃이 흐드러지게 피어 있는 국도 도로변을 따라 마산구치소로 향한다. 신애는 접견실에서 죄수복을 입은 박도섭을 면회한다. 신애는 그에게, 전에는 하나님이 계시다는 것을 절대 믿지 않았지만 준이의 죽음을 통해 "하나님의 사랑을 알고 비로소 마음의 평화를 얻고 새 생명을 얻었다"며, 그분의 "사랑과 은혜"를 전해주기 위해 이곳에 온 것이라고 말한다.

이 말에 박도섭은 하나님께 향한 자신의 기도가 통했다며 준이 어머니로부터 "우리 하나님 아버지 이야기를 듣게 되어……" 참으로 고맙다며 감격해한다. 자신은 이곳에서 하나님을 영접했고, 하나님은 자신과 같이 죄 많은 인간을 저버리지 않았다며 평온한 모습을 보여주고 있는 그를 그녀는 말없이 쳐다본다. "하나님을 알게 되었다니 다행이네요" 하는 신애의 말에 박도섭은 하나님이 죄 많은 놈을 받아주시고, 죄를 회개하도록 해주시고 죄를 용서해주셨다고 하자, 신애는 "하나님이…… 죄를 용서해주셨다고요?" 하고 묻는다. 박도섭은 '그렇다'며, 죽는다 해도 "인제 아무 여한이 없습니다" 하고 대답한다. 이어 "준이 어머니를 위해서도" 매일 기도하고 있으며, 이렇게 면회 온 준이 어머니를 만나고 보니 "하나님이 역시 제 기도를 들어주시는갑심더" 하고 말한다. 신애는 '언제부터인가 아무런 말도 하지 못하고 있다.'

밖으로 나온 그녀는 아주 창백한 얼굴 모습을 한 채 '얼어붙은 듯 그 자리에 서 있다'가 '갑자기 그 자리에서 무너지듯 쓰러져버린다.'

병원 현관 한쪽에 앉아 담배를 피우며 전화하는 종찬의 모습이 보인다. 그를 향해 걸어오는 목사와 강 장로, 교인들의 모습이 보인다. 신애의 건강상태를 묻는 목사에게 종찬은 정신적인 고통이 너무 커 하루이틀 안정을 취하는 것이 좋다는 의사의 말을 전한 뒤, 신애는 목사뿐 아니라 누구도 만나고 싶어하지 않는다는 말도 전한다.

피아노학원에서 아이들을 가르치는 신애의 모습이 보인다. 그녀를 찾아온 목사와 김 집사에게도 건성으로 인사할 뿐이다. 그녀는 집 마루 한쪽에 '칼날처럼 떨어져 있는 햇빛 한 조각'을 소파에 누운 채 보고 있다. '마치 그 햇빛으로부터 등 돌리는 것처럼' 소파를 반대편으로 돌려놓고 다시 눕는다. 그러고는 급하게 윗도리를 걸쳐 입고 밖으로 나가 교회로 향한다. 평일이라서 그런지 예배당 안에는 여자 두 명만이 앉아 열심히 기도하고 있다. 자리에 앉은 신애는 '그들의 기도를 방해하듯' 손바닥으로 의자를 두드리기 시작한다. 갈수록 점점 더 세게 두드린다. 그들은 놀란 표정으로 그녀를 쳐다본다. '그녀는 무섭게 부릅뜬 눈으로 제단 위의 십자가를 노려보고 있다.'

신애의 집 마루에 목사와 김 집사·오 집사·박 집사, 그리고 종찬이 앉아 있다. 목사가 신애에게 범인을 용서하고 싶었지만 막상 직접 만나보니 용서가 아니 되어 더 괴로워하는 그녀를 주님도 이해하실 것이라며, 이런 때일수록 주님에 대한 믿음으로 고통을 이겨야 한다고 말한다. 신애는 아무런 반응도 보이지 않는다. 종찬이 안타까운 듯 신애를 쳐다본다. 목사가 "이 가련한 영혼에게 구원의 손길을 주시고 죄인을 진정으로 용서할 수 있는 믿음을 허락해주시옵소서……" 하고 기도하자, 갑자기 신애가 "용서요? 어떻게 용서해요?" 하며 소리친다. 그러고는 "용서하고 싶어도 난 할 수가 없어요! 그 인간은 이미 용서를 받았대요! 하나님한테! 그래서 마음의 평화를 얻었대요" 하며 소리친다. "내가 그 인간을 용서하기도 전에 어떻게 하나님이 그를 용서할 수 있어요? 난 이렇게 괴로운데 그 인간은 하나님의 사랑으로 용서받고 구원받았어요! 어떻게 그럴 수가 있어요? 왜? 왜애?" 하고 말한다.

그녀는 부엌 쪽으로 간다. '갑자기 부엌 쪽에서 찢어지는 듯한 비명 소리가 들린다. 종찬이 놀라 달려간다' '얼이 빠진 듯 서 있던 신애는 갑자기 주저앉으며 울음을 터뜨린다. 그녀의 울음은 타는 듯 맹렬하다.'

비 오는 날 소나무 숲으로 둘러싸인 공터에서 부흥회가 열리고 있다. 2,300명의 신도들이 앉아 기도하고 있다. 기도하는 사람들을 보며 연단 앞쪽으로 걸어가는 신애의 모습이 보인다. 목사가 "성령님의 놀라운 일들을 아시고 성령 충만을 받는 좋은 계기가 될 수 있기를 바랍니다"라는 내용의 설교를 하고 있을 동안, 신애는 무대 뒤 설치된 천막 안으로 들어간 뒤, 오디오 기계 앞으로 다가가 오디오 플레이를 열고 음반가게에서 훔친 CD를 넣는다. 하나님의 '역사'(役事)를 간구하는 목사의 기도가 진행되는 가운데 스피커에 갑자기 음악의 전주가 시작된다. 목사의 설교는 '스피커에서 울려퍼지는 김추자의 「거짓말이야」란 노래로 덮인다.' 진행요원들이 무대 뒤쪽으로 달려간다. 우산을 쓴 채 괴롭게 숨을 쉬면서 천천히 소나무 숲을 걸어 나오는 신애의 모습이 보인다.「거짓말이야」란 음악은 계속 흘러나온다.

'은혜약국'에서 김 집사의 남편 강 장로에게 이야기하는 신애의 모습이 보인다. 상담하러 왔다며 그에게 교태를 부리면서 드라이브를 좀 시켜줄 수 있느냐고 묻는다. 차를 운전하는 강 장로의 얼굴이 벌겋게 달아오른다. 신애가 그를 빤히 보면서 그의 허벅지를 어루만지자, 강 장로는 어찌할 바를 모른다. 국도변의 한적한 공터 나무 밑 평평한 곳에 깔개를 깔고 신애가 먼저 눕는다. '번쩍거리는 은박깔개 위에서 그녀는 하늘을 똑바로 응시하고 있다.' '남자는 신애의 가슴을 헤치고 입술을 가져간다. 남자의 입술은 정신없이 여자의 가슴을 더듬는다. 그동안 그녀는 여전히 하늘을 응시하고 있다.' 신애는 그에게 입모양으로 '보여?' '잘 보느냐?'고 묻는다. 그가 알아듣지 못하자, '잘 보이느냐?'고 입 밖으로 말을 내뱉는다. 강 장로는 문득 움직임을 멈추고 이러면 아니 되는데 하며, 손을 덜덜 떨면서 하나님이 보고 계시는데 하며 어쩔지 모른다. 신애는 그대로 누운 채 남자를, 그리고 하늘을 쳐다본다. 하늘을 노려보다 침을 뱉는다. 점점 증오와 적의에 가득 찬 표정을 지은 채 다시 침을 뱉는다.

강 장로의 차를 타고 돌아가다가 신애는 혼자 차에서 내려 빨간불 신호가 켜 있는 것을 보지 못한 채 길을 건너려는데, 빠르게 달려드는 차 한 대가 그녀 앞에서 급정거한다. 그 순간 그녀는 놀라 비명을 지르며 길바닥에 쓰러진다. 웅크리고 쓰러져 있던 그녀는 몸을 일으키면서 운전자를 쳐다보지 않고 '고개를 들어 하늘을 쳐다본다.' "죽이려면 죽여봐!" 하며 '사나운 눈으로 하늘을 쳐다보더니 고개를 돌려 침을 뱉는다.'

생일날 밤 카센터 사무실에서 혼자 앉아 어머니와 통화하는 종찬의 쓸쓸한 모습이 보인다. 신애가 들른다. 김 집사 댁에 자기를 위한 기도회가 있는데 왜 아니 갔느냐는 신애의 물음에, 오늘 신애와 자기가 저녁 약속을 하지 않았느냐며 섭섭한 듯 대답한다. 그녀는 그에게 다른 사람과 만나 "섹스"를 했다며 종찬에게 섹스하는 동작을 해 보이면서 "하고 싶은 교?" 하고 킬킬거리며 묻는다. 그러고는 나미의 「빙글빙글」 노래를 부른다. 종찬은 "신애 씨! 와 이래요? 와? 제발 정신 좀 차려요……!" 하며 애타게 말한다. 집에 데려다주겠다는 종찬의 말에 '그녀는 어린애처럼 겁에 질려 떨고만 있다.' 종찬이 그녀의 팔을 잡자, 갑자기 비명을 지르며 뒷걸음치면서 '공포에 질린 짐승처럼 계속 비명을 지르며 도망친다.'

불이 켜져 있는 준의 방에 앉아 있는 신애의 모습이 보인다. '고통을 참는 듯 얼굴에 경련이 스쳐간다.' 그러고는 '허공을 향한 그녀의 시선이 차츰 떨리기 시작한다.' 천천히 자리에 일어난다. 핏방울이 바닥에 떨어진다. 과일 '칼로 베인 그녀의 가는 손목에서 피가 흘러나와 잠옷을 적시고 마룻바닥 위로 떨어지고 있다.' 어두운 거리에 서서 "살려주세요 살려주세요……" 하는 신애의 신음소리가 들린다.

몇 개월 후, 정신병원 면회대기실에서 서울에서 온 민기와 종찬의 모습이 보인다. 신애는 종찬이 사가지고 온 새 옷을 입고 그들에게 다가선다. 종찬은 그녀에게 꽃다발을 내밀면서 퇴원을 축하한다고 말한다. 신애를 위해 좋은 음식점에 예약을 해놓았다는 종찬의 말에 그녀는 미용실에 가서 머리부터 좀 다듬겠다 말한다. 어려 보이는 미용실 종업원이 신애 쪽으로 온다. 신애는 거울을 통해 다가오는 종업원이 박도섭의 딸 정아임을 알아본다. 그녀는 신애의 얼굴을 알아보고도 놀라거나 속마음을 내색하지도 않는다. "그냥…… 적당하게……" 자르라는 신애의 말을 듣고 정아는 빗질을 부드럽게 하면서 머리칼을 예쁘고 정성스럽게 자르다가 작은 소리로 "안녕하세요?" 하며 인사한다. 미용기술은 언제 배웠느냐의 신애의 물음에 그녀는 "소녀원에서요" 하고 대답한다. 미용실 밖으로 나오면서 신애는 자기 뒤를 쫓아오는 종찬에게 왜 그 미용실에 데려갔느냐고 따지듯 묻는다. 신애는 문득 고개를 들어 하늘을 쳐다본다. 종찬도 함께 하늘을 쳐다본다.

집 마루의 유리문을 열어놓은 채, 마루 끝에 앉아 마당을 보고 있는 신애의 모습이 보이다. 그녀는 안으로 들어가 손에 가위와 거울을 들고 다시 나와 '좁은 마당에 의자를 들고 앉는다. 그리고 낡은 신발장 위에 거울을 세워두고 혼자서 머리를 자르기 시작한다.' 집으로 들어선 종찬이가 천천히 그녀에게 다가온다. 종찬이 그녀 앞에 놓인 거울을 들고 있다. 신애는 종찬이가 들고 있는 거울에 얼굴을 비춰보며 머리를 자른다. 그런대로 다듬어진 '머리카락이 신애의 옷 위로 떨어지다가 바람에 날려 가기 시작한다.' 머리카락이 바람에 날려 흩어지는 '마당 한쪽의 깨진 시멘트 바닥에 고인 빗물이 보인다. 주위에는 지저분한 낙엽 같은 것들이 떨어져 있다. 기울어진 햇빛이 넓게 빤짝이고 있는 수면, 그 위에 떨어진 머리카락들이 바람에 여리게 흔들린다. 카메라는 거기에 오랫동안 머물러 있다.'

하산下山

우리는 아들이 살해당한 뒤, 여주인공 신애가 어떻게 변모되어가는가에 초점을 맞춰 그 과정을 길게 이야기했다. 이창동의 영화 「밀양」의 모든 것은 이 변모에 집중되고 있기 때문이다. 각본은 이청준의 단편소설 『벌레이야기』에 토대를 둔 것으로 알려져 있지만, 영화는 그 소설가의 작품과 전적으로 다르다.

이 소설에서는 죽은 남편의 고향 '밀양'은 등장하지 않는다. 그리고 남편은 죽은 것이 아니라 아내가 아들을 잃고 살인자와 하나님에 대한 배반감으로 인한 절망감에서 벗어나지 못해 자살을 택하는 과정을 이야기해주는 '화자'(話者)로 등장한다. 영화의 '영재학원' 원장 '박도섭'과 비슷한 이름의 '김도섭'이 등장하지만, 그는 소설에서 아들을 유괴하여 죽인 주산학원의 원장으로 등장한다. 그밖에 소설에 등장하는 아들 '알람'은 영화의 '준'과 달리 한쪽 다리가 불편한 아이라든가, 그 아이가 죽은 곳은 주산학원 근처의 2층 지하실이라든가 등등, 여러 자잘한 차이가 적지 않게 나타난다.

물론 이창동이 이 소설의 핵심 내용, 즉 죽은 아들의 "영생과 내세복락"[17]을 위해 교회를 찾기 시작한 아내가 사형수 김도섭을 용서해주기 위해 교도소에 면회하러 갔다가, 그가 평화스러운 얼굴을 한 "성인(聖人) 같은 모습"[18]을 하고 하나님께서 회개한 자신의 죄를 사하고 용서했다는 말을 듣고는, 자신이 그를 용서하지 않았는데 어느 누가 먼저 용서할 수 있느냐며 그와 같은 "권리"[19]는 하나님에게도 있을 수 없다며 배반감과 절망감에 몸부림치다 자살하는 것을 자신의 영화의 주요 모티프로 삼은 것은 사실이다.

그러나 이창동은 여주인공 신애를 자살로 이르게 하지는 않는다. 아들이 죽은 후에 그녀가 어떻게 변모되어가는가에 초점을 두면서, 변모의 과정과, 이 과정에서 그녀와 종찬의 관계를 다루면서 전혀 다른 내용의 작품을 내놓고 있다. 그가 우리 앞에 내놓고 있는 내용이나 주제는 이청준의 소설과는 비교할 수 없을 정도로 진지하고도 문제적이다.

나는 한 대학에서 오랜 기간을 재직하다 정년을 맞이하여 그 대학의 대학원에서 강의하던 '그리스 비극'의 마지막 수업시간에, 현대 이스라엘 최고의 시인 예후다 아미차이(Yehuda Amichai, 1924~2000)의 시 「관광객들」과, 『금강경』(金剛經)의 첫 부분, 그리고 고향 경남 창녕(昌寧)의 관룡사(觀龍寺)에서 오래전에 금화(金華)라는 노승(老僧)을 만나 그로부터 들은 '진인(眞人)은 하산(下山)하고 가인(假人)은 입산(入山)한다'는 일언을 소개하

---

17) 이청준, 『벌레이야기』 (서울: 열림원, 2007), 67쪽.
18) 같은 책, 88쪽.
19) 같은 책, 90쪽.

고 내 생각을 들려주는 것으로 강의를 끝냈다. 아미차이의 시는 이렇다.

한때 나는 내 옆에 두 개의 무거운 바구니 놓아둔 채 다윗 탑 문 곁의 층계에 앉아 있었네. 관광안내원 주위에 한 무리의 관광객이 서 있었고, 나는 그들 표적의 대상이 되었네. "저기 광주리를 갖고 있는 저 사람 보이지요? 저 사람의 머리 조금 오른쪽에 로마 시대부터 내려오는 아치가 있어요. 바로 저 사람 머리 조금 오른쪽에……" 이를 듣고 나는 혼자 중얼거렸네: 그 관광안내원이 그들에게 "저기 로마 시대부터 내려오는 아치가 있어요. 중요한 것은 저 아치가 아니라 그 옆에, 조금 왼쪽 그리고 조금 그 아래 가족을 위해 과일과 야채를 사들고 앉아 있는 저 남자"라 할 때만이 구원이 오리라고!"[20]

아미차이는 층계에 앉은 남자 위에 있는, 오래된 그 이름난 아치, 지상에서 보내는 일상의 현실과 동떨어진 어떤 추상적인 가치가 우리에게 구원을 가져다 주는 것이 아니라, 가족을 위해 과일과 야채를 사 들고 집으로 가던 중 힘들어 잠시 쉬고 있는, 보기에는 너무나 사소한 행위이지만 이런 아주 평범한 존재의 아주 평범한 일상 행위 속에 진정한 삶의 가치가 있으며, 진정한 구원은 이런 평범한 일상 행위 속에서 찾아질 수 있다고 노래한다.

종찬은 고통에 몸부림치고 절망하는 신애에게 그 목사들과 집사들처럼 '천상'(天上)의 이야기를 하지 않는다. 추상적이고 비현실적인 '천상'의 세계는, 가족을 위해 과일과 야채를 바구니에 가득 사 들고 가족이 그를 기다리는 집으로 가는 그 사내의 세계, 즉 '아치'보다 '바구니'를 더 값있

---

[20] Yehuda Amichai, "Tourists", *Poems of Jerusalem* (New York: Harper & Row, 1988), 32쪽.

게 여기는 그 사내의 세계가 아니다. 그리고 그것은 요리를 잘하는 음식점에 신애를 데려다 가서 한순간만이라도 그녀를 위해 "기분전환"을 해주려는 너무나 인간적이면서도 단순한 종찬의 세계도 아니다.

아미차이는 너무나 인간적이고도 평범하고 단순한 행위 속에 구원이 있는 것이지, 초월적인 가치만을 추구하는 관념적이고 형이상학적인 행위 속에 있지 않다는 것을 노래한다. 사변적인 형이상학의 세계와 그 세계에 속하는 말〔言〕이 아니라, 가장 일상적인 세계와 그 세계에 속하는 말이 '경이롭다'고 인식했던 비트겐슈타인처럼, 아미차이도 너무나 인간적인 평범하고 단순한 행위야말로 경이롭고, 더더욱 '거룩한 것'이라고 노래하고 있다.

나는 그다음으로 『금강경』의 첫 부분을 소개하고 내 이야기를 들려주었다. 그 첫 부분은 이렇다.

그때 세존께서 공양하실 때가 되어, 가사를 입고 발우를 드시고 사위성에 들어가서 걸식하셨다.

ㄱ 성 중에서 차례대로 걸식하고 나서 본래의 처소로 돌아오셔서 공양을 드셨다. 의발을 거두시고 발을 씻으신 뒤 자리를 펴고 앉으셨다.

이때에 장로 수보리가 대중 가운데 있다가 일어나서 오른쪽 어깨의 가사를 벗어 메고 오른쪽 무릎을 땅에 꿇어 합장하고 공경히 부처님께 사뢰었다.

"희유하십니다, 세존이시여……."[21]

---

21) 상묵, 『금강경 강의』 (서울: 조계종출판사, 2007), 28쪽, 36쪽.

불타(佛陀)는 하루에 꼭 한 번씩 오전 9시~11시 사이에 다른 제자들과 똑같이 옷을 입고 바리때를 들고 사위성에 들어가 음식을 구걸했다. 이는 그의 일상 행위였다. 이렇게 음식을 구걸하고 본래의 처소로 돌아와 식사를 하고 옷을 정리하고 발을 씻은 뒤, 자리를 펴고 앉았다. 이 또한 그의 일상 행위였다. 그가 자리를 펴고 앉아 있던 바로 그때, 그의 으뜸제자 수보리가 그를 향해 "희유하십니다"라고 했다.

'희유하십니다'의 '희유(稀有)는 "처음 보는 일이며 경이롭다는 뜻"[22]으로 세존을 찬탄하는 말이지만, 나는 그 마지막 강의에서 그때 이 '희유'를 '경이롭다'는 뜻과 함께 '거룩하다'는 뜻으로 해석하여, "참으로 경이롭고 거룩하십니다, 세존이시여……"라고 풀이했다. 한자인 '희유'에 해당하는 원어 빠알리어에서도 '경이롭다'는 뜻으로 해석되고 있지만, 경이롭기에 나는 이를 넘어서 거룩하기까지 한 것으로 풀이했다.

제자들과 똑같이 옷을 입고 바리때를 들고 성에 들어가 음식을 구걸한 뒤, 본래 있는 곳으로 와서 구걸한 음식을 먹고 옷을 정리하고 발을 씻고 자리를 펴서 앉아 있는 것, 이것은 세존이 늘 행하는 일상적이고 너무나 단순하고도 평범한 행위다. 이러한 행위를 하고 있는 그를 향해 제자 수보리는 '경이롭고 거룩하다'고 했다. 수보리는 세존의 일상성, 단순하고 평범하기 그지없는 일상 행위 속에 경이롭고 거룩한 것이 있음을 자각했다. 뿐만 아니라 자신의 단순하고 평범한 일상 행위 속에 진정 경이롭고 거룩한 가치가 있다고 가르치는 것으로 보이는 불타를 향해 "참으로 경이롭고 거룩하십니다"라고 말했던 것이다.

마지막으로 나는 금화 스님의 '진인은 하산하고 가인은 입산한다'는 일언을 소개하고 내 이야기를 했다. 90년대 중반 그를 만났을 때 그의 나이

---

22) 같은 책, 37쪽.

가 60세에 접어들었으니까 지금은 아마 일흔이 훨씬 넘었을 것 같다. 고향에 있는 절 관룡사에 들러 하룻밤 머무르려 했지만, 그때 그는 방이 있었는데도 거절했다. 그러나 내가 대학교수라는 것을 알고는 유숙을 허락했다. 그는 어릴 적 머리가 뛰어나고 공부도 무척 잘해 후에 공부로 대성하고 싶었지만, 가난으로 인해 초등학교를 졸업하는 데 그치고 실의에 빠져 지내다 일찍 출가했다. 노승이 된 그때도 그는 못다 한 공부에 대한 미련과 원망을 숨기지 않았다. 공부에 대한 콤플렉스가 여전히 만만치 않았던 차에 내가 '대학교수'라는 것을 듣고 나와 이야기하고 싶어 유숙을 허락했던 것 같았다.

같이 이야기를 나누다가 나의 직업을 부러워하는 듯한 그에게 진리를 찾고 해탈을 얻기 위해 구도(求道)의 길을 걷는 스님이야말로 나와 달리 참으로 복되고 거룩한 존재가 아니냐고 물었다. 그 말에 금화는 "교수님, 진인(眞人)은 하산하고 가인(假人)은 입산하는 것 아닙니까?"라 답했다. 나는 그때 들은 그의 말을 늘 잊지 않고 있다.

그리고 89년인지 아니면 90년인지는 정확하지 않지만, 어느 날 신촌에 있는 찻집 '미네르바'에서 시인 고은을 만난 적이 있다. 그때 그는 자신이 '감옥'에서 구원을 얻었다고 했는데, 나는 이 말 또한 잊지 않고 있다. 젊은 날, 이 세상에 태어난 것을 비관하면서 여러 번 자살을 시도했고, 한국전쟁 중 출가하여 학승(學僧)으로 오랫동안 절에 머물다가 '하산'하여 그 후 유신시절 민주화투쟁에 뛰어들어 안기부에서 고문과 죽음의 그림자를 경험하면서 종신형선고를 받았던 그가, 결국 감옥에서 '구원'을 얻었다고 했다.

그동안 자신은 조국이나 그 무엇에서나 '타향으로 떠도는 자'에 불과했던 것을 후회하면서 민주화와 분단의 극복을 위해 고통의 현실에 뛰어들었으며, 민주화와 분단의 극복이 자신이 구할 궁극적인 길임을 감옥에서 자각했다고 했다. 그는 열반과 해탈을 얻기 위해 '입산'했던 산사(山寺)가 아니라, 감옥에서 마침내 이른바 '구경(究竟)의 길'을 발견했던 것이다.

'화중연'(火中蓮)이라는 말은 『화엄경』(華嚴經)에 나오는 말인가. '불속의 연꽃'. 모순과 갈등, 그리고 고통이 불처럼 뜨겁고 끝나지 않은 '현실'이라는 '감옥'에서 피어나는 꽃이야말로 '진정한' 꽃이란 말인가. 금화가 나에게 '진인은 하산하고 가인은 입산한다'고 했을 때 그의 뜻을 나는 그렇게 해석했다. 열반·해탈·진리·깨달음 등 이런 초월적인 가치를 얻기 위해 '구경'의 길을 헤매는 것을, 마치 목마른 사슴이 물길을 찾아 헤매다, 마침내 눈앞에 보이는 신기루를 발견하고는 그것이 진짜 물인 양 목을 축이러 달려가는 것과 같은 것이라 하고, 이런 자들을 일컬어 불타(佛陀)는 환상의 그물〔幻網〕에 걸린 자들이라 했던가. 금화는 온갖 모순과 갈등이 난무하는 '지금 있는 이대로의 세상'이야말로 모든 '깨달음의 자리'〔覺位〕임에도, 세상 밖에서 '구경'의 길을 구하는 자들을 자신과 동일시하여 '입산'하는 자들이라 하고, 진짜 인간들은 '하산'하고 '가짜인간들'만이 '입산한다'고 했던 것 아닌가.

이창동은 「밀양」에서 신애의 '하산'을 이야기하고 있다. 그의 작품은 죄를 회개하고 오직 하나님만을 믿고 그를 사랑하는 것만이 지상의 모든 가치 중 최고의 가치이며, 이를 위해 사는 것만이 구원으로 인도하는 유일한 길이자 빛이라는 기독교의 도그마를 비판하고 분노를 표출하는 그런 상투적인 작품이 아니다. 그가 관심을 두고 있는 것은 '무섭게 부릅뜬 눈으로 제단 위의 십자가를 노려보고' 하늘을 노려보다 침을 뱉는 신애의 '하산'이다. 그리고 그 하산의 종착점인 종찬이라는 '인간'에 초점을 둔다. 이창동이 '하산'에 관심을 두고 있다는 것은 지상의 '현상'에 관심을 두고 있다는 것이며, 이는 그가 괴테·니체·비트겐슈타인과 마찬가지로 현상의 이면에 있는 것에는 관심을 갖지 않는다는 것이며, '구원'을 현상의 이면에서 찾지 않고, 바로 '지금, 이곳'의 현상에서 찾는다는 것을 의미한다.

종찬은 '하산'의 인간, '현상'의 인간이다. 이는 가장 일상적이고 범속한 '지금, 이곳'의 인간임을 의미한다. 카센터의 사무실에서 커피를 배달해온 아가씨에게 그녀가 입고 있는 팬티가 치어리더의 팬티인지 일반 팬티인지 보고 싶다며 '두 주먹을 눈에 대고 망원경을 보는 자세를 흉내 내며 치마 쪽을 관측'하다, "봤다"고 농담하는 그는, 하나님의 자녀들인 목사나 여집사들의 눈으로 보면 속된 '마귀'의 자식일 수 있다. 그러나 그의 태도와 행동에는 하나님을 향해 소리 높여 기도하지만, 신애의 육체를 보고 욕정에 몸부림치던 김 집사의 남편 강 장로의 위선 따위는 없다. 종찬과 저녁식사를 약속한 날 '다른 남자'(강 장로)와 "섹스"를 했다며 그에게 하고 "싶은교?" 하는 신애에게, "신애 씨! 와 이래요? 와? 제발 정신 좀 차려요……!" 하며 애타게 부르짖는 그의 말과 행동에는 어떠한 '위선'도 없다.

자기가 좋아하는 여인이 교회에 다니기 때문에 그 마음을 얻기 위해 일부러 교회에 나가고, 밀양역 앞 광장에서 통기타를 메고 전도 찬양을 하고, 교회 앞 도로에서 붉은 경광봉을 들고 주차안내를 하는 종찬의 행동에는, 신애를 도와주기 위해 친구에게 그녀가 피아노연주 경연대회에서 최우수상을 탔다고 거짓선전하고, 최우수상을 받았다는 거짓 액자를 만들어 벽에 걸어두는 종찬의 말과 행동에는 어떠한 '거짓'도 없다.

영안실에서 동생에게 담배 하나를 요구하다 거절당하는 신애에게 자신의 담배를 꺼내 불을 붙여주는 종찬. 그녀에게 담배 한 대를 권함으로써 순간이나마 그녀의 아픈 마음을 달래주려 하는 그의 단순하기 그지없는 그의 행위와, 그녀를 위해 조금이라도 장례비를 깎으려고 흥정하는, 그리고 화장장 밖으로 나온 그녀를 돌아보며 그녀에게 "니는 우째 눈물도 없노? 어? 우째 눈물 한 방울 안 흘리노?" 하고 소리치는 시어머니를 향해 '최대한 공손하게' "지금 이 상황에서는 누구보담도 애 엄마가 제일 안

슬프겠습니꺼? 그지예?" 하며 신애의 슬픔을 대신 전해주고는, '저만치 떨어진 곳에서 쪼그리고 앉아 있는 신애'에게 다가가 "담배 피우실랍니까" 하는 종찬의 말과 행동에는, 여인의 아픔을 있는 그대로 함께하고자 하는 '아름다운' '진실'만이 있다.

아도르노는 1965년에 행한 한 강연에서 "도덕의 진정한 기초는 몸으로서의 느낌에서 찾아져야만 한다. 즉 견딜 수 없는 고통과의 동일시에서"[23]라고 말한 바 있다. 즉각적인 육체 반응이 반드시 궁극적인 것은 아니라 할지라도 주요한 도덕적인 원천으로 간주하는 그의 인식에 나는 전적으로 동의한다. 종찬은 신애의 고통을 온몸으로 자신의 고통으로 받아들이고 있다. 그는 형이상학적이고 이론적이고 종교적인 현란한 수사(修辭)에 기초를 둔 어떠한 위안도 베풀지 않는다. 단지 온몸으로 고통을 함께하고 있는 것이다. 아도르노가 이러한 종찬의 모습을 두고 "희망은 육체적인 부활을 의미하는 것"[24]이라 했던 것 아닌가.

아들의 사망신고를 마치고 휘청휘청 걸어 나오던 신애가 구부린 채 고통스럽게 안간힘을 쓰고 있을 때, 어찌할 바를 모르고 내려다보면서 "신애 씨? 와 그래요? 어데 아파요?" 하며 괴로워하는 종찬의 모습과, 교도소에서 박도섭을 만나고 나온 뒤 충격 속에 쓰러져 병원에 입원한 신애의 침대 곁을 지키면서 그녀의 아픔만을 걱정하는 종찬의 모습에서, 그리고 정신병원에 입원해 있다 나오는 신애에게 꽃다발을 안겨주면서 "신애 씨, 오늘 좋은 데 가가 식사하입시더. 오랜만에. 내가 좋은 데에 예약해놨거든예" 하는, 거창한 말이나 행동이 아니라 자기가 좋아하는 한 불쌍한 여인을 위해 맛난 저녁 한 끼나마 대접하고 싶어하는 종찬의 모습에서, 그

---

23) Theodor W. Adorno, *Metaphysics: Concept and Problems*, Rolf Tiedemann 엮음, Edmund Jephcott 옮김 (Stanford: Stanford UP, 2000), 116쪽.
24) Theodor W. Adorno, *Negative Dialectics*, E.B. Ashton 옮김 (New York: Seabury Press, 1973), 401쪽.

의 그렇게 티 없는 단순한 행동에서 우리는 우리의 삶의 방향의 길이 될 '척도'를 본다.

니체는 "지금까지의 철학의 역사는 육체를 억압하는 역사였다"[25]고 주장했다. 아도르노에게 "서구사상의 진정한 전환점"을 가져온 니체의 "해방 행위"는 그가 "사변적(思辨的) 개념, 정신의 본질(hypostasis of mind)에 대한 경의를 거부했던 것"[26]에 있었다. 인간의 몸을 무조건 멸시했던 플라톤은 육체를 가리켜 영혼의 감옥 또는 무덤이라 했다. 이것은 서양뿐 아니라 동양에서도 지배적인 인식으로 계속 이어져오고 있다. 니체는 플라톤적인, 그리고 육체가 죄의 근원이라는 기독교 인식에 반기를 들었다. 그와 인식을 같이한 아도르노뿐 아니라 육체는 영혼의 감옥 또는 무덤이라는 이런 배타적인 인식에 맞서 비트겐슈타인은 "인간의 육체는 인간 영혼의 가장 좋은 그림"이라 했다.[27] 아도르노는 오늘날에는 "만물의 척도가 되는 어떠한 척도도 남아 있지 않다" 했다.[28]

그러나 '인간의 영혼의 가장 좋은 그림'을 표상하는 종찬과 같은 '육체' 행위야말로 절대적인 '척도'가 남아 있지 않는 이 시대에 '척도'가 되기 위해 최우선으로 취해야 할 수단이 아닌가. 종찬과 같은 그러한 인간을 향해 비트겐슈타인은 '경이롭다' 했고, 불타의 제자 수보리, 아니 불타는 '거룩하다' 했고, 금화는 '진인'이라 했고, 아미차이는 여기에 '구원이 있다'고 했던 것 아닌가.

---

25) Friedrich Nietzsche, *The Gay Science*, Walter Kaufmann 옮김 (New York: Vintage, 1974), 322쪽.
26) Theodor W. Adorno, 앞의 책, *Negative Dialectics*, 23쪽.
27) Ludwig Wittgenstein, *Philosophical Investigations*, G.E.M. Anscombe 편역 (New York: Macmillan, 1953), Part II, §iv, 178쪽.
28) Theodor W. Adorno, *Minima Moralia: Reflexionen aus dem beschädigten Leben* (Frankfurt am Main: Suhrkamp, 1980), 69쪽; 테오도르 아도르노, 『미니마 모랄리아 – 상처받은 삶에서 나온 성찰』, 김유동 옮김 (서울: 길, 2005), 91쪽.

정신병원에서 돌아온 신애는 '좁은 마당에 의자를 내놓고' '낡은 신발장 위에 거울을 세워두고 혼자서 머리를 자르기 시작'하자, 그녀의 모습을 지켜보다가 천천히 다가온 종찬이가 그녀 앞에 놓인 거울을 들고 서 있고, 신애는 '말없이 그가 들고 있는 거울에 얼굴을 비춰보며 계속 머리를 자른다.' 바람에 날려 흩어진 머리카락이 떨어져 있는 '마당 한쪽의 깨진 시멘트 바닥'의 수면 위에 '햇빛이 엷게 빤짝이고 있다.' 그리고 '주위에는 지저분한 낙엽 같은 것들이 떨어져 있다.'

구원의 빛은 '지저분한 낙엽 같은 것들이 떨어져 있'는 것같이 보이는 지상의 지저분한 '인간'의 세계, 그리고 '천상'의 세계가 아니라 '마당 한쪽의 깨어진 시멘트 바닥'과 같이 고통과 절망이 아우성치고 불완전하고 불안한 이 '지상'의 인간의 세계에 존재하고 있다는 것, 이것이 이창동의 메시지다.

신애는 증오와 분노로 가득 찬 눈으로 하늘을 노려보다 그곳을 향해 침을 뱉은 뒤, '하산'하여 땅 위에 서 있다. 그녀는 한때 자신이 딛고 있었던 지상의 땅으로 '귀환'하고 있다. 서울을 떠나 밀양으로 오던 중, 승용차가 고장이 나 종찬의 카센터의 차를 타고 그와 함께 밀양시로 향했을 때, 신애는 '밀양'(密陽)이라는 뜻을 모르는 그에게 밀양은 '비밀의 빛'이라고 가르쳐주었다. 비트겐슈타인은 "우리에게 매우 중요한 사물의 모습은 그 단순함과 친숙함 때문에 드러나지 않고 숨어 있다"고 말한 바 있다.[29] 너무나 일상적이고, 너무나 단순하고, 너무나 평범하고, 너무나 친숙한 것이기 때문에 우리는 그 속에 진리가 있고, 구원이 있다는 것을 모른다. 종찬은 아미차이가 구원은 이름난 '아치'에서 찾아질 수 있는 것이 아니라, 가족을 위해 과일과 야채를 가득 사 담은 무거운 바구니를 옆에 두고 층계에 앉아 쉬고 있는 사나이에서 찾아질 수 있다고 하던, 그 사내와 같은

---

29) Ludwig Wittgenstein, 앞의 책, Part I, §129, 43쪽.

존재다.

  그 '비밀의 빛', 은밀한 빛을 향해 신애는 다가서고 있다. 그 '비밀의 빛'이 바로 그의 카센터만큼이나 볼품없는 종찬이다. 늘 우리 곁에 가까이 있기 때문에 더 찾기 어렵고, 늘 우리에게 친숙하기 때문에 더 찾기 어려운 '숨어 있는 빛'이 진정 구원의 빛이라는 것을, 이창동은 이야기하고 있다.

6

박경리의 『토지』

―귀환의 비극성

200자 원고지 4만여 장의 분량에 해당하는 박경리(朴景利, 1926~2008)[1]의 대하소설 『토지』는 25년간의 집필을 거쳐 탄생한 작품이다. 이 작품은 1897년을 전후한 구한말 일본제국주의 침략에서부터 1945년 해방에 이르기까지 60년의 장구한 기간을 배경으로 한 채, 5대째 대지주로 군림하고 있는 경남 하동군 악양면 평사리의 만석지기 최 참판가의 친척과 자손, 소작인을 비롯해 이 집안과 그 자손과 이리저리 얽혀 있는 숱한 인물들, 그리고 그밖의 인물이 일제하에서 겪고 있는 쓰라린 삶과 그들의

---

1) 작품 『토지』에 대한 이 글이 완성되고 며칠이 지난 2008년 5월 5일, 작가 박경리는 세상을 떠났다. 그리고 나는 10년도 더 지난 박경리 선생과의 짧은 만남과 기억을 추억했다. 90년대 말 어느 해 부산 해운대 한 호텔에서 갖게 된 연세대학 교수수양회 때 박 선생은 특별연사로서 초청돼 '자연'에 대해 강연했다. 그날 강연이 끝난 뒤 나와 박 선생은 해운대 해변에서 비둘기에 모이를 주면서 함께 해변을 거닐었고, 자연을 포함한 모든 생명의 고귀함, 모순(矛盾)의 긍정성 등 여러 이야기를 들려주었다. 『토지』에서 일제 때 진주의 ES여고의 기숙사 생활 이야기가 등장하듯, 박 선생께서 진주여고에서 기숙사 생활을 하고 있었을 때, 선생의 여고 선배로서 함께 기숙사 생활을 했던 나의 큰누님은 박 선생이 당시 '금이'라 불리었다는 이야기를 후에 전해주기도 했다. 나의 이 글을 통해 『토지』는 새롭게 그리고 더 값있게 태어나기를 바란다. 『토지』에 대한 나의 이 글은 선생을 떠나보내며 슬퍼하는 나의 '애도'의 목소리다.

벅찬 운명을 내용으로 하고 있다.

"삶과 죽음의 문제를 다룬 세계문학의 여러 성좌 가운데서도 가장 영롱하게 빛나는 하나의 별"[2]로 일컬어지기도 하는 『토지』의 이야기는 하동의 평사리와 인근 진주를 중심으로 펼쳐지고 있지만, 아래로는 일본의 도쿄, 위로는 만주 여러 지역에 이르는 넓은 공간을 배경으로 하고, 작중인물만도 무려 600명에 이르는 문자 그대로의 '대하'(大河) 소설이다.

『전쟁과 평화』의 작자 톨스토이처럼, 박경리는 인간의 역사는 영웅이나 특별한 존재에 의해서가 아니라, 한 사람 한 사람의 평범한 인간들의 행위를 통해 이루어지고, 이러한 인간들의 행위 하나하나가 쌓여 이루어진 것이 역사라 보고 있다. 그의 작품에는 특정한 주인공이 없고, 그렇기 때문에 그를 중심으로 펼쳐지는 단일한 사건도 없다. 말하자면 "그중 어떤 인물도 서사의 중심에, 역사의 중심에 서 있지 않다."[3] 이야기의 많은 부분이 최 참판가의 손녀인 최서희(崔西姬)에 초점을 두고 있고 그녀를 중심으로 이야기가 전개된다는 점에서 그녀를 소설의 주인공으로 볼 수 있다. 그러나 작품의 전반부는 그러한 인상을 주지만, 그녀는 차츰 이야기의 중심에서 멀어지고 사건은 다양한 등장인물이 펼치는 행위에 의해 주도되고 압도되어가고 있다.

이야기가 일제 강점기 조선의 한 마을 경남 하동 악양면 평사리를 주요 무대로 시작하여 일본 도쿄 · 중국 만주를 넘나들다가 다시 진주 · 지리산 · 평사리로 옮겨지는 가운데, 다양한 정치적 사건과 일제에 항거하는 여러 형태의 저항운동이 작품의 중요한 배경으로 등장하고 있다. 하지만 무엇보다도 『토지』를 관통하고 있는 것은 커다란 역사적 사건의 소용돌이 속에서 펼쳐지는 숱한 '개인'들의 아픈 역사다. 한 사람 한 사람의 한

---

2) 최유찬, 『세계의 서사문학과 「土地」』 (서울: 서정시학, 2008), 235~236쪽.
3) 이상진, 『박경리 대하소설 「土地」 인물사전』 (서울: 나남, 2002), 5쪽.

(恨)과 사랑·아픔·원한과 복수와 같은 다양한 라이트모티프(leitmotif)가 각기 한 줄기 강물이 되어 거대한 역사의 강, '대하'(大河)를 이루고 있는 것이 소설 『토지』다.

『토지』는 크게는 일제에 의한 국토의 강점과 침탈에 따른 민족의 수난과 고통을, 작게는 이러한 역사의 소용돌이 속에서 최 참판가를 비롯한 평사리의 여러 사람이 겪는 개인적인 수난과 고통을 다룬다. 마침내 일본 천황의 항복 선언으로 인해 크게는 잃어버린 국토의 회복과 민족의 해방을, 작게는 감옥에 있는 최 참판가 서희의 남편 길상과 학도병으로 간 그들의 차남 윤국, 만주 등지에서 조국을 위해 독립운동을 하던 이들, 그리고 일제 징집을 피해 지리산에 숨어 있던 많은 젊은이들이 평사리 고향으로 귀환하게 될 환희와 희망의 '역사'를 이야기하고 있다.

최 참판가의 비극

최 참판가, 그리고 서희의 비극은 최 참판가의 "유일한 기둥이며 어른인"[4] 55세의 "큰 키", 아름다운 눈매, "선비 같은 모습"을 한(제1부, 제1권, 74쪽) 도도한 윤씨 부인으로부터 연유된다. 요절한 남편의 원기(怨氣)가 떠나지 않기 때문에 종적도 없이 절에 가서 이해를 넘기라고 "참다운 주술사"이자 "숙무"(熟巫)인 (제1부, 제2권, 217쪽), 윤씨 부인보다 10여 세나 연상인 무당 월선네의 강력한 권고에 따라, 윤씨 부인은 남편의 명복을 빌 목적으로 백일기도를 드리기 위해 가마를 타고 우관 스님이 있는 구례 연곡사로 향한다. 그곳에서 우관의 친동생 김개주에게서 겁탈을 당한 윤씨 부인은 우관 스님과 절친한 사이인 문 의원과 월선네의 도움으로

---

[4] 박경리, 『토지』(서울: 나남, 2002), 제1부, 제1권, 81쪽. 이후 인용문은 본문의 괄호 속에 출처를 밝힘.

임신한 몸을 남모르는 깊은 암자 천은사에서 풀게 된다.

당시 "야심만만한 청년"(제1부, 제1권, 376쪽)이었던 중인 출신의 김개주는 그 후 동학당의 두령이 되어 관아를 습격하여 관원들을 죽이고, 토호와 관가에 아첨하는 향반들을 살해하고, 군물(軍物)을 탈취하면서 하동 읍내까지 파괴를 일삼던 중에 수많은 무리를 이끌고 최 참판가에 들이닥친다. 윤씨 부인이 일가의 몰살을 각오하고 안방에 앉아 있는데, 그는 부인의 방문을 열고 들어와 도도한 모습을 하고 있는 그녀에게 지난날 자기가 행한 무례에 대해 용서를 구하면서 "환이가, 부인의 아들이 헌연(軒然) 장부가 되었다"(제1부, 제2권, 77쪽)고 전한다.

자신의 행동을 꾸짖던 형 우관에게 "지아비를 잃은 여인을 사모하였기로, 어찌 죄가 된다 하시오. 하늘이 육신을 주었거늘, 어찌 육신을 거역하라 하시오"라며 "원한의 눈물"을 토하며 그 산을 떠났던"(제1부, 제2권, 152쪽) 김개주. "폭풍 같고 불덩어리 같았던 사내, 그런가 하면 냉혹한 야망의 화신 같았던 사내, 동학 무리를 이끌고 피에 주린 이리떼같이 양반에 대하여 추호의 용서가 없었던"(제1부, 제2권, 152쪽) 그는, 자신이 사모했던 여인의 집에 어떠한 해도 가하지 않고 그 다음날 아침 무리들을 데리고 썰물처럼 떠난다. 그것은 자기가 사모했던 여인에게 바치는 순수한 예의였다. 자신을 따라 종군했던 아들 김환에게 김개주는 최 참판가를 떠날 때 그의 생모가 윤씨 부인이라는 것을 알려주었다.

동학군이 패전을 거듭하다 완전히 멸하고, 갑오동학혁명이 비극의 종말을 고하고, 아버지 김개주가 전주 감영에서 효수된 뒤, 환이는 구천이라는 이름으로 최 참판가를 찾아와 머슴살이를 하게 된다. 머슴살이에 타관 사람을 붙이려 하지 않는 윤씨 부인은 "젊은이를, 그의 얼굴을 유심히 바라보다가 아무 소리 없이 눈을 감았다. 젊은이는 고개를 꼿꼿이 세우고 눈만 내리깔고 있었다……. 젊은이의 이력이나 근본 같은 것을 묻지를 않"(제1부, 제1권, 60~61쪽)고 집에 머물도록 했다.

구천, 아니 환이는 윤씨 부인의 아들이자 자신의 이부형(異父兄)인 최 참판가 문중의 유일한 남자이며 당주(堂主)인 최치수의 아내이자 자신의 형수인 별당아씨를 사랑했다. 13세에 혼례를 치른 치수는 "결코 아름다운 별당아씨를 사랑한 일이 없었"으며(제1부, 제1권, 265쪽), 따라서 이들은 "금실이 좋지 않던 내외간"(제1부, 제2권, 138쪽)이었다. 별당아씨를 사랑했던 구천, 그리고 "준수한 용모"와 "귀한 풍모"와 "인품"을 가진 (제1부, 제1권, 60쪽, 61쪽) "천질(天質)이 귀골"(제2부, 제4권, 60쪽)인 그를 사랑했던 별당아씨, 이들은 최 참판가를 도망친다. 쫓기는 몸이 된 구천은 지쳐 병든 별당아씨를 업고 지리산 일대 산 첩첩 가시밭길을 수백 리나 헤매다 갈 곳이 없어 백부(伯父)인 우관 스님이 있는 구례 연곡사로 향했다.

최치수는 왜총(倭銃)을 개량한 성능 좋은 엽총을 지니고 강 포수와 하인 수동이를 대동한 채 구천을 추격하고 있었다. 날카로운 콧날, 공포심을 불러일으키게 하는 길게 찢어진 눈, 여위고 창백한 손의 치수는 "어떠한 일에도 감동되지 않을 눈빛, 철저하게 스스로를 거부하는 눈빛"을 가진 "고독한 모습"(제1부, 제1권, 54쪽, 55쪽)의 우수(憂愁)에 어린 사내였다. "치수의 소년시절은 어둡고 고독했다. 허약하여 본시부터 신경질적인 성격은 차츰 잔인하게 변했으며 방약무인의 젊은이로 성장했다"(제1부, 제2권, 70쪽). 이는 어머니 윤씨 부인 때문이었다.

무당 월선네의 권고를 받은 어머니가 요절한 남편의 명복을 빌기 위해 가마를 타고 구례 연곡사를 향했을 때, 치수는 여름날 "밤에는 집에서 빠져 나와 강가에 가서 개똥벌레를 잡았고 낮이면 뒷동산에 올라가서 풀피리를 불며 울었다. 그는 어머니가 영영 돌아오지 않을 것 같은 생각이 들었던 것이다(제1부, 제2권, 69쪽). 이듬해 2월달 어머니가 가마를 타고 집으로 돌아왔을 때, 그리던 어머니는 놀랄 만큼 변해 있었다. 모습은 백랍으로 빚은 사람 같았다. 자기를 쳐다보는 눈빛은 험악하기 짝이 없었다. 자기를 보는 순간 뒤로 물러섰다. 자애로웠던 어머니가 다른 어머니의 모습으로 돌아왔을 때 치수는 눈앞이 캄캄했다.

　어린 시절 어머니의 기억을 떠올릴 때마다 그는 연곡사의 우관 스님, 그리고 그와 밀접한 사이인 문 의원에 대한 적의의 감정을 거둘 수 없다. 그것은 어머니가 변하게 된 연유를 그들이 알면서도 숨기고 있다고 믿었기 때문이다.

　지난날 동학 무리가 최 참판가의 행랑에 들이닥쳤을 때 그때 치수는 "백정들과 같은 타기(唾棄)할 무리로" 여겨 자신이 "혐오하고 멸시했던" (제1부, 제2권, 157쪽) 그들이 살육과 약탈을 일삼을 줄 알았는데, 아무런 소동이 없었고, 어머니가 거처하는 안방의 불빛 속에서 어머니의 음성은 들려오지 않은 가운데 남자의 목소리가 들려왔다. 곧이어 방 안의 불빛을 등진 사나이가 그곳에서 나와 범치 못할 자세로 성큼성큼 걸어서 중문 밖으로 사라졌을 때, 그가 행랑에 진을 치고 있던 동학 무리의 두령임을 직감했다. 그는 어머니를 해치지 않았을 뿐 아니라, 어떠한 난장판도 벌이지 않고 그 무리와 함께 조용히 집을 떠나 풀지 못할 수수께끼로 남았다. 그런데 그에게 깊은 영향을 준 장암 선생의 같은 문하생이자 친구인 청백리 이 부사(이중하) 댁 도령 이동진에게서 김개주가 문 의원과 가까운 연곡사의 중 우관의 친동생이라는 것을 들었다. 그때 치수의 낯빛은 완연히 변했다. 그리고 그 김개주가 출정할 때 달고 다니는 아들이 구슬같이 잘생긴 인물로 알려져 있다고 들었을 때, 치수는 까닭 모르게 이어지는 혼란 속에서 무엇인가를 어렴풋이 직감하게 되었다.

　치수가 서울로 가서 방탕생활을 한 것은 어머니와 김개주의 관계를 의심하기 시작한 뒤의 일이었다. 6개월을 서울에서 방탕생활을 하고 돌아온 치수는 몸을 망가뜨렸고, 간신히 그의 생명을 구한 문 의원이 윤씨 부인에게 다시는 자손을 볼 수 없을 것이라고 일러주었다. 그러나 어머니의 모습을 닮은 환이를 자신의 이부동생으로 어렴풋이 직감했던 것은 그 후,

즉 환이가 자기 집에서 머슴살이를 하기 위해 온 뒤의 일이었다. 치수가 아내 별당아씨를 데리고 도망간 환이를 추격하다 그곳에 숨어 있을지도 모른다고 짐작했던 연곡사에 가서 우관을 만나 그에게 "핏줄을 거역할 수 있다 생각하세요?" 하고 물었을 때, 우관이 거역할 수 없다고 하자, 치수는 "피를 더럽힌 자에 대해서는" 거역할 수 있다고 대답했다(제1부, 제2권, 146쪽). 치수는 피를 더럽힌 자로 간주하는 자신의 핏줄인 이부동생을 죽이러 그를 찾아 나선 것이다.

김개주에게 연곡사에서 겁탈을 당하고 집으로 돌아온 윤씨 부인이 백랍으로 빚은 모습을 하고 치수에게 험한 눈빛을 보이면서 그를 멀리 피하려 했던 것은 물론 죄의식 때문이었다. 환이와 별당아씨, 불륜의 남녀를 치수의 눈을 피하여 도망가게 하면서도 그들을 위해 피신처를 마련하지 못한 이유가 바로 그것이었다. 치수로 하여금 고독한 소년기와 비뚤어진 청년기, 그리고 매사에 냉소적이고 권태에 찌들어 폐인을 방불하게 하는 장년기를 보내게끔 했던 윤씨 부인은 부정(不淨)의 여인, 어미의 자격을 잃은 여인으로 남아 있었던 것이다. 아들 치수는 그녀에게 "끊임없이 매질하던 형리(刑吏)" "심판장의 형리"였다(제1부, 제2권, 385쪽, 387쪽).

그러나 또 한편 피닌처를 마련해주시 못했지만, 환이와 며느리 별당아씨를 도망하게 한 것은 환이 또한 "끊지 못할 혈육이요 가슴에 사무치게 사랑하는 아들" "젖꼭지 한번 물리지 않고 버린 자식에 대한 연민 탓" "핏덩어리를 낳아서 팽개치고 온 뼈저린 모성의 절망"(제1부, 제2권, 76쪽, 385쪽)이었기 때문이다. 윤씨 부인은 "서로가 다 불운한 형제"(제1부, 제2권, 76쪽)인 두 아들이 쫓고 쫓기는 현세의 슬픈 인연을 지켜볼 수밖에 없었다.

최치수는 달포가량 환이를 추적하며 산속을 헤매다 집으로 돌아왔다. 그러나 집으로 돌아온 치수를 기다리고 있었던 것은 그의 죽음이었다. 별당아씨가 종적을 감추자 최 참판가의 계집종 귀녀가 최치수의 후사를 잇는 아들을 낳아 면천(免賤)을 얻고 대접을 받으려 했다. 하지만 치수가 냉담하게 반응하자 최 참판가의 재산을 탐하던 무반 출신의 몰락양반 김평산, 농민 칠성과 공모하여 그를 죽였던 것이다.

김평산은 그들의 공모를 실행하기 전에 귀녀에게, 최치수의 아이를 갖고 싶어하는 까닭이 그를 좋아하기 때문이냐고 물었다. 그녀는 사람은 싫다고 했다. 그렇다면 재물 때문이냐고 물었을 때, 그녀는 그것만은 아니라고 했다. 그녀는 "나를 종으로 부려먹은 바로 그 연놈들을 종으로 내가 부려먹고 싶다는 그거요"(제1부, 제2권, 97쪽)라고 했다. 한때 어린 서희가 자신의 얼굴에 침을 뱉었을 적에 "귀녀는 보복의 칼을 갈았다." 귀녀는 100만 석의 재산을 차지하는 것보다 최치수로부터 여자로서 거부당한 원한이 더 강했다. "백만 석의 살림을 차지하는 야망보다 노비로서 짓밟힘을 당한 원한이 더 치열했다"(제1부, 제2권, 343쪽, 344쪽). 귀녀의 가슴에는 그녀를 이용해 최 참판가의 재산을 탈취하려는 김평산이나 칠성과는 전혀 다른, 대대로 이어져온 천대받은 자들의 원한이 강물이 되어 흐르고 있었다.

김평산은 초당에서 자고 있는 최치수를 삼끈으로 묶어 교살했다. 동학당에서 빼어난 인물이었던 아들이 포살되자 미쳐버린 또출네가 때마침 초롱을 들고 그곳을 헤매다가 초롱을 누각 마룻바닥에 놓은 채 바닥에 솔가지 나뭇단을 하나하나 쌓았다. 그러다가 마지막 단을 내동댕이 쳐 초롱을 쓰러뜨리는 바람에 초롱에서 기름을 타고 올라온 불이 나뭇단에 옮아가 누각을 불태웠고, 최치수가 죽어 누워 있는 초당까지 불태웠다. 또출네가 불탄 누각 속에서 죽어 누워 있었기 때문에 치수를 교살한 것이 또출네의 짓으로 공인되었다.

그러나 온정신이 아닌 실성한 또출네가 삼끈으로 묶어 사람을 교살할 수 있을까 반신반의하던 차에 윤씨 부인은 귀녀가 임신한 것을 알고 그녀를 불러 최치수의 아이라고 떠들어대는 그녀를 추달했다. 윤씨 부인은 아들 치수가 자식을 생산할 수 있는 능력이 없다는 걸 알고 있었기 때문이었다. 귀녀는 자신이 칠성의 아이를 임신한 것이고, 삼끈으로 묶어 최치수를 죽인 것은 김평산이라고 실토했다. 귀녀·김평산·칠성은 읍내 관아로 끌려가 처형을 당했다. 귀녀는 죽기 전에 감옥에서 낳은 아들을, 그녀를 무척 좋아했고 헌신적으로 그녀의 옥바라지를 했던 강 포수에게 맡겼다. 강 포수는 옥중에서 출생한 아이를 안고 종적을 감추었다. 김평산의 처 함안댁은 남편이 살인죄로 관아로 호송되자 목을 매어 죽었고, 큰아들 거복이가 어머니 무덤 곁 소나무에 머리를 부딪고 피를 흘리며 통곡을 터뜨리고, 그의 동생 한복이도 형을 지켜보며 울음을 토하다가 이 두 형제는 평사리를 떠난다. 칠성의 아내 임이네는 동네사람들에 의해 수라장이 된 삼간 오두막을 뒤로 하고 아이들을 데리고 밤에 몰래 평사리를 떠났다.

떠나는 자와 남는 자

몇 해 동안 연이어 최 참판가의 사람들이 죽어갔다. 최치수·귀녀·또출네 등 비참한 죽음이 있었고, 낙상하여 돌아간 주치의 문 의원의 죽음도 있었다. 그러나 상민(常民) 농사꾼 이용의 처 강청댁의 죽음은 모두에게 엄청난 충격이자 전율이었다. 그것은 그녀의 죽음이 콜레라로 인한 것이었기 때문이다. "보이지 않는 무서운 형상으로 들리지 않는 함성을 지르면서 골목을 점령하고 마을을 점령하고 방방곡곡을 바람같이 휩쓸며 지나가는 병균. 그들의 습격 대상에는 신분의 높고 낮음이 없었다. 부자와 빈자의 구별이 없었다. 남녀노소를 가리지 않았다…… 참으로 도리가 없었던 것이다"(제1부, 제3권, 249쪽).

콜레라 유행으로 인해 최 참판가의 마름 김 서방, 침모 봉순네가 죽었고, 집안의 기둥인 윤씨 부인도 죽었다. 아버지 최치수, 침모 봉순네는 물론 집안의 기둥이자 자신의 기둥이기도 한 할머니 윤씨마저 죽자, 서희는 의지할 곳 없는 신세가 되었다. 윤씨 부인은 죽기 전 최후가 가까이 오고 있음을 예감하면서도 아홉 살 나이의 서희를 두고 불안을 느끼지 않는 자신이 참으로 스스로 이상하다고 여겼다. 그만큼 그녀에게는 손녀가 어린 나이임에도 불구하고 자신의 운명을 감당하고 최씨 문중을 지켜나갈 만큼 영민하고 오만하고 강인하고 당찬, "집념의 덩어리 같은 아이"(제1부, 제1권, 96쪽)로 보였기 때문이다. 최치수의 친한 친구 이동진이 고향을 떠나 간도에서 연해주 방면을 방황하다가 5년 만에 귀향하여 윤씨 부인의 죽음을 듣고 문상하러 가서 분향하고 있을 때, 서희는 최 참판가의 침모였던 봉순네의 딸을 "거느리고 나타났다. 의젓한 품은 흔들림 없는 여성주(女城主)의 그것"(제1부, 제3권, 300쪽)이었다.

최치수의 재종형 친일파 조준구는 서울에서 평사리에 내려와 일본세력을 등에 업고 어린 서희 혼자만 남아 있는 최 참판가의 재산을 하나하나씩 차지한다. 1903년 치명적인 흉년이 들이닥쳐 굶은 농민들이 속출했을 때, 조준구는 그중 최 참판가에 감사한 마음을 가진 자들이나, 자기가 그 집의 재산을 가로채지 않나 의심한다든가 자기를 비판하고 나서는 자들에게는 곡식을 나누어주지 않고, 그렇지 않은 자들에만 곡식을 나누어주었다. 이를 통해 조준구는 최 참판가의 하인 삼수를 비롯해 많은 사람을 자기 편으로 끌어들였으며, 최 참판가의 마름들을 갈아치우고, 호열자로 죽은 사람 자리에는 자기 사람을 대신 채웠다. 서희의 처지는 점차 더 고립되어갈 수밖에 없었다. 그녀 곁에 있는 최 참판가의 하인 수동이·길상이·봉순이는 물론 동학당에 가담하여 전투에 참여했던 대목수 상민(常民) 허윤보, 서희의 글선생 김 훈장을 비롯한 영팔·한조·관수·달수와 같은 마을의 장정들, 근동에서 온 장정들이 조준구의 행패에 이를 갈고 있었다.

그러던 어느 날 밤 윤보 목수가 이끄는 마을 장정들이 최 참판가의 재산을 횡령하며 당주로 군림하는 친일파 조준구와 그의 처 홍씨를 제거하기 위해 낫·도끼·쇠스랑·대창 등을 들고 최 참판가를 습격했다. 그러나 조준구는 탈취한 최 참판가의 토지문서는 사당 마룻장을 뜯고 그 밑에 감추고, 사당 안 마룻장 밑에 숨어 있는 바람에 발각되지 않았다. 마을의 장정들과 근동에서 온 장정들은 최 참판가의 소·말·곡식·피륙 등 온갖 물품과, 홍씨가 차지한 안방 장롱의 패물, 은전지폐 모두를 갖고 산으로 달아났다.

일본에 반기를 든 의병들의 짓이라는 조준구의 말을 듣고 진주에서 출동한 일본군이 그들의 행방을 쫓아 지리산 방면으로 행했고, 하동 읍내에서 온 일본 헌병들은 동네 아낙네와 늙은 노인에게 매질을 하고, 총칼로 위협하며 그들을 읍내로 끌고 갔다. 이번 일에 가담하지 않고 진주에 가 있었던 농민 정한조는 집에 돌아왔다가 조준구에 의해 낙인이 찍히는 바람에 일본군에 총살당한 최초의 희생자가 되었다. 최서희는 이번 일로 의병들과 내통했다는 의심받고 있는 처지에다 조준구 부부가 그녀를 꼽추 아들 병수와 강제로 혼사시켜 완전히 그들 수중에 넣으려는 위험에 처해 있었다. 그녀는 하인을 풀어 서울로 향하는 길목마다 지키고 있는 조준구의 눈을 피해 일행과 힘께 간신히 평사리를 떠나 진주와 부산을 거쳐 간도로 향하게 된다.

그녀와 함께 평사리를 떠나 간도로 향한 일행은 김 훈장, 이동진의 아들 이상현·상민 이용·임이네·월선·이용과 절친한 친구 김영팔과 그 식구, 그리고 최 참판가의 하인 길상이었다. 조준구의 행패로부터 서희를 지키려던 하인 수동은 폐렴으로 죽었고, 봉순은 간도행에 동참하지 않았다.

평사리의 대소를 관장하는 어른인 김 훈장은 동학당을 높이 평가하고 양반으로서의 자존심이 강하고 완고하지만, 서희의 글선생으로서 "서희에게 정확히 글을 가르치는 좋은 선생"(제1부, 제1권, 72쪽)이었다. 서희의 간도행을 알고 동행하기로 한 이동진의 맏아들 이상현은 일찍이 윤씨 부인이 손녀사위로 탐했던 소년이었지만, 그때 그는 이미 박 진사댁 딸과 정혼한 사이여서, 그 후 그녀와 결혼했다. 결혼한 남자임에도 그는 서희를 사모했고, 서희 역시 그러했다. 서희보다 두 살 위인 열여덟 살의 소년 이상현은 일본과 교전 중인 러시아 편에 가담하여 싸우고 있는 아버지 이동진의 행방을 수소문하기 위해 간도행을 택했다.

최 참판가의 소작인 상민(常民) 이용은 그와 같이 한 마을에서 자란 최치수가 그를 두고 글을 배웠다면 시인이 되었을 것이고 창을 들었다면 대장이 되었을 것이라 했을 만큼 인품과 성품은 물론 "마을에선 제일 풍신이 좋고 인물 잘난 사나이"(제1부, 제1권, 42쪽)였다. 그 같은 잘난 남자를 남편으로 삼은 강청댁은 불행할 수밖에 없었다. 질투심이 강한 강청댁을 아내로 맞이하기 전 용이에게는 잊지 못할 여인이 있었다. 무당 월선네의 딸 공월선이었다. 서로 사랑하는 사이였지만 무당 딸이라는 신분 때문에 월선은 그녀보다 스무 살이나 더 나이 많은 봇짐장수 병신에게 시집을 갔다. 홀어머니 때문에 그녀와 함께 도망치지 못했던 용이는 마음속 깊이 울며 그녀를 떠나 보냈다. 그러나 그 후 용이를 잊지 못해 평사리로 돌아온 월선은 강청댁의 질투와 행패에 못 이겨 강원도에서 인삼장사를 하던 삼촌 공 노인 내외를 따라 간도로 갔다.

그러나 용이를 잊지 못해 월선은 또다시 평사리로 돌아왔다. 월선을 향한 용이의 사랑은 조금도 변하지 않았지만, 그에게도 변화가 있었다. 평사리를 몰래 도망쳤던 처형당한 칠성의 처 임이네가 아이들을 앞세우고 다시 돌아왔던 것이다. 평사리를 도망쳤던 "임이네는 아이들과의 한 끼를 위해 보리밭에서 치마를 걷은 일이 있었고 강가 바위 뒤에서 백정에게 몸을 맡긴 일이 있었고 빈 집에서도 몸을 팔았다. 몸을 맡겼던 사내는 백정 말고도 소금장수·머슴놈·떠도는 나그네, 얼굴조차 기억할 수 없는 사내들이었다"(제1부, 제3권, 94쪽). 용이는 처 강청댁이 콜레라로 죽기 전 그녀 몰래 겉보리·감자 등을 양식으로 자주 주며 임이네를 도와주었다. 그러다 용이가 임이네와 몸을 섞어 낳은 아이가 홍이였다.

최 참판가의 하인 김길상은 구례 연곡사에서 온 고아 출신의 아이였다. 연곡사 우관 스님은 절에 온 윤씨 부인에게 길상은 중이 될 놈이 아니라 며 그를 최 참판가에 맡겼다. 얼굴이 드물게 잘생긴 길상은 절에 있을 적에 금어(金魚: 불상을 그리는 이)인 혜관 스님으로부터 관음상 그리는 법 등을 익혔다. 최 참판가에 심부름꾼으로 온 이후 자기보다 몇 살 아래인 '애기씨' 서희를 봉순과 함께 지극히 모시었다. 서희는 어릴 적 길게 찢어진 눈으로 싸늘하고 비정하게 자신을 쳐다보는 아버지를 무척 싫어했을 뿐 아니라 무서워했으며, 아버지 방에 들어가 문안인사를 드린 후 방문을 열고 마루에 나와 토할 것처럼 헛구역질을 하기도 했고, 눈에 눈물이 그렁그렁 돌기도 했다. 아버지는 싫고 무서웠으며, 할머니는 싫지 않았지만 무서웠다. 자기보다 두 살 위인 봉순과 길상만이 서희에게는 유일한 위안이었다.

구천, 아니 환이가 별당아씨와 함께 종적을 감추었을 때 서희의 나이는 다섯 살이었다. 길상은 별당아씨를 울며 찾는 서희를 업고 달래주었다. 그는 그때부터 언제나 그 곁을 한시도 떠나지 않으면서 그녀를 지켜주었고 몰락해가는 최 참판가를 지키기 위해 온 힘을 다했다. 이제 서희의 일행은 간도로 향한다. 평사리 고향땅으로 언제 다시 귀환할지 모른다.

최 참판가의 하인 수동이도 죽고, 조준구를 제거하기 위해 최 참판가를 습격한 뒤 장정들을 이끌고 산으로 도망간 대목수 윤보도 의병활동을 벌이지만 일본군에 의해 골짜기에 피를 뿌리며 죽었고, 강 포수나 김평산의 맏아들 거복이는 온 데 간 데 모르고, 두만네와 그 식구들을 비롯한 최 참판가의 소작인들은 그대로 평사리에 남아 있다. 김평산의 둘째아들 한복은 목매어 죽은 불쌍한 어머니 영신을 혼자 버려두고 떠날 수 없어 평사리를 다시 찾아왔다. 성질이 거칠고 남에게 손가락질 받는 형 거복처럼 어머니께 한을 더 보탤 수 없다며 깨끗한 한지 한 장을 무덤 앞에 펴놓고 제수를 차리고 열심히 손 모아 절을 하면서 어머니가 있는 이곳을 떠나지 않겠다고 울며 맹세했다.

봉순이 역시 서희의 간도행에 동행하지 않았다. 남편이 민란에 가담하여 쫓기는 처지에다 방랑벽에 여자까지 거느리고 종적을 감추자 봉순네는 봉순을 데리고 최 참판가에 침모로 몸을 붙였다. 성미도 안존하고, 모습도 가냘프게 생긴 봉순은 광대놀음·무당놀음 등을 한번 보고 들으면 그 소리를 놓치지 않고 외워 손짓 몸짓을 똑같이 하며 노래했고, 목소리가 낭랑할 뿐 아니라 매우 아름다웠다.

봉순이는 길상을 깊이 사모하면서도 한편 다른 꿈을 좇고 있었다. "평생을 비단옷에 분단장하고 노래 부르며 마음대로 사는 세상, 봉순이 마음은 그곳으로 끌려간다. 방랑벽이 있던 아비의 피 탓인지 모른다. 아니면" 광대였던 "조부의 피 탓인지 모를 일이다"(제1부, 제4권, 217쪽). 서희가 별당아씨가 종적을 감춘 뒤 어머니를 찾을 때마다, 아버지 최치수에 문안드리고 나와 겁에 질려 헛구역질을 하며 눈물 흘릴 때마다 봉순이는 치마를 걷어서 서희의 눈물을 닦아주고 자기보다 두 살 아래인 그녀를 달래며 보듬고 살았다. 애기씨 서희를 향한 봉순이의 충성은 그지없었다. 자기에게서 서희를 지키려는 봉순을 두고 조준구는 '개같이 충직한 계집'이라고 중얼거린 바 있다(제1부, 제1권, 117쪽).

봉순이는 서희에게 끝까지 충성을 다하고 싶어했지만, 서희의 간도행에 동행하지 않았다. 길상을 사모하지만 이를 받아들이지 않으려는 그의 내심을 간파하고 그 길에 동행하지 않았던 것이다. 진주서 부산으로 오기로 되어 있던 봉순이를 예정보다 하루 늦게 지체하면서 기다렸지만 그녀는 오지 않았고, "번화하고 낯선 밤거리에 바람이 불었다"(제1부, 제4권, 410쪽). 길상의 두 뺨에 눈물이 흘러내렸다. 을사조약 체결로 일본에게 이미 통치권과 주권을 빼앗긴 이 조선의 척박한 땅에서 16세의 처녀 봉순이는, 길상과 서희를 떠나보내는 남은 자가 되었다.

간도의 서희

타고난 재질을 살려 소리를 배우며 명기 기화로 다시 태어난 봉순이가 진주에서 돈으로 참봉이 된 갑부 전 참봉의 소실이 되고, 소리꾼으로 이름난 운삼에게 소리를 배워 소리꾼으로 인정을 받는 동안, 할머니 윤씨 부인이 그녀를 위해 비밀리에 은닉했던 금괴와 은괴를 간도로 가져온 서희는, 이를 자본으로 거간꾼이자 객주업을 하는 월선의 백부 공 노인과 성실한 길상의 도움 속에 토지매입과 장사를 하여 일확천금을 손에 넣은 간도의 거상(巨商)이 된다. 이 과정에서 매점매석과 친일도 서슴지 않는다. 일본 통감부(統監府) 파출소의 서기 최기남의 협조를 얻어 절 운흥사의 건립이 착수되었을 때, 간도 용정촌에 정착한 거상 서희는 적지 않은 금액을 희사했다. 그러나 의병 홍범도가 새로운 독립군병을 규합하는 데 필요한 군자금을 요청한 이동진의 청은 거절했다. 서희가 절에 희사한 그 돈을 '악전'(惡錢)으로 치부했던 이상현은 아버지 이동진의 요청을 거절한 그녀에 대한 불쾌감을 거둘 수 없었다.

서희는 친일할 생각은 추호도 없었지만, 그렇게 절에 희사함으로써 일본 영사관과 밀접한 관계가 있는 최기남과 좋은 관계를 유지하는 것이 간도땅에서 자기 사업과 삶을 헤쳐 나가는 데는 많은 도움이 될 것이라 믿었다. 최 참판가의 재물을 강탈한 조준구와 그의 부인 홍씨에 대해 "한이 맺히고 맺힌" 서희의 "일념은 오로지 잃은 최 참판댁을 찾는 일…… 원수를 갚는 일……"이었다. "태산보다도 크고 바다보다 깊은 이…… 원한을 풀지 못한다면…… 죽은 목숨"인 것이다. "원수를 갚을 수만 있다면" 자신은 일본이라는 "원수의 힘을 빌려 원수"를 치는 것도 마다하지 않겠다는 결심이었다(제2부, 제1권, 214쪽).

서희가 복수의 칼을 갈고 있을 동안 그녀 곁을 지키고 있던 길상은 준수한 외모와 침착한 행동, 녹록잖은 학식 등으로 용정에서 일급 신랑감이 되어가고 있다. 그를 탐내어 딸을 그에게 시집보내려는 부유한 집들이 한 둘이 아니었다. 그럴 때마다 서희는 불쾌해하는 낯빛을 숨기지 않았다. 서희를 사모하는 이상현은 아직 결혼을 하지 않고 있는 길상을 못마땅하게 대하고, 한편 길상이도 결혼한 몸인 이상현이 서희를 사모하여 그녀 곁을 떠나지 않고 있음을 용납하지 못하고 있었다. 결혼한 남자임에도 이상현을 사모하는 서희, 그리고 반상(班常)의 차별이 여전히 엄존하고 있는데도 반려자로서 길상을 놓치고 싶지 않은 서희. 마침내 그녀는 아버지의 행방을 수소문한다는 핑계로 자신을 쫓아 간도로 온 이상현에게 의남매를 제의하면서 그와 이성으로서의 관계를 끊어버린다. 서희는 "결의남매의 제의로써 상현의 가슴에 칼을 꽂았고 길상을 지아비로 맞이하겠노라는 말로 치명상을 주었다"(제2부, 제1권, 251쪽).

아시아에서 일본 세력이 청국과 러시아를 완전히 압도하고 있고, 간도 땅 안에서 조선인들은 분열되어 "친일파 밀정으로 전신(轉身)하는 무리들이 속출하는 판국에 이상현은 과연 조선이 독립할 것인가 하는 문제에 대해서는 늘 비관적이었다. 아니 절망적인 기분이었다"(제2부, 제1권, 52~53쪽). 서희가 자신에게 준 절망, 조국의 미래에 대한 절망, 자신은 무력한 지식인에 지나지 않는다는 자책감을 안고 이상현은 간도를 등지고 일본으로 유학의 길을 떠난다.

평생토록 자기에게 충성하리라 믿었고, 언제까지나 곁에 두려 했던 길상이가 남의 수족 노릇을 하지 않겠다며 "반항과 거부의 격렬한 몸짓"(제2부, 제1권, 249쪽)을 보이며 용정의 재봉소에서 바느질일을 하며 딸 옥이를 키우며 살아가는 과부 옥이네와 결혼하려 하는 결심을 읽었을 때, 그에 대한 서희의 원망은 이루 말할 수 없이 심했다.

언젠가 집일이 한창일 때 길상이가 일에 성의를 다하지 않던 젊은 일꾼의 면상을 쳐서 코피를 쏟게 한 적이 있었다. 이를 두고 일꾼들이 "종이 종을 부리면 식칼로 형문(刑問)을 친다더라"(제2부, 제1권, 385쪽)고 뇌까린 말을 길상은 늘 잊지 않고 있었다. 그는 서희 곁에 영원히 있는 한 '종이 종을 부리면 식칼로 형문을 친다'는 허물에서 벗어날 수 없다며 그녀 곁을 떠나려 하지만, 그녀 곁을 떠난다는 것은 정을, 그리고 의리를 배반하는 것이 된다는 생각에 심히 괴로워했다.

지난날 "마을 사람들이 조준구를 죽이려고 혈안이 되어 있을 때", 길상은 "서희를 위해 토지문서를 찾으려고 뛰어다녔다. 나라의 비운보다 서희의 비운에…… 더 많은 눈물을 쏟았다"(제2부, 제2권, 105쪽). 서희는 옥이네를 직접 찾아가 길상과의 관계를 끊으라 한 뒤 그와 결혼을 한다. "서희의 보다 깊은 영혼 속에는" 반상의 구별을 뛰어넘는 "숙명적인 길상과의 애정이 잠자고 있었다"(제2부, 제2권, 12쪽). 그들 부부로부터 두 아들 환국과 윤국이 태어나게 된다.

서희가 잃어버린 평사리 땅을 되찾기 위해 귀향하기 전, 그사이 연곡사에서 어릴 적 길상에게 그림을 가르쳤던 혜관 스님과 기생 기화가 된 봉순이가 그리던 서희와 길상을 만나러 용정에 왔다 갔고, 김환이 유일한 혈육인 서희를 만나고는 돌아갔다. 봉순은 길상과 혼인한 서희에게 자신은 기생이 되었다며 눈물을 흘리고, 봉순이를 만난 후 서희의 눈에 처음으로 눈물이 돈다. 봉순이는 자기가 사모했던 길상을 서희가 '서방님'이라 부르는 데서 오는 충격 때문인지, 아니면 지아비 없이 "해 저문 날 낯선 길손"처럼 기생 기화로서 세월을 "휘적휘적 걸어가던"(제2부, 제3권, 224쪽) 자신의 모습이 서러워서인지, 가슴 밑바닥에서부터 터져 올라오는 "삭막한 바람소리"를 들으며 "이 한(恨)은 어디서 연유되어 맺힌 것이며 어디로 가는 것인지"(제2부, 제3권, 225쪽) 자문한다. 절망감과 비애를 안고 귀국한 봉순은 이상현의 선배인 지식인 서의돈을, 그다음은 일본서 유학을 하고 돌아온, 자기와 비슷한 절망감과 비애를 안고 살고 있던 이상현을 모시고 동거했다.

한편 길상은 공 노인의 주선으로 뜻밖에 김환을 만난다. 김환은 길상이가 간도로 떠나기 오래전에 평사리를 찾았던 적이 있었다. 남루한 옷에 갓을 쓴 그는 마을에서 만난 길상에게 자기 신분을 숨긴 채 별당아씨의 죽음을 알려주었다. 환이는 병든 별당아씨를 업고 구례 연곡사에서 몸을 피하다가 그 후 이곳저곳을 헤매다 죽은 그녀를 평안도 묘향산 근처에 묻었다. "여자가 죽어 이별한 뒤 환이는 줄곧 꿈속에서만 울었다"(제1부, 제4권, 252쪽). 아버지 김개주의 부하였던 은봉 양재곤을 만나 지리산을 중심으로 동학 잔당을 규합하여 윤씨 부인이 남긴 재산으로 민중을 위해 혁명을 하기로 결심한 것은 서희 일행이 간도로 간 훨씬 후의 일이다.

최 참판가의 심부름꾼으로 있었을 적에 자신에게 남몰래 글을 가르쳐주고 다정한 미소로 따뜻하게 대해주었던 환이를 길상은 "천상의 선관(仙官)이 하계에 하강해온 것처럼" 생각했고, 그가 "아름다운 별당아씨를 데리고 도망간 것을 이 세상에서 젤 아름다운 일이라고 생각했다"(제2부, 제2권, 106쪽). 그러나 지금 서희의 남편이 된 길상은 그때의 상황과 다르다. "무한한 숭배와 경의로 바라보던 그 사람은 최 참판댁 몰락의 횃불을 든 최초의 인물이다. 서희의 불행은 그로 인해 시작되었"다(제2부, 제4권, 275쪽)고 여기는 길상은, 김환이 서희를 만나고 싶다고 하자 분노를 거침없이 내뱉었다. 그러나 길상은 그가 자신의 불륜, 별당아씨의 불륜, 어머니 윤씨 부인의 불륜, 아버지의 만행, 이 모두가 순수한 사랑에 근원을 둔 것이었지만, 자신은 이를 부끄럽게 여기고 통곡의 세월을 살아왔으며, "지옥이야말로 내 고향" "그 속에서" 아버지, 어머니, 그리고 별당아씨가 "나를 기다리고 있을" 것이라고 외치는(제2부, 제4권, 356쪽) 그를 위로한다. 그러고는 그를 서희에게 데리고 가 그녀에게 "범치 못할 위엄"(제2부, 제4권, 292쪽)을 지닌 그에게 절을 올리라고 말한다.

마침내 길상을 통해 그의 어머니가 윤씨 부인, 즉 서희의 할머님임을, 따라서 그가 자신의 작은아버지임을 듣게 된 서희는 그럴 리 없다고 외친다. 길상은 서희에게 김환은 효수당한 자신의 아버지 김개주의 불행이, 최씨 가문의 명예를 위해 아버지의 사랑을 보듬지 못했던 생모 윤씨 부인의 탓이라 여겼고, 이에 대해 한을 품고 생모 윤씨 부인에게 고통을 주기 위해 최 참판가의 하인으로 들어온 것이었다고 일러준다. 그리고 "길상은 말을 끊었다. 서희는 강아지처럼 웅크린 채 말이 없었다." 그렇다면 보복을 하기 위해서 "별당의 그 여자", 즉 자신의 어머니를 "유인해 갔다 그 말씀이시오?" 하며 "목에 잠겨 몸부림치듯 서희는 말을 내밀었다." 길상은 "그것은 사랑이었소"(제2부, 제4권, 379~380쪽) 하고 말했다. 이 일이 있은 후 며칠 뒤 길상은 서희의 귀향길에 함께함이 없이 용정을 떠나 그녀 곁에 다시 돌아오지 않았다.

서희가 평사리에서 간도로 도피했을 때 그녀와 동행한 김 훈장과 월선은 서희에 귀향에 동참하지 못했다. 김 훈장은 간도 혜관 스님과 삼원보에 정착한 뒤 나이 들어 죽었고, 월선은 암으로 죽었기 때문이다. 홍이는 상의학교에서 동문수학하며 훗날 함께 독립운동을 하자며 친교를 다져온 친재 강두네(또는 두매)와 "아버지가 왜놈한테 붙잡혀서" 총 맞고 죽었던(제2부, 제1권, 354쪽) 명석한 두뇌의 간도 출신 박정호 등과 이별하고, 아버지 이용을 따라 서희의 고향길에 동행한다. 강두메는 귀녀가 죽음을 당하기 전에 감옥에서 낳아 강 포수에게 맡긴 아들이었다. 그때 그 아이를 안고 하동에서 자취를 감추었던 강 포수는 홍범도 장군을 따라 두만강을 건너 간도에 왔으며, 이곳에서 뜻밖에 평사리 사람들을 만나게 되자, 상의학교 송장환을 찾아가서 거금 300만 원을 학자금으로 내놓고 두메의 장래를 당부하며 떠났다. 그는 두메의 출생비밀을 묻어버리기 위해 가야하 하류, 그 밀림 속에서 오발로 가장하고 자살한다. 서희의 귀향에 함께한 사람은 두 아들 환국과 윤국, 용이의 가족, 그리고 영팔의 가족뿐이다.

서희는 자신과의 동행을 마다하고 간도의 독립운동조직에 합류하려는 길상의 의지를 읽고, "이제 내 원한은 그이의 원한이 아니며 그이의 돌아갈 이유도 아닌 것을 안다. 왜? 왜? 왜 내 원한이 그이의 원한이 아니란 말이냐! 남이니까, 내 혈육이 아니니까"(제2부, 제4권, 136쪽) 하다가 "아이 둘이 아비의 옷깃을 잡아주리니" 하는 "희망에 기대를 걸지"만 이를 거두어버린다. 지금의 길상은 "마상에 상전 아씨를 싣고 말고삐를 잡으며 가는 하인이 아니"기 때문이다(제2부, 제4권, 137쪽).

아버지가 동행하지 않으면 자기도 가지 않겠다는 큰아들 환국이를 달래면서 서희는 목 놓아 울고, 당신을 결코 용서하지 않겠다며 남편 길상에게 원망의 눈물을 쏟으면서 마차를 타고 기차역으로 향한다. 그녀는 고향땅에 돌아가 조준구와 그의 아내 홍씨에게 복수를 하고자 했던 "원한이 맺힌 세월" "십 년 동안 이를 갈았다. 아니 십오 년 동안 이를 갈았다"(제2부, 제4권, 135쪽). 이상현이 "오대 육대, 최 참판네 여인들의 마지막 꽃, 야차 같은 계집"(제2부, 제3권, 198쪽)이라 했던 그 서희가, 이제 진정 그 땅을 지킬 '마지막 꽃'이 되어 고향으로 향하는 것이다.

한恨

『토지』는 일제에 의한 조선 국토의 강점과, 이로 인한 민족의 수난을 배경으로 하면서 숱한 인간들이 겪는 아픈 삶을 이야기하고 있다. 그들의 아픈 삶을 지배하고 있는 것은 무엇보다도 '한'(恨)이다. 모든 인물의 행동은 '한'에 의해 추동되고, 이 '한'에 의해 그들의 삶이 운명 지어지고 있다. 한편 그들의 '한' 밑바닥을 차지하고 있는 것은 '허무'다. 달리 말하면 그들의 '한'이나 '한풀이'에는 거의 대부분 '허무' 또는 '허무의식'이 전제되고 있었다.

'한'(恨)이란 무엇인가. 잃어버린 것을 다시 찾지 못하는 것, 혹은 찾을 수 없을 것이라는 것, 갖고 싶은 것을 갖지 못하는 것, 혹은 가질 수 없을 것이라는 것, 만나고 싶은 자들을 만나지 못하는 것, 다시는 만날 수 없을 것이라는 데서 오는 절망의 울부짖음, 또는 그 울부짖음이 내면 깊이 쌓여 있는 것, 이것이 '한' 아니겠는가.『토지』의 인물들은 이 '한'의 주인공들이다. 최치수를 비롯해 등장하는 인물 모두가 그렇다.

연곡사에서 백일기도를 마치고 어머니가 가마를 타고 다시 돌아왔을 때, 어린 치수는 애타게 기다리던 어머니가 여느 때처럼 어린 자기를 부드러운 손길로 어루만져주리라 생각했다. 어머니는 험한 눈빛으로 자기를 쳐다보면서 아무 말 없었다. 변한 모습으로 돌아온 어머니는, 그리운 어머니를 맞이하기 위해 "미친 듯이 마을길까지 쫓아가서" 가마를 따라온(제1부, 제2권, 70쪽) 치수가 그리던 어머니가 더 이상 아니었다. 어머니를 잃어버렸고 순진무구한 어린 날의 자신을 잃어버렸다. 그는 고독하고 냉소적이고 비뚤어진 젊은이로 변했다.

학식이 깊은 장암 선생의 영향을 받은 탓도 있었겠지만, 어머니를 잃고 나서부터 치수는 스승 장암처럼 성악론(性惡論)에 근거하여 사람을 금수(禽獸)로 본다든가 백성을 우중(愚衆)으로 보았다. 그리고 우중을 다스리는 권력자를 배부른 돼지, 우중인 백성을 배고픈 이리로 보면서, 이 배고픈 이리인 백성이 각성하면 독소가 된다는 등, 비관과 냉소가 극에 달한 철저한 허무주의자가 되었다. "어떤 일에도 감동되지 않는 눈빛, 철저하게 스스로를 거부하는 눈빛"(제1부, 제1권, 54쪽)의 소유자인 그의 내면에는, 그에게 가까이 오는 죽음에 대해서도 철저히 냉소적인 '허무'가 깔려 있었다. 그의 허무는 잃어버린 어머니에 대한 '한'의 결과였다.

동학 무리의 두령, 아버지를 따라 출정하던 환이가 몸져누운 부친의 시중을 들고 있었을 때, 아버지 김개주는 그에게 "대장부라는 것을 어떻게 생각하느냐"고 물었다. "핍박받아온 백성들 가슴에 등불로 살아 있는"

"상민의 영웅"이자 "압제자의 목을 추풍낙엽같이 잘라버린"(제2부, 제4권, 61쪽) 아버지 같은 분을 대장부라고 하지 않겠느냐는 아들의 대답에 그는 껄껄 웃으면서 "그렇다면 대장부라는 것은 허욕(虛慾)이니라" 했다. 만백성을 구하려고 창칼을 들고 나섰지만 "내가 나 자신을 다스리지 못하고 남을 위하겠다는 것이 허욕이 아니고 뭐겠느냐"며 자신은 하룻밤도 편안한 잠을 자지 못하고 있다면서, "끝없는 싸움, 싸움의 회오리바람 속에서 나를 잊고 싶은 게다"고 했다.

그리고 "내 그동안 수많은 군졸을 거느리고 탐관오리를, 악독한 양반들을 목 베고 추호도 가차 없었으나 그게 사명감에서 한 것인지 진정 자신 못 하겠다. 그 밀물 같은 시기가 지나면 나는 잠을 이룰 수가 없다. 바닥 모를 허무의 아가리가 밤새껏 나를 괴롭히는 게야" 했다.

그리고 아들 환이에게 "너는 산에도 가지 말고 사람들 무리에도 섞이지 말고 마음씨 착한 처자나 얻어서 포전(圃田)이나 쪼고 살아라" 했다(제1부, 제4권, 261~263쪽). 그는 "일시적 삭풍(朔風)"(제1부, 제4권, 262쪽)에 불과한 '허욕' 때문에, 삶에 있어서 가장 귀중한 가치인 사랑을 보듬지 못하고 이로 인한 자책감 때문에 바닥 모를 허무의 삶을 계속하는 자기와 같은 "필부"가 되지 말고 사랑하는 한 여인을 위해 사는 것이야말로 진정한 대장부이며, 이것이 동학의 하늘님이 가르치는 "하나의 도가 아니겠느냐?"고 했다. 아들 환이는 후에 인간사에서 아픔이나 원한보다 더 깊고 큰 것이 "허무"임을 깨달았으며, 아버지 김개주는 "그 허무와 싸우셨"다고 했다(제1부, 제4권, 272쪽).

조선 500년을 억압해온 자들을 향한 "반역의 피는 억압된 상민들의 진실이요 소망이다. 수백 수천 년의 소망이다"(제2부, 제4권, 61쪽). 이 소망을 안고 그들의 '영웅' 김개주가 "압제자의 목을 추풍낙엽같이 날려버"(제2부, 제4권, 61쪽)려 그들의 피맺힌 원한을 풀었을 때, 그러나 이 영웅의 내면 밑바닥에는 언제나 '허무'의 파도가 물결치고 있었다. 사모하는 여인의 사랑을 얻을 수 없었던 절망의 울부짖음이 만 사람을 위한 '원한'의 복수보다 더 깊이 그의 가슴속에 '한'으로 물결치고 있었기 때문이다. 이 '허무'의 물결은 그의 아들 환이에게도 이어진다.

최 참판가의 하인으로 있었을 때, 그는 어머니 윤씨 부인을 '어머니'라 부를 수 없었다. 최치수와 다른 의미에서 그에게는 잃어버린 어머니라는 존재가 있었다. 그에게 윤씨 부인은 아버지에게 불행을 가져다 준 원한의 어머니였다. 그에게는 "최치수의 어머님으로서 결코 환이의 어머니가 될 수 없었던 여인에 대한 원한도 있었다"(제1부, 제4권, 260쪽). 하지만 그의 내면에는 언제나 어머니를 향한 그리움과 사랑으로 가득 차 있었다(제2부, 제4권, 281쪽). 그에게 '어머니'라는 이름을 한번도 허락하지 않은 채, 윤씨 부인은 죽음으로 그의 곁을 떠났다. 진달래꽃으로 화전을 언제까지나 부쳐주겠다던 별당아씨의 죽음이 그가 그녀와 지상에서 함께 보낸 세월을 "자취 없는 허무의 아가리"로, "여자와 더불어 영원히 사라져 버렸던 바람"(제1부, 제4권, 251쪽)으로 만들었듯, 어머니도 마찬가지였다. 잃어버린 것을 다시 찾을 수 없다는 그의 절망은 한으로, 깊은 허무로 뻗어나갔다.

간도와 연해주 등지에서 서희를 비롯한 평사리 사람들과 독립투사들을 만나고 귀국한 환이는, 어머니 윤씨 부인이 그의 몫으로 우관 스님에게 맡긴 500섬지기 땅을 지리산에서 동학 잔당을 규합하여 비밀조직에 착수하는 데 썼다. 그러고는 그들과 더불어 관공서나 경찰서를 방화하고, 순사와 그들의 앞잡이 또는 친일파를 살해하는 등의 일제에 항거하는 민중운동에 뛰어들었다. 동학을 교리로 이해하고 이 교세의 확장이 무엇보다 앞서야 하며 항일투쟁은 점진적으로 진행해야만 한다는 사이비종교 청일교의 교주 지삼만이, 동학을 현실 강령으로 삼고 항일투쟁을 앞세운 김환을 제거하기 위해 수하를 통해 지리산에 의병부대가 있다는 유언비어를 퍼뜨렸다. 이를 믿고 일본군이 동학잔당의 지리산 근거지를 습격했지만,

환이와 그의 무리는 이미 도망간 뒤였다.

그들은 지리산 일대를 추적하다 평사리 마을을 포위하고 최 참판가를 덮쳤다. 최서희는 조준구로부터 잃어버린 재산을 되찾았지만, 평사리 집에는 돌아가지 않고 진주에 오랫동안 머물고 있었다. 그녀가 추석을 지내기 위해 평사리 집에 잠시 머무는 중에 환이가 밤중에 들러 그녀에게 일본 헌병에게 쫓기는 몸이라며 잠시 동안의 피신처를 요구했다. 오래전 용정에서 만나고 나서 다시 만난 환이는 서희에게는 두 아들 말고는 "단 하나뿐인 혈연이다. 어미를 빼앗고 부친의 이부(異父) 동생이며 간부(姦夫)인 사내, 하늘같이 우러러보았던 할머니 윤씨의 부정한 씨"(제3부, 제2권, 185쪽)였다. 그러나 그녀는 "감히, 어디라 오시었소" 하면서도 허락했다. 사당의 마룻장을 들어내고 그를 그곳으로 들어가게 한 뒤 다시 마룻장을 끼우고 사당 문에 쇠통을 채웠다.

그 후 환은 지삼만 수하의 밀고에 의해 체포되어 진주로 압송된다. 그와 함께 압송된 심복 석포는 심한 고문에 죽고, 그 또한 연일 계속되는 심문과 고문에 몸을 가누지 못하고 마룻바닥에 늘어져 있었다. 김환은 일어서서 노을이 타는 철창문을 바라본다. 그가 체포되기 전, 서희가 평사리에 들러 할머니 윤씨 부인의 제사를 지내던 날 밤, 환이는 어머니 윤씨 부인 무덤 앞에서 절을 하면서 "자신의 발자취는 순전히 역행이었다는 생각도 하였다"(제3부, 제3권, 50쪽).

그러나 지금 "홀가분하다. 말할 수 없이 홀가분한 것이다. 그러나 마음 밑바닥에서 불어오는 차디찬 바람은 무슨 바람인가. 골수를 쑤시는 것 같은 허무"(제3부, 제3권, 155쪽). 그의 "오십 평생은 마음과 몸이 피로 물들었던 것처럼 격렬했었다"(제3부, 제3권, 156쪽). 아버지 김개주, 어머니 윤씨 부인, 아내 별당아씨, "이제 작별하였던 사람들에 대한 추억이나 그리움하고도 작별을 해야 하는 것이다"(제3부, 제3권, 161쪽). "이튿날 아침, 환이는 스스로 목을 졸라서 죽은 시체로 발견되었다"(제3부, 제3

권, 163쪽). 처절했던 추억이나 그리움마저 망각하고 싶어 "철창문에 비치는 저 노을만큼 아름다운"(제3부, 제3권, 155쪽) 죽음에 자기를 맡기는 '마지막 동학군 김환 장군'(제3부, 제3권, 123쪽), 그는 '허무' 그 자체였다.

죽은 환이는 딸아이를 잃고 발광하던 심복 강쇠에게 환영으로 나타나 그와의 산중문답(山中問答)에서 "기쁨이란 잠시, 잠시 쉬어가는 고개요 슬픔만이 끝없는 길"이니, "고통의 무거운 짐을 벗으려 하지 마라"고 했다. 그러면서 "저 창공을 나는 외로운 도요새가 짝을 만나 미치는 이치를 생각해보아라. 외로움과 슬픔의 멍에를 쓰지 않았던들 그토록 미칠 것인가"라고 말한 뒤, 산다는 것이 이러하거늘 나에게는 "후회도 여한도" 없다고 했다.

그러나 그는 이어 "한이야 지가 어디로 가겠나" "한이야 후회하든 아니 하든, 원하든 원치 않든, 모르는 곳에 생명과 더불어, 내가 모르는 곳, 사람 모두가 알 수 없는 곳에서 온 생명의 응어리다……. 배고파서 외롭고 헐벗어서 외롭고 억울하여 외롭고, 병들어서 외롭고 늙어서 외롭고 이별하여 외롭고, 죽어서 어디로 가며 저 무수한 밤하늘의 별같이 혼자 떠도는 영혼, 그게 다 한이지…… 참으로 생사가 모두 한이로다……"라고 했다(제5부, 제1권, 189~190쪽).

'생사가 한'이라면, 죽어서도 '저 무수한 밤하늘의 별같이 혼자 떠도는' 외로운 '영혼', 김환은 다름 아닌 인간의 숙명, '한' 그 자체였다. 어찌 김환뿐인가. 인간 자체가 '한'의 '응어리' 아닌가.

'한'과 '허무', 그것은 그의 어머니 윤씨 부인에게도 마찬가지이며, 그의 유일한 혈육인 서희에게도 이어진다. "이십 년 넘는 세월 동안 그[윤씨 부인]의 바닥에는 한 남자가 살고 있었다……. 형장의 이슬로 사라진 그 남자"(제1부, 제2권, 386쪽)가 그녀에게 안겨준 비극은, 그녀로 하여금 두 아들을, 그리고 두 아들로 하여금 어머니를 잃게 했다. 그 남자와의 불륜은 그녀로 하여금 치수에게는 "어미의 자격"을, 불륜에서 태어난 아이를 핏덩어리인 채로 내버려둠으로써 환이에게는 "어미의 권리"(제1부, 제2권, 385~386쪽)를 포기하는 자로 만들었다.

윤씨 부인에게는 끝나지 않는 "적악"(積惡)으로 남아 "짊어져야 하는" 무거운 "짐"이었다(제1부, 제2권, 386쪽). 한쪽 아들에게는 한평생 똑바로 쳐다보지 못한 채 외면하며 살았고, 한쪽 아들에게는 아들이면서도 어미의 내색을 하지 못하고 살았다. 한의 세월이 전부였다. 그녀에게 고통의 세월을 남겨준 그 남자가 전주 감영에서 형장의 이슬로 사라졌다는 말을 들었을 때, "무쇠 같은 이 여인의 눈에 한 줄기 눈물이 흘러내렸다"(제1부, 제2권, 79쪽). 비로소 처음으로 눈물을 흘렸던 윤씨 부인은 가문의 명예를 위해 그 남자와의 사랑을 포기할 수밖에 없었던 운명적인 쇠사슬을 한탄하고 있었는지도 모른다. 절망의 울부짖음, 그 '한'이 처음으로 '허무'의 눈물로 나타났던 것이다.

다섯 살 때 어머니 별당아씨와 이별한 서희는 "공포심을 불러일으키게 하는 강한 분위기를······ 내뿜고 있었"(제1부, 제1권, 54쪽)고, "딸에게 애정을 보인 일이 없었"(제3부, 제1권, 333쪽)던 아버지에게 정을 붙이지 못하고, 어릴 적 어머니에 대한 그리움으로 가득 찬 "슬픈 시절"(제1부, 제3권, 355쪽)을 보냈다. 나이가 들어서도 "어미에 대한 그리움은 아직도 그에게는 떨어버릴 수 없는 집념"이었지만, 그 집념 속에는 "그리움뿐만 아니라 원망과 증오가 함께 있었다"(제1부, 제3권, 355쪽). 또 그녀에게는 그 "그리움과 마찬가지로" 어머니가 불륜을 맺은 다른 남자와 도망쳤다는 "그 오욕 또한 잊을 수 없고 견디기 어려운 것이었다"(제1부, 제3권, 355쪽).

오랜 세월이 지난 후 용정에서 만난 환이가 할머니 윤씨 부인의 아들이며, 따라서 자신의 작은아버지이기도 하다는 것을 길상을 통해 들었을 때, 서희는 할머니에 대한 원한을 갚기 위해 "별당의 그 여자"를 유인해 갔느냐고 길상에게 물었다. 서희에게 어머니는 어머니가 아니었다. '별당의 그 여자'로 남아 있을 만큼, 어머니에 대해서는 그리움 못지않게 원망과 증오가 깊었다. 그러나 그런 어머니 별당아씨는 더 이상 이 세상에 존재하지 않는다.

어머니를 더 이상 만나볼 수 없으므로 서희의 아픔은 깊은 '한'으로 향했지만, 이를 압도하고 있었던 것은 최 참판가의 재산을 강탈한 조준구와 그의 아내 홍씨에 대한 그녀의 '원한'이었다. 최 참판가의 마지막 자손으로서 그녀의 집념은 그 원한의 복수였다. "난 하동으로 돌아가야 할 사람이다. 살을 찢고 뼈를 깎고 피를 말리는 고초를 겪는 한이 있어도…… 내 원한의 비수를 꽂는다면 오죽이나 좋겠소?"(제2부, 제1권, 214~215쪽). 서희는 간도에 온 후 스스로 이렇게 10년 동안, 아니 15년 동안 두고두고 다짐했다. 그러나 십수 년의 세월을 두고 기다리고 준비해온 원한과 복수의 끝 역시 허망하기 그지없다. 공 노인과 임 역관의 중개로 마침내 잃어버린 만 석의 땅을 되찾고, 남은 재산을 다 잃고 평사리 집 하나만 차지하고 있던 조준구에게 거금 5천 원을 주고 이를 사들여 모든 재산을 되찾지만, 서희는 깊은 허무에 빠진다.

"허울만 남았구나……. 나비가 날아가버린 번데기, 나비가 날아가버린 빈 번데기, 긴 겨울을 견디었건만 승리의 찬란한 나비는 어디로 날아갔는가?"(제3부, 제1권, 220쪽) 따라서 서희는 자신을 '승리의 찬란한 나비'가 '허울'만 남기고 날아가버린 '빈 번데기'에 불과하다고 자탄하고 있다. "가슴을 물어뜯듯 아우성치며 부풀었던 보복의 핏줄, 풍설의 북방에서 밤마다 날마다 다짐했던 맹세"(제3부, 제1권, 221쪽)가 이렇게 "허망하게 쉽게 끝이 나버린 싸움"(제3부, 제1권, 221쪽)을 가져오다니, 그녀는 깊은 허무에 빠진다. 그녀가 되찾은 평사리의 "거창한 집"도 "때때로 낡은 상여틀같이 느껴"지고, 되찾은 만석지기의 "기름진 땅"도 때때로 "황막한 사막"으로 느껴진다(제4부, 제1권, 128쪽). 서희에게는 "얻고 있는 것이 모두 꿈같이, 짧은 생애의 덧없는 일"(제4부, 제1권, 128쪽)처럼 보였다.

그녀는 "근원적인 허무의 강"(제3부, 제1권, 221쪽)에 발을 들여놓고 있었다. 다만 독립투쟁을 하고 있는 남편을 향한 그리움과 그와의 재회의 기대, 그리고 "아버지의 존재로 하여" 그들의 "가슴속에는 민족과 조국에 대한 강렬한 의식이 자라고 있는"(제3부, 제3권, 287쪽) 아들 환국과 윤국, 그녀의 "현재요 미래"(제3부, 제3권, 287쪽)인 그들을 향한 그녀의 자부심과 기대만이 그녀를 지탱하고 있다.

결혼한 신분임에도 불구하고 서희를 연모하여 그녀를 쫓아 간도로 왔지만, 그녀와 결합할 수 없는 차디찬 현실의 벽을 절감하고 귀국한 후 일본으로 유학길을 떠난 지식인 이상현도, 그리고 후에 그와 동거하여 그의 아이를 낳았던 봉순이도 이루지 못한 사랑에서 비롯된 '한'을 안고 사는 사람들이다.

간도와 연해주를 방황하고 일본으로 유학의 길을 떠난 뒤 다시 돌아온 이상현은 소설가로서 문학에 생애를 걸고 승부를 해보고 싶지만, 자기 모멸을 완전히 배제할 수 없어 그가 술에, 여자에게 '도피에의 강렬한 욕구'를 발산하고 있을 때, 혁명가로서 독립운동에 몸 바쳤던 아버지 이동진은 고국산천을 떠난 지 20년이 넘는 59세의 나이에 조국의 광복을 보지 못하고 "망명지 연추에서 뼈를 묻고 그 한 많은 생"(제5부, 제5권, 11쪽)을 "쓸쓸하게"(제4부, 제4권, 178쪽) 마감했다. 이상현은 나약한 지식인인 자기와는 달리 변치 않는 혁명가의 투쟁정신을 자신에게 보여주었던 부친으로부터 열등감과 자기모멸감을 좀처럼 떨쳐버릴 수 없었다. "생전의 부친은 상현에게 천 근 같은 납덩어리의 무게였다. 죽은 후 오늘날까지의 부친은 상현에게 회한이요 죄의식의 고통이었다"(제3부, 제2권, 327쪽).

이상현은 사회주의 사상가 선배 서의돈과 동거했다가 그로부터 버림받은 봉순, 아니 기화와 동거했다. 이상현이 "외로운 여자" "슬픈 여자"(제3부, 제2권, 96쪽)라 일컬었던 기화는, 그에게도 서의돈과 마찬가지로 "잠시나마 쉴 수 있는 가슴"(제3부, 제2권, 55쪽)에 불과했다. 상현은 그녀를 "잔인하게" 버렸다(제3권, 제2권, 296쪽). 그에게 버림받았던 기화는 상현의 아이를 낳았다.

기화가 자기 아이를 낳았다는 것을 알게 된 이상현은 "창피스럽고 수치스럽고"(제3부, 제4권, 165쪽) 해서 "도망치듯 황망하게"(제5부, 제5권, 12쪽) 만주로 떠나버렸다. 자기 자신에 대한 실망만이 아니라 민족의 앞날의 암흑에도 절망한 그는 어디에도 갈 데 없는 "패배주의자가 된 것이다"(제3부, 제4권, 135쪽). 신념이나 사명감을 잃고, 인생의 의미나 가치 모두를 부인하는 허무주의에 빠진 그에게는 "허무 그 자체가 자의식의 방패"로, "부도덕과 방탕과 의무의 포기……" 그 자체가 "자의식의 보루 같은 것"이 되었다(제3부, 제4권, 164쪽). 이상현은 연추에서 전라도 출신의 소리꾼 주갑으로부터 이곳에 온 혜관 스님의 전언을 통해 기화가 아편쟁이가 되었고, 섬진강에 뛰어들어 자살했다는 것을 듣게 된다. "죄의식이 괴물같이 달려든다"(제3부, 제4권, 162쪽). 친구 임명진의 여동생이자 자신을 한때 사모했던 '신여성' 임명희에게 자기 소설의 원고료를 딸 양현을 위해 쓰기를 바란다는 편지를 보낸다.

이후 20년을 만주 바닥에서 세월을 낭비했던 "그 이상현은 한낱 늙은 주정뱅이로 하얼빈 뒷골목을 배회하는 말로를 걷고 있었다"(제5부, 제5권, 9쪽). 조직에서 내는 간행물 같은 것을 제작하기도 했고, 지하신문을 만들기도 했지만, "주정뱅이 이상현, 결국 그가 도달한 것은 자신이 낙오자라는 인식이었다"(제5부, 제5권, 14쪽). 강 포수의 아들이자 홍이의 상의학교 때의 친구, 중국 군관학교 출신의 "투철한 공산주의자"인 독립투사 강두메에게 이상현은 "댄디스트" "차후 도태해야 하는 반동분자"(제5부, 제5권, 18쪽)에 지나지 않았다. 그는 "피폐한 사내"(제5부, 제5권, 14

쪽)가 된 채 죄책감과 자기모멸을 버리지 못하고 술에 기대어 허무의 삶을 살아가고 있었다.

섬진강에 뛰어들어 자살하기 전에 기화는 32세에 낳은 딸애기를 데리고 서울서 군산으로 내려와 살았다. 그녀에게 소리를 가르쳐주었던 소리꾼 운삼 어른으로부터 경제적으로 조금씩 도움을 받고, 가진 것을 팔아가면서 그럭저럭 살아가고 있었다. 초라한 오막살이 방에는 반닫이 위에 이불 한 채, 가방 두 개뿐이다. 그러나 수중에 돈이 떨어지자 계집애를 업고 평양으로 가서 기생집에 다시 나갔고, 마음에 없는 사내를 끌어들였고, 그로부터 아편 찌르는 것을 배웠고, 그녀 말 그대로 "쓰레기" 인생이 되고 말았다(제3부, 제3권, 338쪽). 봉순, 아니 기화가 아편쟁이가 되어 '쓰레기' 같은 비참한 삶을 살고 있는 것을 알게 된 서희는, 정석을 통해 그녀와 딸 양현을 평양에서 평사리로 데려오게 하여 머물게 한다.

그녀는 서희에게 "온 동네 사람들이 매 눈같이" 하고 자기가 달아나지 않을까 아편쟁이인 자기를 지켜보는 이곳에 숨통이 막혀 살 수 없다며 양현에게 "어미 될 자격도 없는" "기생에다 아편쟁이"인 자기를 집밖으로 그대로 내쫓으라고 울부짖는다(제3부, 제3권, 294~295쪽). 서희는 그녀에게 "몹쓸 계집을 덮어줄 만큼 내 날개는 넓다. 아무리 몹쓸 계집이라도 자식한테는 어미가 있어야 하느니라"(제3부, 제3권, 295쪽)라고 말하지만, 기화는 "아, 아니옵니다. 지체 높은, 예, 기생이 있을 곳은 아니옵니다. 아편쟁이 계집이 누를 끼칠 뿐이지요. 아씨! 제발 저를 내보내주십시오"(제3부, 제3권, 295쪽) 하며 소리를 내며 엉엉 운다.

기화는 치매(癡呆) 상태가 되어가고 있었다. 서희는 "연한 심정이 찢기어 죽지 않으려면 너처럼 병들어야 하나보다"(제3부, 제3권, 297쪽) 하며 가슴 아파하고 있다. 그러나 그 누구보다 괴로워하고 있는 이는 그녀를 평양에서 평사리로 데려온 석이였다.

윤보 목수를 중심으로 평사리 마을 장정들이 최 참판가의 재산을 탈취하고 당주로 행세하던 조준구를 제거하기 위해 최 참판가를 습격했을 때, 그때 거사에 참여하지 않고 진주에 있다가 영문도 모르고 마을에 나타난 정한조는 조준구에 의해 폭도로 지목되어 왜헌병에 의해 총살당했다. 정석은 이 정한조의 아들이다. 그는 진주에서 갑부 전 참봉의 소실이 된 기생 기화네 집을 드나드는 물지게꾼으로 생활하다가, 서울로 올라간 기화가 서의돈에게 부탁해 그의 친구인 부자 황태수의 집에서 심부름꾼으로 일하면서 밤에는 야간학교에 다녀 후에 선생이 된다. 정석은 결혼한 몸이었지만, 진주에 있었을 때나 서울에 있었을 때나 그에게는 그때의 "옥색 치마 분홍 저고리의 기화는 사랑이었고 청춘이었다. 그 감정은 석이 청춘에서 가장 찬란하고 유일하게 아름다운 것이었다……. 증오와 저주와 분노로 치닫던 감정의 황막한 지대를 뜨겁고 감미로운 눈물로 젖게 한 그 불행한 여자"(제3부, 제3권, 104쪽), 비참하게 변한 기화의 모습에 "석이는 무릎을 꿇고 앉으며 흑 하고 흐느껴 운다. 그는 오랫동안 그런 자세로 울었다"(제3부, 제3권, 351쪽).

"인생의 종말같이 피폐한 자신을 위해 뜨거운 눈물을 흘려주는 사내가 있다니……. 석이의 눈물은 어찌하여 크나큰 경이(驚異)였을까"(제3부, 제3권, 354쪽). 기화는 자기로 인해 석이부부 사이에 가정불화를 가져온 것을 괴로워하면서 섬진강에 몸을 던져 죽었다. 후에 "섬진강 강가에서 꽃다발을 던지며 생모를 부르는"(제5부, 제3권, 186쪽) 어린 딸 양현에게 한없는 그리움과 한을 남겨두고…….

'한'을 넘어

길상의 '한'은 그 뿌리가 고아였던 데서부터 시작된다. 그는 "안티〔胎盤〕버린 곳(고향)"(제1부, 제1권, 62쪽; 제2부, 제1권, 313쪽)도 모른 채, 최 참판가의 하인으로 오기 전까지 자기에게 "어머님이요 아버님이었"

(제2부, 제1권, 383쪽)던 연곡사 노승 우관에 의해 키워졌다. '하인'으로서뿐 아니라 고아로서 그는 처음부터 '타자' 중의 '타자'였다. 하인 길상은 온몸 온 정성으로 자기보다 나이가 훨씬 아래인 '애기씨' 서희를 상전으로 깍듯이 모시면서 그녀를 위해 삶 전체를 바쳤다. 그들 사이에는 '반상'(班常)의 구별이 엄연했기 때문이다. 길상은 이를 운명적인 것으로 받아들였다.

서희는 어릴 때나 어른일 때나 그에게는 변치 않는 '보물'이었다. 그가 그녀 곁을 떠나기에는 그가 그녀에게 쏟았던 '정'(情), 그리고 그 '정'에 뒤따르는, 천애고아가 된 '애기씨'를 향한 "연민"(제2부, 제1권, 384쪽)이 너무나 컸다. 이 '정'과, 이에 뒤따르는 '연민'의 감정이 그녀에 대한 그의 사랑이었는지 모른다. 그의 이러한 감정을 간파하고 이상현은 하인의 신분인 길상에게 "못 오를 나무는 쳐다보지도 않는 게야"(제2부, 제1권, 46쪽)라고 말했다. 서희와 결혼한 뒤에도 길상은 자신이 '하인'이었고, 하인이라는 의식, 그 운명적인 쇠사슬에서 벗어날 수 없었다. "고독한 부부, 고독한 결혼이었다"(제2부, 제3권, 121쪽).

떠나지 않는 '반상'의 구별에 대한 그의 의식, 그 의식에 따르는 '한'은 그로 하여금 그 도피처, 아니 탈출구를 찾게 한다. 그는 서희의 고향길에 동행하지 않고 간도의 독립운동 조직에 합류한다. "길상의 가슴에 돌연 뜨거운 것이 치민다. 불덩이 같은 슬픔이, 생명의 근원에서 오는 눈물 같은 것이. 무엇 때문에 슬픈가…… 심장을 쪼갤 수만 있다면 그 가냘픈 작은 벌레에게도 주고, 공작새 같고 연꽃 같은 서희에게도 주고, 이 만주땅 벌판에 누더기같이 찾아온 내 겨레에게도 주고…… 싶다"(제2부, 제2권, 20쪽)고 외친다. 그는 서희가 아니라 국토를 빼앗기고 만주땅 벌판으로 건너온 슬픈 겨레에게 '심장'을, 자신을 바치기 위해 독립운동의 길을 택했다. 이 길로 들어서면서부터 그가 안고 있던 "모순과 갈등과 열등감"은 사라졌다. "한 마디로 그에게 넘쳐나는 것은 힘"이었다. 즉 "의지로서 뛰어넘었고 시련을 극복한 후에 오는 깊이, 의지의 깊이"(제3부, 제1권, 367~368쪽)였다.

길상은 "스스로 택한 길을 후회한 적은 없으나 실의에 빠진 적도 있었다." 그러나 "만주 일대, 연해주를 내왕할 때, 빙판과 설원과 삭풍은 다른 혁명가, 독립투사와 마찬가지로 그의 현실이었다"(제4부, 제4권, 174쪽). 조선왕조가 간신히 잔명(殘命)을 이어가고 있을 무렵, 이동진은 간도와 연해주로 떠나기 전 작별을 고하기 위해 친구 최치수를 찾았다. 그때 치수는 그에게 누구를 위해 강을 넘으려는가, 백성인가, 군왕인가, 하고 물었다. 이동진은 백성, 군왕 그 어느 쪽이라 하기는 어렵다며 "굳이 말하자 한다면 이 산천(山川)을 위해서"라고 했다.

이동진과 마찬가지로 길상도 이 산천, 이 강산을 되찾기 위해 간도에 남았다. 그러나 "이동진의 산천과 김길상의 강산……은 다르다." "다 같은 길이지만 길상의 경우는 일종의 귀소본능(歸巢本能)이라 할 수 있었다. 제 무리에 어우러지기 위한 귀소본능, 이동진은 돌아오기 위해 떠났지만 길상은 제 무리들에게 돌아가기 위해 남은 것이다"(제5부, 제1권, 363~364쪽). 사회주의 색채를 띤 사회과학 연구단체, 일종의 비밀결사인 계명회에 연루되어 용정에서 만난 서의돈과 함께 왜경에게 체포되어 서울에 압송되지 않았더라면, 스스로 고국으로 향하는 길을 결코 택하지 않았을지도 모른다. 잃어버린 나라를 되찾아야 한다는 것이 대의로서 그가 가진 확고한 신념이었지만, "그러나 길상의 경우, 대의와 가족을 두고 선택한 길은 결코 아니었다. 자아(自我)와 가족을 두고 선택한 길이었다"(제5부, 제1권, 363쪽).

길상이가 계명회에 연루되어 용정에서 서울로 압송되어 서대문형무소에서 2년간 감옥생활을 마친 뒤, 관음보살의 탱화를 완성하기 위해 소지감이 주지로 있는 지리산 도솔암에 잠시 간 적이 있다. 소지감은 형이 의병에 가담하여 포살당하고, 부친은 을사조약으로 충격을 받아 망국의 한을 안고 자결했다. 그는 소씨 가문을 이어야 한다는 명분에 목숨을 지탱해 살아갔지만, 계속되는 결혼 실패로 자학과 자기모멸에 빠진 채 20년 동안 방황하다 "그토록 긴 방랑, 그토록 깊은 고뇌를 끝내고"(제5부, 제1권, 177쪽), 젊은 날 입산한 적이 있었던 도솔암에 정착하여 일제에 항거하는 민초들과 교류하면서 후에 일본의 학병과 강제징집을 피해 산에 온 젊은이들을 위해 은신처를 마련한다.

어릴 적 구례 연곡사에 있었을 때, 길상은 금어 스님 혜관으로부터 그림 그리는 것을 배우면서 자신은 후에 금어가 될 것이라 생각했으며, 그때 노승 우관은 그에게 "천수관음상을 조성하여 어지러운 세상, 불쌍한 중생에게 보살의 자비를 펴게 하라"(제4부, 제3권, 94쪽)고 당부했다. 길상은 우관 스님의 당부를 결코 잊은 적이 없었다. 그러나 지금 천수관음의 조성은 대역사(大役事)이고 현실적으로 불가능하기 때문에 그는 대신 관음보살의 탱화를 착안했고, 이를 위한 준비 작업으로 2, 3년 동안 수천 장의 초화를 그렸으며, 도솔암에서 마침내 그가 착안한 탱화를 마지막 신명을 다해 완성했다. 그때 서희가 도솔암에 들러 길상과 함께 머물면서 대화를 하는 가운데 길상이 "사람이나 짐승이나 자기 태생(胎生)대로 사는 것이 가장 자연스러운 일"이라 했을 때, 서희는 자기와 결혼한 것을 후회하느냐고 물었다. 그때 길상은 "후회는 하지 않소. 다만 자기 뿌리에 대한 그리움 같은 것, 그건 인지상정 아니겠소?" 하고 말한 적이 있다(제5부, 제1권, 360~361쪽).

자신과 동류였던 그 무리, 김환 · 우관 · 혜관 · 관수 · 석이 · 용이 · 영팔, 그밖의 수많은 사람들, "용정촌 연해주의 그 끌끌한 사내들"이 길상이의 그리움의 대상이었고, 그는 그들의 "그 뜨거운 피를 잊지 못하는 것"이다. 이 때문에 "가족마저 낯설어지는 것이었다"(제5부, 제1권, 364쪽). "어떤 거리감"(제4부, 제4권, 175쪽)을 느껴지는 것이었다. "신분의 차이, 생활의 빛깔이 다르다는 것, 그것은 도처에서 자신에게 부딪쳐오는 것이다." 그렇게 느껴질 때마다 길상은 "자기 운명을 한탄하는 흔적"(제4부, 제4권, 175쪽)을 발견했다.

동경 미술학교를 졸업하고 역량 있는 화가로 발돋움하던 큰아들 환국이는 도솔암에서 아버지가 완성한 관음보살의 탱화를 보고, 스님 소지감에게 "아버지는 참 외로운 분 같습니다"(제5부, 제1권, 382쪽)라고 했다. 그 탱화는 "눈이 부시게 아름다웠다. 청초한 선(線)에 현란한 색체, 가슴까지 늘어진 영락(瓔珞)이며 화만(華鬘)은 찬란하고 투명한 베일 속의 청정한 육신이 숨 쉬고 있는 것만 같다. 어찌 현란한 색체가 이다지도 청초하며 어찌 풍만한 육신이 이다지도 투명한가"(제5부, 제1권, 381쪽). 감동에 차 전신이 뜨거워지는 것을 느꼈다. 그러나 환국이는 한편 관음상의 폐부 깊은 곳에서 아버지의 크나큰 슬픔과 외로움을 깊이 읽었다.

길상은 '신분에 대한 절망'을 극복하지 못한다면 외로움에서 결코 벗어날 수 없으며, 결코 자유로워질 수 없다고 느꼈다. 그는 신분에서 오는 갈등, 신분에 대한 절망은 "끝내 개인 혼자서 극복되는 일도 아니"며, "사람 모두가, 역사가 극복하지 않으면 안 될 일"임을 인식했다. 그에게는 "김개주도 김환도, 역사의 산물이며 그 오랜 역사를 극복하려다 간 사람이다." "자신도 그 길을 가고 있다"고 믿고 있으며, "약자의 눈물을 거두기 위하여 평등하기 위하여…… 약소국의 참상을 씻기 위하여, 일본은 마땅히 극복되어야 한다"고 믿었다(제4부, 제4권, 175~176쪽). "진실로 동등하고 뜨거운 가슴과 가슴만으로 함께 가는 세월"(제4부, 제4권, 175쪽)을 앞당기기 위해 그의 그리움은 "끝없는 사랑의 대상"인 서희와 두 아들을 넘어서서 그와 같은 동류의 산천의 "수많은 사람에게 흐른다"(제4부, 제4권, 174쪽). 이 '수많은 사람'들을 위해 조국의 독립을 위해 싸우는 것이야말로 자기의 타고난 운명, 그 깊은 '한'과 절망을 극복하는 길임을 확신하고 있었다.

절망의 울부짖음, 즉 '한'을 안으로 깊이 내장하지 않고 이를 극복하기 위해 보다 큰 것에 자기를 바치는 길상의 경우와 마찬가지로, 월선도 그러했다. 무당의 딸이기 때문에 사랑하는 남자와 결혼하지 못하고 자기보다 스무 살이나 더 나이 많은 봇짐장수 병신에게 시집갔지만, 연인 이용을 잊지 못해 다시 그 곁에 왔던 월선은 그와 부부로서 맺을 수 없는 '한'을 그와 임이네에서 태어난 아들 이홍을 위해, 자기의 남아 있는 삶 전부를 헌신적으로 바침으로써 풀고자 했다. 그녀는 자신의 '한'을 안으로 내장한 채 두지 않고 연인의 아들에게 자신의 모든 관심과 사랑을 바침으로써 그것을 아름답게 승화시켰다.

김평산의 둘째아들 한복은 최치수를 교살한 아버지의 죄, 일본 헌병의 보조원으로서, 밀정 노릇을 하는 형 거복의 죄를 안고 살아갈 수 없었다. 그들의 죄는 지아비의 죄를 부끄러워한 나머지 목매어 자살한 어머니의 죽음과 더불어 그에게 내면 깊이 절망의 울부짖음으로 남아 있었다. 한복은 이 원통할 '한'을 안으로 내장한 채 두지 않고 "파렴치한 동기로 살인한 아비와 매국노가 된 형의 죄를 보상"하기 위해, "지하에 잠든 어머니의 병든 자긍심을 치유"(제3부, 제1권, 356쪽)하기 위해 독립군을 위한 군자금을 전달하는 임무를 수행함으로써 극복하려 했다.

조준구의 아들 조병수 또한 그렇다. 조준구와 그의 아내 홍씨의 외아들 병수는 열두 살까지 서울서 "불구자식을 수치로 아는 홍씨에 의해 세상구경을 못하고 어둠침침했던 골방에서"(제1부, 제4권, 133쪽) 자라다가 부모를 따라 평사리 서희네 집에 왔다. 이 집에서 꼽추 병수는 오줌도 가릴 줄 모르는 '천치바보'로 오인되기도 하는 등, "인간 폐물로 추호의 동정 없는 낙인찍힌 존재"(제1부, 제4권, 135쪽)가 되었다.

서울에서 보낸 골방 생활에 비하면 평사리는 넓고 넓은 천지였다. 그는 "시시로 뒷산에 올라 하늘과 강물과 숲과 들판을, 철따라 다양하게 변모하는 자연을 볼 수 있었고, 날짐승 · 들짐승 · 뭇 벌레, 사철의 식물들을 볼 수 있었고 먼발치로 들일 하는 농부들의 생태도 볼 수 있었다……. 목마른 나무가 물을 빨아올리듯이 새로운 환경은 그에게 숱한 지혜를 주었고 생각을 풍부하게 해주었으며 사물을 판단하는 능력을 길러주었다"(제1부, 제4권, 133쪽). 따라서 "평사리의 산천이 그의 스승"이었고, 그의 "정다운 벗"이었다(제5부, 제5권, 98쪽, 99쪽). 그의 "직감은 정확했고", 글 선생 이 초시로부터 여러 해 동안 『소학』(小學)을 배우고 『통감』(通鑑)을 떼었으며 그 후 사서(四書)를 배우면서 "도덕률에 의한 가치를, 인간 행위의 존엄성을 헤아리는 의지를 지각하게 되었다"(제1부, 134쪽).

서희에게는 "마귀로, 괴물로밖에"(제3부, 제1권, 335쪽) 보이지 않았고, 그와의 강제 결혼을 획책하는 조준구와 그의 아내 홍씨의 수작은 "괴물에게 제물을 바쳐지는 처녀의 참상"(제3부, 제1권, 336쪽)으로 보였을 만큼, 아니 아버지로부터 냉대와 외면은 물론 생모 홍씨에게도 "우리 속의 동물"(제3부, 제4권, 251쪽)로 취급되었을 만큼, 불구자 병수는 처절한 고독과 절망 속에서 어린 시절을 보냈다. 연분홍 치마에 유록색 회장저고리를 입고 있었던 별당의 서희를 몰래 훔쳐보았을 때, 그녀는 그에게 너무나 어여쁜 '하늘의 선녀' 같았다. '내 병신이 아니었다면' 하고 한탄하면서 그녀를 향한 사모의 정을 거두들이고, 그녀와 강제로 결혼을 시키려는 부모의 행위를 가당찮은 철면피의 짓거리로 치부하고, 자기에게 서희는 예쁜 누이일 뿐이라며 흐느껴 울었다.

어릴 적 병수가 그렇게 고독하게 버림받고 있었을 때, 오직 길상만이 평사리의 산천을 자신의 스승으로 삼고 이에 흠뻑 젖어 있던 병수의 남다른 열성을 읽었으며, "병수 내부에 숨은 청랑(淸朗)한 오성(悟性)"(제1부, 제4권, 134쪽)을 감지했다. '애기씨' 서희에게 악행을 저지르는 조준구 부부에 대한 반감 때문에 그를 때때로 무뚝뚝하게 대했지만, "해맑은 눈동자"(제1부, 제3권, 358쪽), "천상의 동자(童子)같이 깨끗"한 "얼굴"을 지닌(제1부, 제3권, 192쪽) 그를 언제나 안쓰럽게 여기고 정을 갖고 대했다. 어릴 적 병수에게 길상은 "마른땅에 봄비같이 나를 적셔주던 소년"

(제5부, 제1권, 253쪽)이었다.

그러나 불구자로서의 번민, 부모로부터 받은 수모, 어디에도 그 누구에게도 의지할 길 없는 고독 가운데 고통스럽게 살았지만, 그에게 가장 "크나큰 고통은 자기 자신이 죄인이라는 의식이었다." 가엾은 서희네의 재산을 탈취한 부모의 작태, 자신은 그러한 "부모의 악업으로 얻은 재물"에 기대어 연명하고 있다는 것이 "그 뼈를 깎는 고통"이었다. 그에게 "부모의 죄는 바로 자신의 죄"였다. 따라서 그는 수없이 자살을 기도했다. "병수는 죽지 못하는 치욕 때문에 미쳐 날뛰었다"(제3부, 제4권, 251쪽). 그러나 마침내 "그를 구원한 것"이 탁월한 명장(明匠)으로 거듭나게 해주었던 "바로…… 소목일이었다." "자학은 일(예술)에서 승화되었다"(제3부, 제4권, 251쪽).

글선생이던 이 초시의 주선으로 통영에서 소목방(小木房) 일자리를 얻어 일하던 병수에게서 그 소목방 주인은 "깊은 학문과 여성적인 섬세한 감성을 간파하고"(제3부, 제1권, 337쪽), 자신의 오랜 업(業)을 전승하기 위해 성심껏 그를 가르쳤다. 명장이 된 병수는 어느 날 소지감의 도솔암에 들러 길상이가 그린 관음보살의 탱화를 보게 되었다.

언젠가 병수는 소지감에게 "일을 하나 끝내고 나면 왜 그리 허기가 드는지요. 밥을 먹어도 허기는 가시질 않고, 알 수 없는 허기, 속이 텅 비어서 껍데기만 남은 것 같아서 말할 수 없이 쓸쓸해집니다"(제5부, 제1권, 277쪽)라고 말한 적이 있다. 길상의 탱화를 보기 직전 병수는 "큰일을 하나 끝내고 나면 설움이 왈칵 솟는다 하더이다. 왜 그럴까요?" 하는 소지감의 물음에 "……인연이 끊어지니까…… 떠나야 하니까요" 했다. "무슨 인연?"이냐는 소지감의 물음에 "물(物)과의 인연"이라며, "정성을 다할 때 그것은 하나의 인연이오"라고 했다. 밥벌이나 하면 그만이지, 무엇 때문에 그와 같은 인연을 맺느냐의 소지감의 물음에 병수는 "소망 때문이겠지요"라 했다. "무슨 소망?"이냐는 소지감의 물음에 "한이라고도 할 수 있"고, "자신에게 주어진 운명에 대한 물음이라고도 할 수 있"다며 소지감에게 "사람들의 절실한 그 소망은 대체 무엇일까요? 근원에서 오는 절실한 그것 말입니다" 하고 반문했다(제5부, 제5권, 92쪽).

소지감은 그 물음에 자신의 의견을 말하지 않고 대신 병수에게 "그놈의 물(物)과 인연을 맺으면서 소망을 이루었소?" 하고 물었다. 병수는 "아니지요. 애당초 이루기 위해서라기보다……" 오히려 "소망을 위탁했다"며 껄껄 웃었다.

병수는 법당의 관음탱화 앞으로 갔다. 한동안 말없이 바라본다. '훌륭하다!' "병수는 선 자리에 주저앉고 말았다"(제5부, 제5권, 96쪽) 최서희의 모습이 "안개같이" 떠도는 것 같았지만, 그것은 "아름답고 유현한 관음보살" "머나먼 곳에서 비쳐오는 빛과 같이, 구원과도 같이 아름다운 관음보살"이었다. "깊이 모를 슬픔이며 환희" 같은 것이었다(제5부, 제5권, 96쪽). 그러나 관음상의 폐부 깊은 곳에 "길상의 외로움"이, "자신의 외로움과 동질적인 길상의 외로움"이 "가을밤처럼 숙연하게 묻어오는 것을 느낀다." "영혼과 영혼이 서로 닿아서 느껴지는 충일감 같은 것이기도 했다"(제5부, 제5권, 96쪽). 병수는 '길상 형, 고맙소'(제5부, 제5권, 104쪽) 했다. "사람의 가장 아름다운 영혼이 다가와서 병수의 손을 굳게 잡는 것 같았다. 그것은 길상의 손이었고 관음탱화는 길상의 영혼의 세계였다. 그리고 그의 소망의 세계였다"(제5부, 제5권, 104쪽).

소지감은 소망을 이루기 위해서라기보다 소망을 위탁하며 살았다는 병수에게 이루어지지도 않을 소망을 위탁하면 무엇하겠소, 했다. 마침내 병수는 이루어지지도 않을 자신의 소망을 길상에게 위탁했음을 발견했다. 길상의 소망이 자신의 소망이었고, 자신의 소망이 길상의 소망이었다. 작품을 하나 끝내면 말할 수 없이 다가오는 '허기', 알 수 없는 '허기', 자신의 영혼을 충분하게, 완벽하게 담지 못한 데서 오는 허전함, 이 '허기', 이 '허전함'을 길상은 그를 대신해서 탱화 속에서 채우고 있었던 것이다.

병수는 소지감에게 '사람들의 절실한 소망', '근원에서 오는 절실한' 소망이 무엇일까, 하고 물었다. 그 절실한 소망은 인간의 운명일 수밖에 없는 사무친 '한'을 풀어내는 것이 아닌가. 그리고 '한'이 풀어내는, 아니 풀어헤쳐 내놓는 것은 바로 '슬픔'이 아닌가. "그 한과 슬픔은 의지처럼 결의처럼 크게 울려 퍼지는 징소리의 꼬리를 물고 이어지는 꽹과리 소리" (제3부, 제1권, 215쪽) 같은 것이 아닌가.

길상은 관음상의 폐부 깊은 곳에 '한'과 '슬픔'의 소리를 쏟아내고 있었고, 아들 환국이도 병수도 이를 읽었다. 병수는 자기 혼자만이 아니라 인간 모두가 '한의 응어리'이고, '슬픔의 덩어리'라는 것을 길상의 탱화를 통해서 읽었다. 그가 "수많은 사람에게 고통을 주고 해악을 끼쳤던" "수백 년을 묵은 거대한 지네" "독즙을 뿜어내며 도사리고 앉은 거대한 지네"(제5부, 제2권, 346쪽)와 동일시되었던 아버지 조준구를, 말년에 노추를 이끌고 자신을 찾아와 몸을 위탁하고 3년 넘는 병상에 있으면서도 자신을 학대하다 비참하게 죽어갔던 아버지를 정성스럽게 모시면서 그런 아버지의 죽음에 정녕 슬피 흐느껴 울었던 것도, 인간에게 주어진 삶 자체가 '한'이고 '슬픔'이라는 것을 애써 받아들였기 때문이다.

"이제는 저주스럽지가 않았다. 원망스럽지도 않았다. 불행했다는 생각도 없었다. 삶의 값어치를 그런대로 하고 살았다는 슬픔만 있었다." "법당에서 물러난 병수의 얼굴은 밝았고 희열에 차 있었다"(제5부, 제5권, 104쪽). 가슴 깊이 뿌리박힌 채 요동치던 그 '한'은 '소목'이라는 예술행위를 통해서, 그리고 자신의 소망을 위탁했던 길상의 탱화를 통해서 극복되었다.

성격과 정도에서 차이도 있고 다르기도 하지만, 최 참판가의 귀녀도 자신의 삶을 지배했던 '원한'을 승화시켜, '원한'을 '한'으로만 가슴 깊이 내장한 채 생을 마감했다는 점에서 길상·월선·한복·병수 등의 대열에 속한다고 할 수 있다. 김두수의 아버지 김평산으로 하여금 최치수를 교살하게 한 최 참판가의 계집종 귀녀 또한 원한에서는 김두수 못지않았다. 최치수의 후사를 잇는 아들을 낳아 면천을 얻고 안주인이 되어 재산을 차지하는 것만이 그녀의 종으로서의 한풀이가 아니었다. 오히려 그녀를 종으로 부려먹은 그 집의 연놈들을 종으로 부려먹는 것이야말로 귀녀의 원한의 목적이었다. 재산을 차지하는 것보다 노비로서 짓밟힌 원한이 그 어느 것보다 그녀를 압도했다.

삼신당 안에 모셔놓은 동자불 앞에 초를 세우고 뜨거운 소망을 기원하기 위해 "촛불을 받으며 무수히 머리를 조아리는 그녀의 옆모습은 처절하고 아름다웠다." "음란도 이 여자에게는 죄가 아니었다. 거짓도 이 여자에게는 죄가 아니었다. 살인도 이 여자에게는 죄가 아니었다. 오로지 소망을 들어달라는 다짐만이 간절했을 뿐이다"(제1부, 제2권, 121쪽).

그러나 그녀의 소망은 실패로 끝났다. 그러나 형장(刑場)에서 죽음을 당하기 전에 감옥에서 낳은 핏덩이 아들을 강 포수에게 맡기면서 일찍이 강 포수의 청혼을 받아들여 그의 아낙이 되어 자식을 낳고 포전을 함께 쪼고 살지 못한 것을 깊이 후회하면서 '한'을 가슴 깊이 내장한 채 "여자는 세상을 원망하지 않고 죽었다"(제1부, 제3권, 38쪽).

그러나 '한'을 자신의 삶을 달리 승화시키는 값진 수단으로 이끈 길상·월선·한복·병수 등과 달리, 처음에는 '원한'이 삶의 전부였지만 나중에는 이를 승화시켜 '한'으로만 마음속 깊이 안고 세상과 이별했던 귀녀와 달리, '한'이 '원한'이 되어 이를 보복의 수단, 그것도 전적으로 악행의 수단으로 전락시키는 자들도 있었다. 전자와 대척점에 서 있는 전형적인 인물이 일본의 밀정 노릇을 했던 김두수다. 최치수를 교살한 아버지의 죄로 인해 평사리에서 "비 오는 날 개새끼처럼 쫓겨났던"(제2부, 제4권, 180쪽) 김두수는 고향에는 가지 않겠다고 했다. 그는 어린 날 거친 성격으로 말미암아 "남에게 손가락질 받는 사람"이 되어 그의 행실은 동생 한복에게 "맺힌 곳에 또 한을 맺게 하는 고통이었다"(제1부, 제3

권, 399쪽).

간도로 온 뒤 일본 헌병의 밀정 노릇을 하면서 그의 행실은 더 악랄하고 거칠어졌다. "천대와 구박…… 천대와 구박, 내가 받은 것 그것밖에 없었다. 나라가 망했다고 울어? 우는 눈구멍에 오줌을 깔기리. 나라가 뭐야? 망해라! 망해!"(제2부, 제1권, 124쪽). 어린 날에 받았던 천대와 구박에 대한 원한의 대상이 개인을 넘어서고 있었다. 그는 자기가 태어난 조국의 멸망을 원하며 숱한 독립투사들을 추적하는 "대일본제국의 주구…… 역적…… 대악당"(제2부, 제1권, 124쪽), "가장 악랄한, 잔인무도한 인간"(제3부, 제1권, 429쪽)이 되었다. 김두수는 후에 회령 순사부장까지 하며 악행을 저지르다가 일제로부터 이용가치가 떨어지자, 가산을 정리하고 귀국하여 서울 신당동에 정착할 때까지 "비천하고 간악한 밀정"(제2부, 제2권, 152쪽)의 역할을 계속했다.

작가 박경리는 연해주에서 거주하는 독립지도자이자 민족주의자인 권필응의 입을 빌어 "사람이 미치듯이 역사라는 것도 때론 미치니까"(제2부, 제4권, 73쪽)라고 했다. '한'이 '원한'이 되어 밖으로 향할 때, 원한은 사람을 미치게 한다. 김두수가 그렇다. 역사를 미치게 한다. 김개주가 이끄는 동학의 반역이 그렇다. 조선 500년을 들어엎으려 했던 동학의 "반역의 피는 모든 상민들의 피"였고(제2부, 제4권, 61쪽), 그들의 피는 그들을 억압해온 압제자들을 처절하게 복수하려는 '원한'의 피였다. 이 원한의 피가 미친 듯 날뛰면, 그것은 또한 '역사'를 미치게 한다. 동학란은 이 원한의 피에 의해 역사가 미치게 춤추었던 비극적인 사건이었다. 「토지」는 그 결말이 광복의 환희를 예고하는 것으로 끝나지만, 그것은 역설적으로 또 다른 역사의 비극성을 예고하고 있다. 우리는 이 글의 후반부 '귀환의 비극성'에서 이를 다룰 것이다.

끝나지 않는 한, 그리고 사랑

 작중인물 공 노인은 강 포수의 아들 두메·길상·월선·봉순 등 그들 "하나하나의 인생이 모두 기차다"(제2부, 제4권, 58쪽)고 했다. 『토지』에 등장하는 인물 모두 하나하나의 인생이 기차다. 이러한 '기찬' 인생들은 세대를 넘어 등장하고 있다. 그 삶 속의 '한', 역사의 '한'이 마치 운명처럼 이들에게로 이어진다. 한조의 아들 석이, 이용의 아들 홍이, 길상과 한 또래의 친구 관수의 아들 영팔, 기화와 상현의 딸 양현, 길상과 서희의 둘째아들 윤국 등, 여러 2세들의 인생이 그러하고, 일본에 유학한 '신여성' 명희, 인실 등의 인생 또한 그러하다.

 '신여성' 임명희는 부친이 중인계급 출신의 한말(韓末)의 역관으로서 3·1만세 때 유탄을 맞아 사망했고, 일본유학까지 다녀온 지식인 오빠 임명빈은 독립운동의 주모자의 한 사람으로 1년가량 옥살이를 한, 말하자면 뼈대 있는 집안의 여성이다. 빼어난 용모, 지성 그리고 품격을 두루 갖춘 그녀는 열일곱 살 때 처음 미청년 이상현을 본 후 그를 사모해왔고 서희로 인해 깊어진 그의 사랑의 상처를 알고는 더욱 그를 사모하게 되었다. 그의 하숙집에 찾아가 사랑을 고백했지만, 그녀를 누이 이상으로 대하지 않는 상현으로부터 매몰차게 냉대를 받은 뒤, 곧바로 그녀는 친일귀족 조병모 남작의 장남이자 그 집안 당주이기도 한 부와 명예를 두루 갖춘 조용하와 결혼한다.

 조병모는 아들이 역관의 후손인 명희와 결혼한 것뿐 아니라 차남 조찬하가 형수인 그녀를 사모했다는 이유로 그녀를 요물시하며 냉대한다. 조강지처에게 많은 위자료를 지불하고 명희를 아내로 취한 조용하는 "철저한 귀족주의자요 타인에게 비정하며, 또 귀족성과는 이질적인 타산가"(제3부, 제2권, 428쪽)였다. 그는 "여자를, 아내까지 포함하여 일시적 혹은 반영구적 소유로 간주"(제4부, 제1권, 168쪽)했다. 형과 달리 "영혼의 목마름에서…… 명희를 원했"(제4부, 제1권, 168쪽)고 사랑했지만, 형의 방해로 그녀와 결혼하지 못하고 그녀를 형에게 빼앗긴 조찬하는 친일귀족이기를 완강히 거부하나 독립투사는 되지 못하는 불행한 지식인이다.

명희는 "조씨 집안에서 인간 본연의 순결함을 가진"(제3부, 제2권, 428쪽) 조찬하와 "결혼했더라면 나는 이상현…… 그분을 잊었을까? 잊었을지 모른다"(제4부, 제1권, 168쪽)고 생각했을 만큼, 동생 찬하와 자신의 관계를 의심하고 끝없이 질투하고 정신적으로 학대하는 조용하와 결혼한 것을 후회하면서 "박제된 학"(제3부, 제2권, 418쪽)처럼 살았다. 애정 없는 결혼생활을 청산하고 방황하다 자살을 감행한다. 그 뒤 반전(反戰)공작운동에 참여했다가 그 일로 1년 4개월 동안 목포형무소에서 옥살이를 했던 친구 전도사 여옥의 도움으로 통영의 보통학교에서 교편생활을 하게 된다. 그녀는 새로운 삶을 시작하던 중에 상현으로부터 양현의 양육을 부탁하는 편지를 받고, 그의 딸을 동생처럼, 아니 자신의 분신처럼 돌본다. 조용하가 암으로 투병하다 자살하자, 그가 남긴 유산으로 서울서 유치원을 운영하며 살아간다.

그녀는 오빠 임명빈이 건강을 되찾기 위해 도솔암에서 요양하고 있었을 때, 그곳에서 길상이가 조성한 관음탱화를 보았던 적이 있다. 명희는 그때 병수나 환국이와 마찬가지로 현란하기 그지없는 관음상의 폐부 깊은 곳에서 길상의 '외로움'을 읽었고, "숙연한 슬픔"과, "원초적이며 본질적인" "깊고도 깊은 아픔"(제5부, 제3권, 331쪽)을 읽었다. 조용하와의 결혼을 비롯한 자신의 삶을 되돌아보면서 그녀는 일본 여전(女專) 선배인 '신여성' 강선혜에게 자신은 "살아 있는 생명"이 아니라 "허깨비"였으며, 이에 매달리어 "내 아픔", "남의 아픔에도 눈감고 살아온"(제5부, 제5권, 332쪽) 것이라며 후회한 바 있다.

명희는 길상의 관음상에서 받았던 "형용하기 어려운 감동"(제5부, 제3권, 331쪽)을 확인하면서 삶 자체는 슬픔이고 아픔이라는 것을, 그리고 이것이 모두가 공유하는 인간의 운명이라는 것을 받아들인다. 그리고 그럼에도 불구하고 '남의 아픔'에 연민을 느끼며 그들을 위해 산다는 것 또한 아름다운 일임을 깨닫는다. 그녀는 일제의 징집을 피해 지리산에 은거해 있는 청년들을 비롯해 산(山)사람의 식량난을 해소하는 데 도움을 주기 위해 도솔암에 가서 소지암에게 "엄청난 거금"(제5부, 제5권, 349쪽) 5천 원을 회사한다.

계명회사건으로 오빠 유인성과 함께 옥고를 치른 유인실은 명희의 여학교의 제자이자 동경 일본여대에 유학한 항일의식이 투철한 '신여성'이다. 계명회사건에 연루되어 함께 감옥살이를 한 일본인 오가다와의 국경을 초월한 사랑으로 인해 심한 갈등을 겪다 결국 통영에서 그에게 순결을 바치고는 그의 곁을 떠난다. 인실은 언젠가 조찬하에게 자신은 적국의 남자 오가다에게 "생명보다 중한 것을 주었다"고 말한 적이 있다. "생명보다 중한 것, 단순히 여자의 순결을 두고 하는 말이 아니라는 것을 그때 찬하는 알았다. 인실에게 생명보다 더한 것이란 조국과 내 겨레를 배반했다는 것 바로 그것이었다"(제5부, 제2권, 176쪽). "반일사상이 불덩이 같았던"(제4부, 제3권, 297쪽) 사회주의자 인실에게 있어 불구대천의 원수, 일본의 남자에 대한 자신의 사랑은 "참으로 엄청난 이율배반"(제4부, 제3권, 297쪽)이었다.

오가다 지로는 인실을 따라 조선에 와서 중학교 교사를 하다 계명회사건에 일본인으로 유일하게 연루되어 그녀와 옥고를 함께 치른 자로서, 관동대지진 때도 많은 조선인 학생들을 보호했다. 그는 국가나 민족을 인정하지 않고, "인간만을 인정"하고(제4부, 제1권, 175쪽), "인간의 총체"인 "인류"(제4부, 제2권, 89쪽)가 하나의 세계를 이루는 것을 바라는 "코스모폴리탄"이자 "이상주의자"(제4부, 제1권, 175쪽)였다. 따라서 그는 조국 일본이 조선에 행하는 악행과 침략행위를 묵과할 수 없었고, 군국주의를 증오하는 철두철미한 반전(反戰)사상가였다. 국가·민족·이념을 초월하는 진정한 사랑을 위해 그는 적국의 여성에게 자신의 전부를 바치며, 조선은 사랑하는 여인의 조국이므로 그녀의 조국을 위해 자신의 모든 사랑을 또한 바친다.

여옥이가 명희에게 "그런 사람이 있기 때문에 우리도 희망을 잃지 않고 사는 거 아니겠어?"(제5부, 제3권, 27쪽)라고 했을 정도로, 그리고 조찬하가 인실에게 "그런 인간이 얼마만큼이라도 현실 속에 있다는 것은 희망이지요"(제5부, 제2권, 150쪽)라고 했을 정도로, 오가다는 '인간' 그 자체를 절대시하는 순수 영혼 그 자체였다.

임신한 인실은 동경에서 조찬하의 도움으로 남몰래 아들 쇼지를 낳은 뒤 그에게 아이의 양육을 부탁하고는 만주로 떠나 독립운동조직에 가담한다. 오가다와 자신의 핏줄을 버리고 고통 속에 몸부림치면서 두만강을 건넜을 때, 인실은 "새로이 태어나려고 몸부림쳤다." 그때 그녀를 "일으켜 세워준 것"은 용정, 해란강 강가에서 중학교에 갓 들어간 어린 소년들이 "목이 터져라 부르던「선구자」의 노래였다." 그녀가 선구자의 길을 걷겠다고 다짐했던 것은 그때의 그 노래 때문이었다.

조국의 독립을 위해 "인간적인 사고와 인간적인 삶을 포기하고 황망한 대륙에서의 투쟁 때문에 그는 살아 있을 수 있었다"(제5부, 제2권, 154쪽). 12년 후에 인실은 만주에서 오가다와 재회하여 쇼지의 출생 사실을 알리며 독립이 되면 다시 만날 것을 약속하고는 다시 그 곁을 떠나간다. "인실의 뜨거운 눈물"과 오가다의 "비원을 받아 태어난 아이"(제5부, 제2권, 228쪽) 쇼지는, 찬하와 그의 아내 일본인 노리코의 아들이 되어 부모도 모르는 채 곧게 자란다.

'신여성' 명희·여옥·인실 등과 달리 부정적인 인물로 등장하는 '신여성'도 적지 않다. 성악가 홍성숙, 무용가 배설자 등이 그렇다. "허영심이 강한" 홍성숙은 "예술을 위하여 진실을 팔아야 하고" "돈과 명예의 도움 없이 예술이 발전할 수 없"을 만큼, 이를 위해 남을 속이고 불륜을 저지르는 등, "부도덕한 행위를 감행해야 하고, 그러고도 양심의 가책이나 고뇌가 없"는 "추한" 예술가로 등장한다(제3부, 제4권, 388쪽). 그리고 결국 유한마담으로 변모한 그녀와 어울리는 무용가 배설자는 일본경찰 간부의 정부(情婦)가 되어 일본의 밀정이었던 아버지를 왜경에 의해 살해된 독립투사로 가장하고 상류사회를 드나들면서, 만주는 물론 국내에서도 스파이 노릇을 한다. 숱한 남성들을 유혹하여 성적 욕망을 채우며 파멸시키는 악행을 저지르는 그녀는 그녀에게 이용당해 독립운동 조직이 붕괴되었을 뿐 아니라 형과 동지 한 사람도 일본헌병에 의해 총살당했던 익명의 청년에 의해 비참하게 죽는다.

『토지』에서는 일본에 유학한 식민지 조선의 남녀 지식인은 대체로 부정적인 모습으로 그려지고 있다. 강제노동을 하기 위해 일본으로 끌려온 수많은 조선의 노동자와 동경 유학생의 사정은 각기 다르다. 작가는 "모집으로 끌려온 조선의 수많은 백성이 무서운 채찍 아래 이승과 저승을 헤맬 때…… 오지의 탄광촌 바라크에서 꿈도 없는 지친 잠자리의 그들은 일본의 힘을 채찍에서 느끼고 목검(木劍)에서 느"끼면서(제4부, 제3권, 304쪽) 아무런 희망과 소망도 없이 시체처럼 살아가고 있었을 때, "고관대작을 지냈던 자, 지주들, 친일파 그들 자손들"(제5부, 제2권, 290쪽)인 동경 유학생들은 "재력이건 두뇌건 혹은 문벌이건, 그들은 선택받아 이곳에 왔다. 희소가치의 존재로서도 그들의 자긍심은 대단했을 것이다. 그러나…… 명분에서 따지자면 그들은 민족에 대한 배신, 내 백성에 등을 돌리고 왔다는 것을 배제할 수는 없으리라…… 이제 조선에서 종래의 지식인, 지도적인 지식인이었던 선비는 완전히 붕괴되었다. 그 자리를 이어받을 동경 유학생들, 그들의 갈등과 고뇌는 개인적으로 비극이지만 그것은 또 조선민족의 비극이다…… 그들이 묻혀올 일본의 가치관이 역사를 난도질하고 민족정신을 파괴할 위험부담은 심각하다"(제4부, 제3권, 304~305쪽)고 진단했다.

이런 진단은 작중 인물 송관수의 인식에 의해 이어지고 있다. 관수 또한 그들 지식인, 진보적이라고 일컬어지는 식자들을 믿지 않았다. "형평사운동으로 알게 된 진보주의자들 역시 이론의 수식가(修飾家)가 태반이었으며, 학식은 처세요 의복 같은 것, 일본서 한창 유행인 풍조를 옮겨 왔다는 것이 대부분의 실정이었다. 결국 그들이 지니고 온 지식의 정체는 내 것을 부수고 흔적을 없게 하려는 것, 소위 개조론이며 조선의 계몽주의였다"(제5권, 제2부, 290~291쪽).

그러한 지식인들이 "쉽사리 댄디즘의 무풍지대로 도망치고 학문은 어디산 홍차, 어디산 양복지의 값어치로 전락"(제4부, 제3권, 305쪽)하고 있었을 때, 아니 "일본의 치졸한 문화를 묻혀 와서 이 강산에 뿌릴 때"(제5부, 제2권, 290쪽), "이모 최모, 그들 추종자들이 계몽주의 가치를 높이 쳐들고 눈가림의 두루마기를 점잖게 입고 우국지사로 거룩할 때"(제5부, 제2권, 291쪽), "북만주 설원에서는 모포 한 장에 의지하고" "독립군"은 전투에 지쳐 잠들고 있었고(제5부, 제2권, 291쪽), 땅이 빼앗기고 존엄성이 빼앗기고 뿌리가 뽑힌 이 땅의 상민들 그리고 그들의 후예들은 "산간벽촌에서…… 외롭게 싸웠으며"(제5부, 제2권, 290쪽), 자신들을 짓밟고 억압하는 왜놈들에게 관념의 나팔이 아닌 복수의 칼을 들고 온몸으로 그들에게 저항했다. 김환을 밀고하여 죽게 했던 지삼만의 피 맺힌 주장은 어떤 의미에서 옳다.

3·1만세운동 때, 방방곡곡에서 노도처럼 일어나 일제에 맞섰던 이들은 동학의 깃발 아래 모였던 불쌍한 백성들이다. 왜놈의 총칼에 피를 흘리며 죽은 이들은 핍박받던 그 백성들이며 "소위 독립운동가"라는 지식인들은 흉내만 내고, "왜놈 총칼이 안 닿는 안전한 곳에 있는 사람들"이었다(제3부, 제1권, 315쪽). 민족과 조국의 자존을 위해 "삼십 년 가까이나 헐벗고 굶주려가면서" "박쥐맨치로 맨발에 밤이슬 맞고 동분서주" "험난한 준령"을 넘으며 "쓰러진" 동학의 백성들은 너무나 많지만, 그들에게는 "무

덤이 없었"으며, "우금치 싸움의 그 피바다 속에" 지식인은 거의 없었다. 3·1운동 때 "만세는 장꾼들이 불렀건만 애국자 감투는 유식한 놈들 차지"하였다(제3부, 제1권, 316쪽).

그러나 상민의 후예는 부모의 피를 이어받은 듯 패배의식에 젖어 있는 피폐한 지식인과 달랐다. 피맺힌 '한', 사랑의 아픔과 슬픔 등은 부모의 그것을 닮았지만, 조국의 독립과 민족의 자존을 위해 싸우고 고뇌하는 부모의 길을 닮아가고 있었다. 그들은 뜨거운 '역사'의 길을 걸어가고 있었다. 그러나 그들, 석이·홍이·영팔·양현·윤국 등, 2세대에게도 사랑의 아픔과 슬픔, 그리고 이에 따르는 깊은 한이 어김없이 들이닥친다.

섬진강에 몸을 던져 죽었던 기생 기화는 석이에게 "지친 길손이 쉬어가는 나무그늘이었다"(제3부, 제1권, 216쪽). 그녀의 도움으로 서울서 야간학교를 다니던 때 그때 그녀가 있던 "서울은 석이에게는 행복의 밤길이었다"(제3부, 제1권, 217쪽). 관수를 따라 동학운동에 참여하고 3·1운동에 연루되어 오랫동안 구금생활을 했던 석이는 "인간이 인간을 다스"리는 "횡포"와 "학대하고 학대받고, 잡아먹고 잡아먹히는…… 세상"을 끝장내기 위해, 조국독립이라는 험한 "길을 가리라 결의를" 했지만, 그의 "그 모든 사나이다운 의지 뒤에서 흐느끼고 있는 것"은 "한"이었다. 아비에 대한 한, 또 자기 자신에 대한 한……. 아니 자기 자신에 대한 슬픔"이었다(제3부, 제1권, 215쪽). '자기 자신에 대한 슬픔', 그것은 그에게 '지친 길손이 쉬어가는 나무그늘이었던' 봉순, 아니 기생 기화와 이루어질 수 없었던 사랑 때문이었다.

그녀를 향한 사모 때문에 스물일곱이 되도록 독신을 지켰지만, 기화가 섬진강에 몸을 던져 죽던 그 순간부터 '한'은 그의 삶의 전부가 되었다. 그는 그 '한'으로부터 오는 '슬픔'을 안은 채 어머니 석이네의 성화에 못 이겨 독립운동을 하는 양필구의 이복동생 양을례와 결혼을 하며, 그로부터 아들 성환과 딸 남희가 태어난다.

그러나 을례는 석이 마음속 깊은 곳에 기화에 대한 연모의 정이 숨겨져 있는 것을 눈치 채고는 아이들을 버리고 집을 나간다. 그녀는 석이에게 보복을 가하기 위해 친일 형사인 나 형사에게 남편이 군자금을 강탈했으며, 일제에 저항하는 비밀조직에 관련이 있음을 폭로한다. 쫓기는 신세가 된 석이는 결국 조직의 붕괴를 막기 위해 섬진강에 몸을 던져 죽은 기화에 대한 아픈 기억을 가슴에 안고 만주로 도피했다.

석이가 이곳 만주에 있는 조직에 합류하여 독립투쟁에 몸 바친 지 10여 년이 되어가고 있다. 강두메는 일본의 패망은 시간문제라며 매우 고무되어 있었지만, 석이는 광복의 날을 맞아 고향에 돌아갈 수 있다는 희망에 조금도 설레지 않았다. 아내 양을례의 이복오빠, 즉 그의 처남이자 동지인 양필구가 도망치다 이곳 만주에서 왜놈헌병의 총탄에 쓰러졌다. 군자금 강탈사건에 함께 가담했던 송관수는 이곳 만주에서 병사했다. "일제가 망하는 것을, 일각 여삼추로 기다렸던 석이였다……. 조선 독립의 꿈이 확실하게 윤곽이 잡히게끔 되었는데 석이 마음속에는 일각 여삼추의 기다림이 사라지고 없었다. 설렘이나 희망보다 이 비애는 어디서 오는 것일까?" 그의 "자기 마음을 자신도 이해할 수 없었"(제5부, 제5권, 26쪽)던 '비애'는 어디서 오는 것일까. 조국의 독립이 온다 해도 기화, 아니 봉순이가 없는 조국은 너무 허망하고 삭막했기 때문이다.

서희의 귀향길에 동행한 이용의 아들 홍이가 용정 상의학교 동료인 두메와 정호와 이별하고 귀국 후 진주에 머무는 동안 사춘기에 접어든 그는 술 담배에 탐닉하는 등, 날로 거칠어져가고 있었다. 그가 다니는 중등학교 과정인 협성학교에는 용정에서 깊이 사귀어온 두메, 정호 같은 각별한 친구들이 없었기 때문인지 모른다. 용정은 홍이에게 "지순한 정신의 고향, 소중한 것을 묻어두고 온 곳이다"(제3부, 제1권, 282쪽).

그곳에서 그는 기개 높고 학덕이 심오했던 선비, 절개를 굽히지 않고 죽음을 택했던 숱한 의병의 혼이, 그리고 정착민뿐 아니라, "예의범절을 모르는 왜인들을 짐승 보듯 했으며, 적개심을 지나 차라리 모멸"을 보내며 추호도 비굴하지 않고 "정복자에게 오히려 우월감"을 과시하는 유랑 동포의 "뿌리 깊은 자긍심"이 살아 숨 쉬는 것을 보았다(제3부, 제1권, 282~283쪽). 홍이는 "그 정신적 토양에서 미래를 향해 새로운 싹이 돋아나는 곳, 자긍심이 팽배하고 항일정신이 투철했던 용정촌", 그곳에서 만난 박정호의 "도도한 기상", 강두메의 "천재", 송장환 선생의 "성실", 김사달 선생의 "박식", 그리고 이상현 선생, "그밖에도 그립고 존경하던 사람들"을 잊을 수 없었다(제3부, 제1권, 283쪽).

"그러나 어느 것보다 홍의 마음의 고향은 월선이다…… 영원한 어머니 공월선(孔月仙)"(제3부, 제1권, 283~284쪽)이었다. 지금 이곳에서의 홍이에게는 "허기 같은 공허, 무거운 청춘이 양어깨를 짓누른다. 누구에게도 위로받고 싶은 강한 충동이 통곡으로 터질 것만 같다"(제3부, 제1권, 284쪽). 자신을 친자식처럼 너무나 헌신적으로 키우며 사랑했던 죽은 월선처럼 하얀 피부와 노르스름한 머리칼을 가진 염장이를 사랑한다. 장이 또한 그를 사랑하지만, 가난한 오빠의 결혼비용을 마련하기 위해 일본으로 시집간다. 그녀가 일본으로 떠나기 전 그들은 잡목이 많은 비봉산 숲에서 만났다. 그들의 이루기 어려운 사랑 때문에 "장이가 운다. 부엉이도 운다." 홍이도 운다. "초생달은 하늘에서 심장을 꿰는 갈고리처럼 날카롭게 빛나고 있었다"(제3부, 제2권, 145쪽). 그 후 그는 김 훈장의 외손녀딸 허보연과 결혼한다.

그에게 혐오의 대상이었던 생모 임이네와 평사리 최 참판가에 거주하던 아버지 이용이 죽자, 스물아홉의 홍이는 아내 보연, 딸 상의, 아들 상근을 데리고 간도로 다시 건너간다. 홍이는 자신의 만주행을 도망이라 생각하지 않았다. "어떤 면에선 고향으로 돌아간다는 의미를 지니고 있었다"(제4부, 제1권, 92쪽).

간도에서 공 노인의 유산으로 목재상을 하여 성공을 거둔 뒤, 홍이는 진주에서 화물차를 몰 때 조수였던 마천일과 자동차 서비스 공장을 차린다. 이 일을 하면서 독립운동 자금을 대고 있을 때, 일본의 밀정 김두수가 나타나 일본 군부의 폐차를 불하받게 해주겠다며 동업을 제안하지만, 홍이는 그것을 거부한다. "독립투사들을 엮어간 그의 손에서 피 냄새가 난다"(제4부, 제4권, 206쪽). 그러나 그는 두수가 어떤 해악을 끼칠까 몰라 동업을 하지 않는 대신, 폐차 불하에서 얻은 이익만 서로 나누어 갖는 데 합의한다.

홍이는 독립운동의 자금줄이 되는 그의 자동차 서비스가 폐차 불하를 통해 일본 군부와도 손을 닿고 있으므로 더 이상 위험을 안고 갈 수 없어 사업을 정리한다. 또 아내와 자식들을 통영에 데려다 놓고, 다시 만주로 건너와 하얼빈에서 작은 규모의 초라한 영화관을 차린 뒤, 독립투사 석이・두메・송장환・이상현 등과 교류하면서 지낸다. 그는 공산주의자 친구 두메의 공산주의 사상에 정당성을 인정하면서도 그 획일성에는 거부감을 가진다. "세계에서 아마도 가장 야만적이며 더러운 군대" "관동군 제국의 만주"(제5부, 제5권, 51쪽)에서 "비애에 젖은 눈"(제5부, 제5권, 57쪽)을 지닌 채 쓸쓸하게 살아가고 있다.

홍이가 떠나온 가족을 몹시 그리워하고 있을 때, 진주의 ES여고에 진학하여 일제 말의 친일교육을 받으며 자라던 문학소녀 그의 장녀 이상의는 졸업을 눈앞에 두고 있다. 내일, 아니 모레가 졸업날이었다. 하룻밤 자고 또 하룻밤 자고 나면 뿔뿔이 흩어질 기숙사의 동무들. "산청 함양 하동 삼천포 통영 마산, 각각 다른 지방으로 흩어질 이들에게는 다시 만날 기약도 없다"(제5부, 제5권, 311쪽). 그러나 그녀의 친구들의 진로는 이미 결정되어 있었다. 그중 몇몇은 졸업과 동시에 결혼이 정해져 있었다. 이는 모두 정신대를 두려워했기 때문이다. 조국의 광복이 곧 들이닥칠 것을 예감하지 못한 채 모두가 이별의 아픔을 슬퍼하고 있다. 호젓한 거리에서 한 친구가 휘파람을 불자 그 소리에 맞춰 또 한 친구는 나직한 목소리로 노래를 부른다.

> 야자열매 하나
> 고향 강변을 떠나서
> 오늘도 물결 위
> 몇몇 달이 지났는가
> 생각하면
> 굽이굽이의 물결
> 언제 고향에 돌아가리 (제5부, 제5권, 318쪽)

이루어질 수 없는 사랑—윤국, 양현, 영광

학도병으로 자원하여 전쟁터에 나간, 길상과 서희의 둘째아들 윤국은 언제 고향에 돌아갈지 모른다. 윤국은 참을성이 강하고 천성이 부드러워 "작은 공자니 성자(聖者) 같다느니"(제3부, 제3권, 285쪽) 하는 형 환국과는 여러 면에서 달랐다. 환국은 동경 미술학교를 공부하고 귀국한 뒤 서울에서 사립중학교 미술교사로 있으면서 장래가 촉망받는 화가로서 발돋움하고 있을 뿐 아니라 근화방직회사 황태수 사장의 막내딸 덕희와 결혼하여 성실한 가장으로 집안을 지키면서 살아가고 있다. 그러나 그는 "절대적인 존재"(제3부, 제4권, 182쪽)인 아버지 길상의 아들답게 조국의 현실에 통분하면서 고뇌를 떨치지 못한다. 환국은 평사리 집의 집사 연학에게 역사의 "힘이 약자를 누르고 소외하는 방향이라면 무슨 희망이 있겠습니까……. 정말 역사가 그렇게만 되풀이되는 거라면 무슨 희망이 있겠습니까"(제4부, 제1권, 144쪽) 하고 울분을 토로한 적이 있다.

그리고 때로는 "자기 자신도 제어할 수 없는 회오리바람, 태풍"이 자기 내부에서 불고 있었다. "파괴하고 싶은 열정, 보복의 칼날, 분노의 함성, 내부의 일대 혼란 속으로 환국은 저도 모르게 빠져들고 있었다. 본래의 최환국과는 전혀 다른, 또 하나의 최환국이 노도와 같이 미쳐 날뛰고 있는 것이다"(제5부, 제5권, 234쪽). 그는 감옥에 있는 아버지를 부르고 있다. 그 아버지로 하여금 감옥살이를 하게 하는 적을 용서할 수 없는 것이다. 옥고를 치르고 있는 아버지를 떠올리며 "그들은 머지않아 망하는 것이다. 그것이 역사의 법칙이며 물리의 현상이다…… 그런 말을 했던 동료는 역사 선생이었습니다……. 아버지! 힘내십시오. 이 민족은 결코 죽지 않을 것입니다. 우리는 다 만날 것입니다"(제5부, 제5권, 235쪽)라며 울부짖었다.

"환국은 찬바람 속에 달을 바라보며 있었다. 차차 마음속에 있던 격렬하고 숨 막히는 파괴와 분노의 바람은 가라앉았다. 미쳐 날뛰던 또 하나의 환국이 제자리로 돌아왔다. 달빛이 흐르는 그의 모습은 슬프고 우울해 보였다"(제5부, 제5권, 235쪽).

그러나 윤국은 언제나 제자리로 돌아오는 형 환국과는 달랐다. '불가능'이라는 글자를 사전에서 빼버리라 했던 나폴레옹을 경멸하면서 "저 높은 하늘과 광활한 대지"에 서서 "불가능을 향해" 날아가려는(제4부, 제1권, 250쪽) 정열적이고 행동적인 "한 마리의 매"(제3부, 제4권, 429쪽)이다. 진주고보 재학 중 광주학생사건의 연장인 동맹휴학사건으로 연행, 무기정학 처분을 받으면서 차츰 민족의식에 강하게 눈을 뜬다. 일본으로 유학하여 Y대학에서 경제학을 전공하면서 사회주의 성향의 비밀결사에 깊이 관여한다. 그는 아버지 길상이가 공산주의자라고 생각하지는 않았지만, 그가 "사회주의 노선으로 간 것은 아버지에 대한 애정에서 비롯되었고 아버지의 신념에 대한 존경심 때문이다"(제5부, 제3권, 228~229쪽).

윤국에게는 친구가 많았으나 친구들보다 늘 생각이 앞서가는 터라 그들로부터 얻어낼 것이 없었다. 형 환국을 제외하면 깊은 얘기를 나눌 수 있는 이는 보통학교만 졸업했지만 독학으로 높은 수준의 학식을 갖추고 있는 김범석뿐이었다. 그는 김 훈장의 양아들 김한경의 아들이다. 범석은 농민인 만큼 그의 절대적 관심은 농촌에 있었다. 박식한 그로부터 윤국은 "농민들이 일차로 대결할 상대는 지주"(제4부, 제2권, 260쪽)라는 것을 배웠다.

윤국은 서희의 양녀가 되어 남매로서 자신의 애틋한 애정과 보살핌을 담뿍 받고 성장한 양현을 사랑하기 전에, 진주고보 시절 사당패의 딸, 평사리 주막집 영산댁의 양녀 숙이를 좋아했다. 윤국이 그 주막집 처자를 빨래터에서 자주 만난다는 것을 알게 된 서희가 그에게 쓸데없는 일로 허물을 남기지 말라며 자중할 것을 당부하자, 윤국은 사람이 사람을 자연스럽게 만나는 것을 피할 까닭이 어디에 있느냐고 한다. "아버지와 동생을 잃어버린, 그애의 슬픔이 저에게도 아픔으로 오는데 그애는 항상 단정하고 말이 없이 열심히 일하는 것을 볼 때 저는 한 인간으로서 부끄러움을 느낄 때가 많았습니다. 언제였던지, 다리 하나가 망가진 비둘기를 본 적이 있었지요. 절룩거리며 거의 외다리로 모이를 찾아 헤매는 비둘기, 그것을 보셨다면 어머님도 마음이 아프셨을 것입니다. 어떻게 다 같은 비둘기로 태어나서 그 비둘기는 고통스럽게 살아가야 하는지요"(제4부, 제2권, 277~278쪽)라고 말하자, 서희는 "장부가 그리 나약해서 장차 어떻게 세파를 헤쳐 나가겠느냐"고 나무랐다.

이에 윤국은 말했다. "많은 사람을 위하여 뜨거운 눈물을 흘리는 것이 장부의 마음이라 저는 알고 있습니다." "태곳적부터 비천하고 가난한 사람이 따로 있을까요? 사람들이 그것을 만들어놓고서 명분을 찾고 너무 뻔뻔스런 일 아니겠습니까?" "하지만, 하지만 말입니다. 꼭 한 가지 말씀 드리고 싶습니다. 아버님을 어머님 계급으로 끌어올리려는 생각을 마십시오. 어머님이 내려오셔야지요. 저는 때때로 슬프지만 아버님의 출신을 부끄럽게 생각한 적은 없었습니다. 나으리마님, 사랑양반, 그것은 아버님에 대한 모욕입니다! 조롱입니다!"(제4부, 제2권, 278~280쪽)

자기도 모르게 튀어나온 말에 윤국의 낯빛이 달라졌고 "서희의 낯빛도 차츰 파아랗게 질리어갔다. 숙이에 대한 윤국의 감정은 그 뿌리가 바로 부친에게 있었다는 것을 모자는 동시에 비로소 깨닫는다"(제4부, 제2권 280쪽). 윤국은 "어느 양가의 규수 대하듯 추호의 계급의식도 없이 숙이를 존중했던 사람이다"(제5부, 제2권, 276쪽). 그는 타고난 사회주의자였다. 숙이가 김한복의 장남 영호와 결혼한 후 그녀를 우물가에서 만났을 때, "윤국의 눈에는 배신을 느끼는 엷은 동요가 있었다"(제5부, 제2권, 276쪽).

서희의 양녀가 된 이양현은 "이 집의 한 떨기 꽃과 같은 존재였다." 그녀는 서희를 어머님이라 불렀고 윤국이와 환국이를 오빠라 불렀다. 환국이는 양현이를 미소로 대하며 애정을 보였지만, 윤국은 그녀와 함께 뒹굴며 그녀를 "무척 사랑했다"(제3부, 제4권, 415쪽). 서희의 이루 말할 수 없는 애틋한 사랑과 보살핌 속에서 자라난 양현은 여전을 졸업하고 의사가 되지만, 자신의 성장의 비밀을 알고 정신적인 방황을 겪는다. 어머니 기생 기화가 투신하여 숨진 섬진강은 언제나 그녀의 마음에 떠나지 않았다. "양현의 섬진강에 대한 감정은 무슨 빛깔일까. 강물에 대한 원망일까 아니면 어미 넋을 불러보려는 애절한 마음일까"(제5부, 제1권, 126쪽). 양현은 환국을 찾아온 백정의 사위 송관수의 아들, 자신과 공통적인 신분의 아픔을 지니고 있는 영광과의 운명적인 만남을 통해 그를 사랑한다.

서희는 오래전부터 윤국과 양현의 결혼을 원하고 있었다. 이상현의 아이로 입적시켜 윤국과 결혼시키려 할 만큼 서희는 양현을 자기 자식 이상으로 사랑했으며, 언제까지나 곁에 두고 싶어했다. 그러나 양현에게 서희는 언제나 어머니였고, 윤국은 가장 좋아하는 오빠였다. 양현을 누이로서가 아니라 여자로서 사랑하는 윤국이가 그녀에게 구애했을 때, 양현은 그렇게 할 수 없다고 말했다. "오빠잖아요" "우리 남매가 아닌가요? 우리 인연은 이것으로 끝인가요? 오빠" 하고 울부짖는다(제5부, 제3권, 220쪽).

이유는 그것뿐이냐는 윤국의 물음에 양현은 사랑하는 사람이 있다며,

"영광"이라고 말한다. "윤국은 두 손에 모래를 꽉 움켜쥐고 벌떡 일어섰다. 창백하다 못해 그의 얼굴은 백짓장이 되었다. 눈은 형형히 빛나고 있었다." 그는 "하늘이 깨어지는 한이 있어도 그놈만은 안 된다"며 "음탕하고 무책임하고 영혼이 썩"은 그자는 양현이를 "못쓰게 망가뜨릴" 것이라고 소리쳤다(제5부, 제3권, 223쪽). 백정의 자식이라는 신분 때문에 영광을 멸시하느냐의 양현의 말에 그자는 "한 여자를 망쳐놓은 전과자······. 도덕심이 마비된 파렴치한이다"(제5부, 제3권, 224쪽)라고 소리쳤다.

윤국은 양현을 떠나보내고 나서 혼자 술을 들이키며 자신이 양현에게 했던 말을 떠올리며 "송영광, 정말 그는 도덕심이 마비된 파렴치한인가? 아니다. 그는 정말 인간 이하인가? 그것도 아니다. 여자들 농락을 일삼은 색마인가? 그것도 아니다. 악마에 들린 것도 지옥에서 온 사내도 아니다. 왜 그런 말을 했지?"(제5부, 제3권, 228쪽) 하며 자문했다. 그러나 "윤국의 처지에서는 송영광은 충분히 비난받을 만했다. 자유주의자 · 이기주의 · 방관자 · 부패분자, 세속적으로도 영광은 결함이 많은 인물이었다. 그러나 이데올로기를 떠나서 순수한 인간적 입장에서 본다면 아무리 헐뜯어도 영광은 경멸당할 그런 인물은 아니었다"(제5부, 제3권, 229쪽).

영광이 부산 P고보를 다닐 때 "갈래머리 소녀"(제5부, 제1권, 88쪽) 여학생 강혜숙을 만나 서로 좋아하게 되지만, 그들이 주고받은 편지가 혜숙의 부모들에게 들키어 그 부모들이 딸의 상대 남자의 신분이 백정의 자식이라는 것이 드러나자 그가 학교에서 쫓겨나도록 했다. 그때 "영광의 미래는 그것으로 끝나고 말았다." 일본으로 건너가 노동자 생활을 하다 일본 노가다 패거리한테 두들겨 맞아 불구자가 된다. 일본으로 찾아온 혜숙과 동거했지만, "영광의 상처는 아물지 않았다." "영광에게 혜숙은 타인이었다"(제5부, 제1권, 89쪽). 공부를 다시 시작하라는 친구 환국의 간곡한 부탁, 학비를 내겠다는 최 참판가의 제의도 다 마다했고, 혜숙이가 자기 곁을 먼저 떠난 후 반도악극단의 색소폰 주자 겸 유행가 작곡가가 되어 전국을 떠돈다.

술잔을 들이켜면서 윤국은 영광에 대한 자신의 편견이 심한 것이 아닌 가 생각한다. 사춘기 학생 때 남녀 간의 편지 왕래가 학교에서 쫓겨날 만 한 사유가 될 수 없으며, 편지를 먼저 보낸 것도, 그리고 그에게 혼신으로 다가왔던 것도 강혜숙 쪽이었고, 일본으로 영광을 찾아온 것도 강혜숙이 었다. 윤국은 "영광도 분명 피해자"라고 다짐하면서 "아버지, 용서하십 시오. 역시 이것은 길이 아니지요? 양현은 제 누이지요?······"하며 전신 이 몽롱한 가운데 계속 술을 들이키기 시작했다. 그 후 윤국은 만주로 가 기 위해 학병으로 자원입대한다. 그가 학병으로 자원입대하겠다는 의사 를 끝끝내 굽히지 않았던 것은 서희, 환국에게도 "전혀 예상하지 못했던 일이었던 것이다"(제5부, 제4권, 173쪽).

영광은 길상과 한 또래의 친구 송관수의 아들이다. 관수는 등짐장수이 자 동학당이었던 아버지가 죽은 후 품팔이로 겨우 삶을 이어가는 어머니 에 의해 성장한다. "찢어지게 가난한 속에서 과부와 어린것이, 더욱이 동 학군의 아낙과 자식이 받아야만 했던 핍박과 수모를 그는 잊지 못한다" (제4부, 제2권, 132쪽). 찢어지는 가난 속에 아들을 키우던 어머니의 모습 을 통해 관수는 세상이 불공평해서는 안 되겠다는 것을 깨닫는다.

동학교와 동학란은 공평하지 못한 세상에 대한 인식과 불만에서 일어 난 것이라 믿었으며, 그가 조준구를 제거하기 위해 윤보를 따라 최 참판 가를 습격하고 산에 들어간 것도 "농민봉기 그런 것과는 달리 순전한 반 항의식에서였다"(제4부, 제2권, 132쪽). 산으로 들어간 뒤 일본군에 의해 의병으로 몰리어 쫓겨 다녔을 때, 그의 은신처는 진주의 백정네 집이었 다. 이것이 인연이 되어 백정의 딸을 아내로 맞이하고 백정의 사위, 즉 백 정의 가족이 되었다. 이후 그는 동학잔당의 중심인물이 되어 곳곳에서 의 병활동을 벌이며 형평사운동과 부산 부두노동자 파업에도 관여한다. 형 평사운동으로 인해 젊은 진보적인 세대와 접촉하면서 사회주의 사상에 눈을 뜬다. 그는 진주의 친일 부자 이도영, 김두만의 집을 습격, 군자금을 강탈한 뒤 만주로 도피한다.

"남몰래 피는 꽃같이, 남의 앞에 나오는 것조차 두려워하며 살아온 영광의 모친, 그 여자에 대한 연민 때문에 지난날 송관수는 진주에서 형평사운동에 가담했"(제5부, 제1권, 34쪽)다. 천시와 학대의 대상인 역인(驛人), 광대·갖바치·노비·무당·백정 등, "뿌리 깊은 천인들의 애사(哀史)"(제3부, 제1권, 191쪽)는 변함이 없었다. "양반이 상민을 대하는 것 이상으로 상민들은 그들 천민 위에 군림했던 것이다. 그중에서도 백정이라면 거의 공포에 가까운 혐오로 대하였으며 학대도 가장 격렬했었다." 백정은 문둥이나 송충이처럼 지독한 혐오의 대상이었으므로, 그들이 그들의 신분으로서 지켜야 할 분수를 어겼을 때는 "가차 없는 사형(私刑)이 가해지는 것은 불문율이었다." 백정의 사위에게도 이는 마찬가지였다(제3부, 제1권, 191쪽). 관수는 임금이다 양반이다 상놈이다 천민이다 하고 만든 것은 사람이므로 이를 부숴버리는 것도 사람이라며, 백정도 양반과 똑같이 사람으로 대접받는 사회를 지향하기 위해 형평사운동에 가담했다.

일반 사람늘의 백정에 대한 감정은 상상을 넘어선 것이었다. 하나님 앞에서 만인이 다 같다는 교회에서도 백정이 예배에 참석하는 것은 허용되지 않았다. 관수의 장인이 이에 해당했다. 교회에 갔던 그의 장인은 "피눈물을 뿌리고 물러났다"(제3부, 제1권, 204쪽). 그의 장인이 동학을 믿게 된 것은 그것이 백정들도 다른 인간들과 마찬가지로 똑같이 하나님과 같은 귀한 존재로 받아들일 만큼 그들을 진정한 인간으로 간주했기 때문이다. 관수는 백정의 사위가 된 것을 후회한 적은 없었지만, 자기 아내, 자기 자식들이 모멸의 대상이 되는 것을 참을 수 없었다. 악극단의 색소폰 주자로 전락한 아들 영광을 보면서 신분에 대한 혐오감과 자기비하에 빠질 때가 한두 번 아니었다. 영광이 공연차 만주 신경에 왔을 때 아버지

관수는 이곳에 있었다. 아버지가 딴따라로 전락한 자신을 용서하지 않고 있다고 판단한 영광은 아버지를 만나지 않고 그냥 떠나버리고 말았다.

그러나 관수는 아들을 원망하기보다 "아들에게 지워진 백정이라는 신분에 병적인 혐오감을 나타내기 시작했던 것이다. 술만 들어가면 '내가 와 백정고? 나는 백정 아니다. 영광이도 백정 아니다. 우째 그아가 백정이란 말고.' 고개를 설레설레 흔들며 '아니지, 아니고말고. 그놈은 내 아들인께. 동학당, 등짐장수 울 아버지 손자닌께, 밭이 무슨 소앵이 있노, 씨가 젤 아니가.' 실성한 사람처럼 말하는 것"이었다(제5부, 제1권, 34쪽).

영광이 두 번째 신경에 왔을 때, 그는 홍이를 만나 자신의 심정을 토로한 바 있다. "보지도 못한 하나님을 만들어내고 귀신을 만들어내고 왜들 그러지요? 사람답게 못 사는 한풀이 아닙니까? 왜 사람들은 남들에게 이런저런 옷을 입히기를 좋아하는 거지요." 그는 철저한 허무주의자였다. 영웅호걸, 위대한 애국자, 의인, 심지어 독립운동을 하는 투사들마저 "사람들이 치장을 해서 내놓은" "온통 빈껍데기"에 불과했다(제5부, 제1권, 66쪽, 67쪽). "구원이니, 해방, 자유"도, "교활하고 어리석은 영웅과 교활하고 어리석은 대중이 눈 가리고 아웅하는 관계 속에서 적당하게 만들어낸 것"(제5부, 제1권, 68쪽)에 지나지 않았다.

그리고 "김길상! 송관수!" 같은 "소위 독립투사"가 투쟁에 뛰어든 것은 "자신을 구제하기 위하여, 동족을 위하여, 어느 쪽이지요?" 하면서 "한풀이 하기 위해서…… 아닙니까? 자기 신분에 대한 한풀이 말입니다"(제5부, 제1권, 68쪽) 하고 말했다. 이에 "한풀이하면 안 되냐 말이다" 하는 홍이의 반문에 영광은, 한풀이가 된다 안 된다는 문제가 아니라 세상이 변할 가능성이 전혀 없는데 어찌 한풀이가 가능하겠는가 했다. 맞는 놈 때리는 놈, 도처에 있는 그런 관계가 변할 가능성이 전혀 없는데, 재물과 권력을 확보하기 위해서가 아니라 "내가 위냐 너가 위냐"를 확인하기 위해, 말하자면 적대세력 간의 투쟁에서 상대방으로부터 헤겔식의 '자기

인정'을 얻기 위해 "누군가를 누르고 짓밟지 않고는 못 견디는 인간의 본성'(제5부, 제1권, 69쪽)이 변할 가능성이 없는데, 세상이 어찌 변하겠으며 한풀이가 어찌 가능하겠느냐고 영광은 울분을 토해낸다.

영광의 이런 허무주의적인 반응은 자신의 신분에 대한 한에서 오는 것이었다. 그가 두 번째 신경에 왔을 때 아버지 관수는 신경에 있지 않고 목단강 방면에 가 있었다. 홍이는 그에게 아버지가 이곳에 없기 때문에 대신 어머니와 동생을 만나보고 가야 하는 것이 당연하지 않느냐 했다. 영광은 자신이 이곳에 왔다는 것을 어머니께 비밀로 해주기를 부탁했다. 그 이유를 묻는 홍이에게 그는 "어머니가 두렵습니다"(제5부, 제1권, 72쪽)라고 한다. 그녀를 "배신"했기 때문이라 했다. 홍이는 그가 아버지를 만나지 않으려 했던 것도 그가 어머니 영선네를 가장 강하게 의식하고 있었음을 미처 깨닫지 못했다. 영광이 학교에서 쫓겨난 후, 자포자기 · 절망 · 실의에 빠진 채 허무주의자가 되어 "상처 입은 맹수같이 동경 바다를 헤매"(제5부, 제1권, 88쪽)며 살아갈 수밖에 없었던 것은, 자기에게 숙명적으로 지워진 '백정'의 자식이라는 철벽을 결코 뛰어넘을 수 없다는 것을 뼈저리게 인식했다. "강혜숙이 사는 곳은 뛰어넘을 담조차 없는 철벽인 것을 영광은 비로소 깨달은 것이다. 자랑스러웠던 그의 청춘은 산산조각 났다. 크나큰 충격은 자신을 낳아준 부모에 대한 증오심으로 변해갔던 것이다"(제4부, 제2권, 155쪽).

그가 홍이에게 어머니를 배신했다고 말한 것은 백정의 딸, 어머니의 '핏줄'을 거부하고 있었다는 것을 뜻한다. 핏줄을 거부한다는 것, 그 가운데서도 자신이 태어난 "모태를 부정한다는 것은 자기 자신의 근본을 부정하는 것이다." 따라서 "부정의 그 깊이만큼 넓이만큼, 농도만큼 배신했다는 회한도 깊어지고 넓어지며 짙어지게 마련이다"(제5부, 제1권, 73쪽). 영광의 경우, "백정을 거부한 것은 어머니를 부정한 것이며 가정과 가족을 버린 것도 결국은 어머니를 버린 것이 된다. 인연을 끊었다면 그것도 어머니와 인연을 끊은 것이다"(제5부, 제1권, 74쪽). "그의 어떠한 장점에도 백정이라는 신분의 꼬리표"는 언제나 그에게 "붙어다녔"(제5부, 제5권, 192쪽)던 영광은 "자기 존엄에 상처를 받은 분노 때문에, 자유로워지기 위하여 탈출하지 않으면 안 되었고 그것은 어머니를 부정하지 않고는 이루어질 수 없는 행동이었다"(제5부, 제1권, 74쪽).

길림에서 공연하던 중 영광은 아버지가 목단강 방면에서 호열자로 죽었다는 통보를 받는다. 독립투사 아버지 송관수의 유해를 신경에서 찾아와 어머니 영선네와 함께 귀국하여 지리산 도솔암에서 제를 지내고 배를 타고 섬진강에 유해를 뿌린다. 유골을 뿌리면서 "영광은 아이처럼 흐느끼며 아버지를 불렀다. 그 일이 다 끝났을 때…… 영광은 뱃바닥을 치며 통곡했다"(제5부, 제1권, 193쪽). 섬진강 강가 바위에 앉아 강물 속에 뛰어들어 죽고 싶어하는 유혹에 가슴 떨리고 있었을 때, 느닷없이 나타난 여자가 영광이 앉은 언덕 밑 바로 옆에 강으로 내려오는 좁은 길에 "흰빛 보랏빛의 과꽃을 예쁘게 묶은 꽃다발을…… 들고 있었다." 무슨 말을 속삭이듯 하고는 "강물을 향해 꽃다발을 휙! 던지고 다시 누군가를 애절하게 부르는 것 같은 음성이 들렸다"(제5부, 제1권, 200쪽). 그녀가 돌아서서 고개를 숙이고 몇 발짝 걷다가 얼굴을 드는 순간 영광의 눈과 여자의 눈이 정면으로 부딪쳤다. 그 여자는 섬진강에 몸을 던져 죽은 기생 기화, 아니 봉순의 딸 양현이었다. 영광은 서울서 평사리 집에 내려온 환국이를 만나러 왔다가 섬진강에서 얼핏 마주보았던 그녀를 다시 본 뒤, 그들은 첫눈에 서로 사랑에 빠진다.

양현은 "외로운 섬…… 절망하고 지쳐버린 나그네" 같으며(제5부, 제2권, 243쪽) "아주 불우하고 마음에 상처를 많이 받은"(제5부, 제2권, 418쪽) 영광을 사랑했다. 양현은 "영광 오빠하고 내 운명은 비슷하다. 영광 오빠가 결혼 안 하는 것도, 내가 결혼이라는 것을 깊이 생각하지 않는 것도, 우린 같은 슬픔을 가지고 있기 때문이다. 우리들 운명에 따라다니는 그 출생이라는 괴물. 그것 때문일 거야"(제5부, 제2권, 244~245쪽)라고 생각했다. 그녀는 "아무것에도 소속되고 싶지 않아" 하는 영광과 결혼하여 끼리끼리 함께 "어디다 집을 짓고 살"고 싶어하지만(제5부, 제2권 252쪽), "자신에게 비쳐진 영광은 항상 떠나는 사람이었다"(제5부, 제3권, 186쪽).

영광은 윤국이와 양현의 결혼문제가 허사로 끝난 것을 환국을 통해 들었다. 그리고 환국이를 통해 자신은 양현과 절대로 결혼해서는 안 된다는 것도 들었다. 그때 영광은 그에게 "신분 때문인가?" "학벌 때문에? 딴따라 천한 직업이라서? 아니면 과거 여자 때문에 그러는 건가?" 물었다. 환국은 "그 모든 것"이라며, "양현이는 우리에게 특별한 존재"이기 때문에 "그 아이의 어두운 미래를 나는 결코 용납하지 않겠다" 했다(제5부, 제4권, 12쪽). "……나는 더러운 벌레란 말이지?"(제5부, 제4권, 13쪽) 영광은 껄껄껄 소리 내어 크게 웃었다. 영광은 오랫동안 환희와 절망을 오갔다. "윤국이와 양현의 결혼이 이루어지지 않았다는 것에 대한 사랑의 승리감과 환희 뒤에, 반드시 어김없이 그 감정을 쫓아오는 것은 절망이었다"(제5부, 제4권, 13~14쪽).

그는 '절망'을 안고 "한마디 말도 없이, 이별의 말도 없이"(제5부, 제5권, 196쪽) 양현의 곁을 떠났다. 하얼빈에서 양현의 아버지 이상현을 보았을 때, 영광은 그의 외로움 속에서 "양현의 흔적을 찾을 수 있었다"(제5부, 제5권, 61쪽). 영광은 홍이의 소개로 조선족 중국인이 경영하는 카바레 '흑룡'(黑龍)에서 악사로서 생활하게 된다.

양현은 자신과 윤국의 결혼을 원하던 서희를 피해 평사리 집과 연락을 끊고 1년 이상 인천개인병원에서 머물다 영광이 자기 곁을 떠난 뒤 자신을 데리러 찾아온 서희와 함께 평사리 집으로 돌아간다. 돌아가기 전 인천 바닷가를 찾았던 양현은 그곳에서 "영광이 다시 돌아오지 않을 것을 깨달았다"(제5부, 제5권, 196쪽). 그는 언제나 떠나는, 떠나지 않고는 자유로울 수 없는 '허무의 바람'이었기 때문이다. "양현은 영광이가 감아주었던 목도리를 바다에 던졌다"(제5부, 제5권, 197쪽). "⋯⋯다시 돌아오지 않을 거야"(제5부, 제5권, 197쪽) 하며 조용히 울부짖고 있었다.

귀환의 비극성

작품『토지』는 양현이 평사리 집과 담을 쌓고 1년 이상 인천개인병원에서 의사로 일하다 자신을 데리러 찾아온 서희와 함께 평사리 집으로 돌아온 뒤, 일본 천황의 항복선언을 전하는 양현의 말을 듣고 서희가 "자신을 휘감은 쇠사슬이 요란한 소리를 내며 땅에 떨어지는 것을 느"끼면서 양현과 함께 부둥켜안는 것으로, 평사리 집을 도맡아 관리하던 이전의 집사 연학이가 독립만세를 부르며 춤을 추면서 발길을 최 참판가로 돌리는 것으로 끝맺는다(제5부, 제5권, 395쪽).

평사리 최 참판가와 인연을 맺었던 많은 자들이 세상을 떠났다. 최 판가의 당주 서희의 아버지 최치수를 살해한 김평산·귀녀·칠성 등 "핏자국 같은 그들 생애"(제3부, 제3권, 35쪽)를 마친 자들, 치수의 어미이자 김환의 어미이기도 한 윤씨 부인, 윤씨 부인을 사모했던 동학군의 두령이자 김환의 아버지인 김개주·김환, 김환의 연인이자 서희의 생모 별당아씨, 양현의 어머니 기생 기화, 홍이의 아버지 용이, 용이의 본부인 강청댁, 홍이의 생모 임이네, 홍이의 '영원한 어머니' 월선네·공 노인·김 훈장, 두메의 아버지 강 포수·목수 윤보·한조·수동·관수 등, 모두 '기찬' 삶을 살다 죽었다. 러시아 땅에서 왜병에 의해 죽음을 당한 "위대하고 지순하였던 독립지도자"(제3부, 제1권, 372쪽) 최재형도, 망명지 연추에서 뼈를 묻고 죽은 이상현의 부친 독립투사 이동진도, 김두수에 의해 왜병에 넘겨져 처형당한 홍이의 친구 박정호의 아버지도, 그밖의 숱한 독립투사들이 만주 벌판에서 조국의 독립을 보지 못한 채 세상을 떠났다.

그러나 남은 자, 산 자의 운명은 어떻게 될지 알 수 없는 가운데 작품은 미완으로 끝난다. 양현의 곁을 떠난 영광이 독립된 조국으로 돌아올지 알 수가 없다. 양현은 자기 곁을 떠난 "영광이 다시 돌아오지 않을 것을 깨달았다"(제5부, 제5권, 196쪽)고 했다. 하얼빈에서 이상현을 만나고 나서 영광도 "만일 전쟁이 끝난다면 나는 조선으로 돌아갈까? 만일 소련군이 밀고 내려온다면 나는 어디메쯤에 가 있을까? 영원히 우리는 만날 수 없을지도 모른다. 어쩌면 이상현 씨와 나는 가는 방향이 같을 수도 있다. 그분은 고향에 돌아가고 싶어하지 않는다고 했지"(제5부, 제5권, 63~64쪽)라고 했다. 조국이 독립되었다 해도 '허무의 바람'인 이상현과 영광은 돌아오지 않을지도 모른다. 민족주의와 공산주의 사이에서 사상적으로 방황하던 독립지도자 권필응 선생은 연해주에서 조국으로 돌아올까? 연해주에서 독립운동에 투신하고 있는, 두메·홍이·정호가 다녔던 상의학교의 교사이자 경영자인 송장환도 학교를 떠나 조국에 돌아올까? 홍이는 하얼빈에서 가족이 있는 고향으로 분명 돌아올 것이다.

사상범들 예방구금령의 실시에 의해 다시 서대문형무소에 구속되어 있는 길상은 곧 평사리 집으로 돌아올 것이다. 학병으로 자원입대하여 만주로 간 윤국은 전투 중 일본군에서 이탈하여 독립군 아니면 중공 팔로군에 몸담고 있다가 조만간 평사리 집으로 돌아올지 모른다. 공산주의 사상에 투철한 강 포수의 아들 두메와, 모스크바로 유학했고 그곳에서 러시아 혁명을 겪고 지금도 모스크바에 머물고 있는 박정호는 어떻게 행동할지? 사회주의자 인실은 오가다와 아들 쇼지를 만나기 위해 언제 돌아올 것인지? 그녀는 독립의 날이 온다면 그때 다시 오가다를 찾을 것이라 했다. 도솔암의 주지 소지감의 외사촌동생이자 사회주의 행동파 이범준은 상해에서 곧 귀국할지 모른다. 지리산에 피신해 있는 그의 사촌동생으로 투철한 사회주의자인 이범호와, 학병과 징집을 피하기 위해 지리산에 숨어 있는 청년들도 곧 고향으로 돌아갈지 모른다.

작품 『토지』는 모든 가능성을 열어둔 채 조국과 고향을 떠난 자들의 운명과 앞으로 일어날 사태에 대해 어떠한 언급도 하지 않고 '미완'으로 끝을 맺고 있다. 『토지』의 미완 속에 남아 있는 것, 사라지지 않는 것, 그것은 바로 '귀환의 비극성'이다. 작품의 결말은 호메로스의 대서사시 『일리아스』의 결말, 그 에토스를 그대로 이어받고 있다.

『일리아스』와 『토지』

호메로스의 『일리아스』 마지막 24편은 트로이아인들이 헥토르의 장례식에 참가하기 위해 프리아모스의 집에 모여 그를 애도하고 그를 매장하는 것으로 끝난다.

프리아모스 왕이 아들 헥토르를 죽이고 그 시신을 그의 함선 옆 막사들 사이에 두고 12일째 돌려주지 않았던 아킬레우스를 찾아가 그의 무릎을 잡고 그의 손에 입을 맞추며 간청하여 돌려받았던 헥토르 시신 곁에 트로이아 여인들이 모여 있다. 애도가 시작된다. 직업 노래꾼들의 애도가 끝나자 헥토르의 아내 안드로마케가 그를 애도한다. 그녀는 침상 위에 누워 있는 헥토르의 머리를 두 손으로 붙들고 남편의 죽음을 애도한다. 안드로마케는 헥토르의 죽음으로 인해 트로이아는 완전히 파멸하고, 자신을 포함한 트로이아 여인들은 노예의 몸이 되어 그리스로 끌려갈 것이며, 아들은 그리스인에 의해 노예의 몸이 되지 않으면 그들에 의해 비참한 죽음을 맞이할 것이라며 운다.

헥토르의 어머니 헤카베가 그를 애도한다. 자신이 가장 사랑했던 자식 헥토르의 죽음을 탄식하면서 그를 죽이고 그의 시신을 참혹하게 학대했던 아킬레우스에게 분노를 토해내는 것으로 애도를 마친다. 그리고 헬레네가 마지막으로 애도한다. 헬레네는 헥토르의 형제이자 자신의 남편인 파리스와 함께 트로이아로 오기 전에 자신은 죽었어야만 했다고 한탄하면서 자신이 불러들인 트로이아 전쟁으로 말미암아 헥토르가 죽음을 당했다고 통곡한다. 자신으로 인해 그 전쟁이 일어났음에도 불구하고 헥토르는 다른 형제·누이, 아니 트로이아의 모든 이와 달리 단 한번도 자신에게 나쁜 말이나 모욕적인 말을 하지 않았으며, 언제나 부드럽고 다정한 말과 상냥한 마음씨로 자신을 인간답게 대했다며 그의 죽음을 슬피 애도한다. 헬레네의 애도가 끝나자 프리아모스는 주위 사람들로 하여금 헥토르의 시신을 화장시키고 매장하도록 한다.

소들과 노새들이 수많은 장작을 짊어지고 도성 안으로 들어온다. 도성 안의 트로이아인은 높다란 장작더미 위에 헥토르의 시신을 올려놓고 불을 지른다. 그들이 포도주를 뿌려 장작더미의 불을 끄자, 헥토르의 형제들과 전우들이 그의 흰 뼈를 주워 모아 그것을 항아리에 담고, 그것을 다시 부드러운 자줏빛 옷으로 싼다. 이어 항아리를 빈 구덩이에 넣고 그 위에다 큰 돌들을 쌓아올리고, 봉분을 쌓는다. 봉분을 쌓고 나서 프리아모스 왕의 집에 돌아온 그들은 모두 성찬(盛饌)을 대접받는다. 11일에 걸친 애도 행사가 끝나자 12일째에 아킬레우스와 프리아모스 간의 약속에 따라 그리스와 트로이 간의 전쟁은 재개된다.

그러나 『일리아스』의 마지막 24편은 장례의 마지막 행사인 '성찬'에 대해 언급하는 것으로 끝나고 있을 뿐, 그 후의 사태가 어떻게 전개되는지에 대해 작품은 어떠한 언급도 없이 끝난다. 그 후의 트로이아의 비극적인 운명은 헥토르를 애도할 때 안드로마케에 의해서, 일찍이 제우스와 헥토르에 의해서도 부분적으로 예고되고 있지만, 장례 후 그다음 어떤 사태가 발생하는지는 다른 출처에 의해 제시되고 있다.

그 후의 상황은 이렇다. 다시 시작된 그리스와의 교전에서 트로이아는 철저히 파멸한다. 전장에서 포로로 잡힌 트로이아의 전사들은 즉석에서 살해되고, 남편을 잃은 여인들은 연기와 폐허로 변한 조국을 뒤로 한 채 노예가 되어 그리스로 끌려간다. 프리아모스 왕가의 여인들은 그리스군 지휘관들의 성적 쾌락을 위한 전리품이 되어 성의 노예로 전락한다. 프리아모스와 헤카베의 딸 카산드라는 아가멤논의 첩이, 안드로마케는 남편을 죽인 아킬레우스의 아들 네오프톨레모스의 첩이 된다. 헤카베는 오뒤세우스의 아내의 늙은 몸종이 될 운명에 처한다. 트로이아의 왕 프리아모스는 네오프톨레모스에 의해 제우스 제단으로 오르는 계단 위에서 잔인하게 살육당하고, 그의 딸 폴뤼크세네는 아킬레우스의 무덤 앞에서 살해되어 그 망령에게 산 제물로 바쳐지고, 헥토르와 안드로마케의 아들 아스튀아낙스는 그리스 병사들에 의해 트로이아의 성벽에 아래로 내던져 머리가 박살난 채 죽는다. 트로이와 트로이아인의 이러한 비극적인 운명은 『일리아스』의 마지막 편이 끝난 후에 전개된다.

『토지』의 마지막 부분에서 서희는 일본 천황의 항복을 전하는 양현의 말을 듣고 "자신을 휘감은 쇠사슬이 요란한 소리를 내며 땅에 떨어지는 것을 느꼈다"고 했다. "최 참판댁의 수난과 이 나라 백성이 겪어야 하는 고통은 동질적인 것"(제4부, 제2권, 118쪽)이기에, 자신의 개인적인 '수난'도 민족의 '고통'과 더불어 끝나게 될 것이라는 것을 예감했기 때문이다. 그러나 서희를 휘감고 있었던 쇠사슬은 역설적이게도 그녀를 다시 휘감을 것이라는 것이 '미완'으로 남은 이 작품의 '잔여'(殘餘)이며, 이 잔여를 채우는 것이 '귀환의 비극성'이다.

살아남은 자들의 운명

일본의 항복으로 소련이 평양에 진주하고, 미국군 일부가 인천에 상륙할 무렵 서대문형무소에서 감옥생활을 하던 길상은 애국자의 신분으로 평사리에 돌아올 것이다. 사회주의 색채를 띤 계명회의 일원이었으므로 그는 어쩌면 하동에서 '남도당' 또는 '건국준비회'(이후의 '인민위원회')의 위원장 아니면 주요 간부의 직책을 맡을지도 모른다. 일찍이 아버지의 영향으로 인해 사회주의의 노선을 취했던 윤국은 어머니가 기다리는 평사리에 귀향하여 '조선공산주의청년동맹'에 가입하여 핵심간부로 활동할지 모른다. 학병으로 자진입대하기 전 윤국은 민족주의 사상을 가졌던 진주중학 선배 홍수관에게 "사회주의로 가야 합니다. 그것은 역사의 법칙입니다"(제5부, 제3권, 246쪽)라고 주장한 바 있다. 범석으로부터 농민들이 일차로 대결할 상대는 지주라는 것을 배웠던 그는 서희에게 소작인에 농토를 분배하라고 강권함으로써 만석지기의 대지주 어머니 서희와 심한 갈등을 겪을지 모른다. 동생 윤국의 입장에서 보면 대지주 서희의 장남이자 근화방직회사 황태수 사장의 사위인 환국은 최상층 부르주아 계급에 속한다. 이데올로기에 초연한 채 가족에 절대적인 관심과 가치를 주고 있는 환국은 가족보다 계급을 우선시하는 동생 윤국과 어머니 못지않게 깊은 갈등을 겪을지도 모른다.

도솔암의 주지 소지감의 외사촌인 이범준은 사회주의 행동파답게 만주에서 돌아와 한때 관수와 함께 진주에서 형평사운동에 관여했을 때 다져놓은 조직을 다시 살리고 지리산에 피신해 있는 투철한 사회주의자 사촌동생 이범호와 힘을 합쳐 지리산에 있는 동학 잔당의 무리와 지주로부터 빚 독촉에 쫓기어 지리산에 숨어들어온 소작인들과 화전민들을 동원하여 그들로 하여금 혁명의 선봉에 나서게 할지 모른다. 그리고 청년들이 일제의 징집을 피해 지리산에 은신하고 있었을 때, 범호가 "앞을 위해 사회주의 혁명의 기층세력으로 무장"(제5부, 제5권, 126쪽)시키려 했던 그들을 동원하여 혁명의 전위로 무장시킬지도 모른다. 일본 천황의 항복 선언이 있기 전 그의 사촌동생 이범호는 지리산 도솔암에서 여러 사람 앞에서 명희가 내놓은 자금을 토대로 무장하고 유격대를 조직하여 사회주의 사회 건설에 대비하자고 주장했기 때문이다.

홍이도 아내와 자식들이 있는 고국땅으로 귀국할 것이다. 아버지 이용은 죽기 전에 그에게 간도에 묻힌 월선의 시신을 고향땅 평사리로 이장하기를 간곡히 부탁했다. 그에게 "따뜻한 날개 밑에서 그리움과 행복의 기억을 남겨준 사람은 월선이었다. 그 모습은 영원한 어머니, 갈증과 외로움을 어루만져주는, 잊혀지지 않는 목소리"(제4부, 제4권, 193쪽)였다. 그는 그 어머니를 평사리 땅에 이장하기 위해 고향땅을 밟을 것이다. 석이도 어머니 석이네와 아이들이 있는 고향으로 귀환할 것이다. "학대하고 학대받고, 잡아먹고 잡아먹히는 이런 세상"(제3부, 제1권, 201쪽)을 끝장내고자 하는 마음이 그에게 떠나지 않고 있기 때문에, 그와 더불어 만주에서 독립투쟁에 나섰던 이범준과 함께 돌아올 것이 확실하다.

"만주 방면에서 일하는 사람들은 거의가 사회주의자"(제5부, 제2권, 324쪽)이므로 석이 또한 사회주의사상에 물든 채 나타날지 모른다. "불기둥같이 뜨겁고 강한 감정"(제4부, 제2권, 83쪽)을 지닌 열렬한 사회주의자 인실도 귀국할 것이다. 오가다와 아들 쇼지보다 더 중요한 것이 그녀에게는 노동자 농민의 나라를 건설하는 것이기 때문에 명희·여옥·선혜 등, '신여성' 선배들을 찾아가 그들에게 사상교육을 시키는 데 전념할지 모른다.

혁명 열기가 도처에 전파되고, 신탁통치에 대한 찬반 등, 좌우익의 갈등이 남조선 전역에 펼쳐진다. 이는 평사리에도 예외가 아닐 것이다. 징집을 피해 지리산에 피신해 있다가 이범호의 사회주의에 영향을 받았던 진주·함양·하동 방면의 많은 청년들이 혁명의 열기에 휘둘려 적의의 눈을 부릅뜨고 있을지 모른다. 일제에 동조하여 경제적으로 그들을 도왔던 순철의 아버지 진주 갑부 이도영과 김이평의 큰아들 두만, 징용 간 동생 덕에 면사무소의 서기가 되어 평사리 마을에서 징용병을 모집하고 정신대 모집에 앞장서다 징집을 피해 지리산에 은신해 있는 청년들을 염탐하다 붙잡혀 몰매를 맞고 죽은 우개동 같은 숱한 친일분자들이 친일의 대가로 아무도 모르게 참살당할지 모른다. 서울 신당동에 정착하여 외로운 만년을 보내는 김두수는 만주에서부터 그의 목숨을 노리는 독립투사들에 의해 뭇매를 맞고 개죽음을 당할지도 모른다.

부산·대구 등, 전국 각처에서 대규모 철도 전신 등 노조의 대규모 총

파업으로 남조선이 극도의 혼란에 빠진다. 이 틈을 타서 각지에서 경찰서・군청 등 공공기관을 향한 방화・습격・살인이 뒤따르고, 이에 계엄령이 선포되고, 폭도진압을 위해 미군이 출동하는 등, 남조선에서 좌우익의 대립이 치열해져가고 있을 무렵, 만주군관학교 출신의 공산주의자 강두메와 소련파 박정호는 각각 만주와 모스크바에서 북조선으로 건너가 그곳 공산당의 고위 간부로 활동할지 모른다. 평사리에서 여기저기 '조선공산당만세' '인민공화국만세' '농민조합만세'를 외치는 소리가 허다한 가운데 전쟁 임박설이 떠돈다. 치열해진 좌우익의 대립은 러시아・에스파냐・중국 등의 경우처럼, 내란을 불러들일 수밖에 없다.

  미국의 지원 아래 남조선 단독정부의 수립이 진행되고, 이를 반대하는 남로당의 지령에 의해 '2・7폭동' '여수순천반란' 등, 좌익세력의 저항운동이 한층 치열해지고, 북조선에서도 남조선 단독정부 '대한민국'의 수립에 맞서 '조선민주주의인민공화국'이 수립된다. 전쟁이 터진다. 강두메는 북조선 인민군 장교로서 인민군 전위부대를 이끌고 서울에 입성한다. 박정호는 북조선 공산당의 중앙위원의 한 사람으로 두메와 함께 서울에 입성하여 방송국을 장악한 뒤, 모스크바 대학 출신답게 공산주의 사상을 훌륭히 신진하면서 뛰어난 공산주의 이론가로서 크게 활약할 것이다. 상해임정 이동휘 계열로서 이상현과 만주에서 독립운동에 참여했던 공산주의자 신태성과 송장환의 조카 공산주의자 송유섭은 서울에서 사회주의자 서의돈과 서의돈의 친구 공산주의자 남천택과 접촉하고, 그들의 도움으로 서울의 지식인들을 포섭하여 그들로 하여금 혁명 대열의 선봉에 서도록 한다. 인실에 의해 포섭된 강선혜・홍성숙・배설자의 동생 배용자 등도 눈치 빠르게 시대의 흐름에 편성하여 인공기를 흔들며 서울 거리를 활보할지 모른다.

  삽시간에 서울을 점령한 인민군대가 승승장구 남하하는 것이 알려졌을 때, 평사리에서도 불안과 긴장, 한편으로는 기쁨에 찬 흥분과 기대가 혼존하고 있다. 서울에서 방금 평사리로 피난 온 환국과, 서희·양현은 불안과 긴장 속에 있지만, 연금 상태에 있는 길상은 분열된 조국이 이제 통일될지 모른다는 기대에 가득 차 있을지 모르고, 윤국은 남조선에서도 자기가 소망하는 사회주의 사회가 도래할 것이라 믿고 지하공작에 한층 박차를 가할지 모른다. 북조선에서 토지개혁이 단행되어 농민에게 토지가 무상으로 분배되었다는 것을 알고 오래전부터 들떠 있었던 윤국의 동향 선배인 범석은, 인민의 8할이 노동자 농민인 이 땅에서 노동자와 농민을 위한 나라가 이룩될 것이라는 박정호의 선전을 라디오 방송을 통해 듣고는, 가슴 설레 잠을 이루지 못하고 있을지도 모른다. 용정 상의학교의 친구 정호의 목소리를 우연히 라디오를 통해 들었던 홍이도 불안 가운데서도 그 친구를 다시 만날지도 모른다는 기대에 흥분을 감추지 못하고 있을지 모른다. 석이도 '학대하고 학대받고, 잡아먹고 잡아먹히는 이런 세상'이 끝나고 모두가 평등하게 대접받는 사회가 곧 올지 모른다는 생각에 젖어 인민군의 빠른 승리를 더욱 고대하고 있을지 모른다.

 서울에 있는 사촌형 이범준으로부터 은밀히 연락을 받고 있는 "과격한 사회주의자"(제5부, 제5권, 358쪽) 이범호는 인민군이 진주·하동·함양·산천 방면으로 진입하면 그가 조직한 지리산의 동학 잔당의 무리와 빚에 쫓기어 지리산에 숨어 들어왔던 소작인·화전민, 그리고 일제 징집을 피해 지리산에 은신하고 있었을 때 그의 사회주의 사상에 동조했던 청년들을 동원하여 자본가계급을 타파하고, 하루빨리 노동자 농민의 나라를 건설하기 위해 "매서운 눈초리"(제5부, 제3권, 427쪽)의 "칼날 같은 눈"(제5부, 제3권, 417쪽)을 하고, 이전보다 더 가열하게 지하공작·경찰서 습격 등, 강력한 투쟁을 전개할지 모른다.

 지리산에서 숯 굽는 천민으로서 김환의 영향을 받아 동학운동에 투신했던 "철두철미한 김환의 신봉자"(제5부, 제2권, 97쪽) 강쇠는 김환을 따르던 지리산의 동학의 잔당을 다시 조직화하여, 노동자·농민 등, '상민'

이 주인이 되는 세상을 만드는 데 방해가 되는 일체의 세력에 맞서 자기 이름 그대로 '강철'처럼 온 힘을 다해 투쟁할지도 모른다. 그는 동학이 다름 아닌 공산주의 사상과 맥을 같이한다는 것에 심히 놀랄지도 모른다. 인간 모두가 차별 없는 평등한 존재이며 백성 하나하나가 모두 하눌님과 같이 귀한 존재, 아니 바로 하눌님이라는 사상은 공산주의 사상의 핵심이라고 간주하고, 그렇기 때문에 평등한 사회를 이룩하기 위해 인민군과 힘을 합쳐 적의 무리와 싸우는 것이 죽은 김환과 동학의 두령 김환의 아버지 김개주의 한을 푸는 길임을 깊이 깨닫고 있는지 모른다.

이 땅에 돌아오고 싶지 않다고 다짐하던 영광도, 해방되자마자 좌우익의 갈등으로 산하가 찢어지고 있는 조국에 돌아가지 말고 일체의 이데올로기에 오염되지 않은 채 '인생' 그 자체처럼 여기 간도에서 순수하게 살자고 강권하던 전라도 출신의 타고난 소리꾼 주갑의, '구만 리 장천을 나르는 대붕새'를 꿈꾸던 그의 만류를 끝까지 뿌리치고 고국땅을 밟을지도 모른다. "배고프고 핍박받는 사람이 없어야 한다는 것, 그것이 그의 정열의 모든 것"(제5부, 제2권, 96쪽)이었던, 아니 사회주의는 결국 "동학의 실천적 요강과 거리 먼 것 같지 않게 생각"(제5부, 제2권, 96쪽) 했던 아버지 송관수의 인식이 옳은 것임을 뉘늦게 깨닫고는, 허무주의에서 벗어나 인민군의 전선위문단의 일원이 되어 색소폰을 불며 여러 전선을 떠돌다가 어머니 영선네 앞에 무릎을 꿇고 불효의 용서를 빌고 잊지 못하는 양현을 만나기 위해 인민군과 함께 고향 하동 평사리에 갈 날을 희망하고 있을지 모르기 때문이다.

승승장구 남하하던 북조선 인민군이 '조국해방'을 눈앞에 두고, 막강한 군사력을 가진 미군의 힘을 감당하지 못해 더 이상 진군하지 못하고 낙동강 전선에서 주춤거리고 있다. 적의 세력과 은밀한 내통, 협력 등을 사전에 방지하기 위해 하동경찰서는 연금 상태에 있는 길상을 체포한다. 지하에 숨어 활동하는 진주·하동·함양·산청 방면의 숱한 '인민위원회' 간부들도 체포하여 그들을 아무도 모르는 곳으로 데리고 간다. 윤국은 아버지 길상이 체포되어 감옥으로 향하고, '적색' 분자의 색출·체포·총살 등이 연일 행해지자, 어머니 서희·형 환국·양현에게 바삐 하직 인사를 하고, 진주·함양·하동의 경찰서를 습격하여 방화하고 경찰서장과 경찰관들을 살해함으로써 쫓기는 몸이 된 범호가 미리 피신해 있는 지리산으로 범석·석이·강쇠 등과 함께 들어가 사령관 이현상이 이끄는 '조선인민유격대남부군'에 합류한다.

낙동강 전선에서 인민군이 대패하고 북조선으로 퇴각하자, 지리산에서 인민군의 승리를 굳게 믿고, 자신들을 추격하던 전투경찰과 맞서 싸우던 빨치산은 크게 동요한다. 윤국은 두고 온 고향 평사리, 그곳에서 자기를 손꼽아 기다리는 어머니 서희·형 환국, 그리고 누이동생 양현을 향한 그리움에 잠을 이루지 못한다. 석이도 어머니 석이네·딸 명희·아들 성환을 향한 그리움과 그들의 장래에 대한 불안 때문에 잠을 설친다. 범석은 농민을 위한 인민의 나라가 이루어질 가망이 없는 것이 아닌가 하고 절망에 빠진다.

낙동강 전선에서 전투가 격렬하게 전개되기 전 북조선노동당의 지시에 따라 빨치산을 지도하고 그들에게 군사적 도움을 주기 위해 정치장교와 정치위원의 신분으로 다수의 인민군과 함께 지리산에 파견된 두메와 정호를 만나기 위해 지리산에 몰래 들어와 그 반가운 친구들을 만나고 다시 평사리 집으로 돌아가려는 순간, 홍이는 강력한 전투경찰의 공격으로 인해 속수무책 산에 갇히게 된다. 적의 공격에 부상을 입고 아지트에서 치료를 받고 있던 강쇠는 낙동강 전선에 주둔해 있던 인민군의 패배와 그들의 퇴각 소식을 전해 듣고 전율한다. 김환의 영향으로 동학운동에 투신했을 때 동학의 동지들이 무수히 죽어갔던 것을 지켜보았던 그는 자신에게는 "죽음이란 늘 곁에 있는 일이었으니까" 자신의 "죽음에 대하여는······ 관심이 없"(제3부, 제3권, 448쪽)지만, 꽃다운 나이의 숱한 젊은 동지들이 고향에 돌아가지 못하고 이 산에서 처참하게 죽어갈 것이라 생각하고는 전율한다.

전투경찰과 군인들의 대규모의 공격에 의해 북으로 가는 길이 완전히 봉쇄된 채, 이들과 대치하고 있는 지리산의 빨치산들은 추위, 굶주림, 공포에 몸을 가누지 못하고 전의를 상실해가고 있다. 공산주의의 열렬한 신봉자인 범호나 두메, 정호도 예외가 아니다. 인민군이 낙동강 전선에서 퇴각할 때까지 전선위문단의 일원으로 활동했던 영광은 어머니와 누이, 그리움의 여인 양현이가 있는 평사리를 가보지도 못하고 인민군들과 함께 북조선으로 향한다. 그는 도중에 미국 폭격기의 공격을 받아 죽을지도 모른다. '조국해방전쟁'이 끝나면 곧바로 일본으로 달려가 그리움의 연인 오가다와 아들 쇼지를 만나려 했던 인실도 북으로 향하다 적의 박격포탄을 맞아 죽음을 당할지도 모른다. '인민위원회'의 동지들과 더불어 감옥에 있던 길상은 오래전에 총살당해 거제 앞바다의 고기밥이 되었을지도 모른다.

다른 곳에서 유격전을 펼치다가 이현상과 그의 남부군이 윤국이가 있는 지리산 본거지에 다시 들이닥친다. 그들과 더불어 지리산의 빨치산은 전투경찰, 군인 등, 막강한 군사력을 갖춘 토벌대들의 대대적인 공격에 맞서 사력을 다해 싸운다. 추위와 굶주림을 이기지 못해 투항한 일부 동지들, 생포된 동지들, 그리고 이현상과 일부 남부군과 인민군 낙오병을 제외하고 두메·정호·윤국을 비롯한 지리산의 청년 빨치산들, 강쇠 비롯한 동학잔당의 나이 많은 빨치산들, 범석을 비롯한 소작인들과 화전민들, 석이, 홍이 모두 붉은 피를 토하며 지리산을 붉게 물들이고 죽어간다.

총탄에 맞아 숨을 헐떡이며 죽어가는 윤국은 헤겔이 그의 『역사철학』에서 "역사를 인민의 행복, 국가의 지혜, 개인의 미덕이 모조리 희생되어 왔던 도살대(屠殺臺)와 같은 것으로 여기면서, "이 엄청난 희생이 도대체 어떤 원칙, 어떤 궁극적인 목표를 위해 바쳐졌는가"며 이에 대해 "의 문을 제기하면서"[5] 이상향을 구현하려 했던 자들을 힐난했던 것을 떠올리고 있다. 윤국은 자신 또한 사회주의 나라라는 이상향을 실현하기 위해 '엄청난 희생'을 초래했던 무모한 인간들 가운데 한 사람에 불과한 것이 아닌지 하고 깊은 회의에 빠진다. 아니, 자신이 선택한 사회주의가 옳지 못한 '원칙'이며, 이 사상을 실현할 '인민의 나라'를 세우기 위해 이 최후의 순간까지 자신을 바치고 있는 것이 정녕 '허망한 정열'[6]에 불과한 것이 아닌지 하고 스스로에게 묻는다.

하지만 그는 고개를 옆으로 흔들며 그것은 '허망한 정열'이 아니라고 스스로에게 다짐한다. 홍이가 한때 범석에게 사회주의자 "그들의 정열은 그야말로 깨끗하고 순결"하다 했듯(제5부, 제2권, 324쪽), 자신의 정열도 그러하다고 스스로에게 말한다. 윤국은 자신의 피맺힌 지금의 죽음은 사당패의 딸 숙이와 대지주 서희의 아들인 자기가 어떠한 차별 없이 서로 사랑할 수 있고, 똑같이 동등한 대접받을 수 있는 그런 평등한 사회를 이루려는 '그야말로 깨끗하고 순결한' 정열에서 연유한 아름다운 죽음이라 믿고 있다.

호르크하이머는 "타자는 늘 위험에 처해 있다"[7]고 했다. 레비나스는 "모든 사람이 메시아다"[8]라고 했다. 레비나스는 고통받고 있는 타자, 늘

---

5) G.W.F. Hegel, *The Philosophy of History*, J. Sibree 옮김 (New York: Dover, 1956), 21쪽.
6) 이 용어는 '실록대하소설'이 그 표제인 이병주의 작품 『지리산』에서 나온다. 그는 철저히 우익의 관점에서 사회주의 운동에 뛰어들어 이에 자신을 바친 지리산 빨치산들을 일컬어 '허망한 정열'의 희생자라 하고 있다. 이병주, 『지리산』 (파주: 한길사, 2006), 6: 36쪽, 63쪽. 그러나 이현상과 지리산 빨치산들의 이념과 그들의 이념에 바탕으로 한 그들의 행동의 순수성과 진지성에 대해서는 안재성, 『이현상 평전』, (서울: 실천문학, 2007)을 참조할 것. 이 저자에게 그들은 결코 '허망한 정열'의 희생자들이 아니었다.
7) Max Horkheimer, "The Authoritarian State," *The Essential Frankfurt School Reader*, Andrew Arato와 Eike Gebhardt 공편 (New York: Continuum, 1982), 102쪽.

위험에 처해 있는 타인들을 위해 절대적이고 무조건적인 책임을 지고, 그들과 함께 공동체에서 "공평한 삶(une vie équitable)을 살아가고자 하는 어려운 과업"[9)]을 떠맡는 자는 모두 메시아라고 했다. 레비나스와 동일한 인식을 가졌던 윤국은 자신과 지리산의 빨치산 동지들은 역사의 구원을 가져올 희망의 전사(戰士), 혁명적인 '메시아'라고 생각했다. 그러나 지금 윤국은 모든 희망을 무망의 절망으로 남겨둔 채 피를 쏟으면서 쓸쓸히 죽어가고 있다.

　동족 간에 수백만 명의 사상자를 가져온 전쟁이 그치고 휴전이 된다. 양현으로부터 일본천황의 항복선언을 전해 듣고 서희는 그 순간 "자신을 휘감은 쇠사슬이 요란한 소리를 내며 땅에 떨어지는 것을 느꼈다"(제5부, 제5권, 395쪽). 그 선언은 조국의 해방만이 아니라 사적으로는 개인적인 절망으로부터 오는 그녀의 해방을 담보하는 것이기 때문이었다. 감옥에 있는 남편 길상, 학병으로 자원입대한 둘째아들 윤국의 귀환이 현실화될 수 있기 때문이었다. 그러나 지금은 상황이 다르다. 전쟁이 그치고 휴전이지만, '자신을 휘감은 쇠사슬이 요란한 소리를 내며 땅에 떨어지는 것'은 그녀에게 불가능하다. 남편 길상의 귀환, 아들 윤국의 귀환, 그 어느 것도 성취될 수 없기 때문이다.

　우리는 작품 『토지』가 끝난 이후의 사태는 호메로스의 『일리아스』의 마지막 24편 이후의 비극적인 사태를 그대로 반복하고 있다고 지적했다. 『일리아스』의 마지막은 트로이아의 백성들이 도성에 모여 헥토르의 죽음을 애도하며 그를 매장하는 것으로 마무리되었다. 헥토르를 위한 애도의 장례가 그에게 주어진 "혜택"이기 때문에, 어떤 의미에서 작품의 결말은 일종의 '해피엔딩'이라 할 수 있다. 그리스와 트로이아 양편에 숱한 전사

---

8) Emmanuel Levinas, *Difficile liberté: Essais sur le judaisme* (Paris: Éditions Albin Michel, 1963), 120쪽.
9) 같은 책, 101쪽.

들이 매장당하지 못한 채 비참하게 누워 있는 것을 보면, 헥토르에게 그것은 "축복"이다. 매장당하지 못한 채 개들과 새들의 먹이가 되어버린 숱한 전사들의 비참한 운명이 "전체로서 이 서사시를 관통하는 '주제'이기" 때문이다.[10]

그러나 '축복'으로 끝난 헥토르의 장례 이후의 사태는 역설적이게도 너무나 비극적이었다. 희망과 환희로 끝나는 『토지』는 그 서사시에서처럼 역설적이게도 그 후에 전개되는 사태가 비극적일 수밖에 없음을 불길하게 예고하고 있다. 마치 '그리스 비극'에서처럼 과거는 현재를, 이 현재는 또 한편 미래를 지배하는, '운명적인' 세계관이 이 작품을 관통하고 있기 때문이다.

작품에서 작가는 이 나라뿐 아니라 최 참판가의 사람들, 그리고 최 참판가와 연관된 모든 사람이 시대와 더불어 "운명적으로 깊이 연결되어"(제5부, 제2권, 288쪽) 있음을 강조한다. "만일에 최 참판댁 청상 윤씨 부인이 동학의 장수 김개주에게 유린당하여 김환이라는 어둠의 자식을 낳지 않았더라면 김강쇠는 숯을 굽고 화전을 부치고 광주리나 엮으며 무식한 산놈으로 살았을 것이다"(제5부, 제2권, 288쪽). 따라서 "항일의, 자국마다 선혈인 그 길"을 택했던 "김환의 그림자로서 그가 떠난 뒤에도 중천에 사무친 그의 한을 짊어지고 따가운 뙤약볕을, 스산한 바람 속을 걸으며 살인도 불사"하지 않았을 것이다(제5부, 제2권, 289쪽).

"만일에 영락한 무반의 후예 김평산이 최 참판댁 당주 최치수를 살해하지 않았더라면 칠성이 연루되어 처형되지 않았을 것이며 칠성의 아내 임이네를 용이는 절망적 욕정으로 탐했을 리 없고 따라서 홍이는 이 세상에 태어나지 않았을 것이다"(제5부, 제2권, 288쪽). 따라서 태어나지 않

---

10) Robert Pogue Harrison, *The Dominion of the Dead* (Chicago: U of Chicago Press, 2003), 146쪽.

앗더라면, 홍이는 서희와 간도땅으로 동행했던 아비 용이를 따라 "항일의 기운이 팽배해 있던 간도땅"(제5부, 제2권, 289쪽)으로 가지 않았을 것이고, 그곳에서 훗날 조국의 광복을 위해 함께 독립운동에 뛰어들자고 다짐했던 상의학교 친구 공산주의자들 두메와 정호를 만나지 않았을 것이다.

최 참판가의 계집종 귀녀가 최치수의 후사를 잇는 아들을 낳아 면천을 얻고 집의 안주인이 되기 위해 김평산·칠성과 공모하여 치수를 죽이는 일에 가담하지 않았더라면, 그녀는 칠성의 아이를 임신하지 않았을 것이며, 따라서 감옥에서 미래에 혁혁한 공산주의자가 되는 핏덩어리 두메를 낳지 않았을 것이다.

정한조가 최 참판가의 재산을 탈취한 최치수의 재종형 조준구에 의해 폭도라는 누명을 쓰고 왜 헌병에 총살당하지 않았더라면, 아비의 원수를 갚기 위해 석이는 독립운동에 뛰어들지 않았을 것이고, 만주에서 사회주의자로 성장하지 않았을 것이다.

"만일에 극악무도한 친일파 조준구가 최 참판댁을 집어삼키지 않았더라면" 송관수에게는 "그 집을 습격할 계기는 없었을 것이며 송관수가 산으로 들어가 의병으로 쫓기는 신세, 백정네 집에 몸을 숨겨야 할 이유가 없었고 백정네 딸…… 영선네와 혼인하지 않았을 것이다. 따라서 영광이 세상에 태어나지도 않았을 것이다"(제5부, 제2권, 288~289쪽).

길상이 연곡사 우관 스님에 의해 심부름꾼으로 최 참판가에 보내져 여기서 소년시절을 보내지 않았더라면, 서희를 따라 간도에 가지 않았더라면, 서희와 부부로서의 인연을 맺지 않았을 것이며, 일제 치하에서 민족의식에 눈뜨고, 후에 투철한 사회주의자가 된 윤국이도 태어나지 않았을 것이다.

우리가 '환희'와 '희망'에 대한 전망으로 끝난 작품 『토지』가 그 후의 사태가 비극적일 수밖에 없으리라 가정하고, 그 후의 사태를 나름대로 이야기를 전개하면서 이 작품의 근본주제를 '귀환의 비극성'이라 규정한 것은 현재는 과거에 의해 지배되고, 미래 또한 현재에 의해 지배된다는 작가의 비극적인 운명관에 터했기 때문이다.

이는 작가에 의해서도 확인되고 있다. 몇 해 전 하동 평사리에서 개최된 '토지문학제'에 참석했던 작가 박경리는 '지리산의 한(恨)'에 대해 강연했다. 그녀에게 "오랜 옛적부터 지리산은 사람들의 한과 슬픔을 함께 해왔으며, 핍박받고 가난하고 쫓기는 사람, 각기 사연을 안고 숨어드는 생명들을 산은 넓은 품으로써 싸안았고 동족상쟁으로 피 흐르던 곳"이었다. 지리산의 '한'에 대해 이야기하다 작가는 "별안간 목이 메이고 눈시울이 뜨거워졌다. 예상치 못한 일이 내 안에서 벌어졌던 것이다. 세월이 아우성치며 달겨드는 것 같았다. 둑이 터져서 온갖 일들이 쏟아져 내리는 것 같았다. 아아 이제야 알겠구나. 『토지』를 쓴 연유를 알겠구나. 마음속으로 울부짖으며 나는 다시 말을 이어나갔다"고 밝히고 있다.[11]

증오와 분노

프로이트는 사랑보다 더 오래된 것이 증오라 했다. 작중인물 권필응의 입을 빌려 작가는 "사람이 미치듯이 역사라는 것도 때론 미치니까"(제2부, 제4권, 73쪽)라고 했다. 동학혁명운동이나, 지리산의 빨치산 투쟁도 어떤 의미에서 '증오'를 바탕으로 한 것이었으며, 혁명의 원동력인 '증오'의 춤에 맞춰 '역사'는 미친 듯 춤을 추었던 것이다. 발터 벤야민은 그의 글 「역사철학 테제」에서 혁명을 "과거로 향하는 호랑이의 도약"이라 했고, 증오와 희생정신에 불타는 프롤레타리아트의 혁명의식은 미래 후손을 억압에서 해방시킨다는 이상에 의해서가 아니라 억압받고 착취당한 선조에 대한 기억에 의해 자라나는 것이라고 했다.[12]

---

11) 박경리, 「서문」, 『토지』 (서울: 나남, 2002), 제1부, 제1권, 14~15쪽.

지리산의 빨치산의 대부분은 '억압받고 착취당한 선조'의 후손이었다. 김환의 아버지 김개주가 "등불"이 되어주었던 "조선 오백 년" 동안 "핍박받아온 백성"(제2부, 제4권, 61쪽)의 후예인 그들이 '혁명의식'과 '희생정신'에 불타고 있었던 것은 그들의 선조에 대한 아픈 '기억'을 떨칠 수 없었기 때문이었다. 그들의 "반역의 피"는 그들의 선조의 "진실이요 소망"이었고, 그것도 피억압자들의 "수백 수천의 소망"(제2부, 제4권, 61쪽)이었기 때문이었다. 핍박받아온 선조의 '고통의 역사'를 망각 속에 그대로 팽개칠 수 없었으므로, 그리고 자신들에게도 그리고 후손에게도 대대로 이어질 수 있는 고통의 역사를 그대로 받아들일 수 없었으므로 그들은 혁명의 대열에 뛰어들었던 것이다.

그들의 혁명의식은 무엇보다도 '분노'에서 출발한 '증오'에 터하고 있었다. 고대 그리스 역사가 투퀴디데스는 도시국가 코르퀴라 내전의 중심에는 '분노'가 자리하고 있었음을 보았다. 그에게는 이 도시국가를 파괴한 것이 다름 아닌 '분노'였다. '정의' 등 어떠한 도덕 원리도 이 내란에는 개입되지 않았으며, 분노에 미쳐 이 도시국가는 파괴되었다는 것이다.[13] 아테나이를 파국으로 치닫게 한 것이 전염병이었다면, 코르퀴라를 파국으로 치닫게 한 것은 분노였다는 것이다.

조선 500년뿐 아니라 지금껏 핍박받아온 백성을 해방시켜 이 백성이 주인이 되는 '인민의 나라'를 세운다는 이념에 혹해 애초에 그 후예들이 미친 듯 투쟁의 대열에 뛰어들었던 것은 아니다. 그들이 그 대열에 뛰어들었던 것은 그들의 할아비, 아비가 인간 이하의 모욕과 천대를 받았던 치욕적인 역사를 더 이상 용납할 수 없다는 그들의 '원한' 아니, 그들의

---

12) Walter Benjamin, *Gesammelte Schriften*, Rolf Tiedmann과 Hermann Schweppenhaüser 공편 (Frankfurt am Main, Surkamp, 1972~89), 1: 701쪽, 700쪽.
13) 투퀴디데스, 『펠로폰네소스 전쟁사』, 3.85.1.

'분노' 때문이었다. 작품 『토지』에서 강쇠의 "마음속 깊은 곳에 김환이 살아 있는 것도 너와 내가 아닌 우리가 채울 수 없는 공통의 소망과 목마름 때문"(제4부, 제2권, 152쪽)이라는 표현이 나온다. 자신의 선조와 자신의 자존(自尊)이 회복되는, 아직까지 채워지지 않는 이 '공통의 소망과 목마름' 때문에 그들은 피맺힌 '분노'를 이 목마름에 쏟으면서 역사를 '미치게' 했던 것이다.

아리스토텔레스는 일체의 이성적인 고려가 배제되어 있기 때문에 분노는 증오보다 더 무섭고 더 위험하다고 했다.[14] 지리산 빨치산의 혁명투쟁에서 그들을 주도하고 압도했던 것은 핍박받고 착취받아온 '인민'의 나라를 세운다는 이념이 아니었다. 그들이 추위와 굶주림 속에서 총을 놓지 않았던 것은 자신들의 삶이, 조상의 삶이 짓밟힌 역사에 대한 분노 때문이었다. 분노와 증오, 이 격렬한 감정이 그들의 투쟁에서 이념을 압도했으며, 이념보다 훨씬 앞서 있었다. 그 감정에 견주면 이념은 '허상'에 불과했다. 분노와 증오라는 격한 원한의 감정이 '허무'의 피를 쏟았던 것이 지리산의 비극이다.

작가는 그 강연에서 이어 지리산을 "한과 눈물과 핏빛 수난의 역사적 현장"이라 규정하고, "호수의 수면같이 아름답고 광활하며 비옥한 땅" "악양평야"를 가리키면서 지리산의 이러한 역사적인 현장이 아닌, "풍요를 약속"하는 "이상향"을 세우자고 했다. "고난의 역정을 밟고 가는 수없는 무리. 이것이 우리의 삶의 모습이라면 이상향을 꿈꾸고 지향하며 가는 것 또한 우리네 삶의 갈망이다. 그리고 진실이다"[15]라고 했다. 그렇다면 작가가 갈망하는 이상향의 터가 되고 있는 것은 무엇인가. 그것은 '연민'이다.

---

14) 아리스토텔레스, 『정치학』, 5.1312b 28~29.
15) 박경리, 앞의 글 「서문」, 15쪽.

이상향

한때 환국이는 부친 길상에게 "연민의 정도 애정입니까?" 하고 물었다. 이에 길상은 "그렇다"며 불교의 "대자대비를 한번 생각해보아라"며 "연민은 순수한 애정의 출발 아니겠느냐? 젖을 물리는 어머니의 마음도 연민일 것이다. 사별의 슬픔도 다시 못 보는 슬픔보다 연민의 슬픔일 때 그것은 훨씬 더 진한 것일 것 같구나"(제4부, 제4권, 178~179쪽; 제5부, 제2권, 28~29쪽) 했다.

윤국이가 진주고보 재학 중 광주학생사건의 연관인 동맹휴학 사건으로 무기정학을 받고 방황하면서 민족의식에 눈을 뜨고 있었을 때, 그는 섬진강 강가 빨래터에서 처음 본 사당패의 딸 숙이를 좋아하게 되었다. 아버지와 동생 몽치의 생사를 모르는 채 그들과 불식간에 헤어져 어릴 적 평사리 주막집 영산댁에 맡겨져 양녀로 자라던 숙이는 그 신분과 처지에서 평사리 대지주 서희의 아들 윤국의 애정의 대상이 될 수는 없는 것이었다. 그러나 윤국은 "거짓이 없고 착한 마음"을 가진 그녀가 "귀하고 아름답게 보"여 그녀를 좋아했고, "아버지와 동생을 잃어버린, 그애의 슬픔"을 자신의 "슬픔"(제4부, 제2권, 277쪽)처럼 아파했다.

주막집 처자를 자주 만난다는 것을 알게 된 서희가 윤국을 나무라자, 윤국은 "언제였던지, 다리 하나가 망가진 비둘기를 본 적이 있지요. 절룩거리며 거의 외다리로 모이를 찾아 헤매는 비둘기, 그것을 보셨다면 어머님도 마음이 아프셨을 것입니다. 어떻게 다 같은 비둘기로 태어나서 그 비둘기는 고통스럽게 살아가야 하는지요"(제4부, 제2권, 277~278쪽) 하며 숙이를 고통스럽게 살아가는 비둘기에 비유하면서 자신의 애타는 심중을 어머니 서희에게 토로했던 것을 일찍 인용했던 바 있다. 불교에서 '대자대비'를 이야기할 때, 대자대비는 바로 윤국의 이런 마음이며, 이런 마음이 다름 아닌 '연민'이다.

길상은 환국에게 '연민은 순수한 애정의 출발'이라 했다. 한 점 티 없는 순수한 사랑이 '대자'(大慈)라면, 다 같은 비둘기로 태어났지만 그중의 하나가 다리가 망가져 절룩거리며 외다리로 모이를 찾아 헤매는 것을 보았을 때, 고통스럽게 살아가는 그 비둘기의 고통을 윤국처럼 '나'의 고통으로 받아들이는 것, 그리고 숙이의 '슬픔'을 '나'의 '슬픔'으로 받아들이는 것, 이것이 '대비'(大悲)다. '타자의 고통'이 '나의 고통'이 되는 것, 이것이 '대비'의 핵심이다.

오가다가 자신이 아비인 줄 모르는 어린 쇼지에게 나중에 무엇이 되고 싶은지를 물었을 때, 아들 쇼지는 "산지기"가 되고 싶다며 "산에 사는 동물들을 도와주려구요. 돈 많이 벌어서 배고프지 않게 모이도 나누어주고요", 그리고 "불쌍해서요. 겨울에 참새들이 울타리에 앉아서 우는 걸 보면 너무 너무 불쌍해요. 철새들도 먼 남쪽 나라까지 가려면 날개가 찢어지지 않을까 싶어서 눈물이 나요"(제5부, 제2권, 230쪽) 했다. 힘든 겨울을 피하기 위해 머나먼 남쪽 나라까지 날아가는 참새들이 세찬 바람을 이기지 못해 날개가 찢어지지 않을까 걱정하면서 그 참새들이 당할 고통을 자신의 고통으로 받아들이고, 그들의 운명을 불쌍히 여기며 눈물을 흘리는 것, 그리고 윤국처럼 "많은 사람을 위해 뜨거운 눈물을 흘리는 것"(제4부, 제2권, 278쪽), 많은 사람의 고통을 자신의 고통으로 받아들이고, 그들을 위해 자신을 바치는 것, 이것이 '대비'이자 '연민'이다. "사람에게 가장 강한" 본능이 "생존본능"이라면, 이 본능 "보다 강한 것"이 "생명에 대한 연민"(제5부, 제1권, 127쪽)인지 모른다. 절대적인 희생이 삶의 전부가 되고 있는 "어머니의 사랑"이 이를 입증하기 때문이다. '어머니의 사랑'처럼 "그 생명에 대한 크나큰 연민"이 바로 "불교에서 말하는 대자대비"(제5부, 제1권, 127쪽)이다.

'이상향'의 근원은 이 '대비', 이 '연민'에서 출발해야 한다는 것이 작가의 인식이다. 작가는 오가다와 같은 "그런 사람이 있기 때문에 우리도 희망을 잃지 않고 사는 거 아니겠어?"(제5부, 제3권, 27쪽)라고 할 만큼, 전쟁 등, 온갖 악행을 합리화시키는 이데올로기로 작동하는 '국가'나 '민족'이라는 관념을 냉소적으로 바라볼 뿐 아니라, 국가나 민족 자체를 인정하지 않고(제5부, 제4권, 120쪽), "인간만을 인정"하면서 인간이 하나가 되는 세계를 꿈꾸는 "이상주의자"(제4부, 제1권, 175쪽) 오가다의 아들답게, 겨울 참새들의 고통스러운 운명을 불쌍히 여기며 슬피 눈물을 흘리는 쇼지에게서 "영롱한 생명"을 발견했고, "이 영롱한 생명은 세상을 밝혀줄 것이다"(제5부, 제2권, 228쪽)라고 했다.

김환은 강씨에게 "사람이란 밥 세 끼 때문에 탐하지 않아. 꾸미는 것이 욕망의 목표가 된다. 그렇게 되면 너도 나도, 허상을 향해 뛰고 싸우고 인성(人性)이 타락한다"(제3부, 제1권, 300쪽)고 했다. 사람들은 처음에는 아주 본능적이고 근원적인 욕망인 '밥 세 끼 때문에' 싸운다. 그러나 그것으로 그치는 것은 아니다. 그 욕망에 더하여 다른 욕망이 생겨난다. 그 꾸며진 욕망의 유별한 형태 가운데 하나가 이데올로기다. '해방'이다 '자유'다 '평등'이다 하는 현란한 모습으로 가장하고, 그것은 때로는 진리 그 자체, 정의 그 자체로 탈바꿈한다. 작가에게 일체의 사상, 일체의 이데올로기는 "인생에 있어서 무장(武裝)에 불과한 것"이지 "인생 자체는 아니다"(제4부, 제3권, 31쪽). 인생 자체가 아니기 때문에 그것은 '허상'일 수 있다.

작가는 그 강연을 "지리산의 수난은 아직 끝나지 않았다······. 산은 신음하고 상처투성이다."[16] '넓은 품으로' 모든 생명을 싸안았던 지리산은 "도시 인간들"에 의해 죽임을 당해 "산짐승들"도 "식물"들도 "생명수"도 소멸되어가고 있으며, "소멸의 시기는 눈앞으로 다가오는데 삶의 의미는 멀고도 멀어 너무나 아득하다"며 탄식을 내뱉는 것으로 끝마쳤다.[17] 동

---

16) 같은 글, 16쪽.

족 간의 싸움을 통해 숱한 '생명'의 피를 보았고, '사람들의 한과 슬픔을 함께 해왔'던 지리산의 '비극'은 인간이 자신을 '우주의 주인'이라는 '허상'을 만들고 이런 오인으로 인해 자연 전체, 아니 생명 전체를 해(害)하는 것으로 확대되고 있다. 소설가 박태순은 지리산을 일컬어 "토벌과 도벌로 얼룩진 울음의 산"[18]이라 했다.

과거는 '토벌'(討伐)로서 '인간'이라는 '생명'이 무참히 죽음을 당했듯, 지금은 또 다른 형태의 토벌과, 그리고 '도벌'(盜伐)로서 '동물'을 포함한 모든 '생명'이 무참히 죽음을 당하고 있다. 2001년 프랑크푸르트에서 '프랑크푸르트 아도르노 상'의 수상연설에서 데리다는 동물의 지배와 동물의 폄하를 펼치는 칸트식 윤리에 대한 아도르노의 비판을 상기시키면서 칸트에게 "인간이 동물과 유사하다는 것 이상 더 혐오스러운 것은 없기 때문에", 그에게 "자연의 지배는 동물을 적대시하는 데로 향하는 것"이라고 말한 바 있다.[19] 계속해서 그는 칸트의 관념론에서 동물을 취급하는 자세와 나치 독일에서 파시스트들이 유대인들을 취급하는 태도 간의 유사성을 지적한 아도르노[20]를 상기시면서 "실제로 동물들은 유대인들이 파시즘 체계에서 행한 역할을 관념론 체계에서 똑같이 행하고 있다"[21]고 지적했다. 파시스트들이 유대인들을 '동물'과 동일시하여 그들을 참살했듯이, 동물들은 '동물'이니까 참살의 대상이 될 수밖에 없는 최하의 존재로 인식되었기 때문이라는 것이다.

데리다는 어느 한 책에서 제레미 벤담의 말을 인용하면서 "동물은 괴로워할 수 있는가"(peuvent-ils souffrir) 하고 묻는다.[22] 아리스토텔레

---

17) 같은 글, 16쪽.
18) 박태순, 『나의 국토 나의 산하—나의 국토 인문지리 1』 (파주: 한길사, 2008), 156쪽.
19) Jacques Derrida, *Fichus: Discours de Francfort* (Paris: Gallimard, 2002), 55쪽.
20) Theodor W. Adorno, *Negative Dialectics*, E.B. Ashton 옮김 (New York: Seabury Press, 1973), 299쪽.
21) Jacques Derrida, 앞의 책, 55~56쪽.

스·데카르트·하이데거 등 이전의 철학자들은 동물은 사유할 수 있는가 또는 언어를 사용할 수 있는가에 대해 관심을 가졌지만, 데리다는 동물이 인간과 마찬가지로 괴로워할 수 있는가에 관심을 가졌다. 데리다는 동물도 인간과 마찬가지로 하나의 '생명'이기 때문에 그들의 '타성'(他性)이 인정되어야 하고, 인간과 마찬가지로 괴로움을 경험하는 존재이기 때문에 고통받는 인간과 마찬가지로 그들도 동정과 연민을 받아야 할 존재라는 것이다. 나치가 유대인을 참살했던 그대로 지금 인간은 또 다른 모습의 '나치'가 되어 '동물'을 비롯한 자연의 모든 생명을 그들이 단지 '인간'이 아니라는 이유 때문에 거침없이 참살하고 있다.

'풍요를 약속'하는 '이상향'은 '너무나 아득'한 것처럼 보인다. 정신분석은 우리에게 욕망은 끝이 없는 것이라고 가르치고 있다. 정신분석학자 라캉이 밝혀주었듯, "욕망의 전차는 브레이크와 종착지가 없다."[23] 박경리도 "욕망의 완성은 없다. 그것은 인간의, 생명의 불행인 동시 축복이다. 종말이 없는 영원의 연속이기 때문이다"(제5부, 제5권, 230쪽)이라 말한다. 욕망이 결코 완성되는 것이 아니라면, 이상향과 유토피아 역시 결고 성취될 수 있는 것은 아니다. 욕망은 단지 '연기'될 뿐이기 때문이다. 이 때문에 '역사'는 언제나 우리에게 아픈 '상처'를 남긴다. 그러나 아픈 상처를 남기기 때문에, 역사는 또 한편 우리에게 유토피아를 향한 욕망을 남긴다. 역사와 유토피아 간의 이 긴장의 논리 때문에 우리는 늘 깨어 있는 것이다.

'귀환의 비극성'을 예고한 작품 『토지』는 호메로스의 『일리아스』처럼 개인의 비극적인 운명뿐 아니라 국가의 패망, 이에 얽힌 민족의 숱한 비극적인 운명을 노래한 비가다. 발터 벤야민은 "대작은 장르를 수립한다

---

22) Jacques Derrida, "L'animal que donc je suis," *L'animal autobiographique* (Paris: Gallimard, 1999), 278쪽.
23) 김상환, 『니체, 프로이트, 맑스 이후』 (파주: 창작과비평사, 2002), 80쪽.

든가 아니면 이를 폐기한다든가 할 것이다. 그리고 완벽한 작품은 이 두 개를 다 행할 것이다"[24]라 말한 적이 있다. "우리 소설사에서 처음 출현한 새로운 소설"[25] 『토지』는 장르를 수립하기도 하고, 이를 폐기하기도 한다. 아니 이 두 가지를 동시에 행하고 있다. '문학'(文學, litteratura)이라는 문학 고유의 '본래' 의미를 구현하고 있다는 점에서, 『토지』는 호메로스의 『일리아스』처럼, 민족의 수난과 여기에 얽혀 있는 개인의 비극적인 삶과 그들의 운명을 노래하는 '역사서'이기도 하고, '백과전서'이기도 하고, '소설'이기도 하고, '서사시'이기도 하고, 개인의 '자서전'[26]이기도 하다. 이 작품은 이 전체를 포괄하고 있으며, 그밖의 어떤 장르의 개념도 개입하기를 원치 않고 있다. 그러나 이 전체를 아우르면서도 이 전체를 관통하고 있는 것은 무엇보다 숱한 '한'과 슬픔을 안고 살았고, 또 죽어간 인간들의 삶에 대한 '애도'다. 그들의 삶에 바치는 '비가'다.

하지만 이것이 『토지』가 우리에게 남기는 모두이자 마지막일 수는 없다. 역사가 미쳐 날뛸 때, 우리의 '한'은 더욱 슬프게 춤춘다. 그러나 마지막까지 '연민'의 줄은 놓치지 않는다. '지리산의 한'에 대한 강연에서 작가는 『토지』의 "기둥"을 악양면 평사리에 세운 것은 자신의 "의도"가 아니었으며 자신은 "누군가의 도구"로서 그 기둥을 세웠던 것 같다면서 "전신이 떨렸다. 30여 년이 지난 뒤에 작품의 현장에서 나는 비로소 『토지』를 실감했다"고 했다.[27] 작가가 '누군가의 도구'라 했을 때, 그 '누군가'

---

24) Walter Benjamin, *The Origin of German Tragic Drama*, John Osborne 옮김 (London: New Left Books, 1977), 44쪽.
25) 정호웅, 『한국의 역사소설』(서울: 역락, 2006), 107쪽.
26) 내가 '자서전'이라 일컫는 것은 아우구스티누스의 『참회록』에 관한 저서의 「서문」에서 '자서전'은 "주관적 의식의 매체로서뿐만 아니라 외적, 객관적인 역사……의 기록문서로서" 역할을 하는 것이라고 개념을 정리한 Eugene Vance, *Marvelous Signals: Poetics and Sign Theory in the Middle Age* (Lincoln: U of Nebraska Press, 1989), 1쪽의 견해를 따르기 때문이다.

는 신과 같은 어떤 단독자가 아니라 살아 있는 생명체 전체를 가리킨다. 그녀는 살아 있는 모든 생명체의 '도구'가 되어 "아름다운 세상", 즉 인간의 생명뿐 아니라 "모든 살아 있는 생명체의 가치를 존중하는 세상, 생명체들이 지닌 고유한 가치를 인정해주는 세상"[28], 그리고 한때 '풍요를 약속한 이상향'이었던 악양 평사리 같은 '광활하며 비옥한 땅'을 우리 모두에게 다시 꿈꾸기를 노래하고 있다.

마르셀 프루스트는 "진정한 낙원은 우리가 잃어버린 낙원이기 때문에"[29]라는 표현을 썼다. 잃기 전까지는 낙원이 아니라는 것이다. 잃었기 때문에 낙원이라는 것이다. 한때 풍요를 약속했던 '광활하며 비옥한 땅', 지난날의 악양 평사리와 같은 이상향은 잃었지만, 잃었다는 그 사실 때문에 우리에게 그것은 이상향으로 남아 있는 것이다. '욕망의 완성이란 없다'는 작가의 말처럼, 이상향은 끊임없이 바랄 수밖에 없는 것일지도 모른다.

그러나 그것이 성취되기에는 너무나 '아득한', 아니 전적으로 불가능한 것이라 하더라도, 이룰 수 없는 것을 향한 '욕망'이야말로 작가의 말처럼 우리에게 또 한편 '축복'인지 모른다. 우리는 다시 '아름다운 세상'을 꿈꾼다. 모든 살아 있는 생명체에 대한 '연민'이 그 터가 되는 '아름다운 세상'을.

---

27) 박경리, 앞의 글, 「서문」, 14쪽.
28) 김영민, 「박경리의 문학관 연구 – 고통과 창조, 그리고 생명의 글쓰기」, 『『토지』와 박경리 문학』 한국문학회 엮음 (서울: 솔, 1996), 221쪽.
29) Marcel Proust, *Remembrance of Things Past*, G.K. Scott Moncrieff와 Terence Kilmartin 공역 (London: Penguin Books, 1985), 3: 903쪽.

7

호메로스의 영웅들
― 귀환의 비극성

불멸의 존재

호메로스의 『일리아스』의 청동(靑銅)시대는 영웅의 시대로 일컬어진다. 또 한편 영웅은 무사(武士)와 "동의어"[1]이기 때문에 무사의 시대로 일컬어지기도 한다. 이러한 시대의 문화에서 가장 높이 평가되었던 덕목은 '힘'과 '명예'였다. 힘은 "영웅의 본질적인 속성"이었고, 명예는 "영웅의 본질적인 목적"이었다.[2] 전장(戰場)에서 공동체를 위해 자신을 바침으로써 "불멸의 명성"(kleos aphthiton, 『일리아스』, 9.413)을 얻는 것, 이것이야말로 호메로스의 『일리아스』의 영웅이 그들의 생애에서 추구할 최고의 목표였다.

영웅은 보통 사람보다 신장이 크고 힘이 강했다. 그들은 아름답기까지 했다. 아킬레우스와 헥트로의 시신을 목격한 이들은 그 아름다움에 경탄을 금치 못했고(『오뒤세이아』, 24.44; 『일리아스』, 22.370~371), "백합같이 흰 살"(『일리아스』, 13.830)을 지닌 텔라몬의 아들 아이아스도 전 그리

---

1) M.I. Finley, *The World of Odysseus* (New York: Viking Press, 1965), 121쪽.
2) 같은 책, 121쪽.

스 전사 중 그 아름다움에서 아킬레우스 다음이었다(『일리아스』, 17.279~ 280; 『오뒤세이아』, 11.550~551). 영웅이 보통 사람보다 신장이 크고 아름다울 뿐 아니라 '힘도 엄청나게 센 것'(『일리아스』, 12.445~448)도 그들이 보다 신에 가까운 존재임을 보여준다. 호메로스의 신은 인간보다 신장이 더 크고 힘이 더 세고(『일리아스』, 21.264) 모습이 더 아름답기 때문이다. 그리고 영웅의 목소리가 보통 사람보다 더 큰 것도 그들이 신에 보다 더 가까운 존재임을 보여준다. 신 하나가 지르는 소리는 9천 또는 만 명의 인간이 지르는 소리와 같을 정도로 크다(『일리아스』, 5.859~861; 14.147~151).

'제우스의 자식'이라든가 '제우스에 의해 양육되었다'든가 '제우스의 사랑을 받는'다든가 또는 '신과 같은' 존재라는 표현이 무엇보다도 흔히 그들에게 따라붙는 것을 보면, 영웅은 보통 사람과 다르다는 것, 그들은 '반쯤은 신과 같은 존재'(『일리아스』, 12.23)임을 말해주고 있다. 그러나 그들이 보통 사람과 달리 신에 가까운 존재라 하더라도, 그들 역시 보통 사람과 마찬가지로 인간에 지나지 않으므로 신과는 전혀 다른 존재다.

인간은 신과 다르다. 인간이 신과 다른 점은 인간은 죽는다는 것이다. 신은 불멸의 옷을 입으며(『일리아스』, 16.670), 불멸의 갑옷과 투구를 지니며(『일리아스』, 17.194), "대지의 열매"(『일리아스』, 21.465), 특히 빵(『오뒤세이아』, 8.222)을 주로 먹는 인간과 달리 불사(不死)의 음식 암브로시아를 먹는다. 그들은 또한 포도주를 마시는 인간과 달리 넥타르를 마신다(『오뒤세이아』, 5.196~199). 신의 불멸성, 이것이 신과 인간의 근본적인 차이다.

호메로스의 『일리아스』에서 아르고스의 왕 디오메데스가 트로이아의 왕자 아이네아스를 죽이려 했을 때, 아폴론은 이를 제지하는 자신에게 무기를 겨누는 그에게 "그대는 자신을 감히 신과 동등하다고 생각지 말라. 불멸의 존재인 신과 땅 위를 걷는 인간은 결코 같은 족속이 아니니라"

(『일리아스』, 5.440~442)고 했다. 또한 아킬레우스가 헥토르와 트로이아 편을 드는 자신을 추격해 공격하려 했을 때, 그에게 "죽음을 면치 못하는 인간인 주제에 어찌 그대는 불사신인 나를…… 추격하느냐?"(『일리아스』, 22.8)라 했다.

디오메데스와 아킬레우스가 아폴론을 공격할 때처럼, 그리고 디오메데스의 창에 부상을 입은 아레스 신이 고통을 이기지 못해 "9천 명 또는 1만 명의 전사들"이 내지르는 "함성" 못지않은 큰소리로 비명을 질러대는 경우처럼(5.859~861), 신과 벌인 싸움에서 인간이 승리를 거두고 신이 패배하는 경우도 있다.

가령 아프로디테가 디오메데스의 공격을 받고 부상을 당한 뒤 수치심에 젖어 있었을 때, 어머니 디오네는 인간으로부터 수치스러운 패배를 겪었던 숱한 신의 사례를 언급하면서 그녀를 위로했다(『일리아스』, 5.381~404). 그러나 디오네는 딸 아프로디테에게 상처를 입힌 디오메데스를 가리키면서 "불사신과 싸우는" "어리석은" 인간은 "결코 오래 살지 못할 것"이라며 강력한 경고를 보냈다(『일리아스』, 5.406~407). 때로는 신들을 패배시키는 강한 힘도 갖고 있지만, 그럼에도 불구하고 인간은 신과 달리 '죽지 않으면 안 된다는 것'(『일리아스』, 12.326~327; 18.115~119; 21.106~110), 이것이 인간의 운명이며, 인간의 한계라는 것이 호메로스의 『일리아스』에 등장하는 부동의 모티프다.

『오뒤세이아』, 일군의 '소서사시', 핀다로스의 시 등에서, 가령 헤라클레스(『오뒤세이아』, 11.601~604; 핀다로스, 『네메아 경기승리가』, 1.69~72; 『퓌테이아 경기승리가』, 9.87~88), 아킬레우스(『오뒤세이아』, 2.79; 핀다로스, 『네메아 경기승리가』, 4.49~50), 메넬라오스(『오뒤세이아』, 4.562~569), 오뒤세우스(『오뒤세이아』, 5.135~136; 209) 등처럼, 인간이 죽지 않는 경우가 더러 있다. 하지만 『일리아스』에서는 제우스의 위대한 아들 헤라클레스도 예외가 아닐 정도로 모든 인간은 죽어 하데스로 간다(『일리아스』, 18.117~119). 이것이 신과 다른 인간의 운명이다.

호메로스의 『일리아스』에 나오는 청동시대 영웅은 인간의 운명은 죽음을 피할 수 없다는 사실을 절감하고 있었다. 그런데도 이들은 신처럼 불멸의 존재가 되고자 했다. 이들은 이를 명예로운 죽음에 따른 '불멸의 명성'을 통해 사람들의 기억 속에 영원히 사는 데서 찾았다. 전쟁터에서 공동체를 위해 영광스럽게 죽음으로써 불멸의 존재가 되는 것, 이것이 호메로스의 『일리아스』의 영웅이 추구했던 삶이다.

트로이아의 동맹군 가운데 가장 훌륭한 전사이자 뤼키아의 왕인 사르페돈은 그의 친구 글라우코스에게, 그리스군과 벌이는 이 싸움을 피하고도 우리가 영원히 늙지도 죽지도 않을 수 있다면, "나 자신도 선두대열에서 싸우지 않을 것"이며, 우리가 뤼키아인의 선두대열에 서서 이렇게 명예롭게 싸우는 것은 "모든 사람이 우리를 신처럼 우러러보는" '영광', 그런 "영광을 높여주는" 영원한 "명예"를 얻기 위한 것이라 했다(『일리아스』, 12.315~328).

전장에서 벌이는 싸움을 통해 '불멸의 명성'을 얻고, 이를 통해 사람들의 기억 속에 영원히 자신을 남기는 것이 영웅의 최대의 소망이었으므로, 전쟁터는 불멸의 존재가 되려는 그들에게 절대적인 장소가 될 수밖에 없었다. 자신의 나라가 전쟁 중이 아니라면, 무사는 싸우기 위해 다른 전선을 찾아 나서지 않을 수 없었다. 트로이아 전쟁에 참가한 사르페돈과 글라우코스는 뤼키아인을 수호하기 위해, 즉 "그들의 공동체를 위해 싸우는 것이 아니라 공동체 내에서 그들 스스로의 위상을 위해 싸우는 것이다."[3] 말하자면 뤼키아인이 그들을 '신처럼 우러러보는' '영광'과 위상을 얻기

---

3) James M. Redfield, *Nature and Culture in the 'Illiad': The Tragedy of Hector* (Chicago: U of Chicago Press, 1975), 100쪽; Hans van Wees, *Status Warrior: War, Violence and Society in Homer and History* (Amsterdam: J.C. Gieben, 1992), 115쪽을 볼 것.

위해 싸웠다. 따라서 전쟁터를 떠나서는, 아니 전쟁터에서 죽음을 전제하지 않고는, 무사는 영웅이나 불멸의 존재가 될 수 없었다.

호메로스의 『일리아스』는 여러 각도에서 읽힐 수 있는 '문제적인' 작품이지만, 청동시대의 영웅의 이러한 운명, 즉 '불멸의 명성'을 얻기 위해 전쟁터를 떠날 수 없는 그들의 운명적인 조건과, 이로 인해 고향으로 돌아갈 수 없고 돌아가서도 안 되는 그들의 '귀환'의 비극성을 다룬 작품이라고도 할 수 있다. 이 대서사시의 주인공인 그리스의 아킬레우스와 트로이아의 헥토르가 이를 표상하는 인물이다.

아킬레우스의 분노

트로이아 전쟁이 일어난 지 10년째 되던 해의 마지막 51일을 다루는 『일리아스』는 시가(詩歌)의 여신 무사에게 "펠레우스의 아들 아킬레우스의 분노와, 그리스인에게 헤아릴 수 없는 고통을 가져다 주었고, 수많은 영웅의 굳센 영혼을 하데스에 보내 개들과 온갖 새의 먹이가 되게 했던 파괴적인 분노를……!" "노래하라"는 것(1.1~5)으로 시작한다. 호메로스는 처음부터 그의 작품 주제가 아킬레우스의 '분노'(mēnis), 즉 그리스인에게 숱한 고통을 가져오고, 수많은 영웅의 비참한 죽음을 불러온 그의 분노임을 밝혀주고 있다. 따라서 아킬레우스의 분노와 그 결과가 작품의 뼈대를 이루고 있다.

호메로스는 아킬레우스가 처음에 어떻게 분노하게 되었는가를 1편에서 소상히 들려주고 있다. 그것은 아가멤논의 그에 대한 모욕에서 연유하고 있다. 그리스군과 동맹군의 총사령관인 아가멤논은 그리스군이 트로이아 도성에서 노획한 전리품 중 아폴론의 사제인 크뤼세스의 딸 크뤼세이스를 자신의 전리품으로 택했다. 사제는 딸을 구하기 위해 많은 몸값을 가지고 아가멤논을 찾아왔다. 그의 손에는 아폴론의 황금 홀(笏)과 화환을 들고 있었다. 아가멤논은 비싼 몸값을 받고 그녀를 돌려주라는 다른 그리스인의 요구를 묵살하고 아폴론의 "홀과 화환도 그대를 돕지 못할 것"(1.28)이라며 사제를 내쫓았다. 이에 대한 보복을 호소하는 사제의 '눈물'의 기도를 듣고 크게 노한 아폴론은 그리스군의 진중에 '역병'을 의미하는 화살을 아흐레 동안 계속 쉬지 않고 쏘아 숱한 사람을 죽였다. "시신들을 태우는 수많은 장작더미가 쉴 사이 없이 도처에서 타올랐다"(1.52).

아폴론의 더 큰 보복을 경고하는 예언자이자 아폴론의 사제이기도 한 칼카스의 뜻을 받아들여 아가멤논은 그 사제의 딸 크뤼세이스를 아버지에게 돌려보내는 대신, 이미 그리스 전사들이 서로 "공평하게 분배했던"(1.368) 전리품 중 아킬레우스의 몫인 브리세우스의 딸 브리세이스를 자신의 몫으로 빼앗았다. 아킬레우스의 분노는 여기에서 출발한다.

아킬레우스는 자신의 전리품을 강제로 취하려는 아가멤논에게, 그가 그리스군의 총사령관이 되어 아내 헬레네를 트로이아의 왕자 파리스에게 빼앗긴 동생 메넬라오스의 복수를 위해 트로이아로 향했을 때, 자기가 이 원정에 참가한 것은 공을 세워 그들 형제를 "기쁘게 해주기"(1.158) 위해서였다고 말한다. 그러면서 그럼에도 불구하고 자신의 호의를 무시하고 자신에게 분배해준 "명예의 선물"(1.161)을 빼앗으려 한다며, 그를 "모든 사람 가운데 가장 탐욕스러운 자"(philokteanōtate pantōn, 1.122)이자 "파렴치한 철면피"(1.158)라고 비난했다. 아킬레우스는 그리스군이 트로이아의 도시를 함락할 때마다 자신은 아가멤논보다 더 열심히 싸우고 더 많은 공적을 이루었는데도, 단 한번도 그와 "동등한 선물을 받아보지 못하고" "보잘 것 없는 물건"만 받고 함선으로 돌아가기가 일쑤였다고 말한다. 그러면서 "여기서 모욕을 받아가며" 그를 위해 싸우기보다는 고향 프티아로 돌아가겠다며 아가멤논에게 격한 분노를 쏟아내었다(1.164~171).

하지만 아가멤논은 아킬레우스가 함선과 뮈르미도네스 족의 전우들을 이끌고 고향으로 돌아간다 해도 그에게 전선에 머물러달라고 간청하지 않을 것이며, 그의 분노에도 개의치 않고 그의 전리품인 브리세이스를 자기 것으로 취할 것이라고 응수했다. 이에 분노한 아킬레우스가 그를 죽여야 하나, 아니면 분노를 잠재우며 마음을 다스려야 하나를 잠시 망설인 뒤, 아가멤논을 죽이려고 넓적다리에서 날카로운 칼을 빼드는 순간, 그에게만 보일 뿐 다른 사람에게는 보이지 않는 아테나가 올륌포스에서 내려와 그의 금발을 잡아당기고 그의 행동을 저지했다. 아테나는 아가멤논을 죽이려는 그의 행동을 저지하는 자신의 행위가, 아가멤논과 아킬레우스 두 사람을 똑같이 사랑하는 제우스의 아내 헤라의 뜻이라고 말한 뒤, 지금 이렇게 그의 행동을 막음으로써 그에게 모욕을 주었지만, "이 모욕적인 행위에 대한 보상으로 언젠가 세 배나 더 빼어난 선물이 그대에게 돌아가게 되리라"(1.213~214)며 위로를 한다.

아테나의 뜻을 받아들여 아가멤논을 죽이려는 것을 멈춘 아킬레우스는, 다시 아가멤논을 향해 아가멤논과 그의 처사를 묵인한 그리스 군사들 모두가 언젠가 "이 아킬레우스를 아쉬워할 날이 반드시 올 것"이며, 숱한 그리스군이 헥토르의 손에 쓰러져도 아가멤논은 "그들을 구하지 못할 것"이며, "그리스인 중 가장 훌륭한 전사"인 자신을 "존중하지 않았던 일"을 뼈저리게 후회하리라는 말을 남기고는, 친구 파트로클로스와 전우들을 데리고 자신의 함선으로 향했다(1.240~244).

아킬레우스가 떠나기 전, 동맹국 퓔로스의 왕인 노장군 네스토르가 그들 간의 불화를 해소하기 위해 개입했다. 그는 아가멤논에게는 그가 비록 위대하다 하더라도 처음부터 그리스 전사들이 브리세이스를 "명예의 선물"로 아킬레우스에게 준 것이니 이 "사악한 전쟁"에서 그리스군을 위해 "큰 방패"가 될 아킬레우스로부터 그녀를 빼앗지 말고 그대로 두라고 충고했다. 그러고는 아킬레우스에게 그가 비록 힘이 강하고 어머니가 여신

일지라도 아가멤논은 제우스가 하사한 왕의 홀(笏)을 가졌기 때문에 그보다 "더 큰 명예"를 부여받았을 뿐 아니라 그보다 "더 많은 사람을 다스리니", 노여움을 거두고 그보다 "더 위대한" 아가멤논에게 대항하지 말라고 충고했다(1.275~284).

그러나 아가멤논은 네스토르에게 아킬레우스는 모두를 자기 아래 두고 명령하려 하는 무례한 자라서 자기에게도 도전을 일삼고 있다며 그의 충고를 받아들이지 않았다. 이에 맞서 아킬레우스도 자기가 아가멤논이 내리는 모든 명령을 따른다면 자신은 쓸모없는 겁쟁이에 지나지 않으니, 다시는 그의 명령을 따르지 않겠다면서 자리를 박차고 나갔다.

아킬레우스는 브리세이스가 그녀를 데리러 온 전령들을 따라 자신의 막사에서 나와 아가멤논이 있는 곳으로 향했을 때 눈물을 쏟아내었다" (1.349). 그는 "잿빛 바다 해변가에 홀로 앉아 끝없이 펼쳐진 바다를 바라보며 두 손을 뻗쳐 들고 사랑하는 어머니에게 열심히 기도했다"(1.350~351). 그의 어머니는 바다의 여신 테티스다. 제우스가 딸 테티스를 강제로 인간 펠레우스와 결혼시켜 낳은 아들이 아킬레우스이다. 아가멤논에게 당한 자신의 모욕을 이야기하며 우는 아들 아킬레우스의 목소리를 바다 깊숙한 곳에서 듣고, 어머니 테티스는 "재빨리 잿빛 바다 속에서 안개처럼 떠오른 후 눈물 흘리고 있는 아들 앞에 앉자, 손으로 그를 쓰다듬고 그의 이름을 부르며"(1.359~361) 그의 이야기를 들었다.

아킬레우스는 어머니 테티스에게 아가멤논에게 당한 모욕을 소상하게 이야기하면서 그녀가 제우스를 찾아가 자신이 당한 모욕을 전하고 제우스로 하여금 그리스군과 싸우는 트로이아를 도와 그리스군을 패배시킴으로써 "그리스인 중에서 가장 훌륭한 전사"인 자신을 "존중하지 않았던" 아가멤논을 고통 속에 빠뜨리게 하고, 그로 하여금 자신을 모욕했던 그의 "어리석음"을 깊이 깨달을 수 있게 해주는 조치를 취해주도록 간청할 것을 애원했다(1.407~412).

테티스는 아킬레우스의 애원을 듣고 제우스가 있는 올륌포스에 올라가 그에게 아킬레우스가 당한 모욕을 전하고, "모든 인간 중에서 가장 일찍 요절할 운명을 타고난"(1.505) 아킬레우스의 "명예를 높여주기를", 그리스인이 아킬레우스를 "존중하고", 그에게 "전보다 더 큰 경의를 표할 때까지는 트로이아인에게 승리의 힘을 내려주어"(1.508~510) 그리스군을 이기도록 해줄 것을 간청했다. 제우스는 딸의 간청을 받아들였다.

제우스는 아킬레우스가 참전하지 않는 전투가 얼마나 무익한가를 깨닫게 해주기 위해 트로이아군의 공격을 받은 그리스 군사들이 자신들의 함선에서 숱하게 죽음을 당할 방법을 찾고 있었다. 그는 자고 있는 아가멤논에게 퓔로스의 왕 네스토르의 모습으로 변장한 사자(使者)를 보내, 그에게 지체 없이 그리스군을 무장시켜 트로이아 도성을 공격할 것을 말하도록 했다. 사자는 꿈속의 아가멤논에게 이 명령은 제우스의 명령이며 올륌포스의 신들도 모두 트로이아의 멸망을 지금 바라고 있으니, 바로 오늘 이때가 공격의 적기라 했다.

잠에서 벌떡 깨어난 아가멤논은 이 거짓말을 진짜로 믿고, 그리스 전사들 모두 소집한 후 전투를 위한 만반의 준비를 갖추라 명했다. 그는 네스토르·오뒤세우스·아이아스·메넬라오스 등 그리스의 최고의 전사를 불러놓은 뒤, 제우스에게 살찐 황소 한 마리를 바치고 승리를 기원하는 기도를 읊었다. 무장을 한 "전사들의 수많은 무리가 함선과 막사에서 스카만드로스의 들판으로 쏟아져 나오자 그들의 발과 말발굽 밑에서 대지가 큰 소리로 무섭게 울렸다"(2.464~466).

올륌포스의 신들은 전사의 모습으로 변장한 채 땅 위에 나타나 그 일부는 그리스인의 편을, 다른 일부는 트로이아인의 편을 들었다. 여신 이리스는 제우스의 뜻에 따라 "모래알만큼 많은"(2.800) 그리스군의 공격을 알려주기 위해 바삐 트로이아 도성으로 향했다. 아가멤논은 수많은 그리스 전사를 이끌고 트로이아 도성의 성벽으로 진군을 하기 시작했다.

트로이아의 왕 프리아모스와 헤카베의 아들인 "위대한"(2.816) 헥토르는, 프리아모스의 다른 아들 폴리테스의 모습으로 변장한 채 그의 목소리로 그리스 대군의 대규모 공격을 알려주는 여신 이리스의 전언을 듣고 트로이아 군사와 동맹군을 소집한 뒤 전군을 지휘했다. 헥토르는 트로이아 도성 앞의 가파른 언덕에 군사들을 배치했다. 서로 마주해 있던 양쪽 군사들은 상대를 향해 전투의 함성을 내지르며 전진했다. 양쪽의 선두대열이 점차 가까워질 무렵, 프리아모스의 아들이자 헬레네의 연인 파리스가 트로이아 군사대열에서 뛰쳐나와, 다른 이들은 이 싸움에 개입하지 말고 그와 헬레네의 전남편 메넬라오스 두 사람만이 서로 겨루어 이기는 쪽이 헬레네와 그녀의 모든 보물을 차지하되, 이것으로 두 나라 사이의 싸움을 종식시키고 화해를 맺는 쪽으로 하자고 제안했다. 메넬라오스는 이에 동의했다. 그리스와 트로이아 양쪽 군사들도 이에 동의했다. 양쪽의 군사들 앞에서 파리스와 메넬라오스는 "서로에게 분노를 쏟으면서 상대방에게 창을 흔들었다"(3.345).

메넬라오스가 좀더 강한 전사였다. 두 사람의 싸움에서 파리스가 패배해 메넬라오스의 손에 죽음을 당하기 바로 직전, 아프로디테가 파리스의 목숨을 구하기 위해 검은 안개로 그를 감싸고는 프리아모스 궁중의 안전한 곳으로 데리고 갔다. 아가멤논은 그리스인과 트로이아인에게 메넬라오스의 승리를 선언하고, 약속대로 헬레네와 그녀의 보물 모두를 돌려줄 것을 트로이아인에게 요구했다.

올림포스에서 트로이아에 호의적인 제우스와 그리스의 편을 드는 헤라 사이의 불화 등, 올림포스 신들 사이에는 10년 동안 계속되는 그리스와 트로이아 간의 지루한 싸움에서 어느 쪽이 승리하는 것이 좋을지를 두고 의견 일치를 보지 못해 심한 분열이 노정되고 있었다. 각자는 자신의 뜻에 따라 인간 세계에 개입하자는 헤라의 제안에 모두 동의했다. 아테나는 트로이아의 훌륭한 전사 라오도코스의 모습으로 변장하고 트로이아의 전사 판다로스에게 나타나, 그에게 메넬라오스를 겨냥해 활을 쏘아 그자를 죽이면 파리스가 그에게 커다란 보상을 할 것이라며 부추긴다. 이는 아테나가 제우스의 뜻에 따라 트로이아인으로 하여금 메넬라오스와 파리스 간에 맺었던 약속을 깨게 하여 그리스인이 다시 전쟁을 일으키도록 하기 위한 것이었다.

판다로스는 메넬라오스를 겨냥해 활을 쏘았다. 아테나는 메넬라오스 앞에 서서 그에게 날아오는 날카로운 화살을 그의 몸에서 살짝 벗어나게 했다. 화살은 갑옷이 겹쳐지는 허리띠를 뚫고 살갗을 조금 스쳐 나갔다. 상처에서 검은 피가 허벅지를 타고 복사뼈로 흘러내렸다. 이를 본 아가멤논은 약속을 깨고 메넬라오스를 죽이려 했던 잘못에 대한 벌로 트로이아 도성을 파괴할 것이라며 그리스군을 다시 전장으로 내몰았다.

그날 판다로스의 무모한 행위로 말미암아 숱한 트로이아인과 그리스인이 목숨을 잃었다. 아폴론은 트로이아의 가장 높은 성채에 서서 트로이아군에게, 아가멤논에 대한 분노로 인해 아킬레우스가 전투에 참가하지 않으니 물러서지 말고 용감하게 싸우라고 북돋우고 있었고, 아테나는 그리스군의 진중을 돌면서 진격을 다그치고 있었다. 이후 전쟁의 신 아레스가 헥토르 편을 들고 있는 것을 본 헤라는 그리스인을 방어하기 위해 나서고 있었다.

그리스인과 트로이아인 간의 격렬한 싸움은 어느 한편으로 기울지 않은 채 계속되었다. "죽이는 자들과 죽는 자들의 비명소리와 환성이 동시에 울렸고, 대지에는 피가 내를 이루었다"(4.450~451). 헥토르는 잠시 틈이 나자 도성으로 들어가 프리아모스의 웅대한 궁전으로 향했다. 그의 어머니 헤카베는 왜 "광포한 싸움터를 떠나 이리로 왔느냐?"(6.254)며 전장을 이탈한 그를 의아해하면서 싸움으로 인해 지쳐 보이는 그의 원기를 북돋아주기 위해 포도주를 권한다. 헥토르는 포도주를 마다하고, 대신 어머니에게 도성의 연로한 부인들을 데리고 아테나 신전으로 가서 그 여신에게 암송아지 열두 마리를 제물로서 바칠 것이니, 트로이아군을 위협하고 있는 "사나운"(6.278) 디오메데스를 물리쳐주도록 간청할 것을 부탁했다. 그러나 그리스 편을 드는 아테나는 자신의 신전을 찾아와 간청하는 헤카베의 호소에 전혀 아랑곳하지 않았다.

헥토르는 아내 안드로마케와 아들이 있는 집으로 향하기 전에 동생 파리스가 사는 아름다운 집을 찾았다. 파리스는 침실에서 방패와 갑옷, 활을 손질하며 윤을 내고 있었고, 헬레네는 하녀 곁에 앉아 수공예 일을 시키고 있었다. 이런 파리스의 모습에 화가 난 헥토르는 그에게 트로이아 전쟁이 일어나 숱한 "사람들이 지금 도성과 가파른 성벽 주위에서 목숨을 다해 싸우다가 죽어가고 있고, 함성과 전쟁이 이 도성 주위에서 활활 타오르는 것도 너 때문이 아니냐"며 그의 태만을 꾸짖은 뒤, "우리의 도성이 머지않아 뜨거운 불길에 싸이기 전에" 일어서서 나가 싸우라고 질책했다(6.327~331).

헥토르는 자기 집으로 향했다. 전세가 트로이아에게 불리하게 돌아가는 것을 알고 전황을 직접 보기 위해 도성의 높은 탑 위로 올라갔던 안드로마케가 그녀를 찾아 나선 남편 헥토르를 만났다. 안드로마케는 그의 손을 잡고 눈물을 흘리며 그가 죽으면 자신과 아들 아스튀아낙스가 비참한 운명을 맞이할 것이라며 싸움터로 돌아가지 말라고 애원했다. 그러나 헥토르는 싸움터에 나가지 않으면 트로이아인에게 비겁자로 낙인찍혀 수치의 대상이 될 것이라 했다. 그러면서 사랑하는 아들에게 입 맞추고는 어린 그를 팔에 안아 어르면서 그가 트로이아인 중 가장 뛰어난 전사로 성장하여 아버지보다 더 혁혁한 공적을 세워 트로이아의 왕으로서 모든 사람에게서 칭송받는 대상이 될 것을 기도한 뒤 전장으로 향했다.

헥토르와 파리스는 성문 밖의 전투대열 속에 들어가 그리스 군사들을 해치우며 승리를 이어갔다. 그리스군의 손실을 염려하던 아테나가 개입하여 그리스군을 도와주려 했을 때 트로이아의 승리를 원하던 아폴론이 이를 제지했다. 아폴론은 그녀에게 헥토르로 하여금 그리스 전사 중 한 사람과 일 대 일로 싸우게 함으로써 양국의 대군끼리 벌이는 싸움을 잠시 중지시키자고 제안했다. 아테나가 이에 동의했다.

예언자 헬레노스가 아테나에게 행하는 아폴론의 제안을 귀담아듣고 이를 헥토르에게 들려주자, 헥토르는 양편의 군사들에게 도전의 뜻을 알리면서 그리스 쪽에 자신과 일 대 일로 싸울 전사를 택해 보내라 했다. 그리고 만일 자신이 죽으면 자신과 대결한 자가 자신의 갑옷과 투구를 가질 수 있되, 자신의 시신은 그대로 남겨두어 트로이아인이 화장할 수 있게 해주고, 상대방이 죽으면 그의 갑옷과 투구를 트로이아로 가져가 아폴론의 신전에다 걸어두되, 시신은 돌려보내 매장하도록 하겠다는 조건도 제시했다.

그리스군에서는 그의 상대로 텔라몬의 아들 아이아스가 제비에 의해 뽑혔다. 헥토르와 아이아스 뒤쪽에서 아폴론과 아테나가 독수리의 모습을 하고 그들의 싸움을 지켜보고 있었다. 서로가 긴 창을 겨누고 여러 시간 겨루어도 승패가 나지 않자, 양편의 전령이 그들 사이에 끼어들어 두 사람 모두 훌륭한 전사로 증명되었으니 어두워지기 전에 싸움을 그칠 것을 재촉했다. 그들의 재촉에 두 전사는 동의했다. 헥토르는 선물로서 아이아스에게 은못을 박은 자신의 칼과 칼집, 가죽 끈을 주었다. 아이아스는 선물로 헥토르에게 자신의 자줏빛 혁대를 주었다. "두 사람은…… 서로 싸웠지만, 다시 화해하고 친구가 되어 헤어졌다"(7.301~302).

저녁이 되자 그리스군과 트로이아군은 그들의 진영으로 돌아갔다. 밤이 지나 아침 해가 떠오르자 양쪽의 수많은 군사의 시신이 즐비하게 누워 있었다. 그리스군 못지않게 트로이아인도 수없이 죽었다. 트로이아인은 "상처에서 흘러내린 핏덩어리를 물로 씻어내고 뜨거운 눈물을 흘리며 시신을 짐수레에 들어올렸다…… 프리아모스가 소리 내어 우는 것을 금했으므로, 그들은 비통한 마음으로 말없이 시신들을 장작더미 위에 쌓아올린 뒤 불로 태우고 나서 성스러운 트로이아 도성으로 돌아갔다"(7.425~429).

그리스군의 커다란 손실을 경험한 아가멤논은 기세등등한 트로이아군의 공격에 의해 더 큰 손실을 당하지 않도록 하기 위해 막사 주위와 함선들 앞에 커다란 방벽(防壁)을 쌓고, 전차들이 통과할 만한 큰 문을 만들고, 방벽을 보호할 도량을 파도록 지시했다. 그러나 제우스는 아킬레우스의 어머니 테티스에게 아가멤논에게서 당한 아킬레우스의 모욕을 자신이 복수해주리라고 했던 약속을 잊지 않고 있었다. 그는 모든 신을 올림포스에 불러 모은 뒤, 그들에게 전쟁에 개입하지 말 것을 명했다. 승리는 트로이아에게로 돌아가기로 되어 있었다. 제우스가 "황금 저울을 높이 펼쳐들고" "저울대의 중간을 잡고 달자, 그리스인의 죽음의 날이 아래로 기울었다. 그리하여 그들의 운명은 풍요한 대지 위로 내려앉았지만, 트로이아인의 운명은 넓은 하늘 속으로 높이 치솟았다"(8.69; 72~74). 제우스가 그리스 군대에 무시무시한 천둥을 치며 번쩍이는 번개를 날려 보내자, 그들은 두려움에 전의를 잃어갔다.

그 다음날 헥토르와 트로이아 군사는 수많은 그리스군을 무찌르며 그들의 진지까지 돌진했고, 마침내 바닷가에 세워둔 그들의 함선을 맹렬히 공격했다. 그리스 편을 드는 제우스의 아내 헤라와 여러 다른 여신들이 그리스 군대의 패배를 묵과할 수 없어 개입하려 했지만, 제우스는 사자(使者)를 보내 그들에게 개입하지 말 것을 경고했다. 공포와 불안, 침통한 분위기가 그리스군의 진중을 휘덮었다. 아가멤논의 두 뺨 위로 눈물이 흘러내렸다. 자신에게 거짓 약속한 제우스를 향한 원망이 커져 갔다. 아가멤논은 아킬레우스를 분노하게 한 자신의 처사를 깊이 뉘우치고, 그와 화해하기 위해 마침내 오뒤세우스·아이아스·포이닉스를 특사로서 그에게 보냈다.

아킬레우스의 오랜 친구인 오뒤세우스와 아이아스, 아기 적부터 그의 스승이자 조언자였던 포이닉스가 전령들을 데리고 아킬레우스의 막사에 당도했다. 그때, 아킬레우스는 싸움에서 전리품으로 얻었던 뤼라로 그의 아픈 "마음을 달래며, 전사들의 명성(klea andrōn)을 노래하고 있었고, 파트로클로스는 그와 마주보고 앉은 채 말없이 홀로" 그의 "노래가 끝나기를 기다리고 있었다"(9.189~191).

오뒤세우스는 아킬레우스에게 분노를 거두고 싸움터에 다시 나선다면 자신에 의해 아직 몸이 더럽혀지지 않은 브리세이스를 그에게 돌려줄 뿐 아니라 세발솥 7개, 황금 10탈렌트, 가마솥 20개, 경주에서 상을 탄 힘센 말 12마리, 공예에 능한 여인 7명을 줄 것이며, 트로이아가 함락된 후에는 그가 원하는 만큼 많은 황금과 청동을 갖게 할 것이고, 헬레네 다음으로 가장 아름다운 트로이아 여인 20명을 바칠 것이며, 그리스로 귀환한 뒤에는 자신의 딸을 신부로 주고 도시 7개를 주어(9.122~149) "그 도시의 주민들이" 그에게 여러 선물을 바치며 "그를 신처럼 받들도록 할 것"(9.155)이라는 아가멤논의 화해의 손짓을 전했다.

그러면서 그에게 그가 설사 아가멤논을 용서할 마음이 전혀 없다 하더라도 "진중 도처에서 고통당하고 있는 다른 그리스인을 불쌍히 여겨" 그들을 위해서라도 전투에 참여할 것을 간청했다. 그들을 위해 그가 다시 싸운다면 "그들은 그대를 신처럼 받들 것"이며, "그대는 커다란 영광을 얻게 될 것"이라는 말도 덧붙였다(9.301~303). 그러나 여전히 분노에 차 있는 아킬레우스에게는 아가멤논의 선물이 "한 푼의 가치도 없는" "가증스러운"(9.378) 것에 지나지 않았다. 그는 오뒤세우스의 간청에 전혀 마음을 움직이지 않았다.

포이닉스가 나서서 아킬레우스가 그리스인 구하기를 마다하고 고향으로 귀환한다면 그가 없는 이곳에 자신도 여기에 남을 이유가 없으며 자신도 그와 함께 떠날 것이라고 말했다. 이어 신들마저 선물을 받으면 노여움을 거둔다며 아가멤논이 제시한 화해의 선물을 받아들이고 전장에 뛰어들 것을 호소했다. 그리고 전장에 복귀하여 그리스인을 위해 싸운다면 그들은 그를 신처럼 받들어 모시겠지만, 때를 놓치면 명예도 보상도 모두 잃게 될 것이라는 충고의 말을 덧붙였다(9.600~605). 그러나 아킬레우스는 아버지 같은 포이닉스의 충고에도 전혀 마음을 움직이지 않았다.

　마지막으로 그와 "가장 가깝고 친한"(9.642) 아이아스가 나서서 그와의 '우정'을 거론하면서 자기 형제나 자식을 죽인 자에게서 보상금을 많이 받으면 용서하고 노여움을 거두는 친척들도 많다며(9.632~635), 그가 아가멤논에게서 받은 상처는 이런 피해자의 상처에 견주면 사소한 것이니 전선에 복귀하라고 다시 한 번 간청했다. 그러나 아이아스가 자신의 간곡한 요청에도 불구하고 아킬레우스가 "한낱 여인 때문에······ 마음속의 가혹하고 사악한 노여움"을 떨치지 못해 싸움터에 복귀하지 않으려는 그의 "무자비한"(9.630) 마음을 보고 크게 실망하고 그를 원망하자, 아킬레우스는 그를 향해 그의 주장도 일리가 있다고 인정했다. 허나 아가멤논이 그리스인 앞에서 자신을 "아무런 명예도 없는 떠돌이인 양······ 무례하게 대했던 것"(9.646~648)은 결코 용납할 수 없다며 그의 간청을 뿌리쳤다.

　아킬레우스는 그들에게 어머니 테티스가 그의 앞에는 "두 종류의 운명"이 놓여 있음을 예언했다면서, 자신이 전선에 머물러 "트로이아인의 도성 곁에서 싸운다면" 자신의 "고향으로의 귀환은 사라질 것이지만" 자신의 "명성은 불멸할 것"이라는 것이 그 하나이고, "하지만 만일 정든 고향땅으로 돌아간다면" 자신의 "명성은 사라질 것이나" 자신의 "수명은 길어지고 죽음의 종말이 일찍" 자신에게 "찾아오지 않을 것"이 다른 하나라고 했다(9.412~416).

　아가멤논의 분노를 이기지 못하는 아킬레우스는 전우들의 간곡한 요청에도 불구하고 전선을 떠나 고향으로 돌아가려 한다. 그는 전사로서 최고의 가치이자 목표인 '불멸의 명성'을 포기하고 '영웅'의 길이 아닌 평범한 인간의 길을 택하기 위해 고향으로 향하려 한다. 그는 특사들에게 헥토르가 자신의 막사까지 들이닥쳐 자신의 함선들을 불사르고 위협하기 전에는 결코 전선에 나서지 않겠으며, 날이 밝아오는 대로 함선을 타고 고향으로 돌아갈 것이라고 위협했다. 오뒤세우스의 보고를 듣고 그리스 진중은 깊은 절망감에 빠졌다.

그 다음날 트로이아군이 그리스군을 대공격했고, 이에 맞서 아가멤논을 비롯해 그리스의 용감한 전사들이 사력을 다해 싸웠다. 전투는 백중세였고, 그들은 서로 "성난 이리처럼 덤벼들었다"(11.72~73). 숱한 전사들이 죽어갔다. 하지만 제우스는 "자신의 영광을 뽐내며, 트로이아인의 도성과, 그리스인의 함성과, 번쩍이는 청동의 광채와, 죽이는 자와 죽는 자를 내려다보고 있었다"(11.81~83). 숱한 그리스인의 죽음을 가져온 이 싸움에서 디오메데스와 오뒤세우스도 부상을 당했다.

아킬레우스는 자신의 함선에서 양편의 싸움을 지켜보고 있었지만 그리스군의 패배에 전혀 개의치 않았다. 헥토르와 그의 군사들을 결정적으로 도와주려는 듯, 제우스는 그리스군의 함선에 일진광풍을 날려 보냈다. 그리스 군사들이 먼지 때문에 방향감각을 잃고 두려움에 떨며 우왕좌왕하고 있을 때, 마침내 트로이아군이 제우스의 도움을 등에 업고 그리스군의 방벽을 뚫고 함선들을 공격했다. 이때 헥토르가 선봉에 서서 적군을 무찌르고 있었다.

이때 그리스 편을 드는 올륌포스의 여러 신은 패색이 짙은 그리스군을 도와줄 궁리를 했다. 헤라는 트로이를 도와주는 제우스의 개입을 잠시라도 중지시키기 위해 그를 유혹해 성관계를 맺은 뒤, 그를 한동안 잠들게 했다. 제우스는 그 누구도, 아니 "눈이 날카로운 태양"조차 그들의 성관계를 볼 수 없게끔, "큰 황금 구름으로" 헤라를 덮고 그녀와 사랑을 나누었다(14.342~346). 그리스 편을 드는 바다의 신 포세이돈은 그리스군이 쫓기는 모습을 보고 제우스에 대한 분노를 참을 수 없어, 그리스군을 도와주기 위해 개입했다. 그날 그리스군과 벌인 싸움에서 수많은 트로이아 병사들이 죽었고, 헥토르는 아이아스에 의해 부상을 당해 쓰러졌다. 그리스 병사들이 헥토르를 향해 빗발치듯 창을 던졌다. 트로이아의 가장 용감한 전사들이 창으로 뚫을 수 없는 둥근 방패로 그의 앞을 막았다. 전우들이 크게 신음하는 그를 데리고 싸움터에서 빠져나갔다.

잠에서 깨어난 제우스가 트로이아군의 패주 광경을 보고 놀라 눈을 크게 떴다. 그리스군의 선두대열에 의기양양한 포세이돈의 모습이 보였고, 들판 위에 누워 있는 헥토르의 모습도 보였다. 헥토르의 "주위에는 전우들이 둘러앉아 있었고, 그는 고통스럽게 숨을 헐떡이며 정신없이 피를 토하고 있었다"(15.9~10). 제우스의 노여움은 대단했다. 제우스는 겁에 질린 헤라를 추궁하면서 아킬레우스가 전투에 개입할 수밖에 없을 때까지 자신은 트로이아군이 그리스군을 이기는 것을 도와줄 것이라 했다. 그 후에는 아킬레우스가 친구 파트로클로스를 죽인 헥토르를 죽일 것이며, 이어 트로이아가 패망할 것이며, 이 일로 아킬레우스는 자신이 테티스에게 약속한 대로 불멸의 명성을 얻을 것이며, 이 과정에서 자신의 아들인 뤼키아의 왕 사르페돈마저도 희생될 것이라면서, 사태가 여기까지 오기 전까지는 어떤 신도 그리스군을 도와서는 안 된다고 경고했다(15.64~77).

제우스는 아폴론을 불러 헥토르에게 가서 그의 건강을 회복시켜 다시 용기를 불어넣어주고 그리스군에게 맹렬한 공격을 가하게 하도록 명했다. 다시 한 번 그리스군의 방어벽이 뚫리자, 트로이아군은 함성을 지르며 물밀듯 함선을 향해 돌진했다. 양편의 군사들이 불같이 일어나 또 한 번의 엄청난 살육이 진행되었다. 제우스는 자신의 뜻을 관철하기 위해 트로이아군에게 용기를 불어넣어주는 반면, 그리스군에게는 천둥과 번개를 내리쳐 공포에 질린 그들로 하여금 전의를 잃게 했다.

"헥토르가 사방에서 불을 번쩍이며 무리들을 돌격하니 그 모습이 구름 아래에서 폭풍이 키운 거센 물결이 날랜 배 안을 덮칠 때와도 같았다. 그가 돌격하니 배는 온통 거품에 싸여 보이지 않고, 천둥바람은 돛을 향해 무시무시하게 소리 내어 울부짖었다"(15.623~627). "헥토르는 큰 늪이 낮게 자리 잡고 있는 초원의 풀밭에서 무수히 떼 지어 풀을 뜯고 있는 소 떼를 습격하는 흉악한 사자"처럼(15.630~632), 창으로 닥치는 대로 그리스 병사를 죽였다. 무서운 창을 휘두르며 수많은 아군을 죽이는 헥토르와 그의 병사들의 위세를 당할 수 없어 많은 그리스 병사는 그들의 함선에서 후퇴했다.

헥토르는 제우스의 큰 손이 자신을 떠받치고 있으며 그로 하여금 앞으로 나아가게 하고 있다고 굳게 믿었다. 승리를 확신하는 트로이아군과, 모두가 죽음이 임박하고 있음을 알면서도 명예를 지키기 위해 사력을 다해 싸우는 그리스군 사이에 숱한 시체들이 끝없이 늘어가고 있었다. 점차 패색이 짙어가는 그리스군을 보고 헥토르는 마침내 제우스가 자신에게 최후 승리의 영광을 내려주는 것이라고 확신했다.

파트로클로스는 그리스 함선을 떠나 아킬레우스의 막사로 바삐 발걸음을 옮겼다. 그는 아킬레우스에게 "다가서서 뜨거운 눈물을 흘리며"(16.3) 다시 한 번 싸움터에 돌아갈 것을 애원했다. 여전히 분노에 차 있는 아킬레우스는 그의 요청을 거부했다. 파트로클로스는 대신 아킬레우스에게 그의 갑옷과 투구를 빌려달라고 간청했다. 트로이아군이 그의 갑옷과 투구를 걸친 자신을 보고 아킬레우스가 싸움터로 돌아왔다는 것을 믿게 하기 위함이라 했다. 아킬레우스는 그의 간청을 받아들였다.

파트로클로스는 그리스군의 함선을 공격하는 적진에 뛰어들어, 그들에 의해 목숨을 잃은 숱한 전우들의 원수를 갚기 위해 그와 대적하는 적군의 전사들을 모조리 죽였다. 아킬레우스는 막사에서 어머니 테티스가 그에게 가져다준 아름다운 궤짝의 뚜껑을 열고 그 속에서 잔을 꺼내어 그 잔 속에 포도주를 붓고 마당 한가운데 서서, 제우스에게 자신의 갑옷과 투구를 걸치고 싸움에 나선 파트로클로스에게 "영광을 내려주기"(16.24)를 기도했다. 그러나 제우스는 그의 기도를 듣고 파트로클로스가 함선에서의 싸움에서 커다란 승리를 거두되, "전투에서 무사히 돌아오는 것은 들어주지 않았다"(16.252).

파트로클로스를 아킬레우스로 오인하고 그의 공격을 피해 물러서는 전우들이 그의 창에 의해 무참히 죽어가는 것을 본 뤼키아의 왕 사르페돈은, 전차에서 뛰어내려 그에게 덤벼들었다. 제우스가 자신의 아들 사르페돈이 곧 죽게 될 것임을 알고, 아들을 낚아채어 뤼키아로 안전하게 데려가야 할지 고민하고 있을 때, 헤라는 그에게 사르페돈의 운명은 오래전에 정해졌으니 그가 이 운명에 개입하면 다른 신들도 자신의 아들들의 운명에 개입할 것이라며, 정해진 운명 그대로 사르페돈을 죽게 하라고 권고한다. 파트로클로스의 창에 가슴이 찔려 마지막 숨을 몰아쉬던 사르페돈은 친구 글라우코스에게 뤼키아군의 지휘관들을 불러 자신의 시신을 적군으로부터 지키게 해달라면서 숨을 거둔다.

자신이 참여하지 않는 싸움에서 "호전적인 트로이아인과 싸우지 말고"(16.89~90), 트로이아군을 함선에서 몰아내는 대로 돌아오라는 아킬레우스의 경고를 무시하고, 이어지는 승리에 도취되어 무모하게 트로이아 도성의 성벽까지 적을 밀어붙이며 추격하는 파트로클로스를 향해 헥토르는 말을 몰았다. 파트로클로스와 헥토르가 싸우는 모습은 "굶주린 사자 두 마리가 죽은 암사슴을 둘러싸고 산마루에서 힘을 뽐내며 싸우는 것 같았다"(16.757~758). 아폴론은 파트로클로스의 뒤에 서서 그의 등과 넓은 어깨를 내리쳐 투구를 머리에서 말의 발굽 아래로 굴러 떨어지게 했다. 파트로클로스는 창을 바닥에 떨어뜨렸으며, 창은 바닥으로 떨어지면서 산산이 부서졌고, 방패의 멜빵이 어깨에서 벗겨졌다. 트로이아군이 던진 창에 양어깨가 부상을 입고 물러나는 그를 헥토르가 추격하여 창으로 그의 아랫배를 찔러 등까지 꿰뚫었다.

죽어가는 파트로클로스는 헥토르에게 "그대 자신도 오래 살지 못하리라. 이미 죽음과 강력한 운명이 그대 곁에 다가서 있으니"(16.852~853)하며 아킬레우스가 헥토르를 죽일 것을 예언했다. 그러고는 "죽음의 종말이 그를 덮치자" 그의 "영혼은 자신의 운명을 애도하면서 그의 사지(四肢)를 떠나 하데스의 집으로 퍼덕이며 날아갔다"(16.855~857). 헥토르는 그의 시선에서 아킬레우스의 갑옷과 투구를 벗어내고는 자신이 그 갑옷을 입었다. 그리스 전사 아이아스의 보호 아래 있는 파트로클로스의 시신을 한편에서는 지키려 하고, 다른 한편에서는 빼앗으려 하는 싸움이 그리스군과 트로이아군 사이에 하루 종일 계속되고 있는 동안, 그리스군의 전령 안틸로코스가 아킬레우스를 찾아가 친구 파트로클로스의 죽음을 전했다.

아킬레우스가 전선을 이탈하고 트로이아의 승리와 그리스군의 패배를 용인하고 있었던 것이 그의 아가멤논에 대한 분노 때문이라면, 다시 그로 하여금 전선에 뛰어들게 했던 것은 그의 사랑하는 친구 파트로클로스를 '하데스의 집'으로 보낸 헥토르와 트로이아인을 향한 분노 때문이었다.

아킬레우스와 아가멤논

트로이아 전쟁에서 아가멤논은 그리스 전체를 대표하는 왕으로, 그리고 그리스군 전체를 지휘하는 총사령관으로 등장하고 있다. 그는 가장 많은 무사들을 거느리고 있을 뿐 아니라(1.281), 헬롭스의 홀(笏)을 가지고 있다. 이 홀은 헤파이토스가 만든 것으로, 그가 이를 제우스에게 바치자 제우스는 이를 헤르메스에게, 헤르메스는 펠롭스에게, 펠롭스는 아들 아트레우스에게, 아트레우스는 형제 튀에스테스에게, 튀에스테스는 아트레우스의 아들 아가멤논에게 물려주었다. 아가멤논은 이 홀을 가지고 "수많은 섬과 아르고스 전역을 다스리게" 되었다(2.101~108).

그가 제우스의 홀을 물려받았다는 것은 왕으로서 그의 권위가 대단하다는 것을 말해준다. 가장 많은 무사를 거느리는 "많은 백성의 왕"(9.98)이고 제우스의 홀을 가진 왕 중의 왕이라는 점에서, 아가멤논은 다른 그리스 지역의 왕이나 영웅과 구별된다. 아킬레우스도 이에 예외는 아니다. 아킬레우스는 다른 왕과 마찬가지로 그와 복종관계에 있기 때문이다.

따라서 아가멤논이 전리품을 배분하고 재배분하는 권리를 갖는 것도, 이 권리를 행사하는 것도 무리는 아니다. 자신의 전리품인 크뤼세이스를 아폴론의 사제인 그녀의 아버지에게 돌려보낸다면, 아르고스인 중 자신만이 '명예의 선물'이 없으니 자신을 위해 "지체 없이 명예의 선물을 마련하라"(1.118~119)는 그의 요구는 무리가 아니다.

하지만 아킬레우스는 그에게 모든 전리품이 배분되었음을 상기시키면서 이미 배분된 전리품을 "도로 거두어들인다는 것은 옳지 못한 짓"(1.126)이라 지적했다. 그는 아가멤논이 이미 공식화된 사회 규칙을 위반하고 있음을 지적하고 있다. 그는 아마멤논에게 우리 전체 그리스군이 제우스의 도움을 받아 트로이아를 함락시킨다면, 그때 "우리 그리스인은 그대에게 세 배 네 배의 보상을 해줄 것"(1.127~129)이니 그리스군에 보복을 가하는 아폴론의 노여움을 그치기 위해, 즉 그리스군 전체의 공적인 이익을 위해 크뤼세이스를 포기하라고 그에게 종용했다. 아킬레우스는 '우리 그리스인'이라는 표현을 통해 배분의 주체가 '자기'도 될 수 있음을 강조함으로써 공적인 이익을 훼손하고 있는, 전리품의 배분자로서의 아가멤논의 권리와 권위에 깊은 불신을 나타내고 있다.

그러나 "통치자 아가멤논"(1.130)은 아킬레우스가 그리스 '최고의 전사'라 할지라도 전리품의 배분자로서 자신의 권위에 도전하는 그의 오만을 묵과할 수 없다. 전리품의 배분자가 된다는 것은 자신과 배분 대상자의 관계를 종속관계로 만들고, 이를 통해 자신의 권력과 권위를 확고히 하는 것이 된다. 아가멤논은 "전리품의 배분자로서의 그의 전략상 중요한 역할을 위태롭게 할 수 없다".[4] 그는 아킬레우스에게 그리스 전사들이 자신의 손실을 보상해줄 만한 '명예의 선물'을 자기에게 준다면 크뤼세이스를 포기하겠다. 하지만 만약 그렇게 하지 않는다면 아킬레우스의 것이든 아이아스의 것이든 오뒤세우스의 것이든 강제로 그들의 전리품을 자신의 전리품으로 취할 것이라 했다(1.136~138). 이미 관습화된 사회 규칙을 위반하고 사적인 이익을 위해 상대방의 전리품을 강제로 취하려는 아가멤논은 아킬레우스에게 이미 공적인 권위를 누릴 만한 지도자가 될 수 없는 "파렴치한 자"(1.149)이자 "철면피"(1.159)로 보였다.

호메로스의 영웅시대에 전리품의 분배(재분배)는 통솔자(9.333; 11. 704~705), 아니면 집단 전체(1.162)에 의해 이루어졌다. 그러나 특별한 몫, 즉 브리세이스와 같은 '명예의 선물'(geras)은 통솔자(1.167; 9.333; 11.704)와 집단의 엘리트들(11.705)에게 동등하게 배분되었다.[5] 그러나 아가멤논은 이 배분의 원칙, '상호성'의 윤리를 깨고 배분된 다른 사람의 '명예'의 선물을 자기의 것으로 취했다.

브리세이스 문제로 아가멤논과 아킬레우스 사이에 다툼이 있었을 때, 일찍이 네스토르가 아가멤논에게 그리스 전사들이 이미 브리세이스를 '명예의 선물'로 아킬레우스에게 주었던 것이니 그녀를 아킬레우스의 선물로 하게 하라고 충고했듯, 그 후에도 그가 아가멤논에게 다른 그리스 전사의 의사를 무시하고 브리세이스를 자신의 것으로 취함으로써 "불사신들까지도 존중하는 가장 용감한 자" 아킬레우스를 "모욕했다"(9.106~111)고 힐난했듯, 아가멤논은 배분의 원칙과 '상호성'의 정신을 깨어, 아

---

4) Donna F. Wilson, *Ransom, Revenge, and Heroic Identity in the 'Illiad'* (Cambridge: Cambridge UP, 2002), 57쪽.
5) Richard Seaford, *Money and the Early Greek Mind: Homer, Philosophy, Tragedy* (Cambridge: Cambridge UP, 2004), 42쪽을 볼 것.『일리아스』에서 전리품의 배분에 대한 포괄적인 논의는 Jonathan L. Ready, "Toil and Trouble: the Acquisition of Spoils in the *Illiad*," *TAPhA*, 137 (2007), 3~43쪽을 볼 것.

킬레우스로 하여금 전선을 떠나게 함으로써 그리스군 전체에 위기를 가져왔다.

후에 아가멤논 스스로 그가 아킬레우스에게 저지른 잘못이 "자신의 사악한 마음"(9.119)에 의해 추동되었음을 스스로 후회하는 것에 의해, 즉 자신의 잘못은 그 책임이 자기에게 있지 않고 자기 마음속에 "사나운 광기"(agrion atēn)를 보내어 자신의 판단을 그르치게 했던 "제우스와 운명의 여신, 그리고 어둠 속을 걸어다니는 복수의 여신들에게 있다"(19.86~90)고 여러 전사 앞에서 자인하는 것에 의해 확인된다.

아킬레우스는 자신의 명예를 짓밟고 깊은 상처를 준 그를 위해 싸울 수 없다. 그가 트로이아 전쟁에 참가하게 된 것은 트로이아가 자신에게 해를 끼쳤기 때문이 아니다. 트로이아인은 그에게 "아무런 잘못도 저지르지 않았고" 그의 "소들이나 말들을 약탈해 간 적도 없고" 그의 통치 지역의 "곡식을 망쳐놓은 적도 없다"(1.153~156). 그가 트로이아 전쟁에 참가하게 된 것은 헬레네로 인한 손상당한 아트레우스의 아들들, 즉 아가멤논과 메넬라오스의 명예를 회복시켜주고, 그 싸움에서 혁혁한 공을 세워 자신의 '명예'를 더 높이기 위해서였다.

아가멤논은 자신의 전리품을 강제로 취함으로써 그리스 '최고의 전사'인 자신의 선의를 배반하고 자신의 '명예'를 여지없이 짓밟은 것이다. 따라서 아킬레우스는 "모욕을 받아가며" 아가멤논의 "부와 재물"을 채워줄 이 전쟁에 가담할 수 없었다. 그에게는 함선을 타고 "고향으로 돌아가는 편이 훨씬 나은 것이었다"(1.169~172).

아킬레우스에게 브리세이스는 단순한 전리품이 아니었다. 전쟁에서 노획한 전리품들은 제비뽑기에 의해 각자에 배분된다. 그러나 '명예의 선물'은 아가멤논의 경우처럼 지위와 위상에서 높은 자, 아킬레우스의 경우처럼 전투에서 혁혁한 무공을 세운 자에게 특별히 주어지는 전리품이다. 말하자면 브리세이스와 같은 '명예의 선물'은 누가 "왕과 뛰어난 전사들에 속하는 엘리트의 일원이고 또 누가 아닌가를, 그리고 이들 가운데 누가 더 지위가 높은가"를 보여주는, 즉 "공동체의 위계질서"를 "공식적으로" 확인시켜주는, "물질적인 가치를 훨씬 능가하는" 가치의 상징물이다.[6]

따라서 이 '명예의 선물'은 공적으로 지위와 위상이 인정받는 '엘리트들'에게만 주어지는 특별한 몫이므로, '명예의 선물'인 브리세이스를 아킬레우스로부터 빼앗는 것은 그에게 부여된 영웅적인 위상과 지위를 부인하는 것과 같은 것이다.[7]

그리고 아킬레우스는 자신과의 관계에서 브리세이스를 '아내'로 규정하고 있다. 그러나 아가멤논은 브리세이스를 한낱 '전리품'으로 생각하여 그녀를 그에게서 "빼앗았다"(9.344). 아킬레우스는 트로이아 전쟁이 일어난 것이 헬레네를 빼앗아 달아난 파리스와 트로이아를 응징하기 위한 것이라면, 헬레네를 빼앗아 달아난 파리스의 행위와 자신의 신부를 빼앗은 아가멤논의 행위는 그것이 '강간'이라는 점에서 차이가 없다고 주장했다. 그러면서 브리세이스는 자신이 "비록 창으로 노획한 여인이긴 하지

---

6) Hans van Wees, 앞의 책, 308~309쪽.
7) Jean-Pierre Vernant, "A 'Beautiful Death' and the Disfigured Corpse in Homeric Epic," *Mortals and Immortals: Collected Essays*, Froma I. Zeitlin 엮음 (Princeton: Princeton UP, 1991), 53쪽. 호메로스의 세계는 사실 일부다처제 사회였다. 차별로 인해 사내와 달리 계집애들은 부모에게서 보살핌을 충분히 받지 못하고 곤궁한 생활 속에서 영양도 충분히 취하지 못해, 어린 나이에 죽는 경우가 허다했다. 따라서 젊은 여성들이 상대적으로 아주 부족할 수밖에 없었다. 호메로스 시대의 무사들은 여자와 사회 특권, 부(富)를 얻기 위해 전쟁을 일으켰지만, "여성을 갖기 위한 직접적인 경쟁이 호메로스의 세계에서 전쟁과 남자들 간의 폭력의 주된 원인"이라는 주장이 나올 만큼, 적의 여성들을 노예나 첩으로 갖고자 하는 남성들의 경쟁은 치열했다. 신분이 그럴듯한 적의 여성들을 노예와 첩으로 얻는 것이야말로 사회적으로 "보다 높은 위상에 이르는 길"이기도 했다. Jonathan Gottschall, *The Rape of Troy: Evolution, Violence, and the World of Homer* (Cambridge: Cambridge UP, 2008), 58쪽, 83쪽. 그리고 특히 67~69쪽을 볼 것.

만" 아가멤논과 다른 그리스 전사들에게 그들의 아내가 그들에게 귀한 존재이듯, 브레세이스도 자신이 "진심으로 사랑하는 아내"(alochos thumarēs, 9.336, 340, 343)라며 격한 울분을 토해내었다. 아킬레우스는 '명예'를 가장 소중하게 여기는 영웅시대에 여러 전사 앞에서 자신의 '명예'를 여지없이 유린한 아가멤논을 도저히 용납할 수 없었다. "명예가 한 번 훼손되면, 명예를 훼손당한 자의 도덕적인 존재는 붕괴한다."[8]

따라서 특사로 온 오뒤세우스·아이아스·포이닉스의 사명은 실패로 끝날 수밖에 없었다. 아름다운 여인들을 포함한 값진 물질적인 선물로 그의 분노를 달래어 전장에 복귀시키려는 아가멤논의 화해의 손짓은 물질적인 것보다 정신적인 것, 즉 그리스 '최고의 전사'(aristos)라는 고유의 명예, 이 고유의 명예가 내포된 본질적이고 내면적인 가치를 더 중히 여기고 이를 지키려는 아킬레우스에 의해 여지없이 배격당했다. 아킬레우스의 그러한 "물질적 보상의 배격"은 물질을 최대 가치의 하나로 삼고 있는, 호메로스 동시대 사회의 물질주의에 대한 "환멸의 표현"으로 이해될 수도 있다.[9]

아킬레우스는 고향 피티아에 돌아가면, 마음에 드는 여인 가운데 아내로 맞이할 만한 여인도 많을 뿐 아니라 마음껏 쓸 수 있는 아버지 펠레우스의 재산도 자신에게 많이 있다고 했다. 따라서 아가멤논이 그에게 제시하는 물질적인 보상은 아무런 의미가 없으며, 그것으로 그가 자신에게 가한 모욕을 결코 치유할 수 없다고 했다.

따라서 그에게 아가멤논의 그 선물은 "한 푼의 가치도 없는" "가증스러

---

8) Bruno Snell, *The Discovery of the Mind: The Greek Origins of European Thought*, T.G. Rosenmeyer 옮김 (Cambridge/M.A.: Harvard UP, 1953), 160쪽; 부르노 스넬, 『정신의 발견-서구적 사유의 기원』, 김재홍 옮김 (서울: 까치, 1994), 258쪽.
9) Donna F. Wilson, 앞의 책, 3쪽.

운"(9.378) 것이 될 수밖에 없었다. 아킬레우스는 특사들에게 "모래나 먼지만큼 많은 선물을 준다 하더라도 내 마음 찢어지게 하는 모욕의 대가를 그가 다 치르기 전에는 아가멤논은 결코 내 마음을 달랠 수 없을 것"(9. 385~387)이라 했다.

그는 특사들에게 트로이아의 전 재산, 아니 세상의 모든 부(富), 모든 보물도 자신에게는 "결코 생명만큼 귀하지 않다"고 했다. 부와 보물은 그 획득이 언제나 가능한 것이지만 생명은 한번 잃으면 "구하지도 못하고 다시는 돌아오지도 않는다"고 했다(9.401~409). 그가 아가멤논의 화해의 선물을 받아들이고 싸움터에 나간다면, 그것은 무엇보다 귀한 자신의 생명을 부와 물질적인 재산과 맞바꾸는 것과 같은 것이 된다. 또 한편 그것은 자신이 거부했던 그런 물질주의에 굴복하는 것을 의미하는 것이고, 이 굴복은 자신의 '명예'를 내팽개치는 것을 의미하는 것이며, 이는 바로 영웅으로서의 자기 존재가 죽는 것이나 마찬가지다. 이런 자기 존재의 죽음, 이런 모욕을 강요하는 아가멤논의 화해의 손짓을 더더구나 받아들일 수 없다.[10]

아킬레우스는 싸움터에서 그보다 훨씬 더 많은 공을 이루었는데도 전리품도 자기 위주로 더 많이 취해, 전우들 간의 유대와 신뢰를 훼손시켰을 뿐 아니라 그리스 '최고의 전사'인 자신을 "아무런 명예도 없는 떠돌이"(9.648; 16.59)인 양 폄하했던 아가멤논이 큰 대가"를 '다 치르기 전에는' 자신의 분노는 그치지 않을 것이라 했다. 그러나 이때 그는 아가멤논이 치러야 할 큰 대가가 어떤 것이어야 하는지는 밝히지 않고 있다. 그

---

10) 아킬레우스가 아가멤논이 특사들을 통해 내민 화해의 손짓을 거부한 것이 정당한 것인가 아닌가에 대해서는 Seth L. Schein, *The Mortal Hero: An Introduction to Homer's Illiad* (Berkeley: U of Califronia Press, 1984), 104~116쪽; Mark W. Edwards, *Homer: Poet of the Illiad* (Baltimore: Johns Hopkins UP, 1987), 231~237쪽; Jasper Griffin 엮음, *Homer: Illiad IX* (Oxford: Clarendon Press, 1995), 25~28쪽을 볼 것.

대가는 아가멤논이 싸움터에서 무엇보다도 귀중한 자신의 생명을 잃는 것인지도 모른다. 아니면 아킬레우스가 참여하지 않는 그 전쟁에서 그리스군이 대패해 트로이아 정복에 완전히 실패하고 아가멤논과 함께 그리스로 처참한 귀환을 하는 것인지도 모른다.

아킬레우스가 그리스 총사령관 아가멤논이 치러야 할 대가가 어떤 것이어야 하는가를 말하지 않는 가운데, 그를 따라 트로이아 전쟁에 참가한 뮈르미도네스 족의 전우들도 그 총사령관을 향한 "사악한 분노"(kakos cholos)가 그의 마음속에 계속 요동치고 있는 것을 어찌할 수 없어, 그를 따라 "함선을 타고 고향으로 돌아가려는" 마음을 굳히고 있었다(16.205~206).

아킬레우스와 파트로클로스

어머니 테티스의 예언대로 아킬레우스 앞에는 그가 선택하지 않으면 안 될 두 운명의 길이 놓여 있었다. 그가 트로이아에서 그리스인을 위해 싸운다면 자신의 생명은 잃되, '불멸의 명성'을 얻을 길이 하나 있고, 대신 싸움을 마다하고 고향으로 돌아간다면 생명을 부지하고 아버지 펠레우스가 얻어줄 정식 아내와 더불어 아버지 재산을 향유하면서 오랫동안 잘살 수는 있되, 그리스 최고의 전사로서 전장에서 얻을 불멸의 명성은 잃는 길이 또 하나 있다(9.393~400; 412~416).

그러나 그는 아가멤논이 자신에게 가한 모욕을 참을 수 없어, 영웅으로서의 삶을 포기하고 귀향해 평범한 인간의 길을 걷고자 했지만, 마음 한 켠에는 이에 대한 거부감도 자리하고 있었다. 이는 그가 특사들에게 날이 밝으면 함선을 타고 고향으로 떠날 것이라 위협했지만, 헥토르가 자신이 있는 곳까지 쳐들어와 자신의 함선들을 불사르려 한다면 그때 전선에 나서리라는 조건부의 말을 덧붙이는 데서 확인된다. 그리고 패배를 거듭하고 있는 그리스군의 전력과 전황을 알아보기 위해 파트로클로스를 네스토르에게 보내는 그의 행동을 통해 그가 그리스군의 운명에 여전히 관심을 가지고 있음을 보여주는 데서도 확인된다.

아킬레우스가 어머니 테티스가 예언한 그 두 운명의 길 중 어느 한 길을 택할 수밖에 없는 갈림길에서 귀향하려는 마음이 점차 굳어져가고 있는 순간, 그리스군의 전령 안틸로코스가 그의 막사에 달려와 그에게 헥토르에 의한 파트로클로스의 죽음을 전했다.

파트로클로스의 죽음을 듣자, "슬픔의 먹구름이 그를 에워쌌다. 그는 두 손으로 검은 먼지를 움켜잡고 머리와 얼굴에 뿌려 고운 얼굴을 더럽혔고…… 먼지 속에 큰 대 자로 드러누워 손으로 머리털을 잡고 마구 쥐어뜯었다"(18.22~27). 그의 주위의 하녀들도 아킬레우스와 함께 비통한 마음으로 "크게 소리 내어 울었다"(18.29). 아킬레우스가 "큰소리를 내지르며 무섭게 통곡하자"(18.35), 바다 속 깊은 곳에 있던 어머니 테티스가 아들의 울음소리를 듣고 당황하여 크게 비명을 지르니 그녀 주위에 바다의 님프들이 모여들었다.

테티스가 아들이 걱정돼 슬픔을 격하게 토해내자, 그들 모두도 한꺼번에 눈물을 흘리며 가슴을 쳤다. 님프들을 동행하고 바다의 물결을 헤치고 아킬레우스가 있는 곳에 도착한 테티스는 "슬피 탄식하고 있는 그에게 다가가…… 아들의 머리를 껴안고 통곡하면서"(18.70~71) 제우스에게 그리스군이 트로이아군에게 수치스럽게 패배당하게 해달라고 기원했던 너의 기도가 어쨌든 이루어지지 않았느냐며 아들이 왜 그렇게 슬피 우는지를 애타게 물었다.

아킬레우스는 눈물을 흘리면서 그리스 전체 "전우들보다 더, 아니 저의 생명보다 더 사랑했던"(18.81~82) 파트로클로스가 죽었다 했다. 그리고 헥토르가 죽은 파트로클로스로부터 아버지 펠레우스가 자신에게 선물로 준 자신의 갑옷과 투구를 벗겨 갔다는 말도 더 붙였다. 이어 아킬레우스는 자신은 헥토르를 죽여 파트로클로스의 원수를 반드시 갚을 것이며, 그렇지 않다면 자신은 이 세상에서 살아서는 안 되며, 따라서 어머니께서도 "아들이 고향으로 귀환하는 것을 다시는 반기지 못할 것"(18.89~90)이라 했다. 테티스는 그의 단명의 운명에 눈물을 흘리면서 헥토르가 죽고 나면 그도 곧 죽을 것이라고 경고했다.

그러나 아킬레우스는 어머니에게 파트로클로스를 죽음으로부터 구하지 못하고 어떠한 도움도 주지 못했던 자신이 지금 "당장이라도 죽고 싶다"며 "파트로클로스와……" "헥토르의 손에 수없이 죽어간 다른 전우들에게도 구원의 빛이 되지 못한 채" "대지에 무익한 짐"이 되어 함선 옆에 무책임하게 앉아 있었던 자신이 부끄러워 "이제는 사랑하는 고향땅에 돌아가지 않을 것"이라 했다(18.98~104). 그는 어머니에게 아가멤논이 자신에게 가한 모욕 등, 지난 일을 잊어버리고(18.109~113), 파트로클로스를 죽인 "헥토르를 만나기 위해" 이제 전장에 나가겠다고 했다(18.112~115). 그러고는 제우스와 다른 불사신들이 자신의 죽음을 원할 때 언제든지 "죽음의 운명"을 기꺼이 받아들이겠다. "하지만 지금은 훌륭한 명성을 얻고 싶다"며 싸움터에 나가는 자신의 길을 제지하지 말라 했다(18.115~126).

어머니 테티스는 아킬레우스의 확고한 결심을 받아들이지 않을 수 없었다. 그녀는 그에게 패배에 젖어 있는 전우들을 파멸에서 구하는 것은 좋은 일이라며 그의 갑옷과 투구를 걸치고 싸움터에서 뽐내고 돌아다니는 헥토르에게도 죽음이 임박했다고 알려주었다. 그녀는 그를 위해 헤파이스토스에게 가서 그가 지금껏 만든 갑옷 중 가장 훌륭한 갑옷을 만들어줄 것을 부탁한 후 그가 만든 갑옷·투구·방패를 지니고 아침에 해가 뜨면 다시 오겠다며 아킬레우스 곁을 떠났다.

파트로클로스의 시신을 지키려는 아이아스와 그리스군, 그 시신을 빼앗으려는 헥토르와 트로이아군 간에 혼전이 계속되고 있는 가운데, 제우스의 아내 헤라의 사자(使者) 아리스가 아킬레우스에게 달려와 헥토르가 파트로클로스의 목에서 머리를 베어 장대 위에 꽂아두려 한다고 알려주었다. 아킬레우스는 어떠한 희생을 치르더라도 결코 파트로클로스를 트로이아 개떼의 밥이 되게 할 수 없었다. "그렇게 그의 시신이 난도질당한 채 사자(死者)들이 있는 곳으로 내려간다면", 그것은 자신의 "치욕"이나 다름없었기 때문이다(18.180).

아테나는 아킬레우스의 "강력한 어깨에 술 달린 아이기스를 걸쳐주었고…… 그의 머리를 황금 구름으로 두르고, 그에게서 멀리까지 번쩍이는 불길이 활활 타오르게 했다"(18.204~206). 그가 최전선에서 싸우지 말라는 어머니 테티스의 경고에 따라 선두대열의 그리스군에 합류하지 않고 방벽 밖 도랑 옆에 서서 크게 고함을 지르자, 트로이아군은 "그의 청동 목소리를 듣고 모두 간담이 서늘해졌으며", 그들의 "갈기도 고운 말들도 앞으로 닥칠지도 모를 파멸을 예감하고는 전차를 되돌렸고" 마부들도 그의 "머리에 지칠 줄 모르는 불길이 무섭게 타오는 것을 보고 혼비백산했다"(18.222~226).

그가 세 차례 크게 소리 지르자, 트로이아군과 그들의 동맹군은 그 소리에 세 차례나 크게 공포에 휩싸여 혼란에 빠졌고, 그들 중 최고의 전사 12명이 그의 청동 목소리에 놀라 자신들의 전차와 창 옆에 쓰러져 죽었다. 그리스군은 파트로클로스를 사정 밖으로 끌어내어 들것에 뉘였다. 전우들이 통곡하며 그 주위로 모여들었다. 아킬레우스는 파트로클로스의 시신이 "날카로운 청동에 찔려 망가질 대로 망가진 채 들것에 누워 있는 것을 보고 뜨거운 눈물을 흘리며 그들의 뒤를 따랐다"(18.235~236).

그리스 진영의 전사들은 파트로클로스의 죽음을 슬퍼하면서 밤새도록 통곡했다. 아킬레우스가 죽은 친구의 가슴에 손을 얹고 소리 내어 통곡하니 그 모습은 "울창한 숲에서 사슴 사냥꾼에게 새끼들을 낚아 채인…… 사자와도 같았다." 그것은 "슬픔을 이기지 못하고" "사람의 발자국을 찾으려 수많은 계곡을 헤매는", 마침내 억누를 수 없는 엄청난, "격렬한 분노에 사로잡힌" 사자와도 같았다(18.318~322). 아킬레우스는 트로이아 전쟁에 참가하기 위해 자신과 파트로클로스를 따라온 뮈르미도네스 족의 전우들에게, 파트로클로스와 마찬가지로 자신도 여기 트로이아 땅에서 "피로 붉게 물들일 운명"이라며 아버지 펠레우스도, 어머니 테티스도, 자신이 "고향으로 귀환하는 것을 다시 반기지 못할 것"이라며 통곡했다(18.329~332).

그러고는 파트로클로스를 부르며 "내 이제 그대를 따라 지하로 갈 것"이며, "그대를 죽인 헥토르의 갑옷과 방패, 그의 머리를 이리 가져오기 전에는 내 그대의 장례를 치르지 않을 것이며, 그대를 죽여 나를 노엽게 했으니 그대를 화장할 장작더미 앞에서 트로이아인의 빼어난 아들 열두 명의 목을 벨 것"(18.333~337)이라 언약했다. 그리고 주위의 전우들에게 물을 끓여 파트로클로스의 몸에서 핏덩어리를 씻어내고 올리브 기름을 바르고 상처 난 곳에 고약을 가득 채우라고 지시했다. 그들은 파트로클로스의 시신을 침상 위에 뉘고 머리에서 발까지 부드러운 천으로 싸고 그 위에다 흰 천을 덮었다. 전우들은 "아킬레우스를 둘러싸고 밤새도록 파트로클로스의 죽음을 슬퍼하며 통곡했다"(18.354~355).

파트로클로스를 향한 아킬레우스의 지나친 애도와 애도 행위에 대해서는 다시 소개하겠지만, 아킬레우스의 애도는 그 친구의 장례를 치른 후에도 계속 이어진다. 아폴론이 형제나 아들 같은 더 소중한 사람을 잃은 자들마저 "그들의 눈물과 슬픔에도 한계가 있는 법"이라며 아킬레우스의 파트로클로스를 향한 지나친 애도에 놀라움을 금치 못하고 있듯(24.46~48), 그들의 관계는 적잖은 논의의 초점이 되어오고 있다. 아킬레우스는 파트로클로스를 그리스군 전체, 아니 자신의 생명보다 더 사랑한다고 했다(18.81~82). 파트로클로스가 없는 이 세상에 더 이상 살고 싶지 않다고 했다(18.90~91). 살아 있을 때와 마찬가지로 죽은 후에도 영원히 함께 있고 싶다고 했다. 아버지나 아들이 죽었다 하더라도 파트로클로스의 죽음만큼 더 "큰 불상사"는 아니며(19.321~327), 그의 죽음은 자기 생애에서 두 번 다시 올 수 없는 가장 큰 슬픔이라 했다(23.46~47).

파트로클로스를 향한 아킬레우스의 이런 지나친 애정에 주목해 그들 간의 관계를 일상적인 친구의 사이를 훨씬 뛰어넘는, 동성애의 애인 관계로 바라보는 학자들도 있다.[11] 실제로 그들은 자신들의 관계가 마치 남편과 아내의 관계인 것처럼 행동하고 있다.

가령 파트로클로스가 아킬레우스와 단둘이 식사를 할 때 "손수 맛있는 음식을 차려" 아킬레우스 앞에 내놓는다(19.315~317)든가, 두 사람이 손님을 대접할 때 파트로클로스가 여러 고기 요리를 하고, 요리한 고기를 예쁜 바구니에 담은 빵과 함께 손님들에게 나누어 주면, 아킬레우스는 파트로클로스가 요리한 고기를 썰어서 나누어 준다든가(9.207~217), 특사로 온 포이닉스가 막사에 머물 때 아킬레우스가 파트로클로스에게 "말없이 눈짓을 보내면" 파트로클로스가 포이닉스를 위해 "두꺼운 침구를 펴 주게 한다"든가(9.620~621; 658~659), 아킬레우스가 전선을 이탈한 후 막사에서 뤼라를 켜며 아픈 마음을 달래며 노래하고 있을 때 마치 아내나 연인 관계인 것처럼 "그를 마주보고 앉은 채" 그의 노래를 듣는 모습이라든가(9.189~191), 안드로마케가 남편 헥토르의 장례 때 남편의 머리를 "두 손으로 붙들고" 통곡을 하듯, 파트로클로스의 장례 때 이와 똑같은 몸짓으로 아킬레우스도 파트로클로스의 "머리를 받쳐 들고" 통곡하는 모

---

11) Eva Cantarella, *Bisexuality in the Ancient World*, Cormac Ó Cuilleanáin 옮김 (New Haven: Yale UP, 1992), 9~11쪽; David M. Halperin, *One Hundred Years of Homosexuality and Other Essays on Greek Love* (New York: Routledge, 1990), 84~87쪽과 Bernard Sergent, *L'homosexualité dans la mythologie grecque* (Paris: Payot, 1984), 285~296쪽을 볼 것.

습이라든가(23.136~137), 파트로클로스의 망령이 아킬레우스에게 나타나 그에게 자신의 뼈를 그의 것과 가르지 말고 "황금 항아리에 함께 넣어 있게 해달라"고 간청하는(23.91~92) 등, 이런 모습, 이런 광경을 보면 이들의 관계가 예사롭지 않음을 보여준다.

그 관계가 동성애의 애인 사이이든[12] 아니든 간에, 아폴론이 파트로클로스를 향한 아킬레우스의 애정의 강도에 대해 놀라움을 금치 못하듯, 아킬레우스의 파트로클로스를 향한 애정은 유례를 찾을 수 없을 정도로 대단하다. 그가 아가멤논을 향한 분노를 단번에 거두고 대신 분노를 헥토르에게 향한 것도, 고향으로 귀환하는 것을 포기하고 싸움터에 복귀한 것도 파트로클로스 때문이었다. 따라서 아킬레우스는 늘 자신의 운명이었던 귀향의 불가능성(18, 90, 101)을 주저 없이 받아들였던 것이다.

호메로스는 그리스와 트로이아의 최고의 전사들, 가령 사르페돈·아킬레우스·헥토르·디오메데스·텔라몬의 아들 아이아스·메넬라오스 등을 '사자'(獅子)에 비유하는 경우가 자주 있다.[13] "씩씩한 기상"이 "마치 산속에서 자란 사자"(12.299~300) 같다든가, "폭풍 같은 기세"로 "자신의 힘을 뽐내는" 사자(12.40~42) 같다든가, "눈에 불을 켜고 맹렬히 돌진하는" "사나운 사자"(20.166; 171) 같다든가, "격렬한 분노에 사로잡힌"(18.322) 사자 같다든가, "마음이 사납기가 사자"(24.41) 같다든가 하는 등등…… 사자는 표범과 멧돼지와 더불어 짐승 중 가장 힘센 것으로 여겨지고 있다(17.20~21).

호메로스는 파트로클로스의 죽음을 "크게 탄식하며 통곡하는" 아킬레

---

12) 사실 현존하지 않는 아이스퀼로스의 작품 『뮈르미도네스』에서 파트로클로스와 아킬레우스는 서로 연인 사이로 되어 있다(「미완유고」, 135. Nauck). 플라톤은 이를 『향연』(180a)에서 언급하고 있다.
13) 이에 대해서는 Annie Schnapp-Gourbellion, *Lions, héros, masques: Les représentations de l'animal chez Homère* (Paris: Maspero, 1981), 86~94쪽을 볼 것.

우스를 사냥꾼에게 자식새끼들을 도둑맞고 "슬피 탄식하며"(achnutai, 18.320) "격렬한 분노에 사로잡힌 채"(drimus cholos hairei), 사냥꾼의 "발자국을 찾으러 수많은 계곡을 헤매는" 사자에 비유하고 있다(18.316~322). 아킬레우스는 새끼를 잃은 그런 무서운 '사자'의 분노를 안고 (20.164~173) 헥토르와 대적하기 위해, 아니 자신의 운명적인 죽음을 통해 파트로클로스와 함께 묻히기 위해(23.82~92; 126; 245~248) 싸움터에 나선다.

분노의 창, 분노의 칼

다음날 아침 테티스는 헤파이스토스가 만들어준 방패와 갑옷을 들고 아킬레우스에게 왔다. 아킬레우스는 불의 신이 자신을 위해 만들어준 번쩍이는 갑옷을 입고 성큼성큼 바닷가로 내려가 큰소리로 그리스군을 불렀다. 그의 목소리를 듣고 그리스 전사들이 모두 회의장에 모였다. 부상을 입은 오뒤세우스와 디오메데스도 창에 의지한 채 절뚝거리며 나타났다. 마지막으로 청동 날이 달린 창에 찔려 크게 부상당한 아가멤논이 나다났다.

아킬레우스는 그들 앞에서 아가멤논과 자신의 불화로 인해 트로이아군에게는 승리가 그리스군에게는 패배가 이어졌으니, 이제 아가멤논을 향한 분노를 거두어들이고 오직 트로이아의 파멸을 위해 싸울 것이라 했다. 그리스 전사들은 전선으로 돌아온 위대한 영웅의 연설에 크게 환호했고, 사기까지 충천했다. 아킬레우스는 브리세이스를 아가멤논에게서 돌려받았고, 그가 약속한 화해의 선물도 마다하지 않고 받았다.

아킬레우스의 곁으로 돌아온 브리세이스는 "날카로운 청동에 찔려 난도질당한 채" 죽어 누워 있는 파트로클로스를 보자, 그녀에게 더없이 친절했던 그의 시신 "옆에 쓰러져 목놓아 울었다"(19.283~284). 주위의 여러 전우의 간청에도 불구하고 아킬레우스는 자신에게 닥친 "무서운 슬픔"(19.307)으로 인해 식음을 전폐했다. 파트로클로스의 죽음이라는 "치욕"(lōbē, 19.208)을 복수하기 전까지는 마시지도 먹지도 씻지도 않겠다고 맹세했다. 적을 패배시키기 위해 "피비린내 나는 전쟁의 아가리 안으로 들어가기 전에는 아무것도 그의 마음을 위로할 수는 없었다"(19.312~313).

아킬레우스가 나타나자, 사기가 충천해진 그리스군이 트로이아군과 대적하기 위해 함선과 막사에서 쏟아져 나왔다. 그들 한가운데 드디어 아킬레우스가 번쩍이는 갑옷을 입고, 손에는 만월처럼 빛나는 크고 둥근 방패와 은회색 큰 창을 들고, 어깨에는 청동 칼을 메고, 머리에는 무거운 투구를 쓰고 나타났다. 그는 자신의 전차(戰車)를 몰 불멸의 말인 크산토스와 발리오스에게, 자신이 위험에 처하면 파트로클로스의 경우서처럼 싸움터에 그대로 내버려두어 죽게 하지 말고 그리스군의 진영으로 무사히 데려다주기를 부탁했다.

그러자 여신 헤라가 그에게 "인간의 음성"(audeēnta, 19.407)을 주었던 준마 크산토스가 아킬레우스에게 머리 숙여 절을 하면서 이번에는 기필코 그를 그리스군의 진영으로 무사히 데려다주겠지만, 그에게는 "파멸의 날이 임박했다"고 일러주었다(19.409~410). 아킬레우스가 "한 신과 한 인간에 의해 전사할 운명할 운명"(19.416~417)이라는 것이다. 아킬레우스는 크산토스에게 자신은 이곳 트로이아에서 "죽을 운명이라는 것을 잘 알고 있다"(19.421~422) 했다. 전투의 함성을 지르며 그 말들을 몰고 선두대열로 향했다.

그리스군과 트로이아군이 들판에서 각기 대열을 갖추고 싸울 준비를 하고 있는 사이, 제우스는 모든 신을 올륌포스로 불러 모았다. 오케아노스를 제외한 모든 강의 신이 모이고 님프까지도 빠짐없이 모였다. 제우스는 파트로클로스의 죽음에 깊은 원한을 갖고 격분에 차 있는 아킬레우스가 자신에게 주어진 운명을 거역하고 혼자의 힘으로 트로이아 도성을 함락시키지 않을까 염려된다면서 신들에게 싸움터로 내려가서 각자의 편을 들어 싸우도록 명령했다. 자신은 올륌포스에 앉아 싸움을 '구경하며 즐기고 있다가' 사태가 불균형하게 진행되면 그때 개입해 천둥을 내리쳐 보낼 것이라 했다. 신들은 지체 없이 싸움터로 향했다. 헤라·아테나·포세이돈·헤르메스·헤파이스토스가 그리스 편을 들기 위해 그리스군의 함선들이 있는 곳으로 향했고, 전쟁의 신 아레스·아폴론·아르테미스·레토는 트로이아 편을 들기 위해 떠났다. 아프로디테와 인간들에게는 "스카만드로스로 불리는" 트로이아 강의 신 크산토스(20.74)가 그들 뒤를 따라 트로이아군이 있는 곳으로 향했다.

아킬레우스의 등장으로 그리스군의 승리가 이어졌다. 아킬레우스가 헤파이스토스가 준 갑옷을 입고 창을 휘두르며 마치 전쟁의 신 아레스와 같이 사납게 날뛰자, 트로이아 군사는 "모두 겁에 질려 사지를 부들부들 떨며"(20.44~45) 전의를 잃어갔다. 아테나가 그리스 방벽 바깥쪽 호 옆에서 그리스군의 사기를 높여주기 위해 전투의 함성을 지르자, 아레스가 트로이아의 탑 위에서 그 여신을 향해 "검은 폭풍과도 같이"(20.51) 마주 함성을 지르면서 트로이아군을 격려했다. 신들은 서로 힘껏 싸우도록 양편을 독려했을 뿐 아니라 자기들끼리도 격렬한 싸움을 벌였다. 싸움판은 신들의 격렬한 싸움으로 터질 듯했다. 위에서는 제우스가 천둥을 날려 보내고, 밑에서는 포세이돈이 넓은 대지와 산을 흔들었다.

그러자 산의 기슭과 등성이는 물론 트로이아 도성과 그리스군의 함선도 모두 흔들렸다. 세상은 공포에 사지를 부들부들 떨었고, 온 천지가 꺼지는 듯 큰 굉음을 내며 뒤흔들렸다. "빛의 신" 아폴론은 "날개 달린 화살을 들고" 포세이돈에 맞섰다. "빛나는 눈의 여신" 아테나는 전쟁의 신 아레스에 맞섰다. "황금 화살을 가진" "활의 여신" 아르테미스는 헤라에 맞섰다. "행운의 신" 헤르메스는 레토에게 맞섰다. 인간들에게는 스카만드로스로 불리는 강의 신 크산토스는 헤파이스토스에 맞섰다(20.67~74).

이처럼 신들이 서로 맞서 싸우고 있는 동안, 아킬레우스는 헥토르와 대적하고 싶은 열망에 불타 있었다. 트로이아의 왕자 아이네이아스가 아킬레우스를 쓰러뜨리는 데 자신을 도와주겠다는 아폴론의 언약을 믿고 선두대열에 나서 아킬레우스를 향해 창을 내던졌다. 그러나 아킬레우스의 방패는 헤파이스토스가 그를 위해 만들어준 신의 "영광스러운 선물"(20.264)이다. 헤파이스토스는 이 방패를 다섯 겹으로 만들었다. 양쪽의 두 겹은 청동이고, 안쪽의 두 겹은 주석이고, 가운데 한 겹은 황금인데, 이 한 겹의 황금이 그 창끝을 제지하여 방패를 뚫지 못하게 했다.

이번에는 아킬레우스가 아이네이아스를 향해 창을 던졌다. 창은 아이네이아스의 방패 바깥쪽 가장자리를 뚫고 그의 어깨를 스쳐 땅에 꽂혔다. 아킬레우스가 가까스로 목숨을 건진 아이네이아스에게 달려가 그를 죽이려는 순간 포세이돈이 개입했다. 포세이돈은 아이네이아스가 신들에게 많은 선물을 바쳐온 것을 항상 고맙게 여기고 있었다. 그리고 지금의 트로이아가 멸망한 후 아이네이아스와 그의 자손이 앞으로 대대로 트로이아를 다스릴 운명이라는 것도 모른 척할 수 없었다. 포세이돈은 아킬레우스의 눈앞에 안개를 뿌리고 아이네이아스의 방패에 꽂혀 있는 아킬레우스의 창을 뽑아 다시 그의 발밑에 던져주었다. 이어 아이네이아스를 들어 올려 싸움터에서 멀리 떨어진 곳으로 데리고 갔다. 그 신은 아이네이아스에게 그 누구도 아킬레우스를 결코 쓰러뜨릴 수 없으니 그를 쓰러뜨릴 수 있다고 말하는 아폴론, 아니 어떤 신의 말도 믿지 말라고 했다. 그러나 아킬레우스가 죽으면, "그때는 용기를 갖고 선두대열에서 싸우라"(20.337~338) 했다.

포세이돈이 안개를 걷어내자, 안개에 둘러싸여 비틀거리던 아킬레우스는 정신을 가다듬었다. 그는 아이네이아스가 불사신의 사랑을 받고 있기 때문에 자신의 창을 피해 무사히 죽음을 피해 갔음을 알고 추격을 그만두고 다시 대열 속으로 뛰어 들어가 싸우는 군사들을 일일이 격려했다. 그리고 그들에게 혼자 트로이아 대열을 뚫고 갈 것이니 자기 뒤를 따르라고 외쳤다.

트로이아 진영에서 헥토르는 그들의 군사들에게 아킬레우스를 두려워하지 말라고 외쳤다. "그의 두 손이 불과 같다 하더라도, 그의 두 손이 불과 같고 그의 마음이 번쩍이는 무쇠 같다 하더라도"(20.371~372) 자기가 그를 쓰러뜨릴 것이라며 군사들을 격려했다. 트로이아 군사가 창을 들고 함성을 지르며 돌진하려는 순간 아폴론이 헥토르에게 다가가, 아킬레우스가 그를 창으로 찌르거나 가까이서 칼로 치는 일이 없도록, 절대로 대열 앞에서 아킬레우스에게 싸움을 걸지 말라고 다급하게 경고했다. 아폴론의 경고를 받아들여 헥토르가 대열 앞에서 물러나자, 아킬레우스는 트로이아 군사들을 덮쳤다. 그중 오트륀테우스의 "용감한 아들"인 이피티온의 머리 한복판을 아킬레우스가 창으로 맞히니 그의 머리가 온통 박살 났다. 쓰러진 그의 시신이 그리스군의 전차 바퀴 밑에 깔려 갈기갈기 찢어졌다.

그다음 아킬레우스는 창으로 안테노르의 아들 데몰레온의 투구를 뚫고 그의 관자놀이를 찔렀다. 골이 모두 깨어져 투구 안에 흩어졌다. 그다음 그는 전차에서 뛰어내려 도망가는 힙포다마스의 등을 창으로 찔렀다. 힙포다마스는 제단으로 끌려가는 황소처럼 울부짖으며 숨을 거두었다. 그다음 그가 트로이아의 왕 프리아모스의 막내둥이 폴뤼도로스를 쫓아가서 창으로 그의 등 한복판을 맞히니 "창끝이 배꼽 옆을 뚫고 나왔고, 그는 비명을 지르며 무릎을 꿇었다. 검은 고통의 구름이 그의 주위를 덮었다" (20.416~417).

헥토르는 친동생 폴뤼도로스가 손으로 내장을 움켜지고 땅 위에 쓰러지는 것을 보자, "더 이상 떨어져 서 있을 수 없어 날카로운 창을 휘두르며 불길처럼 아킬레우스를 대적하기 위해 달려갔다"(20.421~423). 아킬레우스는 미칠 듯 기뻐했다. 파트로클로스를 죽인 자가 자기와 대적하기 위해 달려오기 때문이다. 헥토르는 창을 번쩍 쳐들고 그에게 힘껏 던졌다. 그러나 아테나가 숨을 내쉬어 그 입김으로 창을 되돌려 보내 헥토르의 발밑에 떨어지게 했다. 아킬레우스가 무시무시하게 함성을 지르며 창을 들고 헥토르에게 덤벼들자, 아폴론이 헥토르를 짙은 안개로 감싸 날쌔게 채어갔다. 아킬레우스가 세 번이나 창을 들고 덤벼들었으나, 세 번 다 짙은 안개만 쳤다. 그는 아폴론이 헥토르를 구해준 것을 알고, 치를 떨면서 다음에는 반드시 끝장낼 것이며 그때는 신들이 자기 편을 들어줄 것이라고 소리쳤다.

그렇게 소리친 후 아킬레우스는 트로이아군의 대열을 헤집고 다니면서 드뤼옵스의 목을 창으로 찔렀고, 그다음 창으로 필레토르의 아들 데무코스의 무릎을 쳐 달아나지 못하게 한 다음, 큰 칼로 가슴을 내리쳐 죽였다. 그다음 비아스의 두 아들 라오고노스와 다르다노스에게 달려들어 전차에서 그들을 땅 위로 끌어낸 뒤 전자는 창으로, 후자는 칼로 목숨을 끊었다. 그다음 그의 무릎을 잡고 애원하는 알라스토르의 아들 트로스를 칼로 그의 간을 찔렀다. 그러자 간이 쏟아져 나오면서 검은 피가 흘러내려 온몸을 덮었다. 그다음 물리오스에게 다가가 창으로 그의 귀를 찔렀다. 그의 청동 창끝이 다른 귀를 뚫고 나왔다.

그다음 아게노르의 아들 에케클로스의 머리 한복판을 칼로 내리치니 "칼은 온통 피에 젖어 뜨거워졌고, 그의 두 눈 위로 검은 죽음과 강력한 운명이 내려앉았다"(20.476~477). 그다음 창으로 데우칼라온의 팔뚝을 꿰뚫은 뒤 그의 팔이 늘어 뜨러지자 그의 목을 칼로 쳤다. 그다음 트라케에서 온 페이로오스의 아들 리그모스를 뒤쫓아가 창으로 그의 폐를 꿰뚫어 죽였다. "마치 사나운 불길이 바싹 마른 산의 깊은 계곡을 따라 미쳐 날뛰고, 우거진 숲은 화염에 싸이고, 바람은 불길을 몰아 회오리치며 사방으로 번지게 하듯, 꼭 그처럼 아킬레우스는 창을 들고 신과도 같이 그들을 쫓아가 죽였고, 검은 대지에는 피가 내를 이루었다"(20.490~494).

아킬레우스는 자기 앞에서 달아나는 트로이아 군사를 닥치는 대로 죽이면서 그들을 강의 신 크산토스, 즉 스카만드로스 강둑까지 몰아붙였다. 헥토르의 뒤를 따라 달아나는 군사들을 강물 속으로 몰아붙였다. 군사들과 말들이 한 덩어리가 되어 강물로 뛰어들었다. 그들이 소용돌이치는 물살에 버둥거리면서 비명을 질러대자, 강물이 그들 주위에서 노호했다. 아킬레우스는 칼을 빼어들고 강물 속으로 뛰어 들어가 닥치는 대로 그들을 죽였다. "칼에 맞는 자들의 신음소리가 무시무시하게 일었고, 강물은 피로 붉게 물들어갔다"(21.20~21).

계속되는 살육에 팔이 지치자, 아킬레우스는 열두 명의 트로이아 젊은이를 몰아 잡아서 강둑에 내동댕이친 뒤 끈으로 그들의 손을 묶었다. 그리고 그리스 함선으로 그들을 데려가서 파트로클로스를 죽인 피값으로 삼게 했다. 그리고 다시 강으로 내달았다. 가장 먼저 프리아모스의 아들 뤼카온과 마주쳤다. 한때 그가 붙잡아서 노예로 판 적이 있기에 그를 보는 순간 금방 알아보았다. 강에서 도망치느라 피로에 지쳐 투구와 방패도 벗은 채 창도 들지 않고 강둑에 큰 대 자로 뻗어 누워 있던 뤼카온은 아킬레우스를 보자, 몸을 일으켜 그의 무릎을 잡고 살려달라고 애원했다. "사악한 죽음과 검은 운명을 피하고 싶은 마음이 너무나 간절했기 때문이다"(21.65~66). 뤼카온은 자신이 프리아모스 왕의 아들이지만 파트로클로스를 죽인 헥토르와 같은 어머니에게서 태어나지는 않았으니 자비를 베풀어달라고 애원했다.

그러나 아킬레우스는 "왜 이렇게 비탄에 젖어 있는가?" "그대보다 훨씬 나은 파트로클로스도 죽었으며", 이렇게 잘생기고 큰데다가, 훌륭한 아버지와 여신인 어머니를 두었는데도, "내 위에는 죽음과 강력한 운명이 걸려 있느니라"고 말하고는(21.106~110), 큰 칼로 뤼카온의 목 옆 쇄

골을 내리쳤다. 아킬레우스는 고기가 뤼카온의 피를 빨아먹고 그의 흰 기름을 먹도록(21.121~127) 그를 강물 속으로 던졌다. 그리고 달아나는 트로이아 군사들에게 그들도 뤼카온처럼 도륙되어 물고기떼의 밥이 될 것이라고 소리쳤다. 또한 트로이아인이 강의 신 크산토스에게 오랫동안 숱한 황소와 말을 바쳤지만 그 신도 그들을 구하지 못할 것이라 소리쳤다.

아킬레우스의 오만에 찬 외침을 듣고 크게 격노한 강의 신 크산토스는 아킬레우스가 강물 속에 뛰어들어 수많은 트로이아 군사를 도륙하자, 마침내 사람의 모습으로 변장하고 아킬레우스의 앞에 나타나 그의 지나친 악행을 나무라면서 제우스의 뜻이 그로 하여금 트로이아인을 죽이려 하게 한다면 어쩔 수 없지만 "사랑스러운 내 물줄기는 시신들로 가득 차 내 강물을 신성한 바다로 쏟아 보낼 수 없을 지경이니" "무자비한 살육"을 멈추라고 호통쳤다(21.219~220).

아킬레우스는 강물 속에서 싸우는 것은 그치겠지만 트로이아 군사들을 도성으로 몰아넣고 헥토르와 일 대 일로 대결할 때까지는 살육을 계속하겠다고 말했다. 크산토스는 아폴론에게 트로이아인을 도와줄 것을 청했다. 이 말을 듣자 아킬레우스는 화가 더 치밀어 강의 신 자체와 싸울 태세로 강둑에서 강물 속으로 뛰어들었다. 크산토스는 큰 물결을 일으켜, 물줄기를 틀어막고 있는 시신들을 밀어내어 강둑으로 던져놓고, "아직 살아 있는 자들을 깊고 큰 소용돌이 속에 싸서 그의 아름다운 물줄기 밑에 안전하게 감추어놓은 뒤"(21.238~239), 무서운 물결로 아킬레우스의 방패를 세차게 내리쳤다. 아킬레우스는 서 있을 수 없어 간신히 큰 느릅나무를 붙잡았다. 그러나 강의 신은 나무를 뿌리째 뽑아버리고 강둑을 모두 찢어놓았다. 뿌리째 뽑힌 나무가 무성한 가지들로 임시 다리를 만들어주자, 겁에 질린 아킬레우스는 그 임시 다리를 건너 빠른 걸음으로 들판 위를 질주했다.

그러나 크산토스는 아킬레우스의 살육행위를 저지시키고 트로이아인을 파멸에서 구하기 위해 그의 뒤에서 큰 물결을 일으키면서 그를 뒤쫓았다. 아킬레우스는 무서운 공격을 피하기 위해 들판을 가로질러 내달았으나, 제우스에게서 태어난 그 신은 그의 어깨를 계속 내리치면서 무릎을 지치게 한 뒤, 그의 발밑의 땅을 집어삼켰다. 다급해진 아킬레우스는 제우스에게 어머니 테티스의 예언을 상기시키면서 자신은 "무장한 트로이아인의 성벽 밑에서 아폴론의 날랜 화살에 맞아 죽게 되어 있으니" "지금 나는" "마치 겨울에 급류를 건너려다 물에 떠내려간 돼지치기 소년처럼" "이 큰 강에 갇혀 비참하게 죽을 운명"을 맞고 싶지 않다며 자신을 불쌍히 여기주기를 간청했다(21.273~283).

그가 이렇게 말하자, 제우스의 명을 받고 즉각 포세이돈과 아테나가 인간의 모습으로 변장하고 그에게 달려갔다. 포세이돈은 그에게 강의 신에 의해 그가 죽을 운명이 아니라며 틀림없이 트로이아군을 성벽 뒤로 밀어붙이고 헥토르의 목숨을 빼앗은 다음 함선으로 돌아갈 것이라고 했다. 아테나는 그의 가슴과 팔다리에 큰 힘을 불어넣어주었다. 그 큰 힘에 기대어 아킬레우스는 떠다니는 시신들로 넘쳐나는 물살을 어깨로 헤치고 들판을 향해 내달렸다.

크산토스는 그의 힘이나 미모, 눈부신 갑옷과 방패, 창도 그에게 도움을 주지 못할 것이며 그의 눈부신 갑옷과 방패, 창은 자신의 진흙에 덮여 물속 깊이 묻힐 것이며 자신이 그를 모래로 싸고는 그 주위에다 조약돌을 무수히 들이부어 그리스인이 뼈도 추리지 못하게 할 것이라 말했다. 그런 뒤, 높이 솟구쳐 아킬레우스를 덮치려는 순간, 이를 보고 놀란 헤라가 불의 신 헤파이스토스를 급히 내려 보냈다.

헤라의 아들 헤파이스토스는 맹렬히 타오르는 불로 아킬레우스의 손에 살육되어 무더기로 쌓여 있는 수많은 트로이아인의 시신을 먼저 태웠다. 그런 다음 번쩍이는 불길을 강으로 돌렸다. 강가 들판에 있는 느릅나무·

버드나무·토끼풀·골풀도 화염에 싸이고, 뱀장어떼와 물고기떼도 헤파이스토스의 "뜨거운 입김에 고통스러워······ 이리저리 몸부림치며 뒹굴었다"(21.354~355). 헤파이스토스가 내뿜는 뜨거운 불길에 휩싸인 크산토스도 고통을 감내할 수가 없었다. 그래서 크산토스는 헤라에게 자신이 앞으로 결코 트로이아인을 파멸의 날에서 구하지 않을 터이니 아들의 행동을 그치게 해달라고 간청했다. 헤라는 헤파이스토스를 향해 "인간 때문에 불사신에게 폭행을 가한다는 것은 적절치 않다"(21.379~380)며 그의 행동을 중지시켰다. 그러나 다른 신들 사이에서는 여전히 무섭고 치열한 싸움이 벌어졌다. "제우스는 올림포스에 앉아······ 신들이 어우러져 싸우는 것을 보고 재미에 흠뻑 젖어 웃고 있었다"(21.388~390).

신들이 서로 치고받다가 하나둘 올림포스로 돌아왔지만, 아폴론만이 인간의 세상에 남아 트로이아로 향했다. 그는 그리스인이 바로 그날 트로이아의 성벽을 함락시키지 않을까 염려되었기 때문이다. 강가에서 벗어난 아킬레우스는 길 위에서 무자비하게 트로이아인과 말을 도륙하면서 트로이아 도성으로 향했다. 트로이아 왕 프리아모스는 도성의 가장 높은 탑 위에서 트로이아 군사들이 아킬레우스 앞에서 떼 지어 달아나는 것을 보고 절망에 가득 찼다. 탑 위에서 내려온 그는 군사들이 재빨리 도망쳐 올 수 있도록 성문들을 열어놓으라 명령했다. "파괴적인 사내"(21.536) 아킬레우스가 성벽을 뚫고 안으로 뛰어들까 두렵기 때문이었다. 트로이아 군사들이 아킬레우스의 거대한 창에 쫓기어 도성 안으로 우르르 도망쳐 들어왔다. "사나운 광기가 그의 마음을 계속 사로잡고 있었고, 그는 영광을 얻고자 하는 강렬한 열망에 차 있었다"(21.543).

아폴론이 트로이아인을 파멸에서 구하기 위해 앞으로 달려가지 않았더라면, 그리스군은 도성을 함락시켰을 것이다. 아폴론은 안테노르의 아들 아게노르의 가슴에 용기를 불어넣어 아킬레우스와 대적하게 한 뒤 그의 옆에서 짙은 안개로 몸을 가리고 참나무에 기대어 섰다. 아게노르는 "도시의 파괴자 아킬레우스"(21.550)를 보자, 심장이 몹시 두근거렸다. 그러나 결심을 굳히고 표범처럼 뛰어나가 아킬레우스에게 창을 던졌다. 창은 그의 무릎 밑 정강이를 맞혔으나, 헤파이스토스가 만들어준 갑옷으로 인해 튕기어 나왔다. 아킬레우스는 그를 죽이려고 덤벼들었다. 그러나 아폴론이 안개로 아게노르를 감싸서 안전한 곳에 데려다놓은 뒤, 아게노르와 똑같은 모습으로 변장하고 아킬레우스의 발 앞에 다가섰다. 아폴론은 아킬레우스로 하여금 들판 위로 달아나는 자신을 계속 추적하게 했다. 이리하여 아폴론은 이 틈을 타서 남은 트로이아 군사들이 도성 안으로 도망치게 했다.

  그리스군이 성벽을 향해 접근하고 있을 때, 아폴론은 자신을 계속 뒤쫓고 있는 아킬레우스에게 자신의 모습을 드러내고는 "죽음을 면치 못하는 인간인 주제에 어찌 그대는 불사신인 나를…… 추격하느냐"며 꾸짖은 뒤, "하지만" 신(神)인 "나는 죽을 운명이 아니니 그대가 나를 죽이지 못하리라" 했다(22.8~13). 이 말을 듣고 아킬레우스는 아폴론의 속임수에 화가 치밀어, 그의 유인에 속아 넘어가지 않았더라면 지금쯤 트로이아인이 자기 손에 모조리 죽음을 당했을 것이라며 자신에서 "큰 영광을 빼앗은" 그에게 자신이 "할 수 있는 힘만 있다면 진정 복수하고 싶다"고 소리친 뒤(22.18~20), 트로이아 도성으로 달려갔다.

  그를 가장 먼저 본 사람은 프리아모스 왕이었다. 아킬레우스는 "마치 캄캄한 어두운 밤에 뭇별 사이에서 찬란한 광채를 발하는 가을밤 별처럼 환히 빛을 내며 들판 위를 질주하고 있었다"(22.26~28). 그러나 호메로스는 사람들에 의해 "오리온의 개"라는 이름으로 불리는 "이 별은 찬란하기는 하지만, 악의 전조"라고 노래하고 있다(22.29~30). 프리아모스는 수많은 영웅과 인간의 비참한 죽음을 불러왔고, 앞으로도 초래할 '악의 전조'인 아킬레우스를 보자, 벽에 머리를 찧으면서 통곡했다.

  그와 싸우기를 몹시도 열망하며 성문 앞에 버티고 서 있는 아들 헥토르를 향해 소리쳤다. 아킬레우스가 너보다 훨씬 강하니 성 밖에서 아킬레우스와 단독으로 싸운다면 아킬레우스는 너의 목숨을 쉽사리 앗아갈 것이라며, 성벽 밖에서 아킬레우스를 혼자 기다리지 말고 성 안으로 들어오라고 간청했다. 프리아모스는 헥토르가 죽으면 트로이아가 오래지 않아 패망할 것을 알고 있었다. 그는 네가 죽으면 나 역시 죽어 나의 개떼들에게 뜯어 먹히는 신세가 될 것이라며(22.66~71), 성 안으로 빨리 들어오라고 간청했다. 이렇게 말하고는 손으로 흰 머리털을 쥐어뜯었으나, 헥토르의 마음을 움직일 수는 없었다.

그의 어머니 헤카베가 "눈물을 흘리며 울었고, 옷깃을 풀어헤쳐 다른 손으로 젖가슴을 드러내 보이면서"(22.79~80), 자신을 불쌍히 여긴다면 선두에서 아킬레우스와 일 대 일로 맞서지 말고 성 안으로 들어와 적군의 전사들을 물리치라고 간청했다. 만일 아킬레우스가 너를 죽인다면 나나, 너의 아내 안드로마케도 너를 "침대 위에 누이고 슬퍼하지 못할 것"이고, 너는 "그리스인의 함선 옆에서 날랜 개들의 밥이 될 것"이라며(22.86~89), 성 안으로 빨리 들어오라고 소리쳤다.

그러나 그녀도 헥토르의 마음을 움직일 수 없었다. 헥토르는 아킬레우스가 가까이 다가오기를 기다렸다. "마치 산속의 뱀이 독초를 가득 뜯어 먹고 독기가 오를 대로 오른 상태에서 사람을 기다리며 그의 굴 안에서 따리를 틀고 무시무시하게 노려보듯"(22.93~95). 속으로는 망설임이 없지 않았다. 헥토르는 어떤 조건이라면 아킬레우스가 싸움을 중지할 것인지를 생각해보았다. 헬레네는 물론 파리스가 훔쳐왔던 모든 재물도 돌려주고 트로이아의 값진 재물과 보물들 반을 넘겨주겠다면 그의 반응은 어떠할까 생각해보았다. 그러나 헥토르는 어떤 제안도 그가 받아들일 가망이 없다고 판단했다. 아킬레우스가 그를 향해 가까이 다가왔다.

헥토르가 그를 보자, 두려움에 몸을 떨며 도망가기 시작했다. 아킬레우스가 빠른 걸음으로 그를 뒤쫓았다. "마치 날개 있는 새들 중에서 가장 날랜 매가 산속에서 겁 많은 비둘기를 쫓아 재빨리 내리 덮치듯"(22.139~140). 헥토르는 성벽 밑을 따라 달아났다. "앞에서 쫓기는 자도 강한 자지만, 그를 날쌔게 쫓는 자는 훨씬 더 강했다"(22.158~159). 헥토르는 빠른 걸음으로 트로이아 도성을 세 바퀴나 돌았고, 아킬레우스도 그 뒤를 쫓아 세 바퀴 돌았다. 올륌포스에서 자신에게 황소의 넓적다리 살점을 숱하게 태워 바쳤던 헥토르가 아킬레우스에 의해 성벽 주위로 쫓겨 다니는 것을 보고 연민을 느낀 제우스는, 다른 신들에게 헥토르의 목숨을 살려주어야 하는지 아닌지를 결정하라 했다. 그러나 아테나는 오래전에 정해진 운명을 꺾을 수는 없다고 했다. 날랜 아킬레우스가 "마치 사냥개가 사슴의 새끼를 보금자리에서 몰아내어 산골짜기와 우거진 계곡 사이로 추격할 때처럼"(22.189~190) 쉴 새 없이 헥토르를 추격했다.

아킬레우스를 도와주기 위해 올륌포스에서 급히 싸움터로 내려온 아테나가 헥토르의 동생 데이포보스의 모습으로 변장하고 헥토르에게 다가갔다. 그러고는 둘이 함께 힘을 합쳐 싸우면 아킬레우스를 쓰러뜨릴 수 있을 것이라며 그를 거짓 유인하여 아킬레우스 앞에 나서게 했다. 아킬레우스를 맞이한 헥토르는 누가 이기든 이기는 쪽이 상대편의 시신에서 갑옷과 투구를 벗겨 가되, 시신은 상대편에 돌려주자고 제안했다. 아킬레우스는 이를 즉각 거부하고 긴 창을 번쩍 쳐들고 그에게 던졌다. 헥토르가 똑바로 보고 있다가 재빨리 몸을 숙이니 창은 그의 머리 위로 날아가 땅바닥에 꽂혔다.

아네나가 그 창을 집어 들어 몰래 아킬레우스에게 돌려주었다. 이번에는 헥토르가 긴 창을 번쩍 쳐들고 아킬레우스에게 던져 그의 방패 한복판을 맞혔다. 그러나 그 창은 방패에서 멀리 퉁기어져 나왔다. 헥토르는 당황하여 동생 데이포보스에게 다른 창을 달라고 소리치며 동생을 찾았으나, 근처에 없자 비로소 아테나에게 속은 것을 알았다. 이제 자신을 "신들이 죽음으로 부르고 있음"(22.297)을 직감했지만, "나는 결코 싸우지도 않고, 명성도 얻지 않고(akleiōs) 죽지 않으리라. 후세 사람들이 알아줄 큰일을 하고 죽으리라"(22.304~305)고 외친 뒤, 허리에 찬 날카로운 칼을 빼들고는 "높이 나는 독수리처럼" 아킬레우스에게 덤볐다.

분노에 찬 아킬레우스는 "정교하게 만든 아름다운 방패로 가슴 앞을 가리고 뿔이 넷 달린 투구를 끄덕이면서" 마주 달려갔다(22.312~314). 아킬레우스는 바로 헥토르의 치명적인 급소인 그의 목구멍을 향해 창을 던졌다. 창끝은 헥토르의 목을 곧장 뚫었고, 트로이아 최고의 영웅 헥토르는 먼지 속에 쓰러졌다. 아킬레우스는 죽어가는 헥토르를 보며 환성을 지르며, 너는 파트로클로스의 시신에서 내 갑옷과 투구를 벗겨 갔을 때 무사하리라 믿었겠지만, 너보다 훨씬 "강한 복수자"인 내가 뒤에 남아 있었다는 것을 미처 알지 못했다며 너의 시신은 트로이아 도성으로 가지 못하고 개떼와 새떼에 의해 찢기어져 그들의 먹이가 될 것이라 조롱했다(22.331~336).

헥토르는 "개들이 뜯어먹게 내버려두지 말고" 몸값으로 "청동과 황금을 넉넉히 받되, 내 시신을 고향으로 돌려보내 트로이아인과 그들의 아내들이 죽은 나를 화장할 수 있게 해달라"고 간청했다(22.339~343). 그러나 아킬레우스는 거절했다. 파트로클로스와 숱한 그리스 전사를 죽인 헥토르를 생각하면 그의 살을 씹어 먹고 싶은 심정이었다. 그는 헥토르에게 프리아모스가 엄청난 황금을 바친다 해도 그의 어머니 헤카베는 죽은 그를 침상 위에 누이고 슬퍼하는 일이 없을 것이며, 그는 개떼나 새떼에게 뜯어 먹히는 비참한 신세가 될 것이라고 조롱했다. 헥토르는 그에게 아폴론이 그를 죽이는 날이 올 것이며 자신의 시신을 모욕한다면 "신들의 노여움"을 면치 못할 것(22.358~360)이라 경고한 뒤 숨을 거두었다.

아킬레우스는 헥토르의 시신에서 청동 창을 뽑아내고 피투성이가 된 갑옷을 그의 어깨에서 벗겨냈다. 그사이 다른 그리스 전사들이 주위에 모여들었다. "그들은 헥토르의 체격과 출중하기 짝이 없는 아름다운 모습을 보고 감탄했다"(22.370). 그러나 이들은 한 사람씩 차례로 그의 시신을 칼과 창으로 찌르기 시작했다. 아킬레우스는 헥토르의 복사뼈를 찔러 구멍을 내고 쇠가죽 끈을 꿰어서 그를 묶어 전차 뒤에다 매달았다. 그가 채찍을 휘두르며 말들을 모니 헥토르의 시신은 머리가 바닥에 쿵쿵 부딪쳤고, 그의 머리는 온통 먼지투성이가 되었고, 검푸른 머리칼이 흙먼지 속에 어지럽게 나부꼈다.

성벽에서 이 광경을 지켜본 헥토르의 어머니 헤카베는 "머리털을 쥐어뜯고 번쩍이는 면사포를 멀리 벗어던지며 크게 울부짖었다. 그의 아버지도 비통한 신음을 쏟아내었고, 온 도성의 백성들도 그들을 둘러싸고 울부짖으며 신음을 쏟아냈다"(22.406~409). 집의 안방에서 남편이 싸움터에서 돌아오면 목욕할 더운물을 준비하느라 여념이 없었던 헥토르의 아내 안드로마케는 탑에서 비명소리와 울부짖음을 듣고 불길한 예감에 밖으로 뛰쳐나갔다. 그녀가 성벽 위에서 주위를 둘러보다 헥토르의 시신이 그리스 함선 쪽으로 끌려가는 모습을 보자, "칠흑 같은 어둠이 그녀의 두 눈에 내려와 덮었고, 그녀는 뒤로 넘어지며 정신을 잃었다"(22.466~467).

파트로클로스의 장례

함선에 돌아온 아킬레우스는 헥토르의 시신을 파트로클로스의 옆자리 먼지 속에 내던졌다. 파트로클로스의 장례는 아킬레우스가 친구의 죽음에 대한 보복으로 헥토르를 죽이고 그의 시신을 철저히 모욕할 때까지 연기되었다. 파트로클로스의 장례를 치르기 전날 밤 아킬레우스는 그의 죽음을 슬피 탄식하며 잠을 이룰 수 없었다. 헥토르를 추격하느라 몹시 지쳐 있는 그가 마침내 잠이 들자, 파트로클로스의 망령이 그의 머리맡에서 자신을 잊고 잠이 들어 보이는 그를 원망하면서 매장되지 못해 아직 하데스에 가지 못하고 "문이 넓은 하데스의 집 근처를 정처 없이 떠돌고 있는" 자신을 "빨리 장사지내 하데스의 문을 통과하게 해달라"(23.70~74) 했다. 그리고 그가 트로이아 성벽 밑에서 죽음을 맞게 될 운명이니 그가 죽은 후 그의 뼈와 자신의 뼈를 가르지 말고 그의 어머니 테티스가 그에게 선물로 준 "황금 항아리"에 자신과 "함께 넣어 있게 해달라" 했다 (23.81~92).

아킬레우스는 파트로클로스에게 그렇게 하겠다고 약속한 뒤, 친구에게 마지막으로 한번 서로 껴안고 아픈 마음을 서로 달래보자 했다. 아킬레우스가 그를 껴안으려고 두 팔을 뻗었으나 빈 허공을 껴안았을 뿐 망령은 연기처럼 땅 밑으로 사라지고 없었다. 놀라 잠에서 깨어난 아킬레우스는 파트로클로스가 밤새도록 자신 곁에서 자신을 지켜보며 울고 있었다며, 죽음마저 자신들의 관계를 끊지 못하고 있다며 울부짖었다. 파트로클로스의 전우들도 그의 시신을 둘러싸고 다시 울부짖었다.

다음날 아가멤논은 모든 진중에서 군사들을 노새와 함께 보내 나무를 해오게 했다. 이데 산에 당도한 군사들은 참나무를 베어 장작으로 쪼갠 뒤, 이를 노새들에 묶어 바닷가로 가져와서 아킬레우스가 파트로클로스와 합동 봉분으로 만들기로 작정한 곳에 내려놓았다. 아킬레우스는 전우들에게 갑옷을 입고 말에 마구를 갖추라고 지시했다. 전차병들이 맨 앞에서 대열을 이끌고, 뒤에는 숱한 보병들이 뒤를 따르고, 중앙에는 전우들이 파트로클로스의 시신을 운반하고, 아킬레우스는 친구의 "머리를 받쳐 들고 슬퍼하면서 그들 뒤를 따라가고 있었다"(23.136~137).

정해진 장소에 이른 군사들이 시신을 내려놓고 장작나무를 쌓아올렸다. 아킬레우스는 자신의 금발을 잘라 파트로클로스의 손에 놓아주었다. 아킬레우스의 아버지 펠레우스는 아들 아킬레우스가 전쟁에서 승리를 거두고 "고향땅으로 돌아온다면", 아들의 머리털을 잘라 스페르케이오스 강에게 제물로 바칠 것을 그 강에게 맹세했다(23.145~146). 그러나 트로이아 성벽 밑에서 죽음을 당해 다시는 고향으로 돌아갈 수 없는 것이 자신의 운명임을 알고 있는 아킬레우스는 아버지의 소망을 들어줄 수 없게 된 것을 슬퍼하면서 자신의 머리털을 페르케이오스 강 대신 사랑하는 친구 파트로클로스에게 바친 것이다.

아가멤논은 군사들을 함선으로 돌려보내고 파트로클로스와 가장 친한 자들만 남게 하여 장례를 준비하게 했다. 그들은 화장용 장작더미를 쌓아 올리고 나서 그 위에 시신을 놓았다. 장작더미 앞에서 수많은 가축과 황소들을 도륙하고 껍질을 벗겼다. 아킬레우스가 기름조각을 떼어내어 그것으로 머리에서 발끝까지 시신을 싸고 그 주위에다 가죽을 벗긴 짐승들을 쌓아올렸다. 그는 꿀과 기름이 든 항아리를 장작더미 옆에 기대어놓고 크게 울부짖으면서 그 더미 위에 네 마리 말을 집어 던져 올려놓은 뒤, 그 다음 파트로클로스의 애완견 두 마리를 죽여 그 더미 위에 올려놓았다. 이어 "파트로클로스의 피값으로"(poinēn Patrokloio, 21.28) 트로이아 포로 열두 명을 청동으로 죽이고 나서 그 더미 위에 집어 던져 올려놓았다. 그런 다음 "무자비한 불의 힘을 불어넣어 그 모든 것을 집어삼키게 했다"(23.177). 그는 전우 파트로클로스의 이름을 부르며 자신이 전에 그에게 약속했던 모든 것을 행하고 있다며 하데스의 집에서나마 기뻐하라고 했다. 그러나 그 뒤 트로이아 포로 열두 명과 달리 "헥토르는 불이 아니라 개떼의 먹이가 되도록 할 것"(23.183)이라고 들려주었다.

그러나 아킬레우스의 단언에도 불구하고 헥토르는 개떼들의 먹이가 되지 않았다. 제우스의 딸 아프로디테가 밤낮으로 개떼가 시신 곁에 가까이 오지 못하게 하고 있고, 아킬레우스가 헥토르의 시신을 전차에 끌고 다닐 때에도 시신에 장미기름을 발라두어 살갗이 찢기지 않게 했고, 아폴론도 헥토르가 누워 있는 곳을 검은 구름으로 덮어 햇빛이 시신을 썩지 못하게 했기 때문이다.

아킬레우스가 불타는 장작더미 옆을 떠나 잠시 가까운 곳에서 자리를 잡고 드러눕자, 잠이 피곤에 지쳐 있는 그를 덮쳤다. 그러나 그의 주위로 모여드는 그리스 지휘관들의 시끄러운 소리에 잠이 깬 그는 그들에게 다음으로 할 일을 알려주었다. 아가멤논과 다른 지휘관들에게 타고 남은 불씨를 포도주로 끄고 파트로클로스의 뼛조각을 주워 모아 두 겹의 기름조각에 싸서 황금 항아리에 담도록 했다. 그가 일러준 대로 일을 마친 그들은 장작더미 주위에 무덤의 기초가 될 돌들을 놓은 뒤, 그 위에다 흙더미를 쌓아 올리고 무덤을 만들었다. 아킬레우스는 그들에게 자신의 함선들에서 가마솥·세발솥·말·노새·황소·여인 등을 비롯해 많은 상품을 가져와서 파토로클로스를 위해 열리게 될 장례 경기에 쓰도록 했다.

아킬레우스는 1등 상품으로는 수공예에 능한 여인과 세발솥, 2등 상품으로는 암말, 3등 상품으로는 가마솥, 4등 상품으로는 황금 2탈란톤, 5등 상품으로는 항아리를 내놓았다. 제일 처음 전차경기가 열렸지만, 아킬레우스는 이 경기에 참여하지 않겠다고 했다. 포세이돈이 아버지 펠레우스에게 주었고, 아버지 펠레우스는 아들인 자신에게 준 불사의 말들을 타고 경기에 임하면 자신은 1등으로 우승하겠지만 자신들에게 크나큰 친절과 관심을 베풀었던 파트로클로스가 죽자 그 불사의 말들이 엄청난 슬픔에 젖어 "꼼짝 않고 서 있기"(23.284) 때문이라 했다. 첫 번째 경기인 전차경주(23.287~652)가 있고 나서, 그다음 권투시합(23.652~699), 레슬링 경기(23.700~739), 달리기경기(23.740~797), 격투경기(23.798~825), 원반던지기(23.826~849), 활쏘기(23.850~883), 마지막으로 창던지기(23.884~897)가 있었다. 이 모든 경기에 아가멤논을 비롯해 거의 모든 지휘관이 참여했다.

경기가 끝나고 날이 저물자 그리스 군사들은 잠을 자기 위해 함선으로 돌아갔다. 그러나 아킬레우스는 "파트로클로스를 회상하며 울었고, 모든 것을 정복하는 잠도 그만은 감당하기 어려웠다"(24.4~5). 어지러운 마음을 가눌 길 없어 "그는 벌떡 일어나 바다의 기슭을 미친 듯 돌아다녔고, 새벽의 여신은 그가 모르게 바다와 해안 위에 나타난 적이 없었다"

(24.11~13). 아킬레우스는 헥토르의 시신을 또다시 전차 뒤에 매단 채 끌고 다니면서 죽은 파트로클로스의 무덤 주위를 요란스럽게 세 번 돌았다. 그는 분을 이기지 못해 열하루 동안 계속 밤마다 헥토르의 시신을 그렇게 모욕했을 뿐 아니라 "말 못 하는 대지"(24.54)까지도 "욕보였다".

프리아모스와 아킬레우스

이를 보다 못해 열이틀째에 아폴론은 신들에게 헥토르를 불쌍히 여겨 아킬레우스에게서 그의 시신을 빼내도록 하자고 간청했다. 다른 신들은 이에 찬성했다. 그러나 트로이아 전쟁을 초래했을 뿐 아니라 여신들 가운데 아프로디테만 찬양하고 자신들을 폄하했던 파리스의 잘못을 여전히 용서하지 못하고 있었다. 그리고 그의 잘못 때문에 그의 아버지 프리아모스와 트로이아 백성들마저 미워하는 헤라와 아테나, 포세이돈이 이에 반대했다. 아폴론은 신들에게 헥토르가 그들에게 황소와 염소의 넓적다리 살점들을 단한번도 빠뜨리지 않고 태워 바쳤던 것을 상기시키면서 헥토르를 전차 뒤에 매달아 파트로클로스의 무덤 주위를 끌고 다니는 그의 "마음이 사납기가 사자 같은"(24.41) 아킬레우스를 맹렬히 비난했다.

그리고 "동정심도 수치심도 없는"(24.44) 그가 헥토르를 그렇게 모욕한다면, "그를 위해 더 명예롭다거나 더 유익하지도 않을 것"(24.52~53)이라며 헥토르의 "아내와 어머니와 자식 또 그의 아버지 프리아모스와 백성들이 그를 보고 나서 지체 없이 화장하여 장례를 치를 수 있도록"(24.35~37) 도와주자고 호소했다.

제우스는 인간의 아들인 헥토르와 여신의 아들인 아킬레우스의 명예가 같을 수는 없다고 말했다. 그러면서 아폴론의 호소를 거부하는 헤라에게 아킬레우스와 헥토르의 명예가 같을 수야 없지만, 헥토르는 트로이아인 가운데 자신에게서 가장 많이 사랑을 받았을 뿐 아니라 자신에게 값진 선물 바치는 일을 단 한번도 빠뜨리지 않았던 자라고 덧붙인 뒤 직접 아킬레우스의 어머니 테티스를 올림포스로 불러들여, 불사신들이 헥토르의 시신을 돌려주지 않은 채 시신을 모욕하는 아킬레우스의 처사에 대해 굉장히 화를 내고 있으며, 누구보다도 자신이 크게 노여워하고 있음을 아들 아킬레우스에게 전하라고 했다.

테티스는 곧장 아킬레우스가 있는 막사로 달려가 파트로클로스의 죽음에 비탄에 젖어 있는 그의 곁에서 그의 이름을 부르면서 "죽음과 강력한 운명이 이미 너에게 가까이 다가오고 있으니"(24.132) 이제 친구를 향한 슬픔을 거두는 대신, 몸값을 받고 헥토르의 시신을 돌려주라 했다. 어머니의 말이 제우스의 뜻임을 확인하고 아킬레우스는 그 뜻에 따르겠다고 했다.

제우스는 사자(使者) 이리스를 트로이아 왕 프리아모스에게 보내, 아들의 시신을 데리고 올 마차와 아킬레우스에게 몸값으로 줄 선물을 갖고 그리스 진영으로 들어갈 것을 전하게 했다. 그리고 헥토르의 시신을 짐수레에 싣고 돌아올 나이 많은 전령 한 사람 이외 트로이아인 중 그 누구도 동행하지 않되, 헤르메스 신이 동행하여 그를 무사히 아킬레우스의 막사 안으로 인도해줄 것임을 전하게 했다.

이리스를 통해 제우스의 뜻을 전해들은 프리아모스는 아들들에게 바퀴가 잘 구르는 노새 짐수레를 준비하라고 지시한 뒤, 아내 헤카베에게 제우스의 뜻에 따라 헥토르의 시신을 돌려받기 위해 그리스 진영으로 들어가고자 한다며 어떻게 생각하느냐 물었다. 이에 헤카베는 흐느껴 울며 자신들의 아들들을 수없이 죽인, "야만적이고 믿을 수 없는" 아킬레우스는 그에게 "동정심이나 존경심을 추호도 갖지 않을 것"이니 멀리서나마 여기서 헥토르를 "애도하자"고 말한 뒤, 자신이 아들 헥토르를 낳는 순간, 그는 "잔혹한" 아킬레우스의 처소에서 "발 빠른 개떼들의 먹이"가 될 운명이었다며 목숨을 무릅쓰고 그곳에 가지 말라고 간청했다(24.207~212).

프리아모스는 제우스의 명령을 전한 여신 이리스의 전언을 거역할 수 없다며 보물 궤짝 뚜껑을 열어 "더없이 아름다운" 부인복 12벌과 외투 12벌, 또 같은 수의 깔개와 겉옷과 웃옷을 꺼냈다. 이것들과 더불어 12달란톤의 황금, 세발솥 2개, 가마솥 4개, 트라케인에게서 받은 "더없이 아름다운" 술잔 하나는 갖고 떠날 준비를 했다. 준비가 끝나자 프리아모스는 아내의 요청에 따라 황금 잔에 포도주를 따르고 이를 제우스에게 헌주하면서 집으로 무사히 돌아오게 해달라고 기도했다. 그의 기도에 제우스는 즉각 응답하여 그가 무사히 돌아올 것임을 알리는 신호로 "검정 독수리"를 보내, 그 독수리가 "도성 위를 쏜살같이 통과하여 오른쪽으로 날아가니" 프리아모스를 비롯해 모두 안도해 기뻐했다(24.315~321).

프리아모스가 성문에서 나오는 것을 본 제우스는 헤르메스를 불러 아킬레우스의 막사에 이를 때까지 그리스 군사의 누구의 눈에도 띄지 않게 해주라고 했다. 프리아모스와 전령이 방벽에 도착했을 때, 파수병이 마침 저녁을 준비하는 중이었다. 아킬레우스의 아버지의 시종의 모습으로 변장한 헤르메스가 그 파수병들을 잠재운 뒤 빗장을 벗겨 문을 열어 프리아모스와 짐수레 위의 선물을 안으로 인도했다. 헤르메스는 막사의 문에 걸려 있는 빗장을 벗기고 선물을 문 안으로 들인 뒤, 전차에서 뛰어내려 비로소 자신이 헤르메스임을 밝혔다. 이어 프리아모스에게 아킬레우스의 "무릎을 잡고 그의 아버지와 머릿결이 고운 그의 어머니와 그의 자식의 이름으로 애원해보라"(24.465~467)고 일렀다.

프리아모스는 혼자서 아킬레우스의 처소로 곧장 나아갔다. 프리아모스는 그와 좀 떨어져 있는 곳에 앉아 있는 그의 전우들 몰래 안으로 들어가서 그에게 "가까이 다가가 두 손으로 아킬레우스의 무릎을 잡고 자신의 아들들을 수없이 죽인, 그 무시무시한 살인의 두 손에 입을 맞추었다"(24.477~479). 아킬레우스는 프리아모스를 보고 깜짝 놀랐고, 다른 사람들도 놀라 서로 얼굴만 쳐다보았다. 프리아모스는 그에게 자신을 자신과

"동년배이자 슬픈 노령의 문턱에 서 있는" 그의 아버지 펠레우스처럼 여기고, 몸값을 받고 헥토르의 시신을 돌려줄 것을 애원했다. 프리아모스는 자신은 트로이아에서 "가장 훌륭한 아들들을 낳았지만" 한 어머니에서 태어난 19명의 아들과 소실에서 태어난 아들을 포함해 50명의 아들 중 거의 모두가 이 싸움에서 죽었으며 "혼자 남아서 도성과 백성을 지키던 헥토르마저 조국을 위해 싸우다가 며칠 전 그대의 손에 죽고 말았다"며 자신은 "참으로 불행한 사람"이라 한탄했다(24.493~500).

아들을 먼 이국땅의 싸움터에 떠나보내고 그의 귀환을 학수고대하고 있는 "그의 아버지를 기억하여"(24.486) 자기에게 동정을 베풀라는 프리아모스의 호소를 듣자, 아킬레우스는 아들이 언제 돌아올까 날에 날마다 기다리고 있을 늙은 아버지를 떠올리며, "울고 싶은 마음이 강렬했다"(24.507). 그는 프리아모스의 손을 잡았다. 함께 손을 잡은 두 사람은 한동안 저마다 생각에 잠겨 있었다. 곧 "프리아모스는 아킬레우스의 발 앞에 쓰러져" 헥토르를 위해 울었고, "아킬레우스는 그의 아버지를 위해, 또다시 파트로클로스를 위해 울었다"(24.509~512).

한참 울고 나서 아킬레우스는 자리에서 일어나 프리아모스의 손을 잡고 일으켜 세운 뒤 그를 의자에 앉히고, "아무리 처절하게 통곡해도 아무런 도움이 되지 않으니" "고통스럽다 해도 우리의 슬픔은 마음속에 조용히 누워 있도록 하자"(24.522~524)며 그를 위로했다. 아킬레우스는 "슬픔을 모르는"(akēdees) 신은 인간이 "고통 속에 살아가도록" 미리 "비참한 인간의 운명을 정해놓았다"며(24.525~526) 여신의 아들인 자신도 "요절할 운명을 타고나"(24.540) 고향에서 늙은 아버지를 모시지 못하게 되었으니 죽은 헥토르 때문에 너무 상심하지 말라고 위로했다.

아킬레우스는 하녀들을 불러 프리아모스가 없는 곳에서 헥토르의 시신을 씻고 기름을 발라주도록 했다. 하녀들이 시신을 씻고 기름을 바르고 나서 겉옷과 웃옷으로 시신을 덮자, 아킬레우스가 손수 시신을 침상에 뉘였고(24.581~590), 그의 전우들은 시신을 짐수레 위에 실었다. 아킬레우스는 프리아모스에게 아들을 데려갈 모든 준비가 끝났으니 동이 트면 시신을 싣고 떠나되, 무엇보다 "지금은 저녁 먹을 생각만 하자"(24.601)고 했다. 아들 헥토르가 아킬레우스에 의해 죽음을 당한 이후 아무것도 먹지 않았고(24.641~642), 아들이 매장되기까지는 아무것도 먹지 않으려 했던 프리아모스에게 아킬레우스는 여섯 딸과 여섯 아들이 각각 아르테미스와 아폴론에 의해 죽임을 당해 한꺼번에 열두 자녀 모두 잃었던 니오베도 슬픔과 고통 가운데서도 먹을 생각을 했다며(24.602~617) 아들 헥토르를 "트로이아로 데려갈 때 그를 위해 울 수 있을 테니", 지금 "우리도 먹을 생각만 하자"고 위로했다(24.618~620).

아킬레우스는 은빛 숫양 한 마리를 잡아 요리하게 한 뒤, 프리아모스를 극진히 대접했다. 처음으로 아킬레우스를 똑바로 쳐다본 프리아모스는 그의 모습에 "감탄했다. 그가 어찌나 크고 아름다운지 보기에 완전히 신과 같았다"(24.629~630). 그들은 헥토르의 장례를 치르기 위해 열하루를 휴전기간으로 삼고 열이틀째 싸우기로 합의한 뒤, 프리아모스는 주랑에서, 아킬레우스는 집의 안쪽 방에서 잠을 잤다.

헤르메스가 깊이 잠든 프리아모스를 깨웠다. 헤르메스는 그에게 그가 동이 튼 후 가다가 아가멤논과 그리스 군사들에게 발각되면 몸값을 세 배로 줘야 할 것이라 경고했다. 프리아모스는 전령과 함께 헤르메스의 도움을 받으며 파수병의 눈에 띄지 않게 재빨리 그리스 진영을 빠져나갔다. 그들이 "아름다운 크산토스 강의 여울에 이르렀을 때, 헤르메스는 그들을 떠나 높은 올륌포스로 향했고, 사프란 빛 옷을 입은 새벽이 온 대지 위에 펴졌다. 그들은 울며불며 도성을 향해 말들을 몰았고, 노새들은 시신을 싣고 갔다"(24.692~697).

헥토르의 장례

카산드라가 가장 먼저 아버지와 전령을 알아보았고, 헥토르의 시신이 노새 뒤쪽 침상 위에 누워 있는 것도 보았다. 그녀는 흐느끼며 도성의 백성들에게 헥토르를 맞이하라고 외쳤다. 도성의 백성들이 프리아모스와 헥토르의 시신을 맞으려 성문으로 달려 나갔다. "남녀불문하고 도시 안에 남아 있는 자는 아무도 없었다. 참을 수 없는 슬픔이 그들 모두에게 들이닥쳤기 때문이다"(24.707~708). 먼저 헥토르의 아내 안드로마케와 어머니 헤카베가 "자신의 머리털을 쥐어뜯으면서 짐수레 곁으로 달려가 그의 머리에 손을 얹고 슬퍼했다. 그러자 사람들이 그들을 에워싸고 통곡했다"(24.711~712).

헥토르의 시신이 궁 안으로 옮겨져 침상 위에 뉘였다. 그 시신 옆에 "만가(輓歌)를 선창(先唱)할 가수들"(24.720~721)이 배치되었고, 그들이 애절하게 만가를 선창하자, 이에 맞추어 그들 곁에서 여인들이 슬피 울었다. 안드로마케가 제일 먼저 나서서 "헥토르의 머리를 그녀의 두 손으로 붙들고 호곡(號哭)을 선창했다"(24.724). 안드로마케는 자신과 아들 아스튀아낙스를 남겨두고 죽은 남편을 원망하면서 적으로부터 이 도성의 모든 아내와 아이들을 지켜주던 그가 죽었으므로 남아 있는 이곳의 여인네들은 정복자의 노예의 몸이 되어 그리스로 끌려갈 것이며 자신과 아들도 그렇게 될 것이며, 그렇지 않으면 아들은 그리스 군사들에 의해 성벽에 내던져져 비참한 죽음을 당할 것이라며 울었다. 그리고 "죽을 때 침상에서 나를 향해 손을 내밀지 않았고" 밤낮 눈물을 흘리면서 그를 떠올리며 기억 속에 깊이 담아들 수 있는 "지혜로운 말 한마디도 내게 남김 없이" "쓰디쓴 고통만 남겨둔 채"(24.742~745) 자기 곁을 떠났다며 통곡했다. 그녀의 호곡에 맞추어 주위의 여인들도 슬피 울었다.

다음에 헤카베가 큰소리로 호곡을 선창했다. 헤카베는 모든 자식 가운데서 헥토르를 자신이 가장 사랑했다면서 아킬레우스가 친구 파트로클로스의 죽음에 대한 보복으로 아들 헥토르의 시신을 파트로클로스의 무덤 주위를 여러 번 끌고 다니면서 시신을 모욕했던 것에 분노를 표하면서도, 시신이나마 아들이 자기들 곁에 돌아온 것을 위안으로 삼으며 비탄의 눈물을 쏟아내었다.

마지막으로 헬레네가 세 번째로 호곡을 선창했다. 헬레네는 헥토르가 남편 파리스의 형제들 가운데 자신이 가장 마음속으로 존경했던 자이며, 그의 죽음을 불러오는 데 단초를 제공했던 자신이 파리스를 따라 트로이아로 오지 않고 차라리 죽었더라면 좋았을 것이라며 머리털을 쥐어뜯으며 헥토르의 죽음을 슬퍼했다. 그리고 그녀는 이곳 트로이아에서 산 지 스무 해가 되었지만 자신은 단 한번도 헥토르에게서 나쁜 말이나 모욕적인 말을 들어본 적이 없었으며 다른 사람들이 자신을 비난할 때에도 그는 언제나 상냥한 마음씨와 친절한 말로 자신을 위로했다며 "비통한 마음으로"(24.776) 크게 소리쳐 흐느끼자, 이에 맞추어 "수많은 백성이 슬퍼했다"(24.776).

호곡이 끝나자 프리아모스는 사람들에게 헥토르의 시신을 화장할 나무를 준비해 오라고 명했다. 그들은 아흐레 동안 수많은 장작을 짐수레에 실어 날랐다. 그들은 열흘째 새벽 헥토르의 시신을 밖으로 들어내어 높이 쌓아올린 장작더미 위에 올려놓고 불을 붙였다. 그들은 포도주로 불기가 닿은 장작들을 모두 껐고, 재만 남자 헥토르의 형제와 전우 들이 그의 뼈를 모아 황금 항아리에 담고 그것을 자줏빛 옷으로 쌌다. 이어 항아리를 빈 구덩이에 넣고 그 위에다 큰 돌을 쌓아올려 봉분을 만들고, 그리스 군사의 기습에 대비하여 파수병들 세워 지키게 했다. 그런 다음 모두 도성으로 돌아가 프리아모스 왕이 자기 집에서 마련한 "성찬"에 참여했다. 이 성찬을 끝으로 그들은 "헥토르의 장례를 모두 치렀다"(24.804).

신의 아들

호메로스의 『일리아스』는 프리아모스 왕이 자기 집에서 헥토르의 죽음을 애도하며 장례에 참여한 도성의 모든 이들을 위해 '성찬'을 베푸는 것으로 작품의 끝을 맺는다. 이 이후의 사태가 어떻게 전개되는지는 제우스를 비롯한 작품의 여러 인물에 의해 예고되었다. 호메로스의 후속작품 『오뒤세이아』와 여러 다른 출처에 따르면, 헬레스폰토스 해협 근처 소아시아의 화려한 도시국가로서 이름을 드높였던 트로이아는 비참한 종말을 맞이한다. 프리아모스와 아이스킬로스는 열하루를 요하는 헥토르의 장례 기간에 양국 간의 전투를 잠시 중지하기로 합의했다. 그 기간이 끝나고 열이틀째 되는 날, 그리스군과 트로이아군은 싸움을 다시 시작했다. 그리스군에 패한 트로이아 도성은 화염과 연기로 변했고, 여기저기 피투성이가 되어 쓰러져 누워 있는 트로이아인 모두 매장되지 못한 채, 새떼와 개떼들의 먹이가 되었는데, 그리스군 또한 그러했다.

살아남은 트로이아군은 즉석에서 학살당했고, 여인네들은 노예의 몸이 되어 정복군의 함선을 타고 그리스로 향했다. 프리아모스의 아내 헤카베는 오뒤세우스의 아내 페넬로페의 몸종으로, 헥토르의 아내 안드로마케는 자신의 남편을 죽인 아킬레우스의 아들 네오프톨레모스의 첩으로, 프리아모스와 헤카베의 딸 카산드라는 아가멤논의 첩으로 배정되어 그리스로 향했다. 안드로마케의 어린 아들 아스튀아낙스는 아버지 헥토르의 소망과 달리, 트로이아를 짊어지고 나갈 미래의 희망이 되지 못하고 그리스군에 의해 높은 성탑에서 아래로 내던져져 두개골이 박살난 채 비참하게 죽었으며, 프리아모스는 제우스의 제단으로 오르는 계단 위에서 네오프톨레모스의 칼에 죽음을 당했다. 그리고 그의 또 한 명의 딸 폴뤼크세네는 아킬레우스의 무덤 앞에서 네오프톨레모스의 칼을 맞고 그 망령에게 산 제물로 바쳐졌다.

트로이아의 패망 당시 그리스인은 순진무구한 숱한 트로이아 여인과 그들의 아이들, 노인을 닥치는 대로 죽였다. 아가멤논은 그리스군에게 트로이아를 정복하면 어머니 자궁 속에 있는 아이들조차 모조리 죽이라 했다(6.57~60). 네스토르는 "헬레네로 인한 노고와 탄식을 앙갚음하기" 위해 정복당한 트로이아 아내 모두를 강간하라 했다(2.355~356). 그리스군은 그들의 지시대로 그렇게 했다. 그리고 그들은 성전과 제단 등을 불태우는 등, 신성모독 행위도 주저 없이 감행했다.

이에 격분한 신들은 귀향하는 그들에게 엄청난 벌을 가했다. 귀향할 때 숱한 군사들이 바다에서 목숨을 잃었으며, 포세이돈이 불러일으킨 폭풍과 제우스가 내리친 번개와 벼락 때문에 바다에서 표류하던 오뒤세우스의 전우들 모두 목숨을 잃었으니, 오뒤세우스가 귀환하면서 겪은 고통도 처참하기가 이루 말할 수 없었다. 승리를 안고 카산드라와 함께 아르고스로 귀환하던 아가멤논은 자신의 아내에 의해 살해당했고, 아킬레우스는 예언대로 고향으로 돌아가지 못하고 아폴론과 파리스에 의해 죽음을 당했다. 그와 불화를 일으킨데다, 그와 함께 트로이아와 그리스인의 숱한 죽음을 초래한 아가멤논의 귀환도 이처럼 결국 비극으로 끝났고, 아킬레우스의 운명 역시 비극적이었다.

숱한 인간들의 고통과 죽음을 초래했던 전쟁의 비극성과, 마침내 연기로 사라지게 될 '트로이아'라는 한 도시국가의 비극적인 운명을 이야기하고 있는 『일리아스』는 하나의 '비가'이다. 칼바람 같은 피할 수 없는 운명 속에서 비극적인 삶을 마쳤던 숱한 영웅적 인간들, 그리고 그 영웅적 인간들이 빚어낸 비극적인 역사에 바치는 일종의 '애도의 노래'다.[14] 따라

---

14) 나는 부제가 '인간과 역사에 바치는 애도의 노래'라는 그리스 비극에 관한 책을 내놓았다. 그리스 비극과 마찬가지로 호메로스의 『일리아스』도 '신과 인간의 행위'를 그 주제로 삼고 있다. 나는 그리스 비극과 마찬가지로 호메로스의 『일리아스』를 인간의 비극적인 조건과 역사의 비극적인 운명을 이야기하는 애도의 노래로 보고

서 혹자가 호메로스의 "『일리아스』의 커다란 주제는 영웅적인 삶과 죽음"[15]라고 적절하게 지적했듯, 이 작품은 영웅들의 삶이 어떠하며, 아니 어떠한 것이어야 하며, 그들의 죽음 또한 어떠하며, 어떠한 것이어야 하는가를 적나라하게 보여주고 있다. 아킬레우스와 헥토르는 영웅적인 삶, 영웅적인 죽음을 대표하는 영웅시대의 주인공이다.

그러나 아킬레우스는 헥토르와 다르다. 무엇보다도 그의 부모 모두 '인간'인 헥토르와 달리, 아킬레우스는 부모 가운데 한쪽이 여신인 테티스의 아들이다. 어쩌면 이것이 그를 더 비극적인 존재로 보여주게 하는 것인지 모른다. 그들이 아무리 아들을 사랑한다 하더라도 '죽음'만은 그들조차 어쩔 수 없이 피할 수 없는 인간의 '운명'이므로, 신들은 자신의 아들들을 빛이 없는 하데스로 떠나보낼 수밖에 없기 때문인지 모른다. 『일리아스』에서는 트로이아의 동맹군 뤼키아의 왕 사르페돈의 경우처럼, 제우스의 자식이라 할지라도 그들이 '인간'인 한 모두 죽는다.

사르페돈은 친구 글라우코스와 함께 트로이아 전쟁에 참가했다. 앞서 일찍 살펴보았듯, 그는 전투에서 혁혁한 공을 세워 후세 사람들의 기억 속에 영원히 남는 불멸의 존재, "모든 사람"이 "신처럼 우러러보는" (12.312) 명예로운 자가 되기 위해 전쟁에 참여했다고 했다. 그는 친구 글라우코스의 이름을 부르며 "친구여, 만일 그대와 내가 이 싸움에 뛰어들지 않고도 늙지도 죽지도 않고 영원히 살 운명이라면, 나 자신도 선두대열에서 싸우지도 않을 것이며, 남자의 영광을 높여주는 싸움터로 그대를 내보내지도 않을 것"(12.322~325)이라 했다. 사르페돈은 자신의 이름과

있다. 임철규, 졸저 『그리스 비극―인간과 역사에 바치는 애도의 노래』 (파주: 한길사, 2007)를 참조할 것. 그리고 Mihoko Suzuki, *Metamorphoses of Helen: Authority, Difference, and the Epic* (Ithaca: Cornell UP, 1989), 53쪽도 볼 것.

15) Jasper Griffin, *Homer on Life and Death* (Cambridge: Cambridge UP, 1980), 44쪽.

존재가 영원히 죽지 않고 모든 사람의 기억 속에 영원히 남기 위해 선두 대열에서 힘껏 싸웠다.

아킬레우스의 갑옷과 투구를 걸치고 파트로클로스가 트로이아군의 대열에 뛰어들어 숱한 군사들을 창으로 무참히 죽이자, 사르페돈은 전차에서 뛰어내려 그에게 달려들었다. "마치 발톱이 구부러지고 부리가 굽은 두 마리 독수리가 높은 바위 위에서 크게 소리 지르며 싸우듯, 꼭 그처럼 그들은 크게 소리 지르며 마주 덤벼들었다"(16.428~430). 그가 "가장 사랑하는 인간"(16.433)인 사르페돈이 파트로클로스와 벌인 싸움에서 차츰 패색이 짙어지는 것을 보고, 제우스는 헤라에게 "눈물 겨운 싸움터에서 그를 낚아채어 기름진 뤼키아 땅에다 산 채로 내려놓아야 할지, 아니면 지금 메노이티오스의 아들의 손으로 그를 죽여야 할지"(16.436~438)를 안타깝게 물었다.

이에 헤라는 죽음을 피할 수 없는 사르페돈의 운명은 오래전에 이미 정해졌으니 다른 인간과 마찬가지로 그 역시 죽어야 하며, 그를 죽음으로부터 구한다면 정해진 운명을 그르치는 제우스를 어떤 신도 칭찬하지 않을 것이며, 다른 신들도 자신들의 아들을 죽음의 위험에서 구하려 할 것이라며 만류했다. 이어 헤라는 제우스에게 사르페돈이 파트로클로스의 손에 죽게 내버려두었다가 그가 죽으면 그에게 "죽음의 신"과 "잠의 신"을 보내, 그를 뤼키아 땅에 데려가게 한 뒤, 그곳에서 그의 형제와 친척들이 장례를 치르도록 하라고 권고했다(16. 451~457). 아들 사르페돈의 죽음이 가까워지자, 제우스는 "피투성이의 눈물인 빗방울을 땅 위에 떨어뜨렸다"(16.459).

아폴론은 파트로클로스의 창에 가슴이 찔려 크게 신음하면서 검은 피를 쏟아내는 사르페돈의 무서운 상처를 치유해주기를 호소하는 글라우코스의 슬픔에 찬 기도를 듣고, 사르페돈의 상처에서 쏟아져 나오는 검은 피를 멎게 한 뒤, 아버지 제우스의 명령에 따라 사르페돈을 사정거리 밖으로 들어내어 흐르는 강물에 목욕을 시키고 신유를 발라주고 신이 입는 옷을 입혀주고 나서, 그를 '잠'과 '죽음'의 신들에게 호송을 맡겨 뤼키아 땅에 갖다놓게 했다.

제우스의 사랑하는 아들이라 할지라도, 그가 '인간'인 한 어떠한 자도 죽음을 비껴갈 수 없다. '인간은 누구나 죽지 않으면 안 된다는 것'. 이것은 『일리아스』나 『오뒤세이아』에서 거듭 등장하는 모티프다. 『오뒤세이아』에서 인간의 모습으로 가장한 아테나는 오뒤세우스의 아들 텔레마코스에게 "죽음은 모든 사람에게 공통적인 것이며, 오랜 고통을 안겨다 주는 죽음이라는 운명이 일단 사람에게 덮치면, 신조차 자기가 사랑하는 사람으로부터 이를 물리칠 수 없다"(3.236~238)고 했다. 『일리아스』에서는 제우스의 가장 위대한 아들 헤라클레스마저 하데스에 간다. 제우스의 사랑하는 아들 사르페돈도 인간이기 때문에 하데스에 간다.

용기와 힘에서 아킬레우스·헥토르 등, 뛰어난 전사에 비해 크게 뒤지지 않은 사르페돈에게, 호메로스는 그들과 마찬가지로 '신과 같은' 사르페돈이라는 수식어를 자주 붙이고 있다. 『일리아스』에 등장하는 영웅은 보통 사람보다 모습이 훨씬 아름답다든가 신장이 훨씬 크다든가 힘이 훨씬 세다든가 목소리도 훨씬 크다든가 하는 등에서, 신에 보다 더 가까운 존재이지만 그 이상은 아니다. 그들이 진정 호메로스로부터 부여받은 호칭 그대로 '신과 같은' 존재라면, 그들은 죽지 않아야만 한다. 하지만 그들이 죽지도 죽을 수도 없다면, 역설적으로 그들은 영웅이 될 수 없다. 죽음은 그들을 영웅으로 만드는 운명적인 조건이기 때문이다.

사르페돈은 친구 글라우코스에게 싸움에 뛰어들어 혁혁한 공을 세우지 않더라도 모든 사람이 자신들을 '신처럼 우러러보고' 자신들이 후세의 사람들에게 영원히 잊어지지 않는 불멸의 존재가 될 수 있다면, 싸움의 한복판에 뛰어들지 않았을 것이라며 "하지만 인간이 비껴갈 수도 피할 수도 없는 죽음의 운명이 무수한 모습을 하고 우리에게 가까이 다가오고 있으니" 영광을 얻기 위해 싸움터에 나가자고 했다(12.322~328).

글라우코스는 사르페돈에게 인간을 일컬어 바람이 불면 나무에서 땅 위로 흩어지는 나뭇잎과 같이 덧없으며 보잘것없는 존재라고 했다(6.146~147). 그러나 죽음을 면치 못하는 덧없는 존재이기 때문에, '불멸의 명성'을 얻어 후세에도 자기 이름, 자기 존재가 잊혀지지 않고 영원히 기억되는, 신과 같은 불멸의 존재가 되고자 했던 것이 호메로스의 영웅의 소망이었다. 따라서 그들에게는 그들이 "명성의 부재"로 인해 사람들에 의해 영원히 잊혀지는 존재가 되는 것이야말로 바로 "진정한 죽음"이었다.[16]

사르페돈은 '불멸의 명성'을 통해 죽음을 뛰어넘으려던 영웅시대의 전형적인 전사 가운데 한 사람이다. 그는 파트클로스와 대적하기 전 오뒤세우스와 대적한 적이 있었다. 그가 오뒤세우스와 대적하면서 위험에 처했을 때, 그는 선두대열 사이로 걸어오는 헥토르에게 도움을 청했다. 헥토르의 도움 없이는 "더 이상 그리운 고향땅 집으로 돌아가 사랑하는 아내와 어린 아들을 기쁘게 해줄 수 없다"(5.687~688)는 것을 느꼈기 때문이다. 그러나 사르페돈은 살아서가 아니라 죽어서 그리운 고향땅으로 돌아갔다. 글라우코스는 "가장 용감한 전사"인 사르페돈의 죽음을 슬퍼하면서 제우스는 자신의 아들마저 "구하지 않는다"고 원망했다(16.522). 그러나 숱한 전사들과 전우들이 매장되지 못한 채, 여기저기 싸움터에서 새떼와 개떼의 먹이가 되어 비참하게 누워 있는 것과 비교해보면, 그는 신의 아들이기에 고향땅에서 장례를 치를 수 있는 '혜택'을 누렸다. 죽은 후에야 고향으로 가는 귀환, 이것이 신의 아들인 그가 최고의 신인 아버지 제우스에게서 받는 유일한 선물이었다.

아킬레우스는 인간 펠레우스와 여신 테티스 사이에서 태어난 아들이

---

16) Jean-Pierre Vernant, 앞의 글, 57쪽.

다. 제우스는 인간 펠레우스와 결혼하는 데 "전혀 마음이 내키지 않았던"
(18.434) 딸 테티스의 뜻을 무시하고 그녀를 펠레우스와 결혼시켰다. 이
로 인해 테티스는 "가슴에 쓰라린 슬픔"을 안은 채 "고통" 속에 살았지만
(18.430~432), "영웅들 중에서 가장 뛰어난 아들"(18.436~437) 아킬레
우스를 낳아 기르는 데서 위안을 찾았다. 그러나 테티스는 트로이아 전
쟁에서 "승리를 거두고 고향땅의 펠레우스의 집으로 다시 돌아오는 그
애를 결코 다시는 반기지 못할 것"(18.440~441)이라는 것을 고통스럽게
받아들이고 있었다. 호메로스는 테티스를 다른 여신보다 슬픔이 많은
여신으로 묘사하고 있으며, 요절할 아들의 운명을 알고 있지만 도와줄
수 없는 그녀의 슬픔을 『일리아스』에서 반복해서 강조한다(18.54~62;
24.85~86).

아킬레우스는 어머니 테티스로부터 그에게는 선택할 두 운명의 길이
놓여 있음을 들었다. 그가 트로이아에 머물러 트로이아군과 싸운다면 고
향으로 귀환하는 것은 불가능하지만, 대신 그는 '불멸의 명성'(9.413)을
얻으리라는 것이 그 하나였고, 트로이아에서 싸움을 포기하고 고향으로
돌아간다면 부귀를 누리면서 오래 살 것이지만 대신 불멸의 명성은 얻지
못할 것이 또 하나였다(9.412~416). 아킬레우스는 결국 평범한 인간의
길이 아닌 그에게 '불멸의 명성'을 가져다 줄 영웅의 길을 택했다.

어머니 테티스는 아킬레우스에게 그가 트로이아에 남아 조국 그리스와
파트로클로스를 위해 싸운다면 '요절'(ōkumoros)할(1.415~418; 18.95~
96; 24.131) 운명이므로, 고향 피티아로 다시는 돌아가지 못할 것(18.60,
440~441)이라고 경고했다. 아킬레우스는 트로이아 전선을 떠나지 않는
다면 자신은 결코 고향 피티아로 다시 돌아갈 수 없고, 아버지 펠레우스
도 결코 다시 볼 수 없다는 것을 자신의 운명으로 받아들였다(18.330~
331; 24.511; 540~542). 트로이아 전선을 떠나지 않는다면 다시는 고향
으로 돌아갈 수 없다는 것(18.90; 101; 330~332)을 알면서도 그는 고향

으로 돌아가지 않고 죽음을 통해 '불멸의 명성'을 얻기 위해 전장에 뛰어들었다. 파트로클로스의 죽음 때문만은 아니었다. 파트로클로스의 죽음이 아니었더라도 영웅의 궁극적인 목표가 '불멸의 명성'을 얻는 것이라는 것은 그에게서 떠난 적이 없었다. 호메로스의 영웅들에게 죽음보다 더 무서운 것이 있다면, 그것은 '명성의 부재'로 인해 그들의 존재가 사람들에게 영원히 잊혀지는 것이었다.

아킬레우스가 아니었다면 그리스군에 의한 트로이아의 정복은 불가능한 것이었다. 아킬레우스가 성벽을 향해 접근했을 때, 그를 본 프리아모스는 절망에 차서 벽에 머리를 찧으면서 통곡했다. 트로이아의 멸망이 눈앞에 다가오고 있음을 절감했기 때문이다. 그리스군이 트로이아군과 벌인 싸움에서 패배를 거듭했을 때, 아가멤논은 전우들에게 싸움을 그만 하고 고향으로 돌아가자고 두 번이나 제안했다. 아킬레우스가 없는 전투에서 그리스군이 승리하는 것은 가망이 없는 것으로 그리스 전사들에게 받아들여졌기 때문이다. 프리아모스는 아킬레우스와 대적하기 위해 성문 밖에서 버티고 서 있는 아들 헥토르를 향해 단독으로 아킬레우스와 맞서지 말고 성문 안으로 들어오라고 간청했다. 그와 벌인 싸움에서 헥토르가 죽으면 트로이아는 머지않아 파멸할 것임을 알고 있었기 때문이다. 헥토르가 아킬레우스와의 싸움에서 패배하여 죽음을 당하자, 프리아모스가 예언했던 대로 트로이아의 패망은 오래가지 않았다.

아킬레우스는 그리스 '최고의 전사'라는 호메로스의 호칭답게 그리스군의 승리의 견인차였기에, 영원히 잊혀지지 않는 '불멸의 명성'을 얻었다. 그는 이 불멸의 명성을 통해 신과 같은 불멸의 존재가 되기 위해 고향으로 돌아가지 않고 전쟁터를 택했다. 고향으로 돌아간 오뒤세우스와 달리, 진정한 영웅에게는 돌아갈 고향이라는 것이 없다. '불멸의 명성', 이것이 그들이 돌아갈 영원한 고향이었기 때문이다.

호메로스는 "그리스인에게 헤아릴 수 없는 고통을 가져다주었고, 수많은 영웅의 굳센 영혼을 하데스에 보내 개와 온갖 새의 먹이가 되게 했던" 아킬레우스의 "파괴적인 분노"가 『일리아스』의 주제임을 작품의 시작에서 분명히 했다(1.1~5). 아킬레우스의 '불멸의 명성'은 그의 '파괴적인 분노'가 없었더라면 불가능한 것이었다. 이 파괴적인 분노 때문에 수많은 트로이아인과 그리스인이 죽었다. 우리는 『일리아스』의 첫 문장에 나오는 그리스어 '울로메니스'(oulomēnis, 1.2)를 아킬레우스의 '파괴적인 분노'라 번역했다. 대체로 그 단어는 그렇게 옮겨지고 있다. 그러나 '저주받은 분노'가 좀더 정확한 번역이라고 주장하는 학자도 있다.[17]

아킬레우스의 분노는 그것이 가져온 전쟁의 파괴성, 이로 인한 그 비극성에 비추어볼 때, '저주받은', 아니 '저주받을' 분노라고 명명하는 것이 더 적합할지도 모른다. 호메로스는 그 파괴적인 분노로 인해 '불멸의 명성'을 얻었던 아킬레우스의 분노를 어쩌면 '저주받은', 아니 '저주받을' 분노라고 역설하는 것처럼 보이기 때문이다. 호메로스에게 『일리아스』의 주제는 분명 '아킬레우스의 분노'(mēnis Akilēos)이다. 그러나 좀더 커다란 주제는 이 분노가 가져온 전쟁의 파괴성과, 이 파괴성이 가져온 인간과 역사의 비극이기 때문이다.

아킬레우스가 아들 헥토르의 시신을 돌려받기 위해 자신을 찾아온 프리아모스의 고통을 이해하고, 그와 함께 인간의 공통적인 운명을 슬퍼하면서 그의 아픈 마음을 위로하고 치유하려 했던, 파괴와 분노의 인간이 아닌 용서와 '연민'의 감정을 가진 인간으로 마침내 태어나지 않았더라면, 아킬레우스는 『일리아스』의 진정한 주인공이 결코 될 수 없었을 것이다. 아킬레우스를 찾아가기 전, 프리아모스는 궁에서 아킬레우스가 자신을 "사랑(philon)과 연민(eleeinon)"(24.309)의 감정을 갖고 자신의 소망

---

17) Joachim Latacz, *Homer: His Art and His World*, James P. Holoka 옮김 (Ann Arbor: U of Michigan Press, 1996), 77쪽을 볼 것.

을 들어주기를 제우스에게 기도했다. 아킬레우스는 '사랑과 연민'의 감정을 갖고 프리아모스의 소망을 풀어주었다.

앞서 살펴보았듯, 프리아모스가 아킬레우스를 찾아가 두 손으로 그의 무릎을 잡고, 그의 두 손에 입을 맞추면서 자신을 자신과 동년배인 그의 아버지 펠레우스처럼 여기고 헥토르의 시신을 돌려주기를 간청했을 때, 아킬레우스는 아들이 고향으로 귀환할 날을 손꼽아 기다리고 있을 늙은 아버지 펠레우스를 생각하며 울었다. 그는 그 옆에서 아들 헥토르의 비참한 죽음을 생각하며 울고 있는 프리아모스의 손을 잡고 일으켜 세워 자리에 앉힌 뒤, 아무리 슬피 울어도 죽은 아들 헥토르는 돌아오지 않으니 아들 때문에 너무 상심하지 말라고 위로했다. 신은 인간이 고통 속에서 살아가도록 미리 "비참한 인간들의 운명을 정해놓았다"(24.525~526)며, 이러한 인간의 운명을 함께 슬퍼하면서 그의 아픈 마음을 또 한 번 위로했다.

아킬레우스는 하녀들에게 헥토르의 시신을 씻고 기름을 바르고 옷으로 덮게 한 후, 손수 시신을 침상에 뉘였다. 그의 전우들이 프리아모스가 가져온 짐수레에 시신을 싣는 것을 지켜본 후, 아킬레우스는 프리아모스 앞에 나타나 헥토르가 죽은 이후 아무것도 먹지 않았고, 헥토르가 매장되기 전까지는 아무것도 먹지 않으려는 그에게 아들 헥토르 시신을 트로이아로 데리고 갈 때 그를 위해 마음껏 울 수 있으니 "지금은 저녁 먹을 생각만 하자"(24.601)고 했다. 아폴론에 의해 아들 여섯 명, 아르테미스에 의해 딸 여섯 명 자녀 모두를 한꺼번에 잃고 끝없이 눈물을 흘리다 바위로 변한 니오베도 절망과 고통 속에서도 먹는 생각을 했다며,[18] 늙은 아버지 펠레우스와 동년배인 프리아모스의 건강을 염려하여 함께 식사를 하자고

---

18) 이에 대해서는 John Heath, *The Talking Greeks: Speech, Animals, and the Other in Homer, Aeschylus, and Plato* (Cambridge: Cambridge UP, 2005), 158~163쪽을 볼 것.

간청했다.

그를 가장 잘 아는 파트로클로스는 아킬레우스를 일컬어 "성품이 아주 무섭다"(deinos, 11.654)고 했다. 그러나 지금의 아킬레우스는 지난날의 아킬레우스가 아니다. 푸코는 "자신에 대한 배려"가 다른 사람들에 대한 배려보다 "윤리적으로 앞선다"고 했지만,[19] 지금의 아킬레우스는 이와 정반대다.

아킬레우스는 최고의 명의(名醫)인 아스클레피오스와 켄타우로스 키론으로부터 의술(醫術)을 전수받았고(11.831~832), 전수받은 의술을 친구 파트로클로스에 전하여 그로 하여금 트로이아 전쟁에서 부상당한 전사 에우뤼필로스를 치료하게 했다(11.823 이하). 그러나 "아킬레우스는 키론에게서 육체의 병을 치료하는 의술뿐만 아니라 뤼라를 연주하는 것도 배웠다. 브리세이스를 빼앗긴 뒤 자신의 고통을 참을 수 없어 뤼라를 연주하고, 영웅들의 영광스러운 행위를 노래하는 등, 그는 음악을 통해 아픈 마음을 달랬다"(9.189).[20] 그는 『일리아스』에서 유일하게 뤼라를 연주하며 가인(歌人)처럼 시를 노래하는 인물로 등장하고 있다.

"아킬레우스는 육체적인 고통뿐만 아니라 정신적인 고통도 치유할 수 있는 능력을 가진 영웅이었다. 헥토르의 시체를 돌려주고, 헥토르를 위한 장례식이 엄숙히 다 치러지기 전까지 두 나라 간의 싸움을 일시 유보시킬 것을 제의함으로써(24.656 이하; 그리고 778 이하) 프리아모스와 트로이아인의 슬픈 마음을 치유했다. 그는 '연민'(eleeinon)을 기반으로 한 진정한 '치유자'의 모습을 보여주었다."[21] 아킬레우스가 '연민'을 기반으로

---

19) Michel Foucault, "The Ethics of the Concern for Self as a Practice of Freedom," *Ethics: Subjectivity and Truth*, Robert Hurley 옮김, Paul Rabinow 엮음 (New York: New Press, 1997), 287쪽.
20) 임철규, 앞의 책, 404쪽.
21) 같은 책, 404쪽.

한 진정한 '치유자'의 모습을 보여주지 않았더라면, 프리아모스가 파트로클로스의 죽음을 복수하기 위해 트로이아 도성으로 달려오는 아킬레우스를 맨 먼저 보았을 때 그에게서 '악의 전조'로 읽혀지는 '오리온의 개'라는 별의 모습을 떠올렸듯(22.29~30), 아킬레우스는 수많은 "트로이아인에게 고통과 슬픔을 가져온" 파괴적인 '불'(21.522~525), "격렬한 분노에 사로잡힌"(18.322) '사자'가 되어 숱한 인간들을 물어뜯어 죽인 '광인'(狂人)[22)]에 불과할 뿐 『일리아스』의 진정한 주인공이 결코 될 수 없었으리라.

아킬레우스는 신의 아들 사르페돈과 마찬가지로 살아서 고향으로 돌아가지 못하고 트로이아에서 죽는다. 『일리아스』는 그 결말이 헥토르의 죽음과 그의 장례 행사로 마무리되고 있으므로 아킬레우스의 죽음은 그 후에 일어나는 사건이지만, 여러 예언 그대로 아킬레우스는 아폴론과 파리스에 의해 죽는다. 여신 테티스의 아들이자 최고의 신인 제우스의 증손자이기도 한 아킬레우스도 제우스의 아들 사르페돈과 마찬가지로 '인간'이므로 죽어서 고향으로 돌아간다. 그는 프리아모스에게 신들은 "슬픔을 모른다"고 했다. 신은 인간이 "고통 속에 살아가도록" 미리 "인간의 운명을 정해놓았다"고 했다(24.525~526).

그러나 그는 "비참한 인간의 운명"(24.526)을 운명 그대로 두고 싶지 않았다. '불멸의 명성'을 얻어 후세에도 자기 이름, 자기 존재가 영원히 잊어지지 않는, 신과 같은 '불멸의 존재'가 되기 위해 귀향을 포기하고 전장에 뛰어들었다. 전장에서 '죽음을 통해 죽음을 극복한' 이 역설의 주인공이 호메로스의 『일리아스』의 진정한 영웅이다.

---

22) Michael Clarke, "Between lions and men: images of the hero in the *Illiad*," *GRBS* 36 (1995), 159쪽.

인간의 아들

헥토르는 사르페돈이나 아킬레우스와 달리 신의 아들이 아니라 인간의 아들이다. 그는 아킬레우스와 처음 대면했을 때 자신보다 그가 더 고귀한 출생임을 인정했다(20.434~435). 인간의 아들이지만, 헥토르는 제우스에 의해 가장 많은 사랑을 받았던 영웅 가운데 한 사람이었을 뿐 아니라, 『일리아스』의 도처에서 그는 '신과 같은' 존재로 일컬어지고 있다. 그의 아버지 프리아모스는 아들 헥토르는 "인간들 사이에서 신이었고, 죽음을 면치 못하는 인간의 자식이 아니라 신의 자식 같았다"(24.258~259)고 했다. 헥토르를 죽이고 그의 시신 앞에서 승전가를 부르던 아킬레우스도 헥토르를 "온 도성의 트로이아인이 신처럼 떠받들던 신과 같은" 존재라 했다(22.393~394). 아들 헥토르의 죽음을 애도하면서 헤카베는 "도시 안의 트로이아 남녀 모두" 헥토르를 "신처럼 떠받들었다"고 했다(22.433~434).

자신을 바쳐 조국과 조국의 백성들을 적으로부터 지키려던 헥토르는 "도시 안의 트로이아 남녀 모두"에게 '신과 같은' 존재였고, "그들에게 큰 영광"이었다. 따라서 어머니 헤카베에게 아들 헥토르는 언제나 그녀의 "자랑거리"였다(22.432~435). 아버지 프리아모스에게 헥토르는 그와 트로이아 운명의 전부였다. 아킬레우스에 의해 죽은 숱한 아들들의 죽음 전체를 합쳐도 헥토르를 잃은 자신의 슬픔을 압도할 수 없을 정도로(22.423~425), 아들 헥토르의 죽음은 자신과 남아 있는 전 가족은 물론 바로 트로이아 전체 백성의 죽음, 아니 도시국가 트로이아 자체의 종말과 동일시되었다. 헥토르가 자신의 유일한 권력승계자 때문만이 아니었다. 헥토르는 적에게서 트로이아를 지켜낼 트로이아의 마지막 희망이자 트로이아의 최고의 전사였다. 트로이아와 트로이아 백성의 운명 전체를 그의 어깨 위에 짊어지고 있다는 점에서, 헥토르는 단지 '불멸의 명성'을 얻기 위해 전쟁에 참여한 아킬레우스와 근본적으로 다른 존재이며, 그와 전적으로 다른 운명에 놓인 자이다.

우리는 앞서 『일리아스』의 커다란 주제는 '영웅적 삶과 죽음'이라 했다. "『일리아스』가 영웅의 죽음의 이야기"[23)]라면, 아킬레우스는 『일리아스』에서 죽지 않는다. "이 서사시의 파토스가 헥토르의 죽음에 집중되고 있다"[24)]는 점에서, 이 서사시의 주인공을 헥토르라 규정하고 저서의 제명을 『일리아스에서의 자연과 문화-헥토르의 비극』으로 했던 학자도 있다.[25)] 헥토르는 아킬레우스와 마찬가지로 전장에서 '불멸의 명성'을 얻어 자신의 존재, 자신의 이름이 후세 사람들의 기억 속에 영원히 남아 있기를 원했다. 아킬레우스와의 대적에서 신들이 자신을 죽음으로 부르고 있음을 느꼈지만, 그는 자신에게 닥친 죽음을 운명으로 받아들였다. 싸워 "명성"을 얻어 후세 사람들의 기억 속에 훌륭한 전사로서 영원히 자신의 이름, 자신의 존재가 남아 있기를 희망하면서(22.304~305), 칼을 빼들고 아킬레우스에게 덤벼들었다. 죽음은 헥토르와 같은 진정한 영웅에게 있어 엉망스러운 죽음이어야 했기 때문이다(22.110). 죽음이 두려워 싸움터에 뛰어들지 않는 것은 그들에게 최대의 수치였던 것이다.

흔히 호메로스의 영웅시대는 '수치문화'의 시대로 일컬어진다.[26)] 호메

---

23) James M. Redfield, 앞의 책, 29쪽.
24) 같은 책, 29쪽.
25) James M. Redfield의 제명이 그렇다, 이 책 230쪽 주3)을 볼 것.
26) 호메로스의 영웅시대는 '수치문화'의 시대로 일컬어진다. 도즈(E.R. Dodds, *The Greeks and the Irrational* [Berkeley: U of California Press, 1951], 28~63쪽)가 그렇게 명명하고 논의한 이래, "순수한" 수치문화(Todd M. Compton, *Victims of the Muses: Poet as Scapegoat, Warrior, and Hero in Greco-Roman and Indo-European Myth and* [Washington, D.C.: Center for Hellenic Studies/ Trustees for Harvard University, 2006], 39쪽)는 그리스에 존재하지 않았으며, 수치와 죄의 문화가 얽혀 함께 존재했다는 주장도 등장하고 있다. 임철규, 앞의 책, 219~221쪽과 219쪽 주8)을 볼 것.

로스의 영웅들에게 가장 두려운 것은 사회가, 즉 다른 사람이 그들의 행위를 어떻게 규정하는가였다. 그들은 자신의 행위가 공적인 인정, 공적인 존경의 대상이 되기를 열망했다. "내면에 들려오는 양심의 소리나 심지어 신이 그들의 행위를 규정하는 것이 아니라 타자의 시선, 즉 '공적인 눈'이 그들의 행위를 규정했다."[27] '사적' 자기는 존재하지 않았고, '사회적' 자기만이 존재했으며, 이것이 그 영웅시대 문화의 중요한 특징이었다. 타인의 눈, '공적인 눈'에 부끄럽지 않는, 그리하여 수치 없는 삶이 호메로스의 영웅이 갈구했던 삶이었다.

그리스군과 트로이아군 간에 벌어진 싸움이 어느 한편으로 기울지 않은 채 계속되는 사이, 잠시 도성의 궁에 들른 헥토르는 전황을 직접 목격하기 위해 도성의 높은 탑 위에 올라갔다가 내려오던 아내 안드로마케를 만난 적이 있다. 안드로마케는 그의 손을 잡고 눈물을 흘리면서 전선의 선두대열에 나서지 말고 성탑 위에 머물면서 방어를 하라고 애원했다. 그녀는 자신의 아버지인 테베 왕 에에티온과 일곱 명의 오라비들이 아킬레우스에 의해 살해되었고, 아킬레우스의 전리품이던 어머니도 아르테미스에 의해 살해당해 혼자 남았으므로(6.413~428), 헥토르는 지금의 자신에게 남편이자 아버지·어머니, 그리고 오라버니라며(6.429~430), 전선의 선두에 나서지 말고 방어하기 쉬운 이곳 탑 위에 남아 있으라고 애원했다. 아들을 고아로, 자신을 과부로 만들지 말아달라고 애원했다.

헥토르는 이에 자신이 겁쟁이처럼 싸움터에 나가지 않는다면 수치스러운 자로 남아 트로이아 남녀 모두가 자신을 비겁자로 낙인찍을 것이라 한 뒤, 그는 부모로부터 "나는 언제나 용감하게 트로이아인의 선두에 서서 싸워 아버지의 위대한 명성과 나 자신의 위대한 명성을 지키도록 배웠노라"고 했다(6.441~446). 헥토르는 오래전에 트로이아와 아버지 "프리아

---

[27] 임철규, 같은 책, 221쪽.

모스와…… 프리아모스의 백성들이 멸망할 날이 언젠가는 오리라는 것을 마음속 깊이 알고 있었다"(6.447~449). 그리고 정복자의 전리품이 될 안드로마케는 노예로 살아갈 "굴종의 날"을 맞이할 것임을 또한 알고 있었다(462~463). 헥토르는 자신 또한 트로이아의 패망 전에 죽을 것임을 이미 의식하고 있었다. 아내 안드로마케가 정복자의 나라로 끌려가기 전에 그가 죽음을 당해 그녀에 의해 자신의 시신이 매장되기를 염원했기 때문이다(6.464).

헥토르는 안드로마케의 애원에도 불구하고 트로이아 남녀 모두에게 수치스러운 존재가 되지 않기 위해 싸움터로 향했다. 그는 울고 있는 안드로마케를 향해 집에 들어가 여자의 일인 "베를 짜든 실을 잣든" 하라고 했다. 그리고 "전쟁은 남자들, 트로이아에 사는 모든 남자, 그중 특히 내가 관심을 가져야 할 일"이라 했다(6.490~493). 헥토르는 '전쟁'(polemos)은 남자가 관심을 가져야 할 일이라 했고, 특히 트로이아 최고의 전사, 마지막 희망일 수도 있는 자신이 무엇보다 관심을 가져야 할 일이라 했다. 싸움터로 향하지 않는다는 것은 남자로서, 그 가운데 트로이아 최고의 전사인 자신의 "마음이 용납지 않기 때문이다"(6.444).

싸움터로 향하기 전 그는 유모의 품에 있는 아들 아스튀아낙스를 향해 두 손을 내밀었다. 그러나 아이는 아버지의 모습에 놀라 소리 지르며 유모의 품속으로 파고들었다. 아버지 헥토르의 "청동과 투구의 정수리에서 무시무시하게 흔들리는 말총 장식을 보고 겁을 먹었던 것이다"(6.669~670). 헥토르는 머리에서 번쩍이는 투구를 벗어 땅 위에 내려놓고, 아들에게 입 맞추고 그를 팔에 안아 어르면서 제우스와 다른 신들에게 아들도 자신과 똑같이 트로이아인 중에서 가장 뛰어난 자가 되어 트로이아를 "강력하게 다스리게" 하고 전장에서 돌아온 그를 본 모든 트로이아인으로부터 "아버지보다 훨씬 더 훌륭하다"는 칭찬을 듣게 하고 "피 묻은 전리품을 갖고 돌아와" 어머니 안드로마케의 "마음을 흐뭇하게 해주는" 전사로 커가도록 도와줄 것을 기도한 뒤(6.476~481) 전쟁터로 향했다.

안드로마케와 시녀들은 전쟁터로 떠나는 헥토르가 "싸움터에서 다시 돌아오리라고는 생각지 않았다"(6.501). 그들은 "그를 위해 통곡을 했다"(6.500). 그러나 그를 죽음으로 몰고 가는 운명은 어쩔 수 없었다. 헥토르는 인간에게 일단 들이닥친 운명은 "용감한 사람이든 비겁한 사람이든 간에 이를 피하지 못했음"(6.488~489)을 깊이 받아들이고는, 그를 "뒤돌아보며 눈물을 뚝뚝 흘리는"(6.496) 안드로마케를 뒤로 하고 쏜살같이 전쟁터로 향했다.

물론 헥토르의 아들 아스튀아낙스는 아버지의 소망과 달리 아버지보다 뛰어난 전사로 자라나서 트로이아를 '강력하게' 다스릴 지도자가 되지 못하고 그리스군사에 의해 성탑 아래로 내던져져 두개골이 박살난 채 비참하게 죽었다. 헥토르의 아들을 위한 기도에서도 드러나듯, 영웅시대의 아버지들은 자신의 아들이 언제나 자신보다, 아니 그 누구보다도 뛰어난 전사가 되기를 소망했다. "아버지의 가장 큰 희망은 아들이 자신을 능가하는 것이었다."[28] 트로이아 동맹군의 하나인 뤼키아의 왕 사르페돈이 자신과 함께 전투에 참가한 친구 글라우코스에게 그의 가문에 대해서 물었을 때, 글라우코스는 인간의 가문은 바람에 불면 땅 위에 떨어져 사라지는 나뭇잎과 같이 때로는 덧없는 것이라는 것을 전제하고 나서, 사르페돈에게 "히폴로코스가 나를 태어나게 했으니 나는 그가 나의 아버지라고 주장하오. 나를 트로이아로 보낸 그는 항상 나에게 가장 용감한 전사, 그 누구보다도 뛰어난 전사가 될 것과, 에퓌라와 광활한 뤼키아 땅에서 가장 위대했던 나의 선조들의 가문을 수치스럽게 만들지 말 것을 신신당부했소"(6.206~211)라고 했다.

자신의 아들이 '가장 용감한 전사', '가장 뛰어난 전사'가 되는 것, 따라

---

[28] James M. Redfield, 앞의 책, 111쪽.

서 아버지와 선조의 명성을 욕되게 하지 않는 것, 이것이 영웅시대의 아버지의 궁극적인 소망이었다. 아킬레우스의 아버지 펠레우스도 자신의 아들에게 "항상 가장 용감한 전사, 그 누구보다도 뛰어난 전사가 될 것"(11.784)을 당부했다.

따라서 호메로스의 영웅시대의 아들들은 자신들을 주시하고 있는 아버지들을 늘 의식하면서 살았고, 그들에 뒤지지 않는 전사가 되기 위해 노력했다. 그들의 행위를 늘 지켜보는 아버지는 그들로 하여금 언제나 자신들의 행동을 스스로 검열하게 하는 "'내면화된 타자'이자 '내부의 강력한 검열관'이었다…… 어떤 점에서 보면 아버지를 '수치스럽게' 하지 않는 것이야말로 아들의 삶의 원칙이자 본질이었다."[29]

글라우코스는 가문은 덧없는 것이라 했다. 가문의 내력, 가문으로부터 이어져 내려오는 부나 권력이 아니라, 싸움터에서 혁혁한 공을 세워 뛰어난 전사가 되는 것, "전장에서의 용감한 행위"(aretē)[30]가 정치권력을 획득한다든가, 가문의 명성을 확인시켜주는 데 "오직 궁극적인 기준"이 되었다.[31] 예거는 그리스 문화뿐 아니라 모든 문화가 호메로스 영웅시대의 이러한 "귀족주의 이상의 창조와 더불어 출발했다"고 했다.[32] "그리스 문명의 가장 초창기의 기록물"[33]인 『일리아스』는 호메로스 영웅시대의 전체적인 삶이 어떠했는가를 이야기하는 것이 아니라 그 시대의 '문화적인 이상'이 어떠했는가를 이야기하고 있다.

---

29) 임철규, 앞의 책, 222~223쪽.
30) Mihai I. Spariosu, *God of Many Names: Play, Poetry, and Power in Hellenic Thought from Homer to Aristotle* (Durham: Duke UP, 1991), 3쪽.
31) Peter W. Rose, *Sons of the Gods, Children of Earth: Ideology and Literary Form in Ancient Greece* (Ithaca: Cornell UP, 1992), 62쪽.
32) Werner Jaeger, *Paideia: The Ideals of Greek Culture*, Gilbert Highet 옮김 (New York: Oxford UP, 1945), 1: 57쪽.
33) Hugh Lloyd-Jones, *The Justice of Zeus* (Berkeley: U of California Press, 1971), 1쪽.

헥토르는 프리아모스의 왕권을 계승하는 것으로 되어 있다. 장자 때문만이 아니다. 트로이아 남녀 백성 전부를 구할(22.56~57) 트로이아의 최고 전사로서 부족함이 없는 자질(aretē)을 갖추고 있기 때문이다. 이는 그의 아버지 프리아모스와 어머니 헤카베뿐 아니라 트로이아 전체 백성이 그를 신처럼 떠받들고 있는 데서 확인된다. 헥토르는 아버지 프리아모스에게서 어릴 적부터 자신에게 가장 용감한 전사, 가장 뛰어난 전사가 되도록, 트로이아와 트로이아 백성을 위해 선두에서 서서 싸워 아버지의 명성은 물론 자신의 명성도 지키도록 가르침을 받았다고 했다.

영웅시대의 아들들은 한 집안의 아들인 동시에 국가의 아들로, 국가를 위해 자신을 바치는 국가의 아들로 키워졌다. 헥토르가 트로이아인보다 더, 헤카베와 프리아모스보다, 형제보다 더, 아니 그 누구보다 더 사랑하는(6.450~455) 안드로마케의 애원을 뿌리치고 싸움터로 나설 수밖에 없었던 것은 자신의 '불멸의 명성'을 얻기 위해서만이 아니라, 아버지의 '위대한 명성'을 지키기 위해서, 풍전등화에 놓여 있는 조국을 위험으로부터 지키기 위해서였다.

헥토르는 아킬레우스의 적수는 아니다. 그가 인간의 아들이고 아킬레우스가 신의 아들이기 때문만은 아니다. 아킬레우스는 트로이아에서 23개의 도시를 함락했다. 『일리아스』에서 그의 공식 호칭 가운데 하나가 '도시의 파괴자'이다. 그의 모습을 보는 것만으로 트로이아 군사들은 사지를 벌벌 떨었고, 전의를 잃었다. 아폴론 신마저 그의 힘을 당해낼 수 없어 도망쳤다. 아킬레우스가 도성 가까이 달려오는 것을 본 프리아모스는 헥토르의 죽음과 트로이아의 패망을 예감하고는 벽에 머리를 찧으며 통곡했다. '그리스의 최고의 전사' 아킬레우스는 트로이아인에게 공포 그 자체였다.

아킬레우스는 불의 신 헤파이스토스가 만들어준 "영광스러운 선물들"(20.264)인 방패·투구·갑옷으로 무장한 채 헥토르와 맞섰다. 헤파이스토스는 양쪽의 두 겹은 청동, 안쪽의 두 겹은 주석, 가운데 한 겹은 황금 등, 다섯 겹으로 방패를 만들었기 때문에, 그 어떠한 창도 아킬레우스의 몸을 보호하는 방패를 뚫지 못하게 했다. 헥토르는 그리스 최고의 무사일 뿐 아니라 헤파이스토스가 준 그 '영광스러운 선물들'로 무장하고도 자신을 공격하는 아킬레우스를 이길 수 없었다. 인간의 아들인 그가 패배하는 것은 당연한 것이었다.

신의 '영광스러운 선물들'로 무장한 채 아킬레우스가 헥토르의 목을 향해 청동창을 던졌을 때, 그에게는 이를 막을 어떠한 '영광스러운 선물들'도 없었다. 헥토르는 자신이 닥친 죽음을 피할 수 없는 운명으로 받아들이면서 트로이아와 트로이아 백성을 위해 칼을 빼들고 아킬레우스를 향해 돌진했다. 이 순간 그는 어떠한 "명성도 얻지 않고는 죽지 않으리라" 다짐했다. 후세 사람의 기억 속에 영원히 남을 영광스러운 "큰일을 하고 죽으리라" 다짐했다(22.304~305).

아킬레우스의 창이 그의 목구멍을 정통으로 꿰뚫었다. 트로이아의 마지막 희망이었던 헥토르는 피를 토하며 먼지 속에 쓰러졌다. 아킬레우스에게 자신의 시신이 개들에게 뜯어 먹히는 밥이 되게 하지 말고 시신을 "고향으로 돌려보내" 트로이아인으로 하여금 매장해주도록 간청하면서 죽어갔다(22.339~343).

신은 누구인가

헥토르가 아킬레우스가 던진 청동 창을 맞고 죽기 전, 그는 그와 대적하기 위해 가까이 다가서는 아킬레우스를 보고 두려움에 못 이겨 도망가기 시작했다. 그를 쫓는 아킬레우스를 호메로스는 "산속에서 겁 많은 비둘기를 쫓아 내려덮치는" "날랜 매"에 비유했다(22.158~159). 헥토르는 빠른 걸음으로 트로이아 도성 성벽 밑을 따라 달아났고, 아킬레우스는 그를 바싹 뒤쫓았다. 헥토르는 트로이아 도성 주위를 세 바퀴나 돌았고, 아킬레우스도 그 뒤를 쫓아 세 바퀴 돌았다. 쫓고 쫓기는 그들을 올림포스의 "모든 신이 바라보고 있었다"(22.166). 그들은 헥토르와 아킬레우스가 "달리기 경주의 상으로 내놓는 제물로 바칠 짐승이나 쇠가죽을 위해"(22.159~160) 서로 다투는 경기의 경쟁자인 것처럼, 그중 누가 이기는지 구경꾼처럼 재미있게 지켜보고 있었다.

그들이 아래로 지켜보는 트로이아 도성 성벽 주위를 제우스와 여러 다른 신에게 황소의 넓적다리 살점 등, 숱한 선물을 바쳤던 헥토르가 숨을 헐떡이며 달아나고 있다. 헥토르에게 연민을 느낀 제우스는 그를 아킬레우스로부터 구할 것인지, 아니면 "쉴 새 없이 맹렬히 추격하는"(22.188) 아킬레우스에 의해 죽음을 맞게 할 것인지를 주위의 신들에게 물었을 때, "빛나는 눈의 여신 아테나"(22.177)는 그에게 헥토르는 다른 인간과 마찬가지로 "죽음을 면치 못하는 한낱 인간"이라며 "오래전에 운명이 정해져 있는" 그러한 인간을 "가증스러운 죽음에서 다시 구하려 한다는 것"은 당치도 않은 일이라 했다(22.179~181).

아테나의 말이나 헤라의 말에 의해서도(16.441) 드러나듯, 인간의 운명은 이미 정해져 있다. 『일리아스』는 인간의 운명, 그리고 인간이 펼치는 역사의 운명이 철저히 신에 의해 지배되고 있음을 보여준다. 제우스는 오래전에 아킬레우스가 헥토르를 죽이는 것을 예언했다(15.68; 17.198~208). 파트로클로스의 경우도(16.852~855), 아킬레우스의 경우도 마찬가지다. 테티스의 예언에서도 드러나듯, 아킬레우스는 헥토르를 죽인 후 요절하는 것으로 되어 있다(18.95~96). 제우스는 좀더 분명하게 헤라에게 아킬레우스는 친구 파트로클로스의 죽음을 복수하기 위해 친구를 죽인 헥토르를 죽일 것이며, 헥토르가 죽은 뒤 트로이아는 멸망할 것이라 예언했다(15.65~71). 이것이 자신의 계획(boulē)이라 했다. 인간의 운명과 인간이 펼치는 역사의 운명이 철저히 신에 의해 좌우되고 있다.

흔히 『일리아스』에서 등장하는 제우스는 『오뒤세이아』에 등장하는 제우스와 달리 '도덕적'이지 못하다는 것, 즉 그에게는 '신적인 정의'가 없는 것으로 이해되고 있다. 말하자면 제우스는 인간의 도덕적인 행위에 관심이 없으며, "『일리아스』에서는 제우스가 정의 자체에 관심을 가진다는 어떠한 암시도 찾을 수 없다"[34)]는 주장이 일반화되고 있다. 트로이아 전쟁을 핵심적인 모티프로 다룬 아이스퀼로스의 『오레스테이아』에서는 트로이아 전쟁을 초래한 파리스의 행위가, 즉 스파르타로 온 그를 환대한 메넬라오스를 배반하고 메넬라오스의 아내 헬레네와 그의 많은 재물을 갖고 트로이아로 달아난 파리스의 행위가 '환대'의 신성한 가치를 보호하는 '주인과 손님'의 신(Xenios)인 제우스의 분노를 일으켜, 이를 벌하기 위해 그 신이 자신의 뜻을 실현할 '정의'의 사자(使者)로서 메넬라오스의 형 아가멤논과 그리스군을 트로이아로 보낸 것으로 되어 있다. 그러나 『일리아스』에서는 제우스가 파리스의 행위와 같은 인간의 도덕적인 행위에 대해 깊이 관여하고 있다는 인상을 거의 찾아볼 수 없고, 이른바 '신적인 정의'를 실현하고 있다는 인상도 거의 찾아볼 수 없다.

파리스의 행위에 대한 도덕적인 판단은 다른 인물을 통해 이루어지고 있다. 메넬라오스는 그리스에 온 파리스가 "환대받고도" "주객(主客)의 신인…… 제우스의 무서운 노여움도…… 두려워하지 않고" "무모하게도" 자신의 "아내" 헬레네와 "많은 재물을 갖고 달아난" 파리스의 행위를 "수치와 모욕"의 행위로 규정한 뒤, 제우스가 그들의 "우뚝 솟은 도시를 언젠가는 폐허로 만들 것"이라 경고한 적이 있다(13,622~627). 그는 '손님'에게 베푼 '주인'의 환대를 배반한 파리스와 그의 트로이아가 언젠가는 '주인과 손님의 신'인 제우스에 의해 벌을 받을 것임을 단언하고 있

---

34) E.R. Dodds, *The Greeks and the Irrational* (Berkeley: U of California Press, 1951), 32쪽; 에릭 R. 도즈, 『그리스인들과 비이성적인 것』, 주은영·양호영 공역 (서울: 까치, 2002), 38쪽.

다. 파리스의 수치스러운 행위를 비난하는 것은 그리스인만이 아니다. 헥토르도 트로이아 전쟁을 일으키게 한 동생 파리스가 트로이아인에 의해 돌팔매질당하고 트로이아 땅에서 추방당할 만큼(3.56~57) 그의 죄가 엄중하다고 했다. 호메로스도 파리스와 그의 트로이아인을 그리스로 데려온 배를 가리켜, 파리스와 모든 트로이아인에게 있어 "악의 근원"(5.63)이라 했다.

호메로스는 이러한 인물들을 통해 트로이아 전쟁을 초래한 파리스의 행위를 도덕적으로 정죄하고 있지만, 이에 관련해 제우스를 전혀 개입시키지 않고 있다. 물론 제우스를 포함한 올림포스 신들이 인간의 도덕적인 행위를 두고 이에 전혀 무관심하다고 주장할 수 없다.[35] 가령 이런 주장은 올림포스 신들이 헥토르의 시신을 모욕하고 매장을 거부하는 아킬레우스의 행위에 대해 엄청난 분노를 쏟아내고 있을 뿐 아니라 그들, 특히 제우스의 강력한 뜻에 의해 아킬레우스가 시신을 트로이아로 돌려보내게 했던 것에 의해서도 빛을 잃는다. 그러나 그럼에도 불구하고 『일리아스』에서 이른바 제우스의 '신적인 정의'는 크게 눈에 띄지 않는다는 것이다.

대신 크게 눈에 띄는 것은 인간의 운명과 인간이 펼치는 역사의 운명이 신에 의해 철저히 지배되고 좌우되고 있다는 것이며, 신은 때로는 인간의 고통에 연민의 눈길을 보내고 있지만 그들에게 인간의 고통이라는 것은 덧없는 존재인 인간의 한낱 고통에 불과할 뿐이라는 것이다. 『일리아스』에서 제우스를 비롯해 아테나 등, 여러 신을 수식하는 단어로 '빛나는' 이라는 형용사가 도처에 등장하고 있다. 신은 인간과 달리 '빛나는' 존재다. 죽음을 면치 못하는 한갓 인간과 달리 그들은 영원히 죽지 않는 '영광스

---

[35] 제우스에게 이른바 '신적인 정의'가 없다는 주장에 대한 반론은 일찍 Hugh Lloyd-Jones의 앞의 책, 1~27쪽에서 본격적으로 거론된 후, 틈틈이 이어지고 있다. William Allan, "Divine Justice and Cosmic Order in Early Greek Epic," *Journal of Hellenic Sturdeis*, 126 (2006), 1~15쪽을 볼 것.

러운' 존재이기 때문이다. 전쟁으로 인해 지상에서 인간은 고통과 절망, 슬픔에 못 이겨 몸부림치고 있다. 수많은 시신이 매장되지 못하고 새떼와 개떼의 먹이가 되어 여기저기 피투성이인 채로 누워 있다.

올륌포스의 신들은 마치 아킬레우스에 의해 쫓기는 처참한 헥토르의 모습을 경기의 구경꾼처럼 쳐다보았듯, 지상의 인간의 "고통을 거의 일종의 스포츠처럼 쳐다보고 있으며"[36] 자신의 일이 아닌 듯, 이를 무심히 쳐다보고 있다. 레비나스의 표현을 빌린다면 "빛나는 존재의 화려한 무관심"[37]이라고나 할까. '빛나는 존재의 화려한 무관심' 속에 펼쳐지는 지상의 인간의 끝없는 고통, 죽음을 면치 못하는 한갓 인간의 비참한 운명과 절망이 『일리아스』를 압도하고 있다.

호메로스는 제우스의 입을 빌려 "지상에서 숨 쉬고 움직이는 모든 것 가운데 인간보다 더 비참한 존재는 아무것도 없다"(17.446~447)고 했다. 『일리아스』에서는 이 '비참한 존재'인 인간은 죽은 후에도 비참한 존재로 남는다. 죽은 후 "전혀 생명이 없는" "망령과 그림자"만이 하데스에 남기 때문이다(23.103~105). 제우스의 아들인 사르페돈도 다른 인간과 마찬가지로 무덤 속에서 썩어 하데스에서 '생명'이 없는 '망령'과 '그림자'로 남아 있을 수밖에 없었고, 제우스에게서 가장 많은 사랑을 받았고 그의 아들 가운데 가장 위대한 헤라클레스나, 여신 테티스의 아들 아킬레우스도 그렇다. 그들이 모두 인간이기 때문이다.

『일리아스』는 사후의 인간의 운명에 대해 "가장 암울한 전망"을 보여주고 있다. 인간이 죽어 향하는 "하데스는 암흑과 부패의 장소"에 지나지 않기 때문이다.[38] 같은 저자의 『오뒤세이아』와 달리 『일리아스』에는 '죽

---

36) Harold Bloom, *Where Shall Wisdom Be Found?* (New York: Riverhead Books, 2004), 77쪽.
37) Emmanuel Levinas, *Otherwise than Being, or Beyond Essence*, Alfonso Lingis 옮김 (Pittsburgh: Duquesne UP, 1974), 97쪽.

음이 끝이 아니다'라는 어떠한 암시도 보이지 않는다. 아킬레우스가 헥토르의 시신을 찾아가기 위해 자신에게 온 프리아모스에게 신들은 "인간들을 고통 속에 살도록" 미리 "비참한 인간의 운명을 정해놓았다"고(24.525~526) 했듯, 살아 있을 때도 고통 속에 살아갈 수밖에 없는 인간들은 사후에도 하데스에서 '생명'이 없는 '망령'이나 '그림자'로 있을 수밖에 없는 처참한 존재라는 것, 이것이 호메로스의 『일리아스』가 들려주는 '인간'의 운명이다. 메소포타미아 서사시 『길가메시』에 드러나 있는 것에 못지않은 "비관주의적 사상"[39]이 이 서사시를 지배하고 있다.

그러나 지상의 그 어떠한 존재보다 비참한 존재가 인간이지만, 또 한편 신처럼 '빛나는' 존재도 인간이다. '아름다운 죽음'을 통해 '불멸의 명성'을 얻은 아킬레우스·헥토르·사르페돈과 같은 영웅이 그러한 존재다. 이들을 통해 인간은 인간이기를 그치고 '신과 같은' '빛나는' 존재가 된다. 이것이 『일리아스』가 노래하는 또 하나의 주제다.

'아름다운 죽음'

호메로스의 『일리아스』에서 일반 병사들은 전쟁터에서 싸움을 하는 것을 좋아하지 않는다.[40] 아니 그들뿐 아니라 모두가 잠을 자고 사랑을 나누고, 달콤한 노래에 취하고, 품위 있게 춤을 추는, 이런 일상적인 평화와 쾌락을 좋아한다(13.636~638). 그들은 죽음을 두려워하기 때문이다. 죽음을 두려워하기는 위대한 영웅도 마찬가지다. 헥토르도 아킬레우스가 "무서워 도망친다"(22.137). 사나운 짐승처럼 떼 지어 몰려오는 트로이아

---

38) Michael Clarke, "Manhood and Heroism," *The Cambridge Companion to Homer*, Robert Fowler 엮음 (Cambridge: Cambridge UP, 2004), 78쪽.
39) 같은 책, 76쪽.
40) Jasper Griffin, 앞의 책, *Homer on Life and Death*, 92쪽.

군사들을 보고 아이아스도 몸을 떨면서 도망친다(11.556). 자신을 공격해 오는 헥토르를 보자 디오메데스도 공포에 젖어 몸을 떨고 있으며(11.345), 아킬레우스도 트로이아 강의 신 스카만드로스의 세찬 공격을 받고 두려워 몸을 떨면서 도망친다. 이런 그를 향해 포세이돈은 "펠레우스의 아들이여, 그렇게 떨거나 겁내지 말라"(21.288) 했다. 그들도 죽음을 두려워하기 때문이다.

그러나 그들이 일반 병사들과 다른 것은 그들이 '아름다운 죽음'을 그들 고유의 운명으로 받아들이고 있다는 것이다. 베르낭은 '불멸의 명성'을 얻는 것을 그들의 삶의 궁극적인 목표로 삼고, 공동체를 위해 싸움터에서 목숨을 기꺼이 바쳐, 대대로 그들의 이름, 그들의 존재를 영원히 남기려는 그런 전사들의 죽음을 '아름다운 죽음'(kalos thanatos)이라 했다.[41] "진정한 아름다움"은 "영웅적인 죽음"에서 오기 때문이다.[42] 그는 이 '아름다운 죽음'을 "영광스러운 죽음"(eukleēs thanatos)라 했다.[43] 그들의 '아름다운 죽음'이 대대로 '영광스러운 것'으로 영원히 기억되기 때문이다.

헬레네는 그리스군과 트로이아군 사이의 싸움이 진행되는 사이, 잠시 궁에 들른 헥토르에게 아킬레우스와 벌인 앞으로의 싸움에서 그의 죽음

---

[41] Jean-Pierre Vernant, 앞의 글, 50~74쪽을 볼 것. 이 '아름다운 죽음'이라는 말은 조국을 위해 목숨을 바친 아테나이 전사들을 추모하는 추도사에서 전사들의 고귀한 죽음을 일컫는 말에서 나온 것이었다. 베르낭은 자신의 글이 이를 본격적으로 다룬 Nicole Loraux의 저서 *The Children of Athena: Athenian Ideas about Citizenship and the Division between the Sexes*, Caroline Levine 옮김 (Princeton: Princeton UP, 19953)에 크게 빚진 것을 밝히고 있다. Nicole Loraux의 같은 책, 52~53쪽, 65~69쪽을 볼 것. 그리고 같은 저자의 "The Spartan's 'Beautiful Death'," *The Expressions of Tiresias: The Feminine and the Greek Man*, Paula Wissing 옮김 (Princeton: Princeton UP, 1995), 63~74쪽도 볼 것.
[42] Jean-Pierre Vernant, 같은 글, 65~66쪽.
[43] 같은 글, 51쪽.

을 예감하는 듯, 자신을 비롯한 서사시의 인물은 "후세 사람의 노래의 주제가 되어"(6.357~358) 영원히 기억되리라 했다. 그러나 자신과 남편 파리스와 달리 헥토르와 같은 "영웅의 죽음은 죽음으로 끝나지 않으며, 그를 칭송하는 후세 사람들의 노래를 통해 영원히 죽지 않고 살아남는다"고 했다. 그리고 "이것이 전사에게 최대의 보상, 즉 조국을 위해 목숨을 바치는 최고의 전사 헥토르가 얻을 수 있는 최대의 '영광'이나 '명성'(kleos)"이라 했다.[44]

『일리아스』에서 최고 전사들이 얻는 최대 보상은 그들의 행위, 그리고 그것으로 인해 얻은 '불멸의 명성'이 후세 사람들의 '노래의 주제', 즉 모든 문학예술의 주제가 되어 그들의 존재가 영원히 잊혀지지 않는 데 있었다. '노래의 주제'가 되어 '불멸의 존재'가 되는 것, 이것이 『일리아스』 영웅의 궁극적인 소망이었다 해도 지나치지 않는다. 물론 호메로스의 세계에서 영웅의 명성은 무덤과 같은 기념물(7.84~91)에 의해서도 간직되었다.[45] 그러나 그의 세계에서 영웅의 '불멸의 명성'이 대대로 전해질 수 있는 "가장 중요한 수단"[46]은 『일리아스』에서 헬레네가 헥토르에게 (6.357~358), 『오뒤세이아』에서 텔레마코스가 네스토르에게 이야기했듯 (3.204), 서사시의 노래였다.

일찍 살펴보았듯, 영웅에게 '불멸의 명성'이란 전장에서 맞이하는 그들의 죽음이 전제되었다. 죽음이 전제되지 않는 한, '불멸의 명성'은 그들을 위해 존재하지 않았다. 죽음이 전제되는 이런 운명이 영웅에게는 "그 모든 의미에서······ 명성 추구의 조건이 되고 있다."[47] 따라서 '불멸의 명

---

44) 임철규, 앞의 책, 575~576쪽.
45) 이에 대해서는 Richard Seaford, 앞의 책, 57쪽을 볼 것.
46) 같은 책, 58쪽.
47) Simon Goldhill, *The Poet's Voice: Essays on Poetics and Greek Literature* (Cambridge: Cambridge UP, 1991), 78쪽.

성'은 죽음을 전제로 한 것이기 때문에, 그들은 전쟁터에서 결코 고향으로 돌아가지 못한다. 호메로스의 청동시대가 영웅에게 요구하는 절대윤리는 그들은 전쟁터를 떠나 고향으로 돌아가서는 안 된다는 것이다.

우리는 고향으로 돌아가는 자는 진정한 영웅이 아니라 했다. 후에 핀다로스가 노래했듯, 겁쟁이나 패배자만이 고향에 돌아가 어머니를 만난다. 그러나 그들은 수치와 비웃음의 대상이 된다(『퓌테이아 경기승리가』, 8.85~87). 진정한 영웅에게 죽음보다 더 무서운 것이 있다면, 그것은 그들이 다른 사람들에게 잊혀 지는 것이었다. 브리세이스를 아가멤논에게 빼앗기고 분노에 찬 아킬레우스가 오랫동안 전선을 이탈하고 막사에 "틀어박혀" 혼자 애태우고 있었을 때, 그때 그가 가장 염려했던 것은 자신의 존재가 그리스 군사들에게 잊혀지는 것이 아닌가였다. 그는 마음속으로 "남자의 영광을 높여주는 전투와 전투의 함성을 그리워하고 있었다"(1.490~492).

아킬레우스와 마찬가지로 헥토르도(22.304~305) 사르페돈도(12.328) 고향으로 돌아가는 것을 마다하고, 망각의 존재가 되지 않기 위해 전장에서의 죽음을 택했다. '남자의 영광을 높여주는' 영웅적인 '전투'에서 산화(散華)할 죽음을 택했다. 이는 그들의 '아름다운 죽음'이 영원히 문학작품의 주제가 되어 자신들의 존재가 영원히 잊어지지 않기 위해서였다. 그들은 결국 "자기 자신의 영광을 위해서, 아니 더욱이 자신의 친구들을 위해서가 아니라, 노래의 영광을 위해서"[48] 죽었다. 고향에 돌아가서도 안 되고, 고향으로 돌아갈 수도 없는 것이 호메로스의 진정한 영웅의 운명이었다.

그러나 그들은 죽은 후에도 마침내 고향에 돌아가 매장되었다. 매장되지 못한 채 새떼와 개떼들의 먹이가 되어 하데스의 문을 통과하지 못하고

---

48) Jasper Griffin, 앞의 책, *Homer on Life and Death*, 102쪽.

있는 그리스와 트로이아의 수많은 전사들의 운명과 비교할 때, 마침내 헥토르가 그의 "고향"(22.342) 트로이아 도성으로 돌아가 트로이아 백성의 애도 속에 매장된 것을 두고 어느 학자가 "축복"받은 "혜택"이라 했듯,[49] 결국 신의 도움으로 고향으로 돌아가 매장되었던 사르페돈·아킬레우스·헥토르 등은 '혜택'받은 인간이었다.

그러나 그들과 달리 약 250명에 이르는 트로이아와 그리스의 숱한 유명(有名)의 무사, 이루 헤아릴 수 없이 엄청난 수의 수많은 무명(無名)의 전사들은 매장되지 못한 채 사나운 새떼와 개떼의 먹이가 되어 대지를 검붉은 피로 홍수를 이루고 있다. 전쟁이 불러일으키는 서로 간의 참혹한 살육을 두고 라인하르트는 『일리아스』를 "죽음의 시"라 일컬었던가.[50] 매장되기 전까지 죽은 자들의 망령은 하데스의 문을 통과할 수 없다. 망령들은 "문이 넓은 하데스의 집 근처를 정처 없이 떠돌 수"(23.74)밖에 없다. 어떠한 형식의 '귀환'도, 어떠한 형식의 매장도 거의 모두 그들에게는 불가능했다. 여기에는 이긴 자도 패배한 자도 없다. "모두가 패배하고 있다."[51] 전쟁을 인간 역사의 중심에 두고 있는 호메로스의 '전쟁시'(戰爭詩)[52] 『일리아스』는 무엇보다도 전쟁이 가져온 '귀환'의 비극성, 이것이 함축하는 인간의 비극적인 운명을 절망적으로 노래하고 있다.

---

49) Robert Pogue Harrison, *The Dominion of the Dead* (Chicago: U of Chicago Press, 2003), 146쪽.
50) Karl Reinhardt, *Tradition und Geist: Gesammelte Essays zur Dichtung* (Göttingen: Vandenhoeck & Ruprecht, 1960), 13쪽.
51) Jonathan Gottschall, 앞의 책, 146쪽.
52) James Tatum, *The Mourner's Song: War and Remembrance from the 'Illiad' to Vietnam* (Chicago: U of Chicago Press, 2003), 49~55쪽을 볼 것.

8

문학가의 길
— 오뒤세우스와 북으로 가는 '비전향장기수들'

문학작품에서 '귀환'의 주제나 모티프를 최초이자 본격적으로 다룬 작품은 호메로스의 『오뒤세이아』다. 우선 호메로스가 이 서사시에서 이야기하고자 하는 주제가 무엇인가를 몇몇 관점에서 살펴볼 것이다. 그러고 나서 '고난에 찬 표류' 뒤의 '귀향'이라는 호메로스의 근본주제를 문학사에서 어느 작품들보다 충실히 반영하고 있는, 이른바 '비전향장기수들'의 일생을 다룬 이북의 여러 장편소설 중 남대현의 『통일련가』를 살펴본 뒤, 호메로스와 이북의 작가들이 각기 생각하고 있는 '문학가의 길'이 무엇인가를 비교해볼 것이다.

I. 호메로스의 『오뒤세이아』

오뒤세우스

『오뒤세이아』의 줄거리는 대충 다음과 같다.

트로이아 전쟁에서 살아남은 영웅들 중 오뒤세우스만이 고향으로 돌아가지 못하고 있다. 바다의 신 포세이돈이 아들 폴뤼페모스를 눈멀게 했던 "오뒤세우스를 죽이지는 않되, 그러나 그를 그의 고향땅에서 멀리 떠돌아다니게 했기 때문이다"(『오뒤세이아』 1.74~75; 11.100~103). 하지만 오랫동안 고향 이타케로 돌아가지 못하고 있는 오뒤세우스를 "포세이돈 말고는 모든 신들이 불쌍히 여기고 있었다"(1.19~20). 여신 칼륍소가 오뒤세우스를 "남편으로 삼으려고"(1.15) 그를 그녀의 동굴 안에 붙들어두고 있는 사이, 올륌포스 신들이 제우스 주위에 모여 회의를 열었다. 제우스는 오뒤세우스를 향한 포세이돈의 분노에도 "지혜에 있어 다른 사람들을 능가함은 물론 넓은 하늘에 사는 신들에게 그 어떤 사람들보다도 많은 제물을 바친"(1.66~67) 오뒤세우스는 결국 고향 이타케로 돌아가게 하리라 했다.

제우스의 뜻에 따라 그의 딸 아테나는 이타케로 향했다. 손에 청동 창을 든 나그네, 즉 타포스인의 지도자 멘테스의 모습으로 변장한 아테나는 "아버지의 귀향의 가망은 더 이상 없다"(1.413)고 믿는 오뒤세우스의 아들 텔레마코스에게 나타나 그의 아버지가 여전히 살아 있다 했다. 그녀는 그에게 그의 어머니 페넬로페로부터 결혼을 승낙받기 위해 궁에 머물면서 아버지 오뒤세우스의 재산을 탕진하고 있는 "파렴치한 구혼자들"(1.254)을 내보내고 그의 아버지를 찾아 나서라 했다. 먼저 퓔로스의 왕 네스토르를 찾아가고 그다음 트로이아 전쟁이 끝난 뒤 가장 늦게 그리스로 귀환한 메넬라오스를 찾아가라 했다. 아테나 여신이 그의 마음에 "힘과 용기를 불어넣고" "마치 대기 높이 날아오르는 독수리처럼" 그의 곁을 떠나 "날아가자"(1.319~321), 텔레마코스는 그제야 그분이 불멸의 여신임을 알아차렸다.

구혼자들이 페넬로페에게 언제부터 적극적으로 구애를 했는지 확실하게 드러나 있지 않지만, 그들은 그녀와 결혼하기 위해 적어도 거의 4년 동안 페넬로페를 탐하고 있었다. 페넬로페는 구혼자들의 결혼요구를 물리치기 위해 그들에게 시아버지 라에르테스가 죽으면 그에게 입힐 수의(壽衣)가 필요하니 그 수의가 완성되기 전까지는 "나와의 결혼을 아무리 강렬하게 원한다 하더라도 참고 기다려줄 것"(2.97~98)을 요구했다. 오뒤세우스가 죽은 이상, 수의가 완성되는 날이 되면, 그때 상대를 택해 결혼하리라는 것이었다. 그들은 그녀의 제안에 동의했다. 페넬로페는 낮에는 베틀에서 베를 짜고 밤에는 다시 풀어, 3년이 지나고 4년이 되어도 수의를 완성하지 않았다. 그녀의 계략을 눈치 챈 구혼자들은 더 이상 이를 용납하지 않았다. 페넬로페는 "자기 의사에 반해 마지못해 그것을 완성하지 않을 수 없었다"(2.110).

궁전 홀에서 구혼자들이 잔치를 벌이고, 그들 사이에서 이름난 가인(歌人) 페미오스가 가슴을 도려내는 슬픈 노래를 하자, 그 노래를 듣고 이층 방에서 내려온 페넬로페는 그에게 "제발 내 가슴속 마음을 갈기갈기 찢어놓는 그 슬픈 노래만은 그만 하라" 했다. 그 노래를 들으면 "잊을 수 없는 슬픔"이 밀려와, 이곳에 없는 남편 오뒤세우스의 "소중한 머리를 잠시도 잊지 못하고 그리워하고 있기" 때문이라 했다(1.340~343).

아테나로부터 용기와 힘을 얻게 된 텔레마코스는 아버지 오뒤세우스를 향한 그리움 때문에 잠시도 슬픔의 눈물을 그치지 않을 뿐 아니라 자신이 물려받을 왕위를 지키기 위해 20년 동안 갖은 노력을 다하는 어머니 페넬로페를 괴롭히고 있고 자신의 "살림과 재물을 삼키려고 하는"(2.123) 구혼자들에게 궁에서 떠나줄 것을 강력히 요청했지만, 그들은 이를 거부했다. 텔레마코스는 선원들을 데리고 필로스로 향했다. 텔레마코스의 옆 배의 고물에 앉은 아테나가 그들의 항행을 순조롭게 하기 위해 "포도줏빛 바다 위에서 속삭이는 세찬 서풍을 보내주었다"(2.420~421).

텔레마코스는 필로스의 왕 네스토르에게 가서 자신을 오뒤세우스의 아들임을 밝힌 뒤 아버지의 행방에 대해 물었다. 오뒤세우스의 전우 네스토르는 그에게, 그리스군이 트로이아 도성을 함락한 뒤 배를 타고 귀향하려 했을 때, 아테나 여신의 노여움으로 인해 많은 그리스군이 "비참한 최후를 맞았으며" "그들 모두 사려 깊지 못하고 올바르지 못했기 때문에" 제우스 신도 "마음속으로 그리스인에게 참혹한 귀향을 생각해내었다"(3.130~135)고 들려주었다.

따라서 귀향길에 올랐던 오뒤세우스의 행방은 모른다면서 가장 늦게 귀향했던 메넬라오스에게 가서 물어보면 그의 아버지 행방에 대해 아마도 이야기해줄 수 있지 않을까라고 말했다. 텔레마코스는 메넬라오스가 통치하고 있는 라케다이몬으로 향했다. 그곳에서 메넬라오스는 트로이아 전쟁을 초래한 헬레네와 다시 살고 있었다. 그의 궁에 도착한 텔레마코스는 그로부터 여신 칼륍소가 지중해에 있는 그녀의 궁전 오귀기에 섬에서 오뒤세우스를 "억지로 붙들고 있으며", 이 때문에 그가 "고향땅에 돌아갈 수 없게 되었다"(4.557~558)는 것을 알게 되었다.

포세이돈이 황소와 양들의 성대한 제물(祭物)을 받기 위해 자신의 거처를 떠나 아이티오페스(에티오피아) 족의 나라에 머물고 있을 동안, 제우스는 신들의 사자(使者) 헤르메스를 오귀기에 섬에 있는 칼륍소에 보내, 오뒤세우스를 고향으로 돌아가게 해주라는 자신의 뜻을 전하게 했다. 헤르메스가 "머리를 곱게 땋은"(5.57) 아름다운 칼륍소가 있는 큰 동굴에 도착했을 때, 그녀는 "그 동굴 안에서 고운 목소리로 노래를 부르고 있었고, 베틀 앞을 오락가락하며 황금 북으로 베를 짜고 있었다"(5.61~62).

헤르메스는 그녀에게 제우스는 트로이아를 함락하고 귀향길에 오른 그리스 남자들 중 귀향길에 오르지 못한 오뒤세우스를 "가장 비참한 남자"로 여기고 있다(5.105~106)며 제우스의 뜻을 받들어 그를 풀어주라 했다. 칼륍소는 비록 여신과 인간 간의 결혼에 대해 제우스를 비롯해 남성 신들이 "유별나게 강한 질투심"을 드러내주는 것을 참으로 못마땅하게 여기고 있었지만(5.118~128), "어떤 다른 신도 아이기스를 가진 제우스의 계획을 비껴가거나 좌절시키는 것은 전혀 불가능하다"(5.103~104)라는 헤르메스의 말을 받아들였다.

칼륍소는 오뒤세우스에게 자신을 아내로 삼고 함께 산다면 그를 "영원히 죽지도 늙지도 않게 해주겠다"(5.136)고 약속했지만, 오뒤세우스는 밤이면 마지못해 그녀와 잠자리를 같이 했을 뿐 그녀에게 마음을 열지 않았다. 칼륍소는 늘 아내와 아들, 고향집을 향한 그리움으로 인해 바닷가 바위 위에 앉아서 눈물 흘리며 하염없이 바다를 쳐다보는(5.156~158) 그를 향해, "몸매와 체격에서도" 그의 아내 페넬로페에 떨어지지 않을 뿐 아니라 "얼굴 모습은 그녀보다 더 아름다운"(15.211~213) 자신을 버리고 기필코 귀향하려 하느냐며 늘 원망했다. 하지만 어찌할 수 없어 제우스의 명을 따라 일곱 해를 붙들고 있었던 오뒤세우스를 풀어주었다.

칼륍소는 오뒤세우스에게 뗏목 만드는 법을 가르쳐주었다. 오뒤세우스가 그녀의 도움을 받아가며 "올리브 나무로 된 훌륭한 도끼자루"(5.236)로 나무를 자르고 다듬으면서 나흘에 걸려 뗏목을 완성하자, 그다음 다섯째 되는 날 칼륍소는 "오뒤세우스를 목욕시키고 향기로운 옷을 입혀준 다음 섬에서 보내주었다"(5.263~264).

오뒤세우스가 그녀가 보내준 "부드럽고 따뜻한 순풍"(5.268; 7.266)에 기뻐하며 돛을 펼치고 고향으로 향하고 있었을 때, 아이티오페스 족의 나라에서 돌아온 포세이돈은 자신이 그곳에 가 있을 동안 올륌포스 신들이 자신의 뜻을 거역하고 오뒤세우스를 "고난의 큰 올가미"(5.289)에서 벗어나게 해주었던 것을 알고, 진노하여 손에 삼지창을 집어 들고 구름을 모으며 바다에 파도를 일으켰다. 온갖 바람의 폭풍을 한꺼번에 일으켜 18일 동안 강풍을 날려 보냈다. 뗏목은 완전히 파괴되었다. 오뒤세우스는 눈앞에 닥친 죽음을 운명으로 받아들이면서 차라리 트로이아 전쟁에서 트로이아 군이 던진 창에 맞아 죽었더라면 "나를 위해 장례가 치러졌을 것이고 그리스인이 내 명성을 널리 퍼뜨렸을 것"이라며 울부짖었다(5.305~311).

뗏목 밖으로 떨어져 나간 오뒤세우스는 파도에 휩쓸려 이리저리 떠돌다가 파이아케스 족의 해안 근처에 닿았다. 그는 또다시 그에게 닥친 표류의 고통을 생각하며 울었다. "나는 지금 또 어떤 인간들의 나라에 온 것일까? 그들은 폭력적이고 야만적이고 옳지 못한 자들일까? 아니면 나그네에게 친절하고 신을 두려워하는 마음씨를 가진 자들일까?"(6.119~121; 13.200~202).

오뒤세우스는 해안 기슭을 향해 간신히 헤엄쳐 나아갔다. 해안 기슭을 벗어나서 주위 숲속 올리브 나무 밑에 들어가 누워 있었다. 오랫동안 표류했기 때문에 지쳐 있었던 그는 "숨도 못 쉬고 말도 못 할 정도로"(apneustos kai anaudos, 5.456) 반죽음 상태였다. 그곳에서 그는 빨래를 하기 위해 하녀들과 함께 하구의 빨래터에 온 파이아케스 족의 왕 알키노오스의 딸 나우시카아에 의해 발견되었다. 오뒤세우스는 그들에게 자기가 있는 곳이 어디인지 물었다. 하녀들은 알몸을 하고 있는 이 낯선 남자를 보고 겁이 나서 관목 뒤로 달아났지만, 나우시카아는 나쁜 사람 같아 보이지 않는 그에게 그가 있는 곳이 어디인지를 가르쳐주고, 그에게 옷과 먹을 것, 마실 것을 주었다.

그녀는 "바다 위를 떠돌아다니는"(7.239) 오뒤세우스를 "파이아케스 족의 땅 기름진 스케리아"(5.34~35)를 통치하는 왕 알키노오스와 왕비 아레테가 있는 궁전으로 인도했다. 바다에 인접한 이 "기름진 도시"(23.311)는 "높은 탑들이 있는 성벽으로 둘려져 있고, 도시의 양쪽에는 아름다운 항구가 있었으며……" 항구에는 "함대…… 그리고 선착장이 있었고, ……또 이 도시에는 돌산에서 떠낸 돌로 튼튼히 지어진 회의장(agora)이 있었다." 이밖에 거리, 사원(寺院), 공공건물 등도 자리 잡고 있었다. 도시국가의 외형을 두루 갖추고 있는 고도로 문명화된 이 도시의 시민들은 수렵(狩獵)이 아니라 해상무역에 종사하고 있었다(6.262~272).

나우시카아가 사는 알키노오스의 궁전은 칼륍소가 사는 오귀기에 섬처럼 또 다른 낙원이었다. 이 궁전은 온통 햇빛이나 달빛 같은 광채로 가득 차 있었다. 여기저기 청동 담들이 쳐져 있고, 황금 문과 은으로 만든 문설

주가 서 있고, 문고리는 황금으로 되어 있었는데, 황금으로 만든 개와 은으로 만든 개들이 궁전의 입구를 지키고 있었다. 헤파이스토스가 만든 이 개들은 "영원히 죽지도 늙지도 않게 되어 있었다"(7.84~94).

한편 안마당 밖 정원에는 배나무 · 석류나무 · 사과나무 · 무화과나무 · 올리브 나무가 꽃이 만발한 채 자라고 있었다. 그런데 이 나무들은 사시사철 불어오는 서풍이 어떤 열매는 자라나게 하고 어떤 열매는 익게 하기 때문에 1년 내내 부족함이 없이 열매들을 풍성하게 제공하고 있었다. 그리고 채소밭에는 온갖 채소가 사시사철 싱싱하게 자라고 있었다. 알키노오스 궁전의 이런 모습은 마치 "신들의 빼어난 선물"(7.132) 같았다. "참을성 많은 고귀한 오뒤세우스"도 이곳을 보고는 "감탄을 금치 못했다"(7.133).

나우시카아의 아버지인 왕과 어머니인 왕비는 그를 반갑게 맞이했다. 왕 알키노오스는 절대군주가 아닌, 파이아케스 족을 다스리는 열세 명의 "탁월한 왕들" 가운데 하나였으며(8.390~391), 그들 중 가장 강력한 지도자였다. 하지만 왕으로서 그의 위상은 적어도 그가 이룬 개인적인 업적이나 명성에 의해, 즉 그가 얼마나 도시를 훌륭하게 다스리는가에 따라 좌우되었다.

왕비는 오뒤세우스에게 당신은 누구이며 어디서 왔느냐 물었다. 오뒤세우스는 그들에게 제우스 신이 내리친 벼락으로 배가 난파당해 모든 전우들이 죽었지만 혼자 살아남아 바다에서 떠돌다가 "아틀라스의 딸인 머리를 곱게 땋은 교활한 칼륍소" "무서운 여신"(deinē theos, 7.245~246) 칼륍소가 있는 오귀기에 섬에 닿아 그곳에서 그녀에게 붙들려 일곱 해를 함께 살았다 했다. 이어 그 여신은 고향으로 가지 않고 그녀와 결혼해 함께 산다면 '불멸'을 주리라고 그에게 약속했지만, 고향을 향한 그리움 때문에 그녀에게 결코 마음을 열지 않던 자신을 8년째 되는 해 풀어주어 고향땅 이타케로 향하게 되었다고 했다. 그리고 귀향길에서 포세이돈이 보낸 강풍에 뗏목을 잃고 파도에 휩쓸려 떠돌아다니다가 이곳 해안 근처에 닿았고, 해안 근처에서 따님 나우시카아의 도움을 받아 그들의 궁에 오게 되었다고 했다.

그 왕과 왕비는 오뒤세우스에게 그가 고향으로 향하든, 아니면 그 어느 곳으로 향하든 항해하는 동안 자신들이 제공한 배에 자신들의 선원들이 노 저으면서 그를 도와줄 것이라 했다. 그를 환영하는 연희가 베풀어졌다. 그 연회장에서 가인(歌人) 데모도코스는 트로이아인과 그리스인에게 고통을 가져온 참혹한 트로이아 전쟁, 오뒤세우스가 고안해낸 '트로이아 목마', 전쟁이 끝난 뒤 귀향하던 그리스인이 겪었던 고통을 노래했다.

그가 "마치 현장에 있었던 것처럼, 현장에 있었던 사람으로부터 들은 것처럼"(8.491) 노래하고 있을 동안, 왕 알퀴노오스는 "도시의 파괴자"(ptoliporthos, 8.3) 오뒤세우스가 "큼직한 자줏빛 옷을 억센 두 손으로 움켜쥐더니 이를 머리에 뒤집어쓰고"(8.84~85) "크게 신음하면서"(8.95), 울고 있는 것을 보았다. 왕 알퀴노오스는 데모도코스에게 "그의 낭랑한 소리를 내는 뤼라 연주를 중지"하게 했다(8.537). 연희와 노래, 그 다음 이어지는 경기가 끝난 뒤, 왕은 오뒤세우스에게 "오늘밤은 이루 말할 수 없이 길어" "아직은 궁전에서 잠잘 시간이 아니니", 그가 겪은 여러 일을 들려달라고 요청했다(11.373~374).

오뒤세우스는 왕의 요청에 따라, 자신의 정체, 즉 "나는 사람들에게 온갖 지략으로 알려져 있고, 명성(kleos)이 하늘에 닿고 있는, 라에르테스의 아들 오뒤세우스"(9.19~20)라 소개했다. 이어 고국과 고향을 밝힌 뒤, 트로이아 전쟁이 끝난 후 고향으로 향하는 도중 자신이 겪었던 "고난에 찬 귀향"(noston…… polukēde, 9.37), 즉 '표류'(漂流)의 경험을 이야기하기 시작했다.

오뒤세우스의 '표류'

오뒤세우스가 트로이아를 떠나 고향 이타케로 향하던 도중, 강풍에 떠밀려 키코네스 족의 나라인 이스마로스에 닿았다. 그곳에서 그와 그의 전우들은 도시를 약탈하고 사람들을 죽인 뒤, 그자들의 아내와 전리품을 갖고 도망치려다 이스마로스인의 공격을 받고 전우 여섯 명을 잃었다. 다시 항해를 계속했지만, 제우스 신이 "무서운 폭풍과 더불어 북풍을 일으키는"(9.68) 바람에 방향을 잃고 아흐렛날을 표류하다 연꽃만을 먹고 사는 로토파고이 족의 나라에 이르렀다.

오뒤세우스는 이곳에서 로토파고이 족이 건네주는 "꿀처럼 달콤한"(9.94) 연꽃을 먹고 취해버린 전우들이 "귀향을 잊어버리고"(nostou lathesthai, 9.97) 그들과 함께 지내고 싶어 떠나지 않으려고 울고불고하는 바람에 그들을 강제로 배에 태우고 항해했다. 이어 그와 그의 일행은 "오만불손한 무법자들"(huperphialoi athemistoi, 9.106), 외눈의 괴물인 퀴클롭스가 사는 나라에 닿았다.

산꼭대기 동굴 속에 살고 있는 퀴클롭스들은 직접 농작물을 경작하는 대신 제우스가 내리는 비에 맡겨 농작물이 자라나도록 하고 있었다. 그들에게는 같이 모여 의논하는 "회의장도" 없었고, 자신들의 행위를 규정하는 "법규도" 없었다. "각자 자기 자식들과 아내들에게 법규를 정해주고 자기들끼리는 서로 상관하지 않았다"(9.108~115). 그곳에 닿았을 때, 오뒤세우스는 괴물들이 "폭력적이고 야만적이고 옳지 못한 자들일까? 아니면 나그네에게 친절하고 신을 두려워하는 마음씨를 가진 자들일까?"(9.175~176) 하고 염려했지만, 그의 염려대로 "온갖 망나니짓을 일삼는"(9.428), 괴물 중의 하나인 폴뤼페모스는 전우 몇 명을 붙잡아 손으로 움켜쥐더니 그들의 살과 뼈, 내장까지 하나도 남김없이 먹어치웠다.

오뒤세우스는 자신과 전우들의 생명을 구하기 위해 그를 유혹하여 포도주를 실컷 마시게 했다. 그가 술에 취해 깊은 잠의 혼수상태에 빠져 있었을 때, 전우들로 하여금 그의 눈에 뾰쪽한 올리브 막대기를 찔러 넣어 실명케 했다. 그 괴물은 동굴 전체가 울릴 정도로 어마어마한 괴성을 질렀다. 그는 피투성이의 눈에서 뽑아낸 막대기를 미친 듯 오뒤세우스에게 집어던졌다. 오뒤세우스는 일행과 함께 동굴에서 급히 뛰쳐나와 항해를 계속했다. 폴뤼페모스는 아버지 포세이돈을 향해, 자신의 눈을 못쓰게 만든 오뒤세우스의 귀향을 저지하든지, 아니면 오뒤세우스가 고향땅에 닿을 운명이라면 그의 전우들은 다 잃고 남의 배를 타고 혼자 비참하게 집으로 돌아가게 해달라고 기도했다(9.532~535).

그다음 표류지는 오뒤세우스가 오랜 항해 후 처음으로 육지에 닿은 아이올리에 섬이었다. 그 섬은 바람을 마음대로 조종하는 아이올로스 왕이 사는 곳이었다. 섬 주위에는 요새가 있었지만, 퀴클롭스들의 경우와 마찬가지로 같이 모여 의논하는 '회의장'이 없었다. 따라서 공적인 행사는 전혀 눈에 띄지 않았다. 아이올로스 왕이 통치하는 도시의 일상 행위는 그저 잔치를 벌이고, 잠자고, 손님을 환대하는 것밖에 달리 없었다. 아이올로스 왕에게는 자녀가 열두 명이나 있었다. 딸 여섯, 장성한 아들이 여섯으로, 그는 딸들을 아들들에게 아내로 주었다(10.5~7). 이 섬은 근친상간이 공공연히 행해지는 이상한 도시였다.

오뒤세우스는 아름답기 그지없는 그곳 궁에서 한 달여 동안 대접을 받은 뒤 항해를 계속했다. 그 궁을 떠나기 전 아이올로스 왕은 오뒤세우스에게 소의 가죽으로 만든 자루를 주었다. 그 자루에는 세상에 부는 바람이 모두 들어 있었다. 왕은 바람이 조금도 새어나가지 못하도록 은으로 만든 번쩍이는 끈으로 그 자루를 단단히 묶었다. 바람이 그들의 귀향을 방해하지 않기 위해서였다. 그러나 오뒤세우스가 잠든 사이 전우들이 자루 안에 황금과 은 같은 보물이 들어 있다고 생각하고는 자루를 풀어보았다. 그러자 온갖 바람이 터져 나왔다. 터져 나온 폭풍에 떠밀려 그들은 라이스트뤼고네스 족의 땅에 이르렀다.

라이스트뤼고네스 족은 퀴클롭스들과 마찬가지로 "사람 같지 않고 기가스 족 같았다"(9.120). 그 도시에는 왕과 왕비도 있었다. 그리고 '회의장'도 있었다. 항구도 눈에 보였지만, 도시 외벽(外壁) 같은 것은 보이지 않았고, 도시의 "흔적"(10.98) 같은 것은 전혀 눈에 띄지 않았다. 라이스트뤼고네스 족은 오뒤세우스의 전우들을 "마치 물고기처럼 작살로 꿰어"(10.124) 집으로 가져가 먹어치웠다. 전우들의 일부가 도륙되고 있는 동안 오뒤세우스는 "넓적다리 옆에서 날카로운 칼을 빼어들어…… 배의 밧줄을 끊은 뒤"(10.126~127), 나머지 일행들로 하여금 열심히 노를 빨리 젓게 해서 그곳을 빠져나가도록 했다.

그런 후 그와 그 일행은 "머리를 곱게 땋은"(10.136) 신비한 힘의 소유자 여신 키르케의 땅에 닿았다. "반들반들 깎은 돌로 지은"(10.211) 그녀의 궁전 주위에는 산에 사는 늑대들과 사자들이 그녀가 준 약을 먹고 마법에 걸려 오뒤세우스 일행에게 덤벼들기는커녕 긴 꼬리를 흔들며 아양을 떨고 있었다(10.212~215). 궁 안에서 키르케는 "고운 목소리로 노래하고 있었고" "베틀 앞을 오락가락하며…… 빼어나게 곱고 우아한 베를 짜고 있었다"(10.221~223). 태양신 헬리오스의 딸 키르케는 자기 땅에 온 오뒤세우스의 전우들을 마법의 지팡이로 때려 그들을 돼지로 만들어놓은 뒤 돼지우리 안에 가두었다.

그러나 헤르메스는 미리 오뒤세우스에게 키르케의 마법을 쓸 수 없게 하는 신기한 약초 "몰뤼"(10.305)를 주었다. 오뒤세우스는 이 약초로 키르케의 마법을 못 쓰게 한 다음, 날카로운 검을 빼들고 그녀를 죽일 듯 위협했다. 겁에 질린 그녀에게 그의 전우들을 다시 사람으로 되돌려놓아라 했다. 검을 거두고 함께 침상(寢牀)에 들자는 키르케의 요구에 오뒤세우스는, 그녀가 전우들을 다시 사람으로 되돌려놓게 함은 물론, 자신들을 고향으로 돌아가게 해주겠다고는 약속하기 전까지는 그렇게 할 수 없다고 했다. 키르케의 약속을 받은 뒤, 오뒤세우스는 그녀의 "덧없이 아름다운 침상에 올랐다"(10.347).

키르케는 자신의 궁전에 오게 된 오뒤세우스와 그의 전우들에게 음식과 포도주를 내놓으며 "쇠약하고 기력이 떨어져 있던" 그들에게 트로이아 전쟁에 참가하기 위해 처음 이타케 고향땅을 떠났을 때의 기력을 되찾자며 그들에게 "음식을 들고 포도주를 마시도록" 했다. "고난에 찬 표류만 생각하고 한번도 마음이 즐거웠던 적이 없었던" 그들에게 그 표류를 잊으라고 했다(10.460~464). 그녀는 오뒤세우스와 그의 전우들에게 다른 모든 것을 잊고 지금 이 순간의 "본능에 자신들을 맡길 것을 부추겼다."[1] 오뒤세우스는 키르케의 궁전에서 1년을 날마다 고기와 달콤한 술로 잔치를 벌이면서 고향에 대한 생각을 잊어버리고, "키르케의 덧없이 아름다운 침상"(10.347; 480)에서 그녀와 함께 지냈다. 그녀가 그에게 제공한 "고기와 달콤한 술"(10.468)은 지금까지의 고난에 찬 표류도, 귀향에 대한 생각도 모두 잊게 해주었다.

그의 전우들은 키르케의 의도대로 그녀의 하녀들의 극진한 시중 속에 고향을 잊고 그녀와 행복하게 1년을 보내고 있는 오뒤세우스에게 "고향땅' '고향집'을 절대로 잊어서는 안 되며 그곳을 "기억하라"고 했다(10.472~474). 향수병이 되살아난 오뒤세우스는 "키르케의 덧없이 아름다운 침상에 올라 그녀의 무릎을 잡고" 고향으로 보내달라고 "애원했다"(10.480~491). 자신 곁에 언제까지나 머물지 않을 것이라는 것을 진작부터 짐작하고 있었던 키르케는 그의 소망을 받아들이고 나서, 그에게 고향으로 향하기 전에 "먼저 다른 여행을 마쳐야만 한다"(10.490)고 했다. 테바이의 눈먼 예언자 테이레시아스의 망령으로부터 그가 "거쳐 가야 할 길

---

1) Max Horkheimer와 Theodor W. Adorno 공저, "Odysseus or Myth and Enlightenment, *Dialectic of Enlightenment*, John Cumming 옮김 (New York: Seabury Press, 1972), 69쪽.

과 여정...... 그리고 귀향에 대해"(10.539~540) 듣기 전까지는 고향땅 이타케로 결코 돌아갈 수 없다고 했다. 그녀는 그 까닭을 하데스의 아내 페르세포네가 하데스의 집의 망령들 중 "아직도 정신이 온전한" 테이레시아스에게만 "분별력을 주었기 때문이라" 했다(10.493~495).

오뒤세우스는 키르케의 지시에 따라 바닷가에 구덩이 하나를 파고, 사자(死者)들을 위해 제주(祭酒)를 부어드렸다. 처음에는 그 안에 꿀 우유를, 다음에는 포도주를, 그리고 그다음에는 물에 섞은 흰 보릿가루를 뿌렸다. 이어 숫양 한 마리와 암양 한 마리의 목을 베어 죽인 뒤 구덩이 속에 검은 피를 뿌렸다. 그러자 검은 피를 마신 망령들이 하데스의 집에서부터 나타났다. 그 가운데 테이레시아스의 망령이 있었다.

테이레시아스의 망령은 하데스에 온 오뒤세우스에게 "꿀처럼 달콤한 귀향"(noston...... meliēdea, 11.100)을 바라기 전에 그가 겪어야 할 위험을 일러주었다. 그 망령은 그에게 포세이돈이 아들 폴뤼페모스를 눈멀게 한 그를 용서치 않고 있음을 주지시킨 뒤, 태양신 헬리오스의 땅에 당도했을 때 각별히 주의할 것을 경고했다.

태양신의 땅에서 풀을 뜯는 그 신의 소떼와 양떼를 목격한 뒤 그들을 해치지 않고 그대로 내버려둔다면 귀향길이 순탄할 것이지만, 그렇지 않는다면 파멸이 닥칠 것이라 경고했다. 귀향한다 해도 전우들 모두를 잃을 것이며, 고향에 돌아간다 하더라도 귀환이 완전히 이루어지는 것은 아니라 했다. 귀향 후, 아내에게 무례하게 구혼을 하며 그의 재산을 탕진하고 있던 "오만불손한 자들"을 죽인 뒤, 그는 "손에 맞는 노 하나를 들고 바다를 전혀 모를 뿐 아니라, 소금이 든 음식을 먹지 않는 사람들"이 사는 곳에 이를 때까지, 또다시 많은 세월을 표류할 것이라 했다(11.115~123).

테이레시아스의 망령이 하데스의 집으로 돌아가자, 마침내 오뒤세우스의 어머니 안티클레이아의 망령이 나타났다. 그녀는 집을 떠난 그를 향한 그리움(sos pothos)에 못 이겨 병들어 죽었다(11.202~203). 그를 보고 어머니는 울면서 "살아 있는 네가 어떻게 어둠에 싸인 암흑의 나라로 내려왔느냐?"(11.155~156)고 물었다. 그러고는 "너는 전우들과 함께 배를 타고 트로이아에서 이리로 오는 길이냐? 너는 오랫동안 떠돌아다니느라고 아직 이타케에 닿지 못하고 네 궁전에서 네 아내도 만나지 못한 것이냐?"(11.160~162) 하고 물었다.

오뒤세우스는 테이레시아스와 상의해야 할 일이 있어 하데스의 집에 오게 되었으며, 트로이아 전쟁이 끝난 뒤 아직까지 고향으로 귀환하지 못한 채 떠돌아다니고 있다고 했다. 그리고 아내 페넬로페와 아들 텔레마코스가 어떻게 지내는지, 아내는 누구와도 결혼하지 않고 아들 옆에서 모든 것을 변함없이 지키며 살고 있는지 아느냐고 물었다. 어머니는 페넬로페가 "늘 눈물 속에서 괴로운 밤낮을 보내면서"도, "매우 굳건한 마음으로 네 궁에서 너를 기다리고 있다"고 했다(11.181~183).

오뒤세우스는 어머니의 망령을 안아보기 위해 세 번이나 달려가 붙잡으려 했지만, 그때마다 그 망령은 그의 두 손에서 날아가버렸다. 오뒤세우스는 어머니에게 하데스의 집에서나마 서로 얼싸안고 비탄에 젖어보려 하는데, 어째서 자신을 기다리지 않고 그림자처럼 날아가버리느냐고 울부짖었다. 어머니는 그에게 그림자처럼, 환영처럼 떠돌아다니는 것이 죽은 자들의 '운명'이라며(11.218), 그를 위로했다. 하데스의 망령은 테이레시아스를 제외하고는 모두 "정신"이 없는 "그림자"로만 남아 있었다.

어머니와 오뒤세우스가 서로 대화를 주고받는 사이, 그에게 여러 여인의 망령이 접근했다. 오뒤세우스는 하데스의 집에서 열네 명의 그리스 영웅들의 아내와 딸들, 그리고 일일이 열거할 수 없는 많은 여인을 만났다. 그는 여인네들뿐 아니라 아내 클뤼타임네스트라와 그녀의 정부 아이기스토스에 의해 살해당한 아가멤논도 보았다. "검은 피를 마시자" 금세 오뒤세우스를 "알아본"(11.390) 아가멤논은 "크게 소리 내어 울며 눈물을 뚝뚝 흘리고 있었다"(11.391). 아가멤논은 자신의 비운에 애통해하는 오뒤세우스에게 "여인들은 더 이상 믿을 수 없는"(ouketi pista gunaixin, 11.456) 존재이지만, "잔혹한 아내"(oulomenēi alochōi, 11.410)인 자신의 아내와 달리 오뒤세우스의 아내 페넬로페는 매우 지혜롭고 사려 깊은 여인이므로, 아내의 손에 죽지는 않을 것이라 했다. 그들이 함께 비탄에 젖은 채 서 있을 때, 아킬레우스·파트로클로스·안틸로코스, 이어서 아이아스의 망령들이 접근했다.

아킬레우스는 오뒤세우스를 알아보고 슬픈 목소리로 "어찌 감히 여기 하데스의 집으로 내려왔단 말이오? 아무런 감각이 없는 사자(死者)들, 죽은 인간들의 그림자들이 살고 있는 이곳으로 말이오"(11.475~476) 했다. 오뒤세우스는 그에게 자신의 귀향을 상의하기 위해 테이레시아스를 만나러 이곳에 오게 되었다고 답했다. 그러면서 그에게 그는 살아 있을 때 모든 그리스인에 의해 신처럼 추앙되었고 지금 여기 하데스에서도 커다란 권위를 갖고 사자들에 군림하고 있으니 죽음을 슬퍼하지 말라고 위로했다.

그러자 아킬레우스는 그에게 하데스의 집에서 "모든 사자(死者)를 통치하는 왕이 되느니 차라리 지상에서 나는 농토도 없고 재산도 많지 않은 가난한 사람 밑에서 머슴살이를 하면서 살아가고 싶다"(11.489~491) 했다. 자신의 아들 네오프톨레모스가 트로이아 전쟁에 참전하여 혁혁한 공을 세웠느냐는 아킬레우스의 물음에, 오뒤세우스가 그렇다고 알려주었다. 그러자 그는 기쁜 미소를 지으며 수선화가 핀 풀밭을 향해 걸어갔다.

여러 망령이 괴로워하며 지상에서 일어난 궁금한 일, 염려되는 일을 저마다 그에게 물었다. 하지만 그들과 멀리 떨어진 곳에 아이아스의 망령이 서 있었다. 아킬레우스가 전사한 뒤 그리스의 전사들 중 가장 용감한 자에게 주어질 그의 무기를 누가 차지하는 것이 합당한가. 오뒤세우스인가. 아이아스인가. 이 소유권 문제를 두고 그리스군은 오뒤세우스를 선택했다. 아이아스는 그리스 전사들 중 아킬레우스 다음으로 가장 용감한 전사는 자신이며, 따라서 응당 자신이 그 무기를 소유해야 한다고 믿었다. 그러나 자신에게 돌아올 무기를 오뒤세우스에게 빼앗겼다 생각하는 그의 오뒤세우스를 향한 원한과 분노는 깊었다. 하데스의 집에서 그를 만난 오뒤세우스는 "그 저주받은 무기들 때문에 내게 품었던 분노를 그대는 죽어서도 잊지 않을 작정이오?"(11.553~554) 하고 물었다. 그러나 분노와 원한을 묻어두라는 오뒤세우스의 간청에도 불구하고, 아이아스는 "한마디 대답도 없이"(11.563) 다른 망령들을 뒤따라 사라졌다.

오뒤세우스는 하데스의 집에서 미노스가 황금 홀을 쥐고 사자들에게 판결을 내리는 것을 보았다. 그리고 탄탈로스가 심한 고통을 당하는 것과, 시쉬포스도 심한 고통을 당하는 것을 보았다. 그리고 제우스의 아들 헤라클레스도 보았다. 헤레클레스는 오뒤세우스를 보자 아킬레우스와 마찬가지로 "슬퍼하고(olophuromenos) 있었다"(11.616). 그는 오뒤세우스 앞에 놓인 고난을 상기시켜주었다. 오뒤세우스는 테세우스와 같은 다른 영웅도 만나고 싶어 그대로 머물고 싶어했지만, 헤아릴 수 없이 많은 망령이 무섭게 고함을 지르며 몰려드는 바람에, 겁에 질려 전우들이 있는 배에 뛰어와 그들과 함께 다시 항해를 계속했다.

오뒤세우스가 하데스의 집에서 키르케의 궁에 돌아와 그녀와 작별하고 항해를 계속하기 전, 그녀는 오뒤세우스에게 이 이후 그와 그의 일행이 지나갈 최초의 장소는 세이렌 자매의 섬이며(12.39), 그다음은 무시무시한 괴물 스퀼라와 카륍디스가 지키는 좁은 바닷길이라 했다.

오뒤세우스는 먼저 세이렌 자매의 섬을 통과해야만 했다. 그 자매는 자신들이 있는 뱃길을 지나는 인간들에게 아름다운 노래로 마법을 걸어 집과 아내와 어린 자식들을 향한 그리움을 잊게 한 뒤(12.42~43), 노래에 홀린 그들의 배를 거대한 바위에 부딪치게 하여 모두를 죽게 했다. 오뒤세우스는 그가 키르케 곁을 떠날 때 그녀가 그에게 들려준 경고대로, 그 자매의 노래를 듣고 마법에 걸리지 않도록 밀랍으로 전우들의 귀를 막았고, 자신도 노랫소리에 홀리어 노랫소리가 들리는 바위 쪽으로 배를 향하지 않도록 팔다리를 돛대에 묶어 움직이지 못하게 했다.

오뒤세우스와 그의 전우들이 부드러운 순풍에 배를 맡기고 바람 한 점 없는 바다를 따라 세이렌 자매가 있는 곳에 가까이 다가가게 되었을 때, "낭랑한 노랫소리"(12.183)가 울리기 시작했다. 사람의 모습과 새의 모습 두루 갖추고 있는[2] 그 자매는 "꽃이 핀"(12.159) "풀밭에 앉아"(12.45) 오뒤세우스의 이름을 부르면서 "이곳에 그대 배를 세우고 우리 두 자매의 목소리를 듣도록 하세요. 우리 입에서 나오는 감미롭게 울리는 목소리를 듣기 전에 검은 배를 타고 이곳을 지나간 사람은 아직 아무도 없기 때문이에요"(12.185~187)라고 했다. 자신들은 트로이아에서 신의 뜻에 따라 트로이아인과 그리스인이 겪었던 "모든 고통을 다 알고 있으며" 지상에서 "일어나는 일은 무엇이든지 다 알고 있다"고 했다(12.189~191).

그들이 "고운 목소리"(12.192)로 그렇게 노래하자, 노래에 취한 오뒤세우스는 그들이 있는 곳으로 가려고 전우들에게 돛대에 묶여 있는 자신의 팔다리를 풀어달라고 눈짓으로 명령했다. 그러나 그들은 더 많은 밧줄로 더욱 그를 꽁꽁 묶고 힘껏 노를 저어 앞으로 향했다. 그리하여 그들은 무사히 세이렌 자매가 있는 곳을 빠져나갔다.

키르케는 오뒤세우스에게 세이렌 자매가 있는 곳을 빠져나오면 그가 통과해야 할 두 가지 길이 놓여 있으며, 그 가운데 하나를 선택해야 하되, "마음속으로 잘 생각해서 선택하지 않으면 안 된다"고 했다(12.56~58). 키르케는 그중의 하나에는 신들이 "떠도는 바위들"(Plagktai)이라 일컫

---

[2] 『오뒤세이아』에서는 세이렌 자매가 사람과 새의 두 모습을 갖추고 있다는 것이 드러나지 않지만, 그리스 예술가들 사이에는 이 자매가 이런 모습을 띠었다는 공감대가 있었다. 이에 대해서는 Annette Lucia Giesecke, *The Epic City: Urbanism, Utopia, and the Garden in Ancient Greece and Rome* (Washington, D.C.: Center for Hellenic Studies, Trustees for Harvard University, 2007), 20쪽을 볼 것.

는, 윗부분이 툭 튀어나온 바위들이 있는데, 그 바위들의 옆으로 난 길은 너무도 가파르기 때문에 배는 물론 날짐승, 아니 비둘기조차 통과할 수 없어 이곳을 지나가기란 전혀 불가능하다 했다. 인간이 탄 배 중 단 한 척의 배만이 이곳을 통과했는데, 그 배는 이아손의 '아르고스 호(號)'였다. 이는 이아손을 사랑하는 헤라가 그곳을 통과하도록 도와주었기 때문에 가능했다고 했다(12.59~72).

다른 하나는 괴물 스퀼라와 카륍디스가 지키는 좁은 바다인데, 하루에 세 번씩 검은 물을 내뱉고 빨아들이는 카륍디스가 물을 빨아들일 때 가면 아주 위험하므로, 카륍디스가 있는 쪽으로 가지 말고 대신 스퀼라 동굴 쪽 옆을 지나가라 했다. 오뒤세우스는 인간들과 그의 전우들에게 재앙을 가져다 줄(12.125; 231) "무시무시한 괴물"(12.87) 스퀼라의 동굴 쪽 옆을 통과하는 것을 선택했다.

스퀼라는 열두 개의 발과 여섯 개의 목에 목마다 무시무시한 머리 하나를 갖고 있었다. 그 머리 안에는 "검은 죽음으로 가득 찬…… 이빨들"이나 있었고, 짖어댈 때 "그녀의 목소리는 갓 태어난 강아지의 목소리이지만" 무시무시하기 짝이 없었다. 스퀼라가 나타나 "센 불에 걸린 가마솥처럼 바닷물을 내뿜자 온 바다가 소용돌이치며 끓어올랐고, 물거품이 바위 양편 위 꼭대기까지 튀며 높이 날아올랐다. 그러나 그녀가 바다의 짠물을 도로 빨아들이자 바다는 소용돌이치며 속을 다 드러내 보였고, 주위의 바위는 무섭게 울부짖었다"(12.237~242). 스퀼라는 겁에 질린 전우 여섯 명을 낚아채어 가더니 "비명을 지르는 그들을 먹어치웠다"(12.256).

오뒤세우스는 흉악한 스퀼라 동굴 쪽 옆을 간신히 빠져나와 태양신 헬리오스의 섬에 당도했다. 테이레시아스의 예언대로 그곳에서는 태양신의 소떼와 양떼가 노닐고 있었다. 굶주림에 견디지 못한 전우들은 오뒤세우스의 경고에도 불구하고 그가 자리를 비운 사이 소들을 잡아먹었다. 머리 끝까지 화가 치민 태양신 헬리오스는 제우스에게 오뒤세우스의 전우들을 향해 보복해달라고 간곡히 청했다. 제우스는 "나는 곧 포도줏빛 바다 한가운데에서 번쩍이는 번개로 그들의 날랜 배를 쳐 산산조각 낼 것"(12.385~388)이라 응답했다. 제우스가 귀향하고 있는 배에 번개를 내리치자 배가 조각조각 부서지면서 전우들 모두가 죽고 오뒤세우스만이 살아남았다.

오뒤세우스는 왕 알키노오스에게 전우 모두를 잃고 자신만 홀로 살아남아 여러 날 동안 바다를 떠돌다가, 여신 칼륍소에게 붙잡혀 일곱 해나 강제로 그녀와 함께 살았던 것, 그리고 그녀로부터 귀향을 허락받은 뒤 뗏목을 타고 계속 항해하다가 포세이돈이 날려 보낸 강풍에 난파당했던 것, 그리하여 바다에 떠돌다가 왕의 딸의 도움으로 이곳 궁에 오게 되었다며 여기 오기 전까지 겪었던 '표류'에 대해 들려주었다.

오뒤세우스가 여기 오기 전까지 있었던 자신의 표류 이야기를 끝맺자, 왕 알키노오스와 왕비 아레테는 그에게 많은 선물을 주었다. 그들은 이타케로 돌아갈 그를 위해 마련해둔 배까지 수행했다. 왕 알키노오스는 오뒤세우스에게는 아내와 자식이 있음을 감지했는데도(8.243), 그를 딸 나우시카아와 결혼시켜 사위로 삼고는 그에게 집과 재산을 물려주고 싶어했다(7.313~314). 그러나 왕은 그 희망을 접고 그를 떠나보내야만 했다.

오뒤세우스는 이곳 해안 근처 숲속에서 반죽음이 된 채 누워 있던 자신을 "살려주었고", 자신과 결혼하고 싶은 마음을 속으로 숨기고 있는 나우시카아에게, 고향에 돌아가더라도 "언제까지나 날마다" 그녀를 위해 "기도할 것"(8.464~468)이라며 작별 인사를 남겼다. 또한 그는 그녀의 부모 곁을 떠나 마침내 고향땅 이타케로 향했다.

오뒤세우스의 귀환

신들과 "가까운 사이인데다가"(7.205), 특히 그의 아내 아레테는 포세이돈의 증손녀이며 자신은 그 신의 손자인 왕 알키노오스(7.56~66)가 오 뒤세우스를 향한 분노를 참지 못해 그의 배를 난파시키려는 포세이돈에 게 정선된 황소 열두 마리를 바치면서 그 신의 마음을 달래고 있을 무렵, 오뒤세우스는 고향땅에 상륙했다. 오뒤세우스는 왕 알키노오스와 왕비 아레테가 그에게 준 아름다운 세발솥·가마솥·황금·청동·고운 옷 등 의 많은 보물을 님프들의 동굴 속에 숨겼다. 아테나가 양치기 젊은이 모 습으로 변장하고 그에게 나타나 "지금 그의 살림을 먹어치우고 있는" (13.428) 그의 아내의 구혼자들에게 복수할 계획에 대해 조언했다. 그 여 신은 지팡이로 오뒤세우스를 건드려 늙은 거지의 모습으로 변모시킨 뒤, 메넬라오스와 헬레네의 궁에 있는 텔레마코스를 이타케로 돌아가도록 하 기 위해 라케다이몬으로 향했다.

오뒤세우스는 그의 늙은 하인, 돼지치기 에우마이오스의 오두막집에 당도했다. 그 하인은 오뒤세우스가 오랜 세월 집을 떠나 "많이도 떠돌아 다녔"(14.120)기 때문에 늙은 나그네가 주인 오뒤세우스임을 알아보지 못했지만, 그를 환대하면서 페넬로페의 구혼자들의 용서받지 못할 행동 거지를 폭로하고, 그들이 얼마나 많이 오뒤세우스의 재산을 탕진하고 있 는가를 들려주었다. 그리고 올해 안에 반드시 오뒤세우스가 돌아와 "복수 할 것"이라는 희망을 토해냈다(14.161~164).

한편 라케다이몬에 간 아테나는 메넬라오스의 궁에서 편히 지내고 있 는 텔레마코스에게 빨리 고향으로 돌아가도록 했다. 고향에 도착한 텔레 마코스는 정보를 얻기 위해 늙은 하인 돼지치기 에우마이오스의 오두막 집에 당도했다. 거기에서 아테나는 황금지팡이로 오뒤세우스를 건드려 본래의 젊은 영웅의 모습으로 되돌려놓은 뒤, 아들과 아버지가 재회하도 록 했다. "오뒤세우스가 아들에게 입 맞추자 눈물이 두 볼에서 흘러내려 땅을 적시었다"(16.190~191). 텔레마코스는 "이리저리 온갖 수난과 고 통을 겪은 끝에 20년 만에 고향땅에 돌아온"(16.205~206) "훌륭한 아버지의 목을 끌어안고 슬피 울었다"(16.214).

"간계가 뛰어난 오뒤세우스"(polumēchanos Odusseus, 14.486)는 아들에게 자신의 정체를 비밀에 부치도록 당부한 뒤 그 구혼자들을 공격할 계획을 들려주었다. 다시 거지로 변장한 오뒤세우스는 "노인의 모습을 하고 지팡이에 기댄 채 몸에는 남루한 옷을 걸치고"(17.337~338) 에우마이오스를 데리고 페넬로페의 궁으로 향했다. 궁 안에서는 뤼라 소리가 들리고 있었다. 108명의 구혼자, 그들의 종복 8명, 한 명의 전령, 한 명의 가인이 보였다(16.247~251). 50명의 시녀 중 페넬로페가 친자식처럼 돌봐주던 멜란토를 비롯해 15명의 시녀가 구혼자들의 정부(情婦)가 되어 있었다(22.424).

멜란토와 구혼자들이, 그들 사이에서 볼품없는 바랑을 집어 들고 빵조각과 고깃조각을 구걸하며 그들의 연희에 끼어들려는 오뒤세우스를 조롱하고는 욕설을 퍼부었다. 낯선 손님이나 걸인을 업신여기지 말고 그들을 환대하는 것은 제우스가 정한 관습, 즉 '제우스의 법'임에도 불구하고 (14.56~61), 그들은 이를 가볍게 여겨 거지 모습을 한 오뒤세우스를 모욕하고 멸시했다.

그들 중 안티노오스는 오뒤세우스가 자신들의 잔치에 흥을 깨고 있다며 발판을 집어 들어 그의 오른쪽 어깨를 내리쳤다. 오뒤세우스는 텔레마코스에게 그의 편이 사용할 몇 가지 무기를 제외하고 홀의 벽에 걸려 있는 "전쟁무기들을 모조리 집어 들어" 구혼자들의 손에 닿지 않을 "지붕이 높다란 2층 '방'(thalamos)[3] 구석에 들여놓으라"(16.285) 했고, 하녀들도 "2층"의 그들 거처에서 밖으로 나오지 못하게 하도록 했다.

오뒤세우스가 어떻게 하면 아테나 여신의 도움을 받아 아내의 구혼자

---

[3] Eric A. Havelock, *The Greek Concept of Justice: From Its Shadow in Homer to Its Substance in Plato* (Cambridge/M.A.: Harvard UP, 1978), 83쪽.

들을 처치할 수 있을까 심사숙고하고 있을 때, 페넬로페가 2층 방에서 내려와 그 앞에 섰다. "라에르테스의 아들 오뒤세우스의 존경스러운 부인"(19.165; 262; 336; 583) 페넬로페는 그에게 그가 누구이며, 고향은 어디이며, 부모님의 고향은 어디인가 하고 물었다. 오뒤세우스는 그녀에게 자신의 부모와 자신의 고향에 관한 일이 아니라면 무엇이든지 답해드리겠지만, 과거를 떠올리는 일은 자신에게 크나큰 고통이므로 대답하지 못하는 자신을 양해해달라고 했다.

페넬로페는 그에게 남편 오뒤세우스가 트로이아로 떠난 뒤 자신은 불행한 삶을 살고 있으며, 자신에게 결혼을 청하는 구혼자들이 남편의 재산을 탕진하고 있지만 속수무책이라는 것, 뿐만 아니라 죽었을지도 모르는 "오뒤세우스를 향한 마음이 그리움으로 인해 소진되어가고 있으며"(19.136), 결혼을 강요하는 구혼자들을 뿌리칠 수 있는 묘책도 이제 더 이상 찾지 못하고 있다며 한탄했다.

자신에게 다시 한 번 혈통과 고향을 묻는 페넬로페에게 오뒤세우스는 자기 이름은 아이톤이며, 자기 나라는 크레타이며, 크레타에서 오뒤세우스를 보았다고 했다. 그리고 그녀의 남편 오뒤세우스는 그곳에서 열흘 동안 머물다가 바람이 멈추자 떠났다고 했다.

오뒤세우스의 거짓 이야기를 사실로 믿고 페넬로페는 남편을 향한 그리움으로 인해 눈물을 쏟아내었다. "서풍이 뿌려놓은 것을 동풍이 녹이면, 마치 고산지대에서 눈이 녹아내리듯, 그리고 눈이 내리면 강이 흐르는 물로 가득 차듯, 꼭 그처럼 그녀의 고운 볼은 눈물로 녹아내리고 있었다. 그녀는 그에게 바로 자기 옆에 앉아 있는 남편을 위해 울었다"(19.203~209).

페넬로페는 오뒤세우스가 갓난아이일 적부터 그를 안고 키웠던, 하녀들 중 가장 나이 많고 현명한 에우뤼클레이아에게 명하여 오뒤세우스를 모시고 그의 먼지투성이의 발을 씻게 했다. 에우뤼클레이아가 그의 발을 씻기 시작하면서 많은 나그네가 이곳을 오갔지만 "그대처럼 그렇게 체격과 목소리, 그리고 발이 오뒤세우스를 닮은 사람을 여태 한번도 본 적이 없다"(19.380~381)고 그에게 말하다가, 그녀는 곧바로 그의 발 위에서 흉터를 발견했다. 그것은 오래전 젊은 시절 오뒤세우스가 파르나소스 산에서 사냥감을 쫓다 멧돼지의 흰 어금니에 넓적다리가 찔려 생긴 흉터였다. 그 노파가 낯선 손님이 바로 주인 오뒤세우스임을 알았을 때, 너무나 놀라 그의 발을 떨어뜨렸다. 그녀가 "사랑하는 남편이 집에 와 있다고 알려주고 싶어"(19.477) 페넬로페 쪽으로 고개를 돌리려는 순간, 오뒤세우스는 그녀에게 누구에게도 자신의 정체를 밝혀서는 안 된다고 강력히 경고했다. 그녀는 입을 굳게 다물었다.

에우뤼클레이아가 오뒤세우스를 목욕시켜주고 올리브를 발라주고 있을 때, 페넬로페는 오뒤세우스에게 자신은 낮 동안엔 비탄과 탄식 속에서도 집안일에 책임을 다하는 것을 낙으로 삼고 있지만, 모든 사람이 "달콤한 잠"(huponos glukeros, 9.511)을 자는 밤이 되면, "쓰라린 근심이 고동치는 내 심장에 떼 지어 몰려와 비탄에 잠기고 있다"고 했다. 이어 "마치 판다레오스의 딸, 푸른 숲의 나이팅게일"처럼 갈등에 젖은 채 여기 아들 곁에 머물면서 재산 등, 모든 것을 "안전하게"(empeda, 19.525) 지키면서 계속 살아가는 것이 좋은지, 아니면 가장 훌륭하고도 자신에게 가장 많은 구혼선물을 주는 남자와 결혼해 그를 따라가야 하는 것이 좋은지를 물었다. 그리고 어릴 때와 달리 성인이 된 아들 텔레마코스도 구혼자들이 그의 재산을 탕진하는 것을 못마땅하게 여겨 "나에게도" 이 궁을 떠나 "나의 집"으로 돌아가기를 바라고 있다고 했다(19.513~535).

페넬로페는 자신에게 결혼을 청하는 무례한 구혼자들에게 제안을 하나 내놓았다. 오뒤세우스 왕이 쓰던 활의 시위를 쉽게 손으로 당겨 화살을 열두 개 도끼 모두에 꿰뚫게 하는 자가 있다면 "이 집을 떠나" "나는 그 사람을 따라갈 것"(21.77~79)이라 했다. 돼지치기 에우마이오스에게 명하여 활과 무기를 구혼자들 앞에 가져다놓게 했다. 먼저 텔레마코스가 위업을 이루었던 아버지의 이름에 값할 만한 자격이 자기에게 있는지 시험하기 위해 활을 들고 활시위를 세 번이나 당겼으나 실패했다. 차례차례 구혼자들이 시도했지만 모두 실패했다.

　마지막으로 오뒤세우스가 좌중을 향해 자기도 그 시합에 참여해도 괜찮은지 물었다. 구혼자들은 그의 대담하고 뻔뻔한 태도를 조롱하며 비웃었다. 오뒤세우스는 큰 활을 들어 "마치 뤼라와 노래에 능한 사람"이 뤼라를 손쉽게 다루듯, "꼭 그처럼 힘들이지 않고 큰 활에다 시위를 얹었다." 그가 시위를 시험했을 때 그것이 내는 소리는 마치 감미로운 "제비 소리와도 같았다"(21.406~411). 그의 손에서 날렵하게 빠져나간 화살이 열두 개의 도끼를 모두 꿰뚫었다.

　구혼자들은 대경실색했다. 그러자 "제우스는 크게 천둥을 쳐 전조를 보내주었다"(21.413). 오뒤세우스는 그 신이 그를 위해 보낸 전조임을 알고 크게 기뻐했다. 그는 "입고 있던 누더기를 벗어던지고"(22.1), 활과 화살이 가득 든 화살통을 든 채, 큰 문턱 위로 뛰어올랐다. 아름다운 황금잔을 들어 올리고 포도주를 마시려 하는 안티노오스의 목을 향해 화살을 쏘아 죽였다. 그의 콧구멍에서 굵은 피가 터져 나왔다. 이를 목격한 구혼자들은 우왕좌왕하며 주변을 살펴보았으나, 방패와 창 같은 무기를 찾아볼 수가 없었다. "그들 모두의 머리 위에 파멸의 밧줄이 매달려 있었다"(22.33).

　오뒤세우스가 그들에게 자신의 정체를 밝히자, 그들은 모두 무서운 공포에 사로잡혔다. 그는 허리에 찬 칼을 뽑아들고 달려드는 그들 하나하나에 화살을 쏘아 죽였다. 그의 궁에서 재산을 탕진한 대가로 소 2,160마리를 구혼자들이 바칠 테니 목숨을 살려달라는 에우뤼마코스에게 "화살을 쏘아 가슴 위 젖꼭지 옆을 맞히며 날랜 화살을 그자의 간 속으로 밀어 넣어"(22.82~83) 죽였다.

화살이 떨어지자 텔레마코스가 가져온 네 겹으로 된 방패를 어깨에 메고 투구를 쓰고 두 자루의 강한 창을 집어 들고 남아 있는 구혼자들을 향했다. 구혼자들 중 용기가 월등히 뛰어난 자들이 자신들의 편을 들고 있는 염소치기 멜란티오스가 가져온 창을 들고 일제히 오뒤세우스를 향해 던졌다. 아테나가 창들을 모두 빗나가게 했다. 오뒤세우스는 텔레마코스, 돼지치기 에우마이오스, 소떼를 지키는 하인과 함께 창으로 구혼자들을 찔렀다. 그들은 "마치 발톱이 구부러지고 부리가 구부정한 독수리들이 산에서 내려와 작은 새들을 내리 덮치듯"(22.302~303), 홀 안을 이리저리 훑으며 닥치는 대로 구혼자들을 쳤다. "그들의 머리가 깨졌을 때 끔찍한 비명소리가 일었고, 바닥은 피로 온통 내를 이루었다"(22.308~309).

구혼자 중의 한 사람인 예언자 레오데스가 달려와서 오뒤세우스의 무릎을 잡고, 자신은 궁의 어떤 여인에게도 못된 말이나 못된 짓을 한 적이 없고, 다른 구혼자들의 부정의 행위를 제지하려 했으니 아무런 잘못이 없는 자신을 불쌍히 여겨달라고 애원했다. 그러나 오뒤세우스가 살해된 다른 구혼자의 칼을 집어 들고 "레오데스 목덜미 한복판을 내리치자, 아직도 무슨 말인가 하고 있던 그자의 머리가 먼지 속에 나뒹굴었다"(22.328~329).

강요에 못 이겨 구혼자들 사이에서 노래했던 가인 페미오스가 오뒤세우스의 무릎을 잡고, 자신은 자진해서 궁의 연희에 와서 노래한 것이 아니니 자신을 불쌍히 여겨 목숨을 살려달라고 애원하자, 옆에 서 있던 텔레마코스는 아버지에게 그의 애원을 들어주라고 간청했다. 그리고 어린 시절 늘 자신을 보살펴주던 전령(傳令) 메돈도 살려주라고 부탁했다. 이에 오뒤세우스는 메돈에게 아들 텔레마코스가 그를 구해주었다며 그에게 "두려워 말라…… 앞으로 선행이 악행보다 훨씬 나은 것이라는 것을 다른 사람들에게 말해주라"(22.372~374)면서 그와 페미오스의 목숨을 살려주었다. 살해된 구혼자들 모두 "피와 먼지 속에 누워 있었다……

어부들이 코가 촘촘한 그물로 잡아서 잿빛 바다에서 만(灣)을 이루고 있는 바닷가로 끌어내놓은 물고기들처럼…… 꼭 그처럼 구혼자들은 겹겹이 쌓여 있었다"(22.383~389).

108명의 구혼자들이 무참하게 죽었다. "오뒤세우스는 살육당한 시신들 사이에서 온통 피투성이가 된 채 있었다. 들소를 잡아먹고 돌아가는 사자처럼, 온 가슴과 양볼이 피로 덮여 있어 보기에도 무시무시한 사자처럼, 꼭 그처럼 오뒤세우스의 두 발과 두 손도 피투성이가 되어 있었다"(22.401~406). 오뒤세우스는 텔레마코스와 두 하인에게 "오만불손한 구혼자들과 살을 섞었던"(20.12~13) 열두 명의 시녀들도 "날이 긴 칼로 베어 그들 모두에게서 목숨을 빼앗도록" 했다(22.443~444).

아테나는 오뒤세우스에게 구혼자들을 응징하기 전까지는 그 누구에게도, 심지어 아내에게까지도 그를 알아보지 못하도록 했다. 그들을 응징하는 데 차질이 일어나지 않기 하기 위함이었다. 오뒤세우스의 늙고 병든 개, 아르고스만이 주인인 그를 알아보고 꼬리를 흔들며 죽어갔다. 20년 만에 주인 오뒤세우스를 "다시 보는 바로 그 순간 검은 죽음의 운명이 덮치고 말았다"(17.326~327).

페넬로페는 에우뤼클레이아로부터 걸인의 모습으로 나타난 나그네가 구혼자들을 모조리 응징한 남편 오뒤세우스임을 들었다. 이를 믿지 못하는 페넬로페는 에우뤼클레이아에게 불사신이 구혼자들의 "교만과 악행에 분노하여 그들을 죽였을 것"이라며,남편 오뒤세우스는 아직 귀향길에 있을 것이며, 아니면 이미 목숨을 잃었을지도 모른다고 했다(23.63~68). 아직 믿지 못하는 그녀에게 에우뤼클레이아는 자신이 직접 멧돼지의 흰 어금니에 부상당한 넓적다리의 흉터를 보았으며, 그녀에게 이 사실을 말하려 하자 그가 제지했다며 믿으라 했다. 페넬로페는 의아한 마음을 안고 남편이 있는 곳으로 향했다. 그의 맞은편에 앉았지만 그녀는 너무나 얼떨떨해 아무 말 없이 앉아만 있었다. 그녀에게는 여전히 오뒤세우스가 몸에 더러운 옷을 걸치고 있던 나그네로만 보일 뿐이었다.

가정부 에우뤼노메는 오뒤세우스를 "목욕시키고 나서 올리브 기름을 발라주고 훌륭한 겉옷과 윗옷을 입혀주었다. 그리고 아테나는 그의 머리에서 아래로 아름다움을 듬뿍 쏟아부어 그를 더 크고 풍만해 보이게 했고, 그의 고수머리를 손질하여 그것이 마치 하이니스 꽃처럼 흘러내리게 했다"(23.153~158). 자기 곁에 있는 오뒤세우스가 진짜 남편 오뒤세우스라는 것을 여전히 믿지 못해, 페넬로페는 그에게 그가 만일 남편 오뒤세우스라면 "우리만이 알고 있는 증거가 있다"(23.109~110)며 그것을 보여달라고 요청했다. 오뒤세우스는 자신이 손수 '우리'를 위해 만든 '침상'이 그 '증거'라 했다. 그 침상에는 자기만이 아는 특징이 있다면서 다음과 같이 말했다.

'나'는 안마당에 있는 올리브 나무 한 그루를 방으로 옮기고 나서, 그 나무의 우듬지로 침상 기둥을 만들고 이어 침상을 만든 뒤, 금과 은, 상아로 장식한 다음, 그 안에 자줏빛 쇠가죽 끈을 졸라매었소. '나' 자신이 손수 그렇게 만든 침상이 "우리 침상의 특징"(23.202)이오. 페넬로페는 오뒤세우스가 보여준 "증거"(sēmata, 23.206)를 확인하자, 울면서 오뒤세우스에게 곧장 달려가 두 팔로 그의 목을 끌어안고는 머리에 입 맞추었다"(23.207~208), "사악한 이득을 꾀하는 자들이 한둘이 아니기 때문에" 거짓말로 자신을 "속이지 않을까봐" "내 가슴속 마음은 언제나 부들부들 떨고 있었다"(23.215~217)며 곧바로 환영하지 못하고 그를 시험하려 했던 자기 잘못을 용서해달라고 말했다. 그들은 잠자리를 함께 하기 위해 지난날 오뒤세우스가 손수 자신들을 위해 만들었던 그 '침상'으로 향했다.

오뒤세우스와 페넬로페는 "달콤한 사랑을 마음껏 나누고 나서 각자가 겪었던 일을 서로에게 들려주었다"(23.299~300). 오뒤세우스는 페넬로페에게 자신이 겪었던 '표류'에 대해 하나하나 이야기하기 전에, "우리는 아직 모든 고난의 끝에 도달한 것이 아니오. 앞으로 험난하고도 수많은 '헤아릴 수 없는 고난'(ametrētos ponos), 그렇지만 내가 그 모두를 완수해야 하는 그런 고난이 내게 남아 있소"(23.248~250) 하면서 테이레시아스의 망령이 자신에게 예언했던 말을 들려주었다.

테이레시아스에 따르면, 자신은 고향땅 이타케로 귀환하여 그 구혼자들에게 복수를 가한 뒤, 포세이돈의 사자(使者)가 되어 손에 맞는 노를 들고, 배나 노, "바다도 전혀 모를 뿐 아니라"(11.122~123; 23.269~ 270) 소금이 든 음식을 먹지 않는 사람들이 있는 곳에 이를 때까지 "수많은 인간의 도시를 돌아다녀야 하며(23.268~270), 그 후 마침내 이타케 집으로 돌아오면 귀향한 자신을 "둘러싸고 백성들은 행복하게 살 것"(23.283~284)이며, "더없이 부드러운 죽음"(11.134~135; 23.281~282)이 노령에 처한 자신을 맞이할 것이라는 것이었다.

오뒤세우스는 아버지 라에르테스가 있는 집으로 향했다. 과수원에서 혼자 낡고 더러운 옷을 입고 흙을 파는 아버지를 보고, 키 큰 배나무 아래에 서서 눈물을 흘렸다. 오뒤세우스는 어린 날 과수원에서 아버지 곁을 총총 따라다니면서 이 나무 저 나무를 가리키며 자신에게 달라고 떼를 쓰자, 아버지는 나무 하나하나에 이름을 붙여주면서 "배나무 열 그루와 사과나무 열 그루와 무화과나무 마흔 그루를 주셨고, 포도나무 쉰 그루를 주시겠다고 약속했던 것"을 떠올렸다(24.337~342). 그는 20년 만에 돌아온 아들을 알아보지 못하는 아버지에게 그때의 일을 상기시켜드리면서 멧돼지의 흰 어금니에 부상당한 넓적다리의 흉터를 보여드리면서 자신이 고향에 다시 돌아온 아들 오뒤세우스라 했다.

라에르테스는 무릎이 후들거리면서 자신의 아들을 두 팔로 껴안았다. 아버지를 만난 뒤, 오뒤세우스는 일행과 함께 페넬로페가 있는 궁을 향했다. 그러나 그의 앞에는 테이레시아스의 말 그대로, 다시 고향을 떠나 수많은 인간의 도시를 돌아다닐 '표류'의 여정이 기다리고 있었다.

『오뒤세이아』의 제우스

호메로스의 『오뒤세이아』는 제우스의 딸 시가(詩歌)의 여신 무사에게, 트로이아를 함락한 뒤 귀향길에 올랐지만, 신에게 노여움을 사서 고향으로 돌아가지 못하고 이 도시 저 도시를 비롯해 여러 낯선 곳을 떠돌던 오뒤세우스의 '표류'에 대해서, 그리고 표류하는 10년 동안 전우들을 모두 잃고 "마음속으로 숱한 고통을 겪었던"(1.4; 13.90) 그의 '고난'에 대해 이야기해주기를 청하는 데서부터 시작하고 있다(1.1~6). 따라서 『오뒤세이아』는 고향으로 돌아가기 전까지 오뒤세우스가 겪었던 '표류'와, 이후 고향으로 돌아간 뒤 그의 적대자들에 대한 복수, 20년을 한결같이 그를 애타게 기다리던 아내 페넬로페와 행복한 재회를 근본내용으로 하고 있다.

작품의 시작에서 호메로스는 "아내와 귀향을 그리워하는" 오뒤세우스를 제외하고, "철저한 파멸을 모면한 다른 모든 사람은 전쟁과 바다에서 무사히 자기 집에 돌아갔다"고 했다(1.11~13). 물론 『오뒤세이아』에서는 잘 드러나 있지 않지만, 여기에서 '철저한 파멸'이란 그리스군이 트로이아를 함락한 뒤 트로이아와 트로이아인에게 행한 악행에 대한 신들의 보복 결과를 말하는 것이다.

『일리아스』에도 암시되어 있지만, 그리스군은 정복당한 트로이아 여인들을 모조리 강간했을 뿐 아니라, 임신한 여인의 뱃속에 있는 아이들까지 무참하게 죽였다(2.355~356; 6.57~60). 그들은 성전과 제단 등을 불태우는 등, 신성모독 행위도 거리낌 없이 감행했다. 그리스 중부지역에 살았던 로크리스인을 이끌고 트로이아 전쟁에 참가했던 오일레우스의 아들 아이아스는, 그리스 편을 들었던 아테나 여신의 호의를 무시하고 그녀의 신전에서 그녀의 여사제인 카산드라를 범하려 했다.

노인네 · 아낙네 · 어린아이 등, 순진무구한 트로이아인을 살육했던 그리스군의 악행을 염두에 두고 있는 듯, 호메로스는 『오뒤세이아』에서 그리스군의 행위가 전적으로 "올바르지 못했기 때문에" 제우스는 그들의 "참혹한 귀향을 생각해내어", 귀향길에 오른 그들의 함대를 침몰시켜 그들 모두를 "뿔뿔이 흩어지게 했으며"(3.130~133), 자신의 여사제를 범하려 했던 아이아스의 행위를 비난하지도 벌하지도 않는 그리스군을 용납할 수 없던 아테나도 "살기등등한 노여움"(3.135)을 품은 채 메넬라오스와 아가멤논의 귀환을 늦추었을 뿐 아니라, 귀향길에 오른 함선들에 "사악한 폭풍과 커다란 파도"를 불러일으켜, 오뒤세우스와 그의 전우들에게 크나큰 고통을 주었다고 들려주고 있다(5.108~110).

신의 벌로 인해 많은 전사들이 고향으로 돌아가지 못하고 바다에서 죽음을 당했지만, 아가멤논·메넬라오스·네스토르·필록테테스 등 전쟁에서 살아남은 여러 영웅은 그리스로 돌아갔다. 그러나 오뒤세우스 "한 사람만이"(1.13) 그렇지 못했다. 그가 겪은 귀향의 좌절도 신의 노여움이나 증오에 따른 것이었다. 아테나가 제우스에게 칼륍소에게 붙잡혀 있는 오뒤세우스를 그녀로부터 풀어주어 그의 귀향길을 열어주라고 간청했을 때 그 여신은 제우스에게 "어째서 그토록 그를 미워하느냐(ōdusao)?"(1.62)고 물었다. 그리고 "고통받으며 떠돌아다니는 오뒤세우스를 불쌍히 여겨" 그를 바다에서 스케리아 땅에 이르게끔 도와주었던 여신 이노도 포세이돈에게 "어째서 그토록 그를 미워하느냐(ōdusai)?"고 물었다(5.336~340). 오뒤세우스 스스로도 전우들 모두 죽음을 당한 것은 제우스와 헬로스가 자신과 전우들을 미워했기(odusanto) 때문이라 답했다(19.275~276).

'미움을 받고 있는 자'라는 이름이 붙여진 오뒤세우스(19.407~409)는 "축복받은 신들의 증오의 대상이 되어"(theoisin apechthētai makaressin, 10.74) 고향으로 돌아가지 못하고 떠돌아다녔다. 10년이라는 그의 "숱한(polla) 표류"(1.1) 동안, 오뒤세우스는 "숱한(poll') 고통"(1.3)을 겪으면서 "숱한(pollōn) 인간"(1.2)이 사는 여러 도시, 여신들이 사는 섬과 궁전, 괴물들이 사는 동굴, 사자(死者)들이 사는 하데스의 집 등을 보았고, 그곳에 사는 그들의 삶, 그들의 행동, 그들의 "마음"(1.3) 등이 어떠한가를 지켜보았다.

따라서 그가 겪었던 고난의 경험은 다양할 수밖에 없었고, 경험 내용의 폭도 광범위할 수밖에 없었다. 오뒤세우스는 에우마이오스에게 자신이 겪었던 고난은 "1년 내내 이야기할 수 있을 것"이라 했다(14.196~198). 이는 그의 표현 그대로 그만큼 그가 겪은 경험이 다양할 뿐 아니라 광범위하다는 것을 말해주고 있다. 따라서 작품의 주제도 다양하게 접근될 수밖에 없다.

오뒤세우스의 '표류'가 그를 향한 신의 증오에서 연유되었듯, 그의 표류의 끝남도 신의 뜻에 따른 것이었다. 이는 오뒤세우스로 하여금 고향 이타케로 돌아가게 하기 위해 제우스가 개입하여 그를 칼륍의 손에서 풀려나게 했던 것에서도 확인된다. 그리고 아테나가 텔레마코스에게 "신은 자신이 원하기만 하면, 힘들이지 않고 사람들을 멀리서도 무사히 귀향하게 해준다"(3.3231)고 했던 말에 의해서 또 한 번 확인된다. 『일리아스』와 마찬가지로 『오뒤세이아』도 인간의 운명은 오로지 신의 뜻에 좌우되고 있음이 드러나고 있다. 이는 이 작품이 『일리아스』의 인식을 그대로 이어받고 있음을 말해주고 있다.

그러나 이에 대한 반론도 가능하다. 칼륍소에게 붙잡혀 오랫동안 귀향길에 오르지 못하고 있던 오뒤세우스의 운명을 논하기 위해 포세이돈을 제외하고 신들이 "올륌포스의 주인인 제우스"(1.27)의 궁전에 모였을 때, 제우스는 그들에게 아가멤논의 아들 오레스테스에 의해 죽음을 당한 아이기스토스의 경우를 거론하면서 인간들은 그들에게 닥친 "재앙"이 신의 탓이라 여기지만, "사실은 그들 자신의 못된 짓(atasthaliēsin)으로 인해 정해진 몫 이상(uper moron)으로 고통을 당하는 것"이며, 아이기스토스가 트로이아를 정복하고 귀향한 아가멤논을 죽이고 "정해진 몫을 넘어 그의 아내와 결혼했던 것"이 그의 "파멸"의 커다란 원인이라 했다 (1.32~43).

여기에서 '정해진 몫을 넘어'라는 표현을 통해 제우스는 인간이 당하는 고통은 적어도 어느 정도 그 인간에게 책임이 있음을 분명히 하고 있다. "인간이 그들 자신의 불행에 책임이 있다는 인식을 처음으로 제시하고 있다"[4]는 점에서, 이 작품은 『일리아스』로부터의 "근본적인 변경"[5]을 보여주고 있다고 할 수 있다.

그러나 호메로스는 이 작품에서도 『일리아스』와 마찬가지로 인간의 고통, 인간의 운명이 전적으로 신에 의해 좌우되고 있음을 강조하고 있다. 인간의 악행에 대한 제우스의 분노(3.133~135), 아네타의 분노(3.135, 4.501), 포세이돈의 분노(4.499~511), 헬리오스의 분노(12.376 이하)로 말미암아 수많은 그리스인이 귀향길에서 죽음을 당했음은 이미 드러난 바 있다. 오뒤세우스가 표류를 끝내고 고향에 돌아가는 것도 제우스의 뜻에 의한 것이듯(5.41 이하; 112~115), 그의 "고난에 찬 귀향", 고난에 찬 표류도 그에 따르면 제우스(9.38; 67; 12.405), "제우스로부터 오는 악한 운명"(9.52), "어느 신"(12.295)이나 "하늘의 신들"(7.242)의 뜻에 따른 것이었다.

다른 한편 아테나는 오뒤세우스가 집으로 돌아가 페넬로페의 구혼자들에게 "복수하느냐 않느냐 하는 일은 신들의 무릎에 놓여 있다"(1.267) 했으며, 텔레마코스도 인간의 고통의 책임자는 "마음 내키는 대로" 인간들에게 고통을 내리는 제우스라 했다(1.347~349; 11.558~560). 그리고 페

---

4) M.W. Edwards, *Homer: Poet of the 'Illiad'* (Baltimore: John Hopkins UP, 1987), 130쪽.
5) E. Kearns, "The Gods in the Homer epics," *The Cambridge Companion to Homer*, Robert Fowler 엮음 (Cambridge: Cambridge UP, 2004), 69쪽.

넬로페도 오뒤세우스와 재회했을 때, "신들이 우리에게 슬픔을 주었다"(23.210) 했다. 이처럼 이 작품에서도 인간의 고통과 운명이 전적으로 신에 의해 좌우되고 있음을 여러 차례 강조한다. 이런 점에서 『오뒤세이아』는 『일리아스』의 인식을 그대로 이어받고 있다.

호메로스는 『일리아스』에서 제우스의 말에 빗대어 "지상에서 숨 쉬고 움직이는 모든 것 가운데 인간보다 더 비참한 존재는 아무것도 없다"(17.446~447) 했다. 호메로스의 이런 비관주의 인식은 『오뒤세이아』에도 그대로 이어지고 있다. 오뒤세이아는 페넬로페의 궁에서 걸인의 모습을 한 자신을 냉대하지 않고 환대하던 구혼자 암피노모스에게 연민을 느끼고 그에게 닥칠 위험을 경고하면서 "대지가 기르는 것들과 숨 쉬며 대지 위를 기어다니는 모든 것 중에서, 인간보다 더 허약한 것은 아무것도 없소. 신이 그에게 힘을 주어 사지를 팔팔 움직일 동안, 그는 훗날 재앙을 당하리라는 것을 꿈에도 생각지 않기 때문이오"(18.130~133)라 했다.

인간의 행불행을 좌우하는 것은 제우스의 뜻이므로, 불행을 당하더라도 그대로 참고 살아갈 수밖에 없으니 "사람은 결코 도리(또는 신의 법, athemistios)을 무시하지 말고, 신이 무엇을 주든지 말없이 신의 선물을 받아들어야 할 것이오"(18.141~142)라고 덧붙였다. 지상의 모든 것들 중 가장 불안전하고 허약하기 짝이 없는 존재인 인간은 신에 의해 주어진 자신의 운명을 무조건 받아들이면서 살아갈 수밖에 없다는 것이다. 이런 비극적이고 운명적인 인간의 조건은 하나의 라이트모티프로서 『오뒤세이아』에서도 그대로 이어지고 있다.

그러나 『오뒤세이아』에서 『일리아스』로부터의 '근본적인 변경'이 있다면, 그것은 제우스에 대한 인식의 차별성이라 할 수 있다. 늘 학자 간 논의의 초점이 되는 것은 『일리아스』에서 인간의 고통을 자신과 무관한 일종의 스포츠처럼 지켜보면서 '정의'에는 전혀 무관심한 것 같은 제우스의 이미지가 『오뒤세이아』에서도 그대로 이어지고 있는가다.

차별성을 강조하는 학자들은 다른 전우들과 달리 인간의 한계를 깊이 깨닫고 신을 두려워하고 존경하는 마음을 끝까지 견지했던 오뒤세우스에게, 늦었지만 그의 성공적인 귀향을 보장해주고, 자신의 정의의 대리인 (22.411~418)인 오뒤세우스로 하여금 그의 "재산을 탕진하고" 그의 아내를 엿보고 "업신여기며" "강제로 하녀들과 동침하고"(18.145~146; 22.37~39) 재산을 가로채기 위해 아들을 죽이려 하는 페넬로페의 구혼자들, 즉 인간의 '도리'나 '신의 법'을 망각하고 악행을 저지르는 오만한 구혼자들에게 "살육과 죽음의 운명을 준비"(2.165~166)케 하여, 자신의 '정의'를 펼치고 있다는 점에서는 『오뒤세이아』의 제우스가 『일리아스』의 제우스와는 근본적으로 다르다고 말한다.

차별성은 작품의 처음부터 드러나고 있다. 제우스는 그리스군이 트로이아를 함락한 뒤 트로이아인과 트로이아에 행한 무도하고 신성모독적인 행위가 "올바르지 못했기 때문에" 그들에게 "참혹한 귀향"(3.132~133)을 정해놓았다. 또 그 신은 태양신 헬리오스에게 무례한 행위를 하여 신의 권위를 무시한 그들을 용납할 수 없었기 때문에 오뒤세우스의 전우들에게 죽음이라는 벌을 가했다.

제우스는 신에 도전하는 인간의 오만한 행위는 물론 인간의 도리를 벗어난 악행도 용납하지 않는다. 그는 트로이아인에게 인간의 도리를 벗어나 무도(無道)한 행위를 했던 그리스인에게 '참혹한 귀향'을 정해놓았듯, 오만불손한 페넬로페의 구혼자들에게도 참혹한 파멸을 정해놓았다. 호메로스는 구혼자들의 무례하고 가증스러운 행위(atasthaliai)가 그들의 죽음을 불러왔음을 분명히 하고 있다. 그들은 호메로스에 의해 "오만불손한" (huperphialoi, 1.134) 자, 아테나에 의해 "파렴치하고"(anaideisi, 1.254) "사려 깊지도(noēmones) 의롭지도(dikaioi) 않은"(2.282) 자, 텔레마코스에 의해서도 "오만불손한"(1.368; 4.321) 자로 묘사되고 있다. 그리고 에우마이오스도 "구혼자들의 오만과 폭력(hubris, bia)이 하늘의 무쇠 등

근 지붕에까지 닿았다"(15.329)고 했다.

제우스는 탄원자들의 보호자(Hikesios)일 뿐 아니라 길손의 보호자(Xenios)다. 따라서 누구나 할 것 없이 나그네와 걸인을 환대할 의무가 있으며, 이러한 의무를 저버리는 자는 제우스의 분노의 희생물이 되었다. 그리스 신화와 문학에서 '환대'를 배반한 행위에 대해 제우스가 벌하지 않았던 경우는 없었다. 페넬로페의 구혼자들은 오뒤세우스가 걸인의 모습으로 궁에 나타났을 때, 그들은 나그네인 그를 모욕하고 냉대했다. 알키노오스의 딸 나우시카아와 에우마이오스가 말했듯, "모든 나그네와 걸인은 제우스의 보호 아래 있으므로, 작은 환대도 소중한 것"(6.207~208; 14.57~58)인데도 그들은 그를 천대했다.

제우스는 자신이 정한 '신의 법'을 유린한 구혼자들의 오만을 용납할 수 없었다. 그들의 파멸은 '길손의 보호자'인 제우스의 뜻을 저버린 그들의 오만뿐 아니라, 남의 재산을 탕진하고, 남의 아내를 탐하고, 하녀들과 강제로 동침하고, 재산을 가로채기 위해 남의 아들을 죽이려 했던 그들의 악행, 말하자면 "신들도 후세에 태어날 인간들의 비난도 두려워하지 않았던"(22.39~40) 그들의 악행에 따른 당연한 죄과였다(22.415~416; 23.63~66). 따라서 교만, 악행, 무례, 뻔뻔스러운 오만(hubris, kaka erga, atasthaliai, atasthalos hubris, 23.64~67; 24.352)을 거리낌 없이 보여주었던 구혼자들에 대한 오뒤세우스의 복수는 "절대적이고 무시간적인 정의의 집행"[6]이었다고 할 수 있다.

물론 오뒤세우스도 처음에는 오만한 자로 출발했다. 그가 표류하게 된 직접적인 원인이 그가 바다의 신 포세이돈을 모욕한 데서 연유되었기 때문이다. 그가 그 신의 아들, 괴물 폴뤼페모스를 눈멀게 했던 것만이 아니

---

[6] Michael Clarke, "Manhood and Heroism," *The Cambridge Companion to Homer*, Robert Fowler 엮음 (Cambridge: Cambridge UP, 2004), 88쪽.

다. 그 괴물이 어떠한 신이나 인간도 자신의 눈을 치료해줄 수 없지만 자신의 아버지 포세이돈만이 치료해줄 수 있다고 했을 때, 오뒤세우스는 포세이돈도 결코 아들의 눈을 치료해줄 수 없다며 그 신을 폄하하고 모욕했다(9.520~525). 이로 인해 이어지는 고난에 찬 표류에서 그는 신의 힘을 깨닫고, 동행한 전우들과 달리 표류의 마지막까지 신을 두려워하고 존경하는 자로 남았다. 그는 테이레시아스 · 키르케 · 헤르메스에게서 받았던 조언과 지시를 경건한 자세로 충실히 따랐을 뿐 아니라, 전통적으로 그의 후견인 아테나의 지시에도 끝까지 신심을 다해 따랐다. 따라서 아테나는 모든 자식 중 자신을 가장 사랑하는 "아버지 제우스"와 함께 오뒤세우스의 "협력자"가 되어(16.260), 오뒤세우스의 귀향은 물론 그의 복수를 끝까지 도와주었다. "오뒤세우스의 신심(信心, pietas)이 그를 구해주었던 것"[7]이라고도 할 수 있다.

  제우스가 그에게 늦었지만 성공적인 귀향을 보장해주고 아테나를 통해 그의 복수를 도와주었던 것은 그가 보내준 이러한 '신심'과, 고난에 찬 표류를 마친 뒤 좀더 인간적으로 성숙해진 그의 도덕적 자질 때문이었다고 할 수 있다. 그에 의해 죽음을 당한 구혼자들의 시신 앞에서 환성을 지르는 유모 에우뤼클레이아에게 오뒤세우스는 "마음속으로만 기뻐해야 하며" "자제하고 환성을 지르지 말라" 했다. 그리고 "죽은 자들 앞에서 기뻐 날뛰는 것은 불경"이라 했다(22.411~412). 그는 그들의 잘못을 용서할 수 없었다. 하지만 그에게는 그들이, 미래의 파멸을 전혀 예견하지 못한 채 오늘 이 '순간'이 '영원'할 것이라고 착각하며 악행을 저지르는 "어리석음"으로 "파멸"을 자초하는(22.413) 인간의 한계, 인간존재의 불안정성을 대변하는 인간의 전형으로 보였기 때문이다. 따라서 그는 지상의 모

---

7) Silvia Montiglio, *Wandering in Ancient Greek Culture* (Chicago: U of Chicago Press, 2005), 49쪽.

든 존재 가운데 인간처럼 허약하고 불안정한 존재는 없다고 했다.

기원전 7세기 서정시인 시모니데스는 "그대는 인간이기 때문에 내일 무엇이 일어날지 말할 수 없나니/그대가 행운을 누리는 어떤 이를 보고 있을 때/그가 얼마나 오래 행운을 누릴지 말할 수 없나니/가냘픈 날개를 지닌 하루살이가 순식간에 쓰러져 죽어가는 것보다 더 순식간에 그의 죽음이 그에게 닥치기 때문이니라"[8]고 노래했다. 오뒤세우스는 고난에 찬 표류를 겪으면서 인간은 허약하고 불안정하기가 짝이 없는 존재이며, 자신의 미래를 전혀 예측할 수 없는, 게다가 순식간에 사라지고 말 하루살이처럼 덧없는 존재라는 것을 깊이 인식했다. 따라서 오뒤세우스는 그들의 죽음에 기뻐할 수만 없었던 것이다.

호메로스는 오뒤세우스의 입을 빌려 인간의 도리에 맞지 않는 악행에 대해서는 벌을 가하지만, '정의와 인간의 도리에 맞는 행위'를 하는 자에게 "큰 기적"(mega thauma)을 행하여 그들을 도와주는 것이 "신들의 습관"(dikē theon, 19.43)이라 했다. 오뒤세우스를 도와 자신의 '정의'를 펼쳐서 인간세계에 도덕적 질서를 가져다 주는 것, 이것이 『일리아스』의 제우스와 다른 『오뒤세이아』의 제우스의 모습이다. 아리스토텔레스가 『일리아스』를 비극적이라 한 반면, 『오뒤세이아』를 '윤리적'이라 한 것도 (『시학』, 1459b14~16) 이 때문이 아닌가.

제우스가 오뒤세우스의 귀환을 보장하고는, 마침내 그의 고난에 찬 표류로부터 그의 귀향을 이루어지게 해주고, 오뒤세우스의 복수를 통해 자신의 '정의'를 펼쳐, 마침내 인간세계에 도덕 질서를 실현시키고 있음을 보여줌으로써 호메로스는 최고의 신 제우스에게 절대 권위를 부여하여, 작품의 마지막을 '낙관주의'로 장식하는 것처럼 보인다. 그러나 또 한편

---

8) 「유고」(遺稿) 521, *Poetae Melici Graeci*, D. J. Page 엮음 (Oxford: Clarendon Press, 1962).

인간의 삶이란 어디에도 인간이 안전하게 '표착'할 수 없는 끝없는 표류' 그 자체이며, 인간은 그 표류 속에서 자신의 삶이 언제 순식간에 끝날지, 삶의 끝이 무엇인지를 전혀 모르고 있는 덧없는 존재라는 시모니데스적인 비관주의 인식도 보여주는 듯하다. 이런 점에서 『일리아스』와 마찬가지로 『오뒤세이아』에도 비관주의 인식이 관통하고 있다.

우리는 지금까지 호메로스의 『오뒤세이아』에서 주인공의 '표류'와 '귀향'이라는 모티프와 관련하여 작품의 핵심 주제를 논했다. 그러나 지금까지 한 이 모든 논의는 우리의 주제 '귀환'과 특별히 관계되는 것은 아니다. 이밖에도 호메로스는 주인공 오뒤세우스의 다양한 경험을 통해 여러 주요한 주제를 내놓고 있다.

오뒤세우스는 비문명적·비이성적, 아리스토텔레스가 '비정치적'인 존재라 일컬었던(『정치학』, 1253a2~7) 퀴클롭스들의 나라, 잔치나 벌이고, 잠이나 자고, 손님을 환대하는 것이 일상 행위가 되고 있음은 물론 근친상간이 공공연히 행해지는, 따라서 퀴클롭스들과 마찬가지로 비정치적·비이성적인 아이올리에 섬, 사람이 아니라 기가스 족 같은, 그리고 사람들을 마치 물고기처럼 작살로 꿰어 죽이는, 야만적이고 비문명적인 라이스트뤼고네의 땅, 마법적이고 본능적인 여신 키르케의 땅, 열두 개의 발, 여섯 개의 목, 목마다 머리 하나씩 갖고 있는 스퀼라와 바다의 검은 물을 내뱉고 빨아들이는 카륍디스와 같은 신화적인 괴물들의 장소, 노래로 사람을 홀리어 그들의 고향길을 봉쇄하여 죽음으로 이끄는 마법적이고 신화적인 세이렌 자매의 섬과, 칼륍소의 섬 같은 신비적이고 마법적인 여러 장소를 두루 경험하고, 이후 '정치적'이고 고도로 문명화된 도시국가 스케리아를 경험한 뒤, 마침내 이타케로 귀환했다.

오뒤세우스의 이러한 표류 과정 등에 주목하여, 호르크하이머와 아도르노가 그들의 공저 『계몽의 변증법』에서 오뒤세우스의 표류 과정은 탈신화화·탈마법화를 통해 얻어진 서양 계몽의 역사 과정을 상징한다고 주장했듯[9](물론 그들은 계몽으로 이른 서양의 역사적인 과정을 무엇보다도 본능의 억압 과정이라며 부정적으로 보았지만), 철학적 관점에서 이 작품이 이해될 수도 있고, 어느 학자가 오뒤세우스가 아티케에 귀환하기 전 체류했던 고도로 문명화된 도시국가 스케리아를, "기원전 6세기의 이오니아의 계몽의 선구자"[10]였던 호메로스가 기원전 8세기의 동시대의 그리스 도시국가가 지향할 이상적인 모델로 설정하고, 이 모델을 토대로 "보다 나은 삶을 위한" '유토피아'를 꿈꾸고 있었다고 주장하듯,[11] 사회학 관점으로도 이해될 수도 있다.

그러나 우리 주제와 특히 관계시켜 논의할 부분은 오뒤세우스의 하데스 방문(katabasis)과, 칼륍소가 그에게 고향 이타케로 가지 않고 자신과 함께 오귀기에 섬에서 산다면 '불멸'이라는 선물을 주리라고 약속했지만 이를 마다하고 고향으로 돌아가려는 오뒤세우스의 귀향의 욕망, 그리고 고향 이타케로 돌아간 뒤에도 고향을 또다시 떠나 떠돌아다닐 수밖에 없는 그의 '표류' 운명 등이다.

카타바시스 katabasis

오뒤세우스는 앞으로 그가 거쳐 가야 할 길과 여정, 귀향을 알기 위해 하계(下界), 즉 하데스(또는 하데스의 집)에 내려가 테이레시아스의 망령으로부터 조언을 들어야 한다는 여신 키르케의 지시에 따라 하데스의 집으로 내려갔다. 그가 그곳에서 테이레시아스의 조언을 들은 뒤, 어머니 안티클레이아의 망령을 만났다. 어머니는 "어둠에 싸인 암흑의 나라"

---

9) Max Horkheimer와 Theodor W. Adorno 공저, 앞의 책, 58~80쪽을 볼 것.
10) Barry B. Powell, *Writing and the Origins of Greek Literature* (Cambridge: Cambridge UP, 2002), 125쪽.
11) Annette Lucia Giesecke, 앞의 책, 1~2쪽, 특히 27~29쪽.

(11.155)에 내려온 아들을 보고 슬퍼했다. 오뒤세우스는 어머니의 망령을 몇 차례 붙잡고 껴안으려 했지만, 그때마다 망령은 그림자처럼 날아가버렸다. 비탄에 젖어 있는 아들을 향해 안티클레이아는 그림자처럼, 환영처럼 남아 있는 것이 죽은 자들의 운명이라 했다.

여러 많은 여인을 목격한 뒤, 오뒤세우스는 아내 클뤼타임네스트라와 그녀의 정부 아이기스토스에 의해 살해당한 아가멤논을 보았다. 아가멤논은 크게 소리 내며 울고 있었다. 그리고 그는 아킬레우스·파트로클로스·안티클로스·아이아스 등, 그리스 최고 전사(戰士)들의 망령을 보았다. 그리고 슬퍼하는 제우스의 아들 헤라클레스, 심한 고통을 당하고 있는 시쉬포스, 탄탈로스와 죽은 자들에게 판결을 내리는 미노스도 보았다.

오뒤세우스가 바라본 하데스는 안티클레이아가 들려준 대로 '어둠에 싸인 암흑의 나라'였다. 『일리아스』에서 영웅들이 죽을 때, 그들의 죽음을 표현하는 말로 "밤의 암흑"이 그들의 "눈에 내려와" 그들을 "에워싸다"(5.659; 13.580)라든가, "암흑이 그의 눈을 에워싸다"(4.46; 503; 526; 6.11; 8.575; 14.519; 15.578; 16.316; 20.393; 471; 21.181)라든가, "죽음의 어두운 구름이 그를 에워싸다"(16.350; 20.417~418)라든가 하는 표현 등이 자주 등장한다.[12]

따라서 죽는다는 것은 더 이상 볼 수 없도록 어두움이 눈을 덮는다는 것을 의미한다. 그리스인의 사유에서 더 이상 보지 못한다는 것, 특히 태양을 더 이상 보지 못한다는 것은 바로 죽음을 의미했다. 그리하여 죽음은 암흑과 동일시되었으므로, "증오스러운 죽음이 그를 붙잡는다"(5.47; 13.672; 16.607)든가 하는 표현이 자주 등장하고 있다. 안티클레이아가 아들 오뒤세우스를 보고 "살아 있는 네가 어떻게 어둠에 싸인 암흑의 나

---

[12] 이에 대해서는 Michael Clarke, *Flesh and Spirit in the Songs of Homer: A Study of Words and Myth* (Oxford: Clarendon Press, 1999), 241~243쪽을 볼 것.

라로 내려왔느냐?"(11.155~156)며 안타깝게 물었던 것도 암흑과 동일시되는 죽음이 '증오스러운' 것이기 때문이었다.

안티클레이아가 오뒤세우스에게 들려준 바에 따르면, 죽어 화장이 되면 영혼은 육체를 떠나 하계로 가며, 그곳 하데스에서 망령은 그림자·환영·이미지(eidōlon)로 존재한다. 오뒤세우스가 어머니의 망령을 붙들고 껴안으려 했을 때 망령이 그림자처럼 날아가버리자, 오뒤세우는 사자(死者)의 왕 하데스의 아내 페르세포네가 "환영"을 보낸 것이 아닌가 물었다(11.213). 이에 안티클레이아는 "제우스의 딸인 페르세포네가 너를 속인 것이 아니라" 인간이 죽으면 "근육은 더 이상 살과 뼈를 결합하지 못하고, 일단 숨이 흰 뼈를 떠나면 활활 타오르는 불의 강력한 힘이 살과 뼈를 모두 삼켜, 망령은 꿈처럼 날아다니며 배회한다"(11.218~222)고 했다. 이것이 "인간이 죽으면 당하는 인간의 운명"(dikē brotōn)이라 했다 (11.217~222).

따라서 사람의 모습을 하고 있지만, 힘이나 활력(11.393), 의식도 없는(11.476) 그림자 같은 망령을 붙들고 껴안을 수 없는 것은 당연하다고 했다. 키르케도 망령들은 "그림자처럼 쏘다닌다"(10.495)고 했다.

오뒤세우스는 지하의 이 암울한 암흑의 나라, "죽은 자들의 그림자들"(11.476)만이 꿈처럼 떠도는 어둠의 나라에서 아킬레우스의 망령을 만났다. 오뒤세우스가 그의 죽음을 애도하면서 그에게 지상에 있을 때와 마찬가지로 하데스에서도 죽은 자들을 지배하고 있고 그들로부터 추앙받고 있으니 너무 죽음을 애통하게 여기지 말라고 했을 때, 아킬레우스는 그에게 여기 하데스에서 "모든 사자를 통치하는 왕이 되느니 차라리 지상에서 나는 농토도 없고 재산도 많지 않은 가난한 사람 밑에서 머슴살이를 하면서 살아가고 싶다"(11.489~491)고 했다.

우리는 제7장 「호메로스의 영웅들-귀환의 비극성」에서 『일리아스』에서 진정한 영웅들은 고향으로 돌아가지 않고 전장(戰場)에서의 죽음을 택한다고 했다. 공동체를 위해 전쟁터에서 목숨을 바쳐 "불멸의 명성"(『일리아스』, 9.413)을 얻는 것이 그들이 추구하는 최상의 목표라고 했다. 트로이아 전쟁에 참가한 아킬레우스에게는 그가 선택할 두 가지 운명의 길이 앞에 놓여 있었다. 트로이아군에게 패배를 거듭하는 그리스군을 위해 싸움터에 나선다면 자신의 생명은 잃되, 후세 시인들의 서사시의 노래의 주제가 될 '불멸의 명성'을 얻을 수 있는 길이 하나 있었고, 대신 싸우지 않고 고향으로 돌아간다면 고향에서 장수(長壽)와 부를 누리면서 복되게 살 수는 있되, '그리스 최고의 전사'로서 그의 명성은 물론, 죽음을 통해 전쟁터에서 얻게 될 '불멸의 명성' 또한 잃는 길이 또 하나 있었다. 그는 후자의 길을 택했다.

'불멸'은 신에게만 속하는 것이었다. 호메로스의 작품에서 인간이 신과 다른 것이 있다면, 그것은 무엇보다도 인간은 신과 달리 죽는다는 것이었다. 아킬레우스·헥토르·사르페돈과 같은 『일리아스』의 영웅은 인간은 죽음을 면치 못하는 덧없는 존재이지만, 싸움터에서 불멸의 명성의 얻어 자기 이름, 자기 존재가 후세에도 영원히 잊어지지 않는 신과 같은 불멸의 존재가 되고자 했다. 우리는 앞 장에서 "영웅에게 '불멸의 명성'이란 전쟁에서 맞이하는 그들의 죽음이 전제되었다. 죽음이 전제되지 않는 한, '불멸의 명성'은 그들을 위해 존재하지 않았다…… 따라서 '불멸의 명성'은 죽음을 전제로 한 것이기 때문에, 그들은 전쟁터에서 결코 고향으로 돌아가지 못한다. 호메로스의 청동시대가 영웅들에게 요구하는 절대윤리는 그들은 전쟁터를 떠나 고향으로 돌아가서는 안 된다는 것이다. 우리는 고향으로 돌아가는 자는 진정한 영웅이 아니라 했다."[13] 전쟁터가 그들의 고향이었고, 죽음이 그들이 돌아갈 궁극적인 '고향'이었다.

아킬레우스는 '불멸의 명성'을 통해 신과 같은 불멸의 존재가 되기 위

---

13) 7장 「호메로스의 영웅들」, 312~313쪽을 볼 것.

해 '삶'이 아니라 죽음을 택했다. 그러나 『오뒤세이아』에서 오뒤세우스가 하데스에서 만난 아킬레우스는 아무리 고통스럽고 비천한 삶이라 할지라도 죽음보다 삶이 더 좋다고 했다. '불멸의 명성'을 얻기 위해 전쟁터에서 죽음을 선택했던 아킬레우스는 자신이 선택한 죽음을 후회하고 있었다.

그가 머물고 있는 수선화 피는 초원을 향해 걸어가는 아킬레우스와 이별하고 지상으로 올라 온 오뒤세우스는 어떠한 삶도 죽음보다는 좋다는 것을 깨달았다. 살아 있는 자, 그 누구도 가보지 못하고 가볼 수도 없는 하데스를 자기 혼자만이 가서 그곳이 어떤 곳인지, 그곳에서 죽은 자들의 운명이 어떤 것인지를 보았기 때문이다. 그의 하데스에서 겪은 경험은 오뒤세우스로 하여금 태양이 찬란하게 빛나는 지상의 인간의 나라, 사랑하는 이들이 살아 숨쉬고 있는 고향 아티케의 '집'(oikos)으로 돌아가려는 그의 귀향의 욕망을 더욱 강렬하게 했다.

『일리아스』에서 아킬레우스를 비롯해 영웅들이 궁극적으로 돌아갈 고향이 싸움터였다면, 아니 '죽음'이었다면, 『오뒤세이아』에서 오뒤세우스가 궁극적으로 돌아갈 고향은 가족이 있는 고향 '집'이었다. 영웅시대가 차츰 끝나가고 역사가 세속화 과정을 겪고 있음을 보여주는 것인가.

'불멸'의 선물

오뒤세우스가 고도로 문명화된 도시국가 스케리아를 거쳐 이타케로 귀향하기 전, 그는 제우스가 내리친 번개로 인해 전우들 모두 잃고 혼자 살아남아 여러 날을 바다를 떠돌다가 여신 칼륍소에 의해 구조되었다. 그는 그녀에게 "억지로"(anankē, 4.557; 5.14 등) 붙들려 밤이면 "마지못해"(anankē, 5.154) 그녀와 잠자리를 같이 하면서 일곱 해를 오귀기에 섬에서 함께 살았다. 칼륍소가 머물고 있는 오귀기에 섬 동굴 주위에는 오리

나무 · 백양나무 · 삼나무 등이 울창하게 자라나는 숲이 있었고, 그 숲 속에서 부엉이 · 매 · 바다오리 등이 둥지를 치고 있었고, 동굴 둘레에는 무성하게 뻗어 있는 포도나무 덩굴이 포도송이들을 주렁주렁 달고 있었다(5.63~69). 오귀기에는 "그 전체가 파슬리와 제비꽃이 만발한 부드러운 초원으로 둘러싸여 있어 그곳을 보게 되면 불사신이라도 감탄하고 마음 속 깊이 기뻐할 만한"(5.72~74) 아름다운 곳이었다.

신들이 경탄을 금치 못할 만큼 아름다운 것은 칼륍소가 사는 동굴 주위만은 아니었다. 그곳에 사는 칼륍소도 아름답기 그지없었다. 몸매와 체격에서 오뒤세우스의 아내 페넬로페에 못지않았고, 얼굴모습은 "아르테미스나 황금의 아프로디테"처럼 아름다운 페넬로페(17.37; 19.54)보다 더 빼어났다(15.211~213). 오뒤세우스도 그 여신이 모든 면에서 아내보다 더 아름답다는 것을 알고 있었다. 그리고 인간인 아내는 늙고 죽지만, 여신인 칼륍소는 늙지도 죽지도 않고 지금처럼 늘 아름다운 모습으로 남으리라는 것도 알고 있었다(5.216~218).

칼륍소는 오뒤세우스로 하여금 "이타케를 잊어버리도록 감언이설로" 그를 줄곧 "홀리면서"(thelgei, 1.56) 그에게 "이타케를 잊어버리고"(1.57) "엘뤼시온 같은 낙원"[14]인 여기 오귀기에 섬에서 언제까지나 아름다운 젊음을 그대로 간직하고 있을 자신과 함께 살자고 간청했다. 그러나 오뒤세우스는 "고향땅의 연기가 오르는 것이라도 보고 싶어했고" 고향이 그리워 "차라리 죽고 싶어했다"(1.58~59). "그의 달콤한 인생은 하루하루 흘러갔으며"(5.152), 눈물 흘리는 것 말고는 아무것도 할 수 없었다(5.81~84).

그는 날이면 바닷가 바위 위에 앉아 고향을 생각하고는, 바다를 바라보

---

14) Charles Segal, *Singers, Heroes, and Gods in the "Odyssey"* (Ithaca: Cornell UP, 1994), 24쪽.

는 "그의 두 눈에는 눈물이 마를 날이 없었다"(5.152). 칼륍소는 그에게 자신과 결혼하여 이곳에 함께 산다면, 그를 "영원히 죽지도 늙지도 않게 해주겠다"(5.136)고 약속했지만, 오뒤세우스는 '불멸'의 존재마저 원하지 않았다. 칼륍소는 "고향땅에 닿기 전에" 그가 겪어야 할 "숱한 고난"이 그 앞에 놓여 있으며, 숱한 고난이 자신 앞에 놓여 있음을 알게 된다면, 아내 페넬로페를 향한 그리움이 아무리 대단하다 하더라도, "바로 이곳에 나와 함께 이 집을 지키고 불사의 몸이 되고 싶어할 것"이라며 오뒤세우스에게 귀향을 포기할 것을 거듭 종용했다(5.206~210).

그러나 오뒤세우스는 귀향길에 그 어떠한 고난이 앞에 놓여 있다 하더라도 그 길을 포기할 수 없다고 했다. "신이 또다시 포도줏빛 바다 위에서 나를 난파시킨다 하더라도" 끝까지 "고통을 견디며" 고향으로 향할 것이라 했다(5.221~222). 아내와 아들, 그리고 아버지가 있는 "사랑하는 고향 땅에 돌아가기를 원하는"(5.294~205) 그의 귀향을 향한 강렬한 욕망은 인간의 최고의 소망인 '불멸'마저 뿌리쳤다.

칼륍소만이 오뒤세우스를 남편으로 원했던 것은 아니다. 키르케도, 스케리아를 다스리는 알키노오스 왕의 딸 나우시카아도 그랬다. 난파당해 해안 기슭 주위 숲에서 빈사상태로 누워 있었던 오뒤세우스를 구했던 나우시카아는 그의 생명의 은인일 뿐 아니라, "키와 미모에서 불사의 여신들과 같았고"(6.16), 아르테미스 여신처럼 아름답기 그지없었다(6.102~109). 그녀는 오뒤세우스가 자신의 남편이 되어주기를 간절히 원했다. 그녀의 아버지 알키노오스 왕은 오뒤세우스가 고향 이타케로 가지 않고 자기 나라에 머물고 딸 나우시카아와 결혼해주기를 희망했다. 딸과 결혼한다면 집과 재산을 주겠다고 했다(7.311~315).

그러나 오뒤세우스는 재산뿐 아니라 칼륍소나 키르케처럼 신이 아니라 자신과 마찬가지로 인간이면서도 불사의 여신들처럼, 아니 처녀 아르테미스 여신처럼 아름다운 "처녀"(kourē, 8.468)의 소망도 뿌리쳤다.

오뒤세우스는 여신 칼륍소와 키르케의 유혹과, 그리고 나우시카아의 소망 모두 걷어차고 고향으로 돌아갔다. 그가 고향으로 돌아가지 않으면 그에게 주어지게 될 최고의 선물은 무엇보다도 칼륍소가 그에게 내밀던 '불멸'이었다. 『일리아스』의 영웅은 인간으로서의 '불멸'을, '불멸의 명성'을 얻기 위해 싸움터에서 죽음을 택했다. 그러나 귀향을 위해 오뒤세우스는 '인간으로서'가 아니라 '신으로서'의 불멸, 영원히 늙지도 죽지도 않는 '신과 같은' '불멸의 존재'가 되는 것까지도 거부했다. 오뒤세우스에게 그만큼 귀향은 절대적이었다.

그는 하데스에서 불멸의 명성을 얻기 위해 싸움터에서 죽음을 택했던 그리스 최고의 전사 아킬레우스를 만났다. 아킬레우스는 그에게 그것이 아무리 고통스럽고 비참하다 하더라도 그 어떠한 삶도 죽음보다는 좋다고 했다. 하데스에서 오뒤세우스는 햇빛이 찬란하게 빛나는 지상에서 보내는 삶은 암흑이 전부인 하데스와 달리 너무나 귀한 것임을 깨달았다. 죽음을 향해 덧없이 흘러가는 짧은 삶이라 할지라도, 그러한 덧없는 삶 속의 인간도 덧없는 존재라 할지라도, 한순간이라도 빛나는 삶에 자신을 맡기는 것, 이것이 가장 귀한 삶이라고 생각했다. 그것은 고향집에서 사랑하는 이들과 함께 있는 것이었다.

오뒤세우스의 '귀환'(nostos)은 물론 그가 구혼자들을 죽이고 이타케의 왕으로서의 자신의 위상을 다시 찾는 정치적 '복귀'의 의미도 있지만, 무엇보다도 그의 "집의 중심적인 인물"[15]인 페넬로페에게로 돌아감을 의미한다. 칼륍소·키르케·나우시카아가 오뒤세우스를 자신들로부터 떠나보내지 않으려 했던 것은 그들이 페넬로페의 '아내'의 자리를 대신 차지하고자 했던 것이나 다름없기 때문이다. 오뒤세우스가 그들을 포기한다는 것은 그가 페넬로페에게로 돌아감을 의미한다. 오뒤세우스는 나우시

---

15) John H. Finley, *Homer's "Odyssey"* (Cambridge/M.A.: Harvard UP, 1978), 4쪽.

카아에게 "남편과 아내, 두 사람이 한 마음 한 뜻이 되어 사이좋게 살 때, 이보다 더 좋고 더 강력한 것은 없다"(6.182~183)고 했다. 그의 이타케의 집으로의 귀환은 궁극적으로 페넬로페에게로 돌아감이었다.

괴물 퀴클롭스들 중의 하나인 폴뤼페모스가 그에게 그의 이름을 밝혀 달라고 요구했을 때, 오뒤세우스는 자신을 "내 어머니도 아버지도, 다른 전우들 모두 나를 '아무도 아니'(outis)라고 부른다"(9.366~367)고 소개했다. 집을 떠나 있는 동안 오뒤세우스는 자기 존재가 없는 '아무도 아닌' 존재가 된다. 고향 집(oikos)으로 돌아갈 때만, 자기 이름, 자기 정체가 그 의미를 갖는다는 것이다.

오뒤세우스는 인간의 최고의 소망인 '불멸'마저 걷어차고 고향땅 이타케로 귀환했다. 그러나 자기 존재, 자기 존재의 가치는 사랑하는 이들이 있는 '집으로의' 돌아감을 통해 확인될 수 있다는 것을 보여줌으로써, 호메로스는 오뒤세우스가 표상하는 세계는 귀향을 포기하고 싸움터에서 영광스러운 죽음을 통해 '불멸의 명성'을 얻음으로써 자기 존재와 존재 가치를 확인하고자 했던 『일리아스』의 영웅의 세계와는 근본적으로 다르다는 것을 말해주고 있다. 호메로스는 자신들의 존재이유, 존재가치를 "오이코스의 중요성"[16)]에 그 방점을 찍고 있는 오뒤세우스와 페넬로페의 삶을 통해, '영웅시대'가 이미 황혼을 맞이하고 있음을 보여준다. 이처럼 문명의 세속화를 보여준다는 점에서, 『오뒤세이아』는 이미 '영웅시대'의 절대가치, 절대윤리, 아니 '영웅시대'의 종말 자체를 예고하고 있는 것처럼 보인다.

'불멸'마저 포기하고 오뒤세우스는 마침내 이타케 고향집에 돌아왔지

---

16) Richard Heitman, *Taking Her Seriously: Penelope and the Plot of Homer's "Odyssey"* (Ann arbor: U of Michigan Press, 2005), 105쪽.

만, 그의 귀환은 완전히 끝난 것이 아니다. 작품은 그가 "앞으로 험난하고도 수많은 헤아릴 수 없는 고난"(23.249)이 자신 앞에 놓여 있는 표류의 삶을 계속하기 위해 또다시 고향집을 떠날 준비를 하고 있는 것으로 끝나기 때문이다. 마지막으로 우리는 '표류'와 '표착'을 거듭하고 있는 오뒤세우스의 이미지를 통해 호메로스가 생각하고 있는 '문학가의 길'은 무엇인가를 이 글의 마지막 부분에서 '비전향장기수들'을 다룬 북의 작가들의 작품들과 비교해서 살펴볼 것이다.

II. 북으로 돌아가는 비전향장기수들

여러 문학가, 가령 베르길리우스·단테·롱사르·라블레·세르반테스·사드, 그리고 현대에 와서 조이스·카잔차키스·모라비아 등이 호메로스의 『오뒤세이아』에 등장하는 모티프들을 모방하여 모험담의 서사시와 소설 등을 세상에 내놓은 바 있다. 그러나 숱한 고통과 수난을 겪고 나서 마침내 귀향하는, 이른바 '고난에 찬 표류' 뒤의 '귀환'이라는 『오뒤세이아』의 핵심적인 모티프를 가장 충실하게 반영한 작품은 '남조선'에서 갖은 고난을 겪다, 마침내 그들의 '고향' '북조선'으로 돌아가는 이른바 '비전향장기수(非轉向長期囚)들'의 일생을 묘사한 북한의 여러 작가의 작품들이다. 그중 남대현의 장편소설 『통일련가』를 중심으로 살펴보자. 줄거리는 다음과 같다.

고광(삼진) 동지

남대현의 『통일련가』(2003)는 1935년생으로서 '조국해방전쟁' 때 16세라는 나이로 유격대에 입대해 싸우다 1956년에 체포되어 33년간이라는 오랜 시간 옥살이를 했던 비전향장기수 고광의 일생을 다룬 작품이다.

그의 고향은 전라북도 고창군이었다. 동학이 일어난 그의 고향사람들은 갑오농민군의 후예였다. 그는 임진왜란 때 의병대장 고경명의 13대 증손이다. 마을촌장이었던 그의 아버지 고승훈은 광복 후 좌익운동의 선두에서 '리 세포위원장'의 중임을 수행했다. 그의 아버지는 아직 어린 나이의 그에게 아무리 작은 일이라 할지라도 옳은 일이 아니면 결코 해서는 안 되며, 좋은 일을 하기 위해 살아야 한다고 가르쳤다.

전쟁이 터졌다. 광이는 소년조직에 소속되어 삐라 살포와 상부의 지시를 전달하는 활동을 했다. 인민군이 서울을 '해방'시키고 노도처럼 남쪽으로 밀려와 광이의 마을도 '해방'시키자, 온 마을 사람들이 인민군 환영 준비로 들끓었다. 그러나 인민군이 후퇴를 하자 마을에서는 좌익들뿐 아니라 인민군이나 유격대에 식량을 제공했던 사람들, '미국놈'들을 비방했던 사람들까지도 '향토방위대'와 '청년방위대'에 의해 총살당했다.

후퇴하는 인민군대와 함께 행방을 감추었던 광이의 아버지도 체포되어 죽음을 당했다. 두목급 '빨갱이'라 하여 나무에 묶인 채 총창, 총탁에 얼굴과 온몸이 마구 내리찍혀 피투성이의 모습 그대로 죽어 있었다. "늘어진 아버지의 시신을 들쳐 업기 바쁘게 그는 산으로 향했다. 이 처참한 모습을 어머니에게 보이지 말아야 한다는, 아니 보이지 않아야 한다는, 한 가지 생각뿐이었다. 대신 자기 혼자 똑똑히 보고 똑똑히 기억하고 백배, 천배로 복수해야 한다는 그 일념뿐이었다"[17]. "그날로 그는 전북유격대가 활동하고 있는 회문산으로 들어갔다. 그때 나이가 열여섯 살이었다"(30쪽). 그는 소년 빨치산이 되었던 것이다.

광이는 '복수'연대, 1중대에 소속되었다. 대원들은 그의 가명인 '삼진'이가 아니라 본명 광이의 이름 그대로 그를 미친 아이로 치부했다. 총탁으로 때리고, 총창으로 내리찍어 그의 아버지를 죽였던 원수들에 대한 복수의 감정을 주체할 수 없어, 그는 "캄캄한 밤에도 무섭지 않은지 메고양이처럼 혼자 온 산판을 헤매기도 했다"(35쪽). 어리다고 해서 총도 주지 않고 전투에도 참여시키지도 않는 부대에 대한 불만이 가득 찬 광이는 무기창에서 수류탄 두 개를 빼들고 자취를 감추었다. 대원들 모르게 단신으로 덕화리 '보루대'를 습격하여 경찰 '두 놈'을 죽이고 두 자루 칼빈총을 탈취한 뒤 부대로 돌아왔다.

소대장 기태는 광이에게 유격대원은 단지 부모의 원수를 갚기 위해서

---

[17] 남대현, 『통일련가』(평양: 문학예술출판사, 2003), 29쪽. 이하 인용문의 쪽수는 본문의 괄호 안에 표기함.

아니라 나라 앞에서 지닌 도리를 다하기 위해 싸우는 것이라며 그의 객기를 나무랐다. 그러고 나서 그에 대한 학습방조를 충청도 태생 마음씨 고운 미인 승옥에게 맡겼다. 승옥의 부모와 두 오빠는 적군에 의해 피살당했다. 남원군당 부부장이던 남편은 지금 '항미연대' 참모장으로 활동하고 있었다. 부부가 함께 부대에 있는 것을 금하는 것이 유격대의 규율이기 때문에 그들은 따로 떨어져 활동하고 있었다.

만삭인 승옥은 광이에게 『김일성장군략전』을 주면서 이를 통달하라고 했다. '김일성 장군님'은 14세에 일제에 의해 빼앗긴 나라를 되찾기 위해 압록강을 건넜고, 20세에 유격대를 창건하여 사령관이 되었고, 29여 성상을 백두산에서 왜놈들과 싸우다 33세 때 마침내 그들을 무찌르고 나라의 독립을 성취했다며 "우리 해동조선은 김일성 장군님의 나라", 말하자면 "조선의 장군님이 아니라 장군님의 조선"이라 했다. 따라서 "김일성 장군님을 받들어 싸워야만 나라를 통일할 수 있고 민족의 번영도 이룩할 수 있지라" 했다(41쪽).

승옥은 학습 이외에도 아지트를 잡는 조건이며, 비사리나 꽃대나무로 고깔불을 피우는 방법, 뚜껑이 없는 냄비로 밥을 하는 이치를 가르쳐주었다. 당장 출산을 앞둔 몸이었으나 승옥은 언제나 남들과 똑같이 전투에도 참가하고 일도 했다. 한 달 후에 그녀는 아들 성칠을 출산했다.

부대에 윤희애라는 나이 어린 처녀가 새로 들어왔다. 입대가 아니라 월북하기 위해 북으로 가는 동행을 찾으러 잠시 입산한 것이다. 광이보다 한 살 아래였다. 월동준비를 위해 보급투쟁을 나갔던 대원들이 쌀을 마련한 뒤 철수하려 했을 때, 대원 4명 중 한 명이 없어졌다. 재호였다. "괴롭고 춥고 배고프고 안해가 그리워 갔다. 그냥 간 것인가 아니면 변절인가"(45쪽). 그날 밤중 연지봉의 월동 아지트로 벼락이동을 했다. 그들이 머무는 아지트 아래 골짜기에 1개 중대보다 더 많은 적의 부대가 운집해 있었다. 투항변절한 자들, 빨치산에 대한 남다른 원한을 품은 자들로 조직된

부대였다. 그들 앞에서 길잡이를 하는 자는 결코 변절하지 않으리라 믿었던 재호였다. 그도 지금의 아지트 위치는 모르고 있으니 어느 정도 안심은 되었지만, 아지트가 발견되는 경우 모두 결사전에 임해야 하므로 대원 각자에게 수류탄이 분배되었다.

담요를 뒤집어쓰고 성칠을 안고 있는 승옥에게 모든 대원의 관심이 집중되었다. '성칠이가 울지 말아야 하는데.' 산 능선에 오른 적들이 아지트 가까이로 다가오면서 땅을 총창으로 꾹꾹 찔러대기 시작했다. 바로 그때 성칠이가 울음을 터뜨렸다. "대원들의 화살 같은 시선이 일시에 담요를 뒤집어쓰고 있는 승옥이에게로 날아가 꽂혔다"(49쪽). 적들이 대원들이 숨어 있는 아지트 지붕을 밟고 지나가고 있었다. 다시 성칠이가 울음소리를 내면 그때는 끝장이다. 모두가 수류탄을 틀어쥐고 최후를 각오하고 있던 대원들에게 승옥이가 애기가 잠들었으니 안심하라는 듯 고개를 끄떡여 보였다.

적이 아지트를 떠난 뒤 승옥은 산비탈 바위 위에 모포로 감싼 성칠을 눕혀놓고 울음을 터뜨렸다. "참을 길 없는 슬픔과 고통을 이기지 못해 손톱으로 땅을 허비며 몸부림치고 있었다"(51쪽). 승옥은 결국 동지들의 목숨을 구하기 위해 아들을 질식시켜 죽인 것이다. "비로소 광이는 투쟁이 무엇이며 그것이 얼마나 준엄한 것인가 하는 것을 새롭게 깨달았고 희애 역시 그날부터 유격대원이 되었던 것이다"(52쪽).

정전이 되자 빨치산 토벌을 전담했던 것은 육군 5사였다. 그들은 아지트 비슷한 것이 발견되면 "풀대 하나 없이 초토화했다"(60쪽). 1953년 가을에는 벌써 충남·경북·경남·전남 도당이 모두 파괴되고 수많은 유격부대도 해산되었다. 그러나 전북 도당만은 아직 회문사에 건재해 있었다. 소대장 기태는 아이젠하워 특사가 탄 특수열차가 호남선에 통과할 때 이를 습격할 것을 부대원들에게 지시했다. 그는 이 습격에 대해 도당의 승인을 받지는 않았다. 광이는 물불을 가리지 않고 싸움에 언제나 앞장서려는 자신을 걱정하는 희애를 안심시킨 뒤, 밤 11시 열차가 통과하기로 되어 있는 시간에 앞서 대원들과 더불어 철길의 레일을 한 구간 들어낸 뒤 산비탈에 몸을 숨겼다.

그때 갑자기 전동차에 탄 적들이 나타났다. 그 특사가 타고 갈 열차를 호위하는 자들이었다. 피차 총탄을 우박처럼 주고받는 가운데 광이는 자신에게 죽음이 임박했음을 의식했다. 그러나 유격대원이라면 죽음을 두려워해서는 안 된다고 굳게 다짐했다. 그는 칼빈총을 움켜쥐고 적들 속으로 뛰어들어 사정없이 총탄을 퍼부었다. 그 후 추격하는 적의 총탄을 피해 어떻게 갈재 너머에 있는 덕화천까지 달려갔고, 어떻게 열 길이나 되는 절벽 위에서 내려 굴렀는지 알 수 없었다.

그가 사흘 만에 정신을 차린 것은 전라남도 황룡강 하류, 임실부락의 어부네 집이었다. 어부의 도움으로 목숨을 건진 광이는 부대에 돌아왔다. 그 당시 광이네의 육탄돌격으로 습격조는 무사히 적진에서 빠져나올 수 있었다. 도당에 불려 간 소대장 기태는 책벌을 받았다. 그때 광이는 어깨·허버다리·발뒤꿈치에 부상을 입었다. 어깨는 총탄이 지나가 찰과상을 입었고, 파편에 의해 파헤쳐진 허벅다리는 속살이 그대로 드러나 있었고, 발뒤꿈치 뼈는 금이 간 상태였다. 희애는 '다이야찡' 가루약을 뿌리고 쑥잎을 붙이는 등, 정성을 다해 그를 치료했다. 허벅다리 상처가 조금이라도 도질 기미가 보이면 서슴없이 입을 대고 상처의 피를 빨아내었다.

어느 날 모든 대원이 월동 아지트를 꾸리기 위해 적상산으로 작업을 떠나고 광이와 희애 둘만 산에 남게 되었다. 희애는 하얀 쌀밥이 가득 들어 있는 군용밥통과 쇠고기국이 들어 있는 냄비를 손에 들고 광이 앞에 나타났다. 부대에는 이전 보급투쟁에서 얻은 쌀과 쇠고기가 다소 남아 있었지만, 월동용 식용이기 때문에 쌀은 "매끼 한 줌씩 그것도 더덕이나 콩을 섞은 죽으로만 끓이군 했다. 쇠고기 역시 소금에 절여둔 채 웬만해서는 절대 다치지 않았다. 빨치산 생활은 없을 때는 없어서 배를 곯았고 있을 때는 또 아끼느라고 배를 곯았다"(68쪽). 그런데 희애는 광이의 건강을 되찾고 그의 부상을 조금이라도 빨리 낫게 하려고 동지들이 없는 사이 식용에 손을 댄 것이었다.

광이는 그녀에게 이런 짓을 하는 것은 "〈도적인겨, 아니 도적보다 더한 배신자, 동지들을 속이는 배반자가 되는 거라. 그래 내가 이걸 묵고 워찌 동지들을 마주 본단 말여〉"(69쪽) 하며 그녀를 호되게 꾸짖었다. 그에게 잘못을 비는 희애에게 그는 "〈우리가 산에서 이런 고생을 하믄서도 견딜 수 있는 기 바로 서로에 대한 믿음과 사랑 때문이 아니것나. 지보다 동지들을 먼저 생각하는기 빨치산이고 깨끗한 양심으로 사는 기 빨치산이라. 그기 없으믄 우린 하모 다 죽어뿌렀을 거라〉"(70쪽) 했다. 이후 그들 간의 사랑은 깊어갔다. 광이에게 몸을 바친 희애는 소리 없이 눈물을 흘리고 있었다. "앞으로 자기가 바쳐야 할 진정한 사랑에 대한 무한한 동경으로 하여 흘리는 눈물"(72쪽)이었다.

어느 날 뜻밖에도 광복 전에 벌써 모스크바 고급당학교를 졸업하고 전국노동조합평의회의 간부로 일하다가 전쟁 때부터 도당책으로 일하는 방준표 위원장이 도당부의 간부들과 함께 광이의 부대에 왔다. 바로 그가 지금은 남조선에 있는 당조직의 유일한 책임자였기 때문에 부대대원들 모두 긴장해 있었다. 아주 중요한 문제가 있는 것이 틀림없었다. 방준표는 도당의 특별한 신임을 받고 있는 노동당원 덕구아바이에게 은밀한 지시를 내렸다. 이남에 있는 당조직이나 유격대의 운명이 경각에 달했으므로 이를 '김일성 장군님'께 보고하고 그의 가르침을 받기 위해 평양에 파견되는 도당 부위원장과 또 한 명의 대표에게 길을 안내하는 의무를 덕구아바이에게 주었다.

다음날 새벽 덕구아바이 일행이 떠났다. 그러나 일은 뜻대로 되지 않았다. 먼저 들이닥친 소식은 남조선에 있는 유일한 당조직인 도당부가 습격받아 도당 일꾼들은 물론 마지막까지 결사전을 벌이던 도당 위원장 방준표까지 무참하게 학살되었다는 것이다. 평양으로 향했던 덕구 일행이 오대산에서 포위되자 서로 껴안고 만세를 부르며 자폭했다는 것이 그다음의 소식이었다. "모두가 돌처럼 굳어지고 말았다"(76쪽).

어느 날 기태 소대장은 대원들을 불러 집합시킨 뒤, 고립무원의 상태에 처한 지금의 상황에서 절망적인 환경에 맞는 투쟁을 하자면 산에 머무는 것이 아니라 소대를 해산하고 하산해서 적당한 자리를 잡고 지하투쟁을 하면서 때를 기다리는 것이 더 좋다며 어느 쪽을 택할지 각자가 결정하라고 했다. 그의 말에 자리에서 일어난 것은 승옥이었다. "〈소대장 동지가 워찌 그런 말을 하서유? 빨치산은 생명의 마지막 순간까지 조국의 통일 독립을 위해 목숨바쳐 싸워야 한다면서 언제나 우리의 앞에서 용감하게 싸워오지 않았나유. 그런데 정세가 어렵다 해서 산에서 내리믄 워쩝니까. 빨치산이 신올 네뻴고 어데서 싸울 겁니까. 산에서 싸우는 기 빨치산이지 산을 내리는 기 무슨 빨치산이에유?〉"(77쪽). 소대장은 눈살을 찌푸린 채 그녀에게 누구의 지시를 받고 누구와 함께 싸운다는 것이냐고 물었다. 승옥은 지리산 빨치산도 있으며 그들과 연계가 안 되면 혼자라도 싸우는 것이라고 대답했다. "온 산판이 떠들썩해졌다. 안타깝고 분해서 가슴을 치는가 하면 갈피를 잡을 수 없어 이편 저편으로 기웃거리는 사람들도 있었다"(78쪽).

순간 광이는 자신도 모르게 자리에서 벌떡 일어나, 지금 산에 머무는 것은 죽기를 기다리는 무모한 짓이라는 기태의 말에 "〈지금 소대장 동지가 무모하다고 하는 건 산을 내리기 위한 구실 같단 말입니다〉"라면서 "〈재호가 달아났을 때 산을 내리면 개가 되게 마련이라고 하지 않았습니까, 산에 남느냐 내리느냐 하는 것이 사람으로 사느냐 개로 되느냐 하는 갈림길이라고 얼마나 절절하게 말했습니까"(78~79쪽) 하며 그를 겁쟁이라 몰아붙였다.

순간 기태의 손이 대뜸 권총집으로 갔고, 광이도 자기의 칼빈총을 집어 들었다. 승옥과 대원들의 간곡한 만류에 두 사람은 총을 거두어들였다. 기태가 산을 내려가자 세 사람이 따라나섰다. 광이는 "눈물 어린 눈길로 남은 대원들을 둘러보며 부르짖었다. 〈난 죽어도 저렇게 살지 않을 기라요. 혁명을 위해, 나라의 통일을 위해 피 한 방울까지 다 바치는 빨치산이 될 거라요〉……. 그때부터 그는 소대장이 되었으며, 부대 내 전체 당원들의 의사에 따라 조선로동당원의 영예를 지니게 되었다. 광이가 화선입당을 한 날은 1954년 3월 23일이었다"(80쪽).

1956년 봄. 지난 겨울 지리산에서 보낸 전북 유격대 '복수'연대의 마지막 대원 17명은 다시 고향 가까운 방향으로 이동하고 있었다. 고광이가 그들의 지휘관이었다. 광이는 지리산을 떠날 결심이었다. 대원들 모두 죽어도 고향 가까이 가서 죽기를 희망했던 것도 그의 그런 결심의 중요한 원인이었다. 대원들이 그를 지휘관으로 선출했던 그때부터 광이는 단 한 번도 발 편한 잠을 자본 적이 없었다. 무엇보다도 앞날에 대한 근심이 그를 압도했기 때문이다. 언젠가는 자신을 포함한 대원 모두가 죽음을 당할 것이라는 것을 알고 있었다. 지리산 빨치산도 전북 유격대도 그렇게 종말을 고했다. 지리산에 남아 있는 일부 빨치산과 "자기의 대원들 열일곱 명이 마지막 빨치산들일 수도 있었다"(86쪽).

날이 어두워져서야 그들은 지리산으로 드나드는 길목인 섬진강 기슭에 이르렀다. 강기슭에 군대와 경찰로 구성된 '토벌대'가 진을 치고 있었다. 광이는 곧바로 보초소를 뚫고 강을 건너가는 것밖에는 다른 길이 없음을 직감했다. 강기슭에는 바람이 세차게 불었다. 그들은 배낭 속에서 헐고 누덕누덕해진 백포를 꺼내 몸을 감싼 뒤 한 덩어리가 되어 조용히 앞으로

기어갔다. 맨 앞에는 광이, 맨 뒤에는 승옥과 희애가 나란히 기어가고 있었다. "손이 얼다 못해 마비상태에 이르렀으나 손톱으로 언 땅을 허비며 한 치 한 치 기어갔다. 눈가루가 사정없이 눈을 때리고 코에 쓸어들어 기침이 나는 것을 참기 어려웠다"(97쪽).

보초병들을 제거한 뒤, 그들은 드디어 얼음과 눈이 덮인 강에 기어들었다. 그러나 얇은 얼음장이 여러 사람의 무게를 감당하지 못하고 갈라지면서 풍덩 빠지는 소리가 요란했다. 화톳불가의 적병들이 허리를 펴고 일어서며 그들 쪽을 향해 총을 겨누었다. 광이는 자기가 엄호하는 사이 빨리 강을 건너갈 것을 대원들에게 명했다. 광이는 수류탄을 화톳불가로 힘껏 던졌다. 그러나 승옥과 희애, 그리고 3명의 대원은 대장을 남겨둔 채 그들만 가려 하지 않았다. 우박처럼 쏟아지는 총탄에 대원 한 사람 한 사람이 죽어갔다. 승옥이는 다리에 부상을 당했다. 광이가 그녀를 잔등에 업었다. 뒤에서 희애가 부축했다. 그들은 여울목을 건너 칼바람이 세찬 산기슭으로 걸음을 재촉했다.

승옥은 자기를 남겨두고 가라 했다. 자기 때문에 광이와 희애가 죽어서는 안 된다고 했다. 광이는 "〈가만있소. 죽어도 같이 죽구 살아도 같이 사는 게 빨치산인겨, 암말 말구 잠자쿠 있는겨〉"(100쪽) 했다. 광이는 동지들의 목숨을 구하기 위해 자신의 아들을 바친 그녀였기에 살아야 할 사람은 자신이 아니라 승옥이라 생각했다. 그들이 강을 먼저 건너간 대원들을 만난 것은 새벽 무렵이었다. 그들은 섬진강을 내려다보며 이 세상을 떠난 전우들을 위해 묵도했다. "이렇게 봉분도 없이, 조총사격도 없이 떠나보낸 전우들이 얼마였던가! 때로는 이름도 기억할 새 없이 만나자 영영 헤어지는 사람들은 또 얼마나 많았던가!……"(102쪽).

적들의 추격에 4일간 5명이 쓰러지고 10명만 남았다. 광이는 대원들을 이끌고 덕유산으로 향했다. 한때 지리산 빨치산과 '남부군'에서 '로동무'로 알려진 유명한 지휘관 이현상 사령관이 있는 덕유산으로 향했다.

그러나 그곳에서 무서운 파멸이 그들을 기다리고 있으리라고는 미처 생각지 못했다. 광이 일행은 자신들을 맞이하는 인민군복장을 한 놈의 노림수에 빠져 미식보총을 메고 나타난 여러 명의 적들에 의해 포위되었다. 희애는 두 팔이 결박당한 채 있었다. 광이는 자신의 머리에 내리치는 권총에 의식을 점점 잃어가고 있었다. 희애는 광이의 피투성이 얼굴을 손바닥으로 마구 문지르며 울음을 쏟아내었다. 광이는 희애와 부상당한 승옥과 함께 헌병대에서 반죽음을 당한 뒤, 남원경찰청으로 이송되었다.

1956년 7월 다시 광이 일행은 전주지방법원으로 이송되었다. 전주지방법원에서 '사형'이 구형되었던 광이는 2심 공판에서 '무기'로, 15년형이던 승옥은 10년으로, 희애는 8년으로 감형되었다. 광이는 전주지방법원에서 '사형'을 구형받고 대전교도소로 이감된 후에도 희애가 전향했다는 것을 전혀 몰랐다. 재판이 끝나자 곧 비전향수들은 따로 6사로 이감되었는데, 그때 벌써 희애가 없었다. 여러 사람과 함께 전향서를 쓰고 일반사로 옮겨 간 후였기 때문이다. "그때부터 광이는 희애에 대한 가슴 저미는 원한에 젖어 매일을 번민 속에서 몸부림쳤다"(109쪽).

이승만 독재정권이 무너지고 '민주당' 정권이 들어서자, 그 바람에 광이도 여러 장기수와 함께 '무기'에서 20년으로 감형되었고, 결국 15년 후인 1976년이 만기되는 해였다. 그를 포함한 비전향수들만은 대전교도소에서 따로 광주교도소로 이감되었다.

감옥생활만이 모질고 쓰린 것만은 아니었다. 감옥 밖의 그의 어머니와 동생들이 당하는 고통도 마찬가지였다. 자신을 위해 변호사를 대느라 논 600평을 팔아 치운 후부터 집은 거지신세나 다름없었다. 고등학교 다니는 막내동생 광진은 등록금을 내지 못해 중도에 퇴학했고, 여동생 광희는 토건회사직원과 결혼했지만 매부가 '빨갱이'라고 하여 직장에서 해고당한 남편은 화풀이로 그녀와 이혼하고 친정집으로 내쫓았다.

어느 날 광이는 면회 온 어머니로부터 희애가 감옥에서 6년을 살고 출소하는 날 바로 그 길로 집을 찾아와서 지금 함께 살고 있다는 것과, 광이가 출소할 때까지 그의 '여자'로서 언제까지나 그를 그의 집에서 기다리고 있을 것이라는 희애의 애끓는 마음도 전해 들었다. 하지만 광이에게는 "희애는 잊을 수 없는 사랑이면서도 모든 기대와 희망을 무너뜨린 야속한 어제날의 연인이었다"(122쪽). 그는 어머니에게 희애의 전향으로 인해 "배반당한 이 마음을 돌릴 것 같지 못합니다"라며 그녀를 자기 여자로 받아들일 수 없다고 했다(122쪽).

1965년 광이는 다시 전주교도소로 이감되었다. 면회는 여전히 금지상태였다. 가족들이 그의 전향에 적극적으로 나서지 않는다 하여 내려진 조치였다. 어느 날 취조실에 불려간 광이는 흠칫 놀라지 않을 수 없었다. 여느 때의 취조관이 아닌 몸짓이 우람한 다른 취조관이 자신이 주시하고 있었는데, 그는 다름 아닌 한때 빨치산 소대장이던 기태였다.

그는 광이에게 〈오래간만일세〉 하고 말문을 열었다. 잠시 후 기태는 "〈……산을 내리더니 역시 개가 되고 만 것이 아닐까 하고 의심하겠지. 안 그런가? 그렇네. 난 변했네. 자네의 말대로 하면 개라고 할 수 있지〉"(125쪽), 그러나 "〈자네가 개라고 타매하는 내가 이젠 바로 사람이라는 거네. 울 안에 갇혀 있다가 뒤늦게야 인간세상으로 돌아온 사람이란 말일세〉"(126쪽) 했다. "광이는 과연 이 사람이 한때 빨치산 소대장을 하던 사람이 맞긴 맞나 하는 의혹을 다시금 털어버릴 수가 없었다"(126쪽). 기태는 계속해서 말했다. "우리가 총을 들고 나선다고 해서 겨레가 바라는 통일이 이루어지는 것도 아니고 누구나 평등하게 사는 세상이 오는 것도 아니라는 거네. 알겠나? 더욱이 우리 한반도의 운명이 몇몇 빨치산들은 물론 이남 사람들의 의지에 의해 변화되기는커녕 보다 막강한 외세의 힘에 따라 좌우지되고 있다는 엄연한 사실도 알게 됐지. 어떻게 해야겠나? 어느 길을 택해야겠나?〉"(128쪽) 했다.

그는 광이를 바라보는 시선을 아래로 떨어뜨리면서 자신은 부동산회사에 취직을 했고, 결혼해 아이도 가졌으며, 산생활과는 비길 데 없는 아늑한 보금자리를 마련했다고 했다. 세상이, 또 인생이 어떻다는 것을 말해 주기 위해 오늘 광이를 찾아왔다고 했다. 광이는 "투쟁이냐 아니냐 하는 두 길이 바로 사람으로 사느냐 개로 되느냐 하는 갈림길이라고 하던 그 기태가 오늘은 종내 개가 되어 나를 회유하려 감옥에서 나타난 것인가!" 하고 자문했다. "사람이 어쩌면 이렇게까지 더럽게 타락할 수 있을가 하는 생각이 가슴을 허비었다"(130쪽). 전향을 요구하는 그에게 광이는 씹어뱉듯 너처럼 "부패된 고깃덩어리처럼" 살지 않고 "사람으로 남아 사람답게" 살겠다고 했다 (130~131쪽).

 3년이 넘도록 면회를 금지당한 광이는 어머니·동생들, 그리고 희애가 어떻게 살고 있는지 알 수가 없어 미칠 지경이었다. 그는 징벌을 받지 않는 한, 재소자들에게는 면회할 권리가 있다는 처우규정을 알고 감옥 쪽에 항의했다. 그의 항의에 대한 보복으로 악한으로 소문난 오 계장이 광이를 고문했다. 얼마나 지독한 악질인지 그는 고문을 해도 고무 호스가 아니라 자전거사슬로 후려갈겼다. 연속타격에 의식을 잃었다가 다시 정신이 들면 물고문을 했다. 지독한 고문을 당하고 뒤수정을 하고 포승줄에 묶인 채 소지의 등에 업혀 방에 들어온 광이는 단식을 결심했다. 처우규정에 해당되는 정당한 요구를 거부하고 징벌을 가한 오 계장을 행형법 위반, 직권남용으로 몰아세워 그를 단죄하기 위해서였다. 단식 나흘째가 되자 관례대로 강제급식이 시작되었다. 간수들이 단식으로 실신상태에 있는 그의 목구멍에 고무관을 틀어박고 소금을 탄 미음을 강제로 주입했다.

 단식 열흘이 넘자 정치범 27명 전원이 광이의 단식투쟁에 합류해 집단단식을 감행했다. 광이가 단식을 계속하던 그사이 고문치사사건이 있었다. 일선 장교로 복무 중 월북을 기도하다 잡혀 구형을 받은 박병일이 오 계장에 의해 고문을 받다 두개골이 깨지고 두 눈알이 다 빠진 채 숨을 거두었다.

이를 항의하기 위해 광복 후 평양에서 대학교수로 재직 중 전쟁에 참가했다가 빨치산이 되었던 50세 가까운 최남규의 주도 아래 모두가 단식투쟁에 임했다. 집단단식투쟁 열하루 만에 감옥소장이 나타나 오 계장을 해임하겠으니 단식을 풀 것을 종용했다. 그러나 남규는 그에게 오 계장을 철저히 살인범으로 처벌하기 전까지는 단식을 그만둘 수 없다 했다.

모두가 아연해졌다. 누구보다도 나이가 많고 고질적인 천식으로 심하게 앓고 있는데다 내년이면 만기출소하게 되어 있는 그가 단식을 하면 기필코 형기가 늘어날 텐데도, 이에 조금도 아랑곳하지 않고 앓는 몸으로 목숨까지 각오하면서 단식을 풀지 않겠다고 했기 때문이다. "그때 광이가 절감한 것은 어떤 것이 진정한 신념이며 그것이 어떻게 나타나는가 하는 것이었다……. 남규처럼 숨이 붙어 있을 때까지는…… 앞날에 대한 확신, 자기가 하는 일에 대한 정당성을 믿고 끝까지 그 목적을 관철하고야 마는 것이 바로 신념이었다"(137쪽).

그리고 그는 "어떤 새로운 진리를 발견하기라도 한 것처럼" "신념이 심장이라면 의지는 그 심장을 뛰게 하는 피가 아니겠는가! 심장이 있어 피가 뛰고 피가 끓어 사람인 것처럼 신념과 의지가 있어 참된 인간으로 되는 것이 아니겠는가"(137쪽) 하고 마음속으로 부르짖었다. 결국 열나흘 만에 남규의 주장이 받아들여지면서 단식은 끝나게 되었다.

그 이듬해 봄 뜻밖에 여동생 광희가 면회 왔다. 그녀는 광이에게 9년 전에 집에 왔던 희애는 그다음부터 줄곧 수도원에 가서 전향에 대한 후회로 고통스럽게 살다가 다시 나와, 자기는 어디까지나 오빠의 여자이니 어떤 일이 있어도 오빠가 출소할 때까지 오빠를 기다리겠다며 집에 와 있다고 했다.

"희망", 그것은 "가장 아름다운 음악이라 했던가"(148쪽). 3년, 앞으로 3년이면 희애와의 감격적인 상봉, 그녀와의 결혼, 동지들과 친지들의 축하 등, 여러 소망이 현실로 찾아오는 것이 아닌가. 그렇게 1973년이 지나고 74년이 왔다. 이제 1년만 지나면 20년간의 감옥살이가 끝나는 것이다. 그러나 '유신'체제의 '독재자'가 만들어낸 '사회안전법'으로 인해 비전향 장기수들에 대한 법적 시효가 일제히 백지화되었다. 전향하지 않으면 끝 모를 감옥생활을 계속해야 했고, 출소한 사람들까지도 전향서에 도장을 찍지 않으면 다시 감옥에 들어가지 않으면 안 되었다. 모든 감옥에는 '전향공작전담반'이 생겨나, 매일 행하는 취조와 고문은 여느 때와 같지 않았다. 가혹한 고문에 혈압이 터져 식물인간이 된다든가, 전기고문으로 정신병자가 된다든가, 아니면 아무도 모르게 죽어가는 사람이 부지기수였다.

'인혁당'사건에 연루된 자들이 사형이 확정된 다음날 새벽, 여덟 명 전원이 교수형에 처해졌다. 광이는 물론 다른 비전향장기수들도 "마침내 자기들에게 제일 엄혹한 시련이 닥쳐왔다는 것을 육감으로 느끼지 않을 수 없었다"(150쪽). 그러던 어느 날 방학 때 일본에 들른 뒤 잠깐 평양에 갔다 온 것이 죄가 되어 무기형을 언도받은 서울대학의 제일교포유학생 조일민이 고문에 녹초가 되어 소지의 등에 업혀 돌아왔다. 그는 광이에게 지금 일부 동지들 사이에는 이대로 있다가는 모두 고문으로 감옥에서 죽고 말 테니 억울하게 죽는 것보다는 차라리 가짜도장이라도 찍고 나가 그 다음에 본격적으로 투쟁하는 것이 어떠냐는 논의가 활발하게 진행되고 있다고 들려주었다.

광이에게는 처음 들어보는 말이었다. "벌써 얼마나 많은 동지들이 곁을 떠나갔는가. 환청, 환시에 걸려 고생하다가 숨진 손 동지, 고문 도중에 심장발작을 일으켜 두 눈을 부릅뜬 채 숨을 거둔 박 동지, 이렇게 앉아서 죽기를 기다릴 바에야 차라리…… 그들의 말이 옳을 수 있다. 이대로 감옥에서 죽어야 하느냐? 아니면 나가서 싸우느냐?"(153쪽)〉. 순간 그는 "신념이란 지니기도 어렵지만 그것을 지키기가 더 어렵다고 하던 남규의 말이 떠오르는가 하면 이 길이냐 저 길이냐에 따라 사람으로 사느냐 짐승으로 되느냐 하는 생활의 진리가 새삼스럽게 상기되기도 했다"(153~154쪽).

그는 다시금 자신을 냉철하게 돌이켜보았다. 산에서 빨치산으로 투쟁하던 그때나 감옥생활을 하는 지금이나 자신을 둘러싸고 있는 고통과 시련의 조건에는 전혀 차이가 없다. 그에게는 "부닥치는 시련들과 맞서 싸워야 하는 것도 그것들을 양심과 지조로 이겨내야 하는 것도 마찬가지였다"(154쪽).

최근 다른 동지들을 통해 들었던 소문에 따르면 부동산회사 간사로 일하던 기태가 사장 노파를 칼로 찌르고 회사재산을 몽땅 털어가지고 달아나 지명수배의 몸이 되었다는 것이다. 광이는 더 추악하게 타락하고 있는 기태와 같은 그런 변절자가 결코 되고 싶지는 않다고 굳게 다짐했다.

광이에게 매일 여러 형태의 취조와 전향공작이 이어졌다. 취조관이 바뀔 때마다 그에게 물어보는 말이 있었다. 고향도 아니고 일점혈육도 없는 이북을 어째서 한사코 동경하는가였다. 그는 어릴 적부터 아버지를 통해 사람은 뜻을 귀중히 여기고 인간답게 살아야 한다는 것을 수없이 듣고 자랐다. 그렇게 가르치던 아버지가 무참히 희생되었을 때, 이 세상에 정의란 없다는 것을 뼈저리게 느꼈다. 그러나 빨치산 때의 덕구아바이와 감옥에서 만난 최남규를 통해 자신이 바라는 이상적인 세상이 이북에 있고, 정의가 넘치는 그런 이상적인 사회를 '김일성 장군님'이 그곳에서 펼쳐 보이고 있다는 것을 들었다.

특히 그는 '푸에블로'호, '이씨121'간첩비행기사건을 통해 세계 최강이라는 미국과 당당히 맞서 이기는 이북의 모습을 통해 벅찬 감동을 금할 수 없었다. 그는 언제나 취조관들에게 "〈물론 가족도 중요하고 고향도 중요하겠지요. 그러난 난 그보다 사람이 자기 존엄을 가지고 당당하게 살 수 있는 그런 세상이 더 중요하다고 보는겨. 그 어떤 압력에도 굴하지 않고 떳떳하게 살 수 있는 세상, 또 그것을 생명으로 여기며 담보해주는 세상, 누구나 그런 곳을 이상향으로 택하는 거야 응당한 이치가 아니겠소〉"(160쪽)라 했다.

규정에는 가족이 아닌 사람에게는 면회가 허용되지 않았지만,〈전향공작전담반〉이 있고부터는 어떤 것도 가리지 않았다. 놀랍게도 희애가 감옥에 찾아온 것이었다. 백지장같이 창백한 얼굴, 차분한 눈동자, 생각 깊은 진지한 모습의 희애는 빨치산 시절의 당돌하고 발랄하던 그 희애가 아니었다. 그녀는 그에게 용서를 구했다. 감옥으로부터 나오는 그를 기다리는 것만이 자신의 유일한 소망이라 했다. 어디까지나 자신은 그의 희애라며 그에게 한 장의 종이를 내밀었다. 그것은 혼인신고서였다. 그 신고서에 수표를 하면 내년 3월, 형기가 연장되지 않고도 석방될 수 있다고 했다. 광이는 전담반이 전향서 대신 혼인신고서로 자신을 유혹하고 있음을 감지했다.

희애는 그에게 만약 이제 당신이 감옥에서 나온다고 해서 온갖 구실로 당신을 감옥에 계속 살게 하는 이남의 법이나 통치자들의 잘못을 사람들이 탓하지, 20년 만기를 다 치른 당신의 양심과 지조를 그 누구도 탓하지 않고 당신의 신념을 알아줄 것이니 혼인신고서에 수표해달라고 애원했다. 사람들은 전향서에 도장을 찍고 감옥에서 나오는 일부 장기수들을 모멸의 대상으로 보지 않고 오히려 뜨거운 동정과 사랑으로 대한다고 했다.

광이는 희애에게 "〈신념이나 양심은 남들에게 보이기 위해서가 아니라 자기를 위해 필요한 것"(167쪽)이라며 그녀에게 이제라도 자신으로 인해 헛된 세월을 보내지 말고 하루빨리 좋은 사람 만나 결혼하라고 했다. 희애는 광희 어머니의 유일한 소망은 자신과 그의 결혼이라면서 어머니의 소원을 풀어주지 못하는 "〈당신도 인간이에요?〉"(171쪽) 하며 마지막 말을 남기고 떠났다.

1977년, 만기를 다 채웠지만 비전향이라는 이유로 광이는 석방되지 못했다. 매해 한 번씩 그에게 전향여부를 확인하고, 이에 불응하면 2년 또

2년씩 감옥살이를 연기했다. 그렇게 70년대, 80년대를 감옥에서 보내고, 89년에 이르러 광이는 비전향자들을 묶어놓던 '사회안전법'이 폐지되자 출소했다. 21세부터 54세에 이르기까지 33년간의 오랜 옥고생활을 마치고 나온 것이다. 조일민은 '무기'에서 10년으로 감형되어 출옥했고, 15년의 옥살이를 마친 뒤 부산에서 조그만 한 미장원 경영을 하면서 통일운동에도 적극적인 승옥의 소개로 희애는 가톨릭신자인 어떤 남자와 결혼해 가정을 이루었다.

광이는 서울에 있는 고향 친구 용재의 주선으로 잡다한 일용 상품들을 만드는 소규모의 플라스틱 공장에 취직했다. 한때 학생운동으로 대학에서 제적·구속까지 당한 경력이 있는 30대의 젊은 사장은 광이를 비전향 장기수, 장기구금통일인사라는 것으로 하여 정중하게 대해주었다.

어느 날 용재가 찾아왔다. 그가 광이에게 독재정권이 폭력정치를 일삼고, 한 마리에 70만 원씩이나 하는 애완용 비단잉어를 키우는 재벌들이 외국자본과 함께 제 마음대로 이 땅을 뜯어먹고, 서민들은 궁핍한 생활 속에 계속 힘들게 살고 있고, 국민 한 사람당 100만 원의 빚을 지고 있는 것은 이 나라가 민주화가 되지 못한 때문이라며 울분을 토하자, 광이는 그보다 더 근본적인 원인이 있다며 "국토의 분열, 민족의 분열이 바로 온갖 고통의 원인이다"(192쪽) 했다. 따라서 이 분열을 종식시키기 위한 투쟁, 통일을 위한 투쟁이 결단코 필요하며, "진정한 민주는 통일에 있고, 오직 통일만이 우리가 잘살 수 있는 길"이라 했다. 그리고 이를 위해 "미국놈부터 몰아내야" 한다고 했다(192쪽).

또 한편 광이는 그에게 짐승처럼 취급받는 고통스러운 감옥생활에서도 자신에게 힘을 준 것은 바로 이북이라 했다. "〈그때까지만 해도 난 이북의 사상이나 주의에 심취해서가 아니라 바로 자네가 세계최강이라고 하는 미국과 1대 1로 맞서서 한번도 후퇴하지 않는 그 배짱과 결패에 감동되면서 사람도 바로 저렇게 살아야 하는구나, 저게 바로 당당한 삶이구나

하는 걸 깨달았단 말여……〉"(194쪽). "그런데 문제는 세상을 놀래우는 이북의 그런 대담무쌍한 대응이 어디서 나오는가 하는 것이여. 그건 바로 김일성 주석님과 함께 군대를 직접 맡아 영솔하시는 김정일 국방위원장님의 단호한 결단과 의지에서 출발하는데, 그분의 인생관은 인민의 존엄과 행복을 위해서는 상대가 누구이든 그 어떤 대가를 치르더라도 끝까지 싸운다는 확고한 신념이여. 난 거기에 감동된 거라. 비록 다른 나라보다 크거나 잘살지는 못해도 얼마나 민족의 영예를 중시하는가 말여. 사람의 최대의 행복이 인격이라면 민족의 최대의 행복은 존엄이 아니겠는가 말여. 난 그때에야 사람이나 민족의 가치는 바로 영도자에 의해 규정된다는 진리를 깨닫게 됐고 그런 민족이야말로 세상에서 가장 행복한 민족이라는 걸 알게 되었어……. 그때 내가 결심한 게 뭔지 알아? 내 고향은 비록 이남이지만 나의 조국은 이북이다, 비록 감옥에 갇혀 있기 하지만 그분을 받드는 전사로 살겠다 하는 것이었어. 이제 와서 돌이켜 보면 바로 그 자부심이 나를 시련에서 견디게 해주었고 또 양심을 끝까지 지킬 수 있게 해준 힘의 원천이었던겨〉"(194~195쪽) 했다.

용재는 생각에 젖은 눈으로 한곳을 응시하고 있었다. 비로소 알게 된 광이의 새로운 모습에 감동되어 마주 볼 수 없었다. 광이는 한 눈을 용재의 무릎 위에 올려놓은 채 혼잣소리처럼 이렇게 절절하게 말했다. "〈내 소원은 말여…… 죽기 전에 그분의 정치를 받아보았으면 하는 것이여. 만약 그게 어렵다면 잠시라도 뵙고 인사라도 올리고 싶은겨. 우리 민족을 그렇듯 존엄 있는 민족으로 당당히 내세워주시어 고맙다고 말이여. 그것도 어려울까?〉"(195~196쪽).

조일민이 94년 서울에 왔다. 비전향장기수들에게 "김일성 주석님의 서거에 대한 통절한 애환이 가셔지지 않고 있을 때였다"(196쪽). 비전향장기수들이 모이는 낙성대의 '만남의 집'에 그가 나타난 것이다. 그는 광이에게 '김정일 국방위원장'이 평양에 온 조총련 조의대표단 성원들에게 행한 말을 전했다. 국방위원장은 '김일성 수령님'이 생전에 남긴 유언이 조국통일이라며 이를 위한 투쟁에 더욱 과감히 싸워야 하며, "〈그러자면 남녘땅에서 온갖 시련을 다 겪으면서도 조국통일을 위해 자기의 모든 것을 다 바친 비전향장기수들처럼 싸워야 한다"는 것이었다(198쪽). 이어 국방위원장은 비전향장기수들이야말로 "세상에서 가장 깨끗한 양심과 신념을 지닌 혁명가들이며 조국의 통일을 위해 싸운 귀중한 동지들이라고 하셨"다는 것이었다(199쪽).

자신들을 "가장 깨끗한 양심과 신념을 지닌 혁명가들이며 자신의 가장 귀중한 동지들"(199쪽)이라고 행한 그의 말에, 최남규를 비롯한 다른 비전향장기수들은 물론 광이 또한 걷잡을 수 없는 눈물을 쏟아내었다. 자신들을 혁명가로, 가장 귀중한 동지로 믿어주는 국방위원장의 "불같은 인성에 저절로 눈굽이 달아올랐다"(202쪽). 그들 모두 울음을 터뜨렸다. "〈장군님!〉 더 이상 할 말도 없는 그들이었다. 눈물밖에는, 다함없는 경모와 감사의 념이 뜨겁게 흐르는 눈물밖에는 무엇으로도 표현할 길이 없는 그들이었다"(202쪽).

광이는 "어떤 일이 있어도 그분께 고맙다는 인사 한마디만은 꼭 올리고 싶었다. 그것이 바로 사람의 도리고 혁명전사로서의 의무가 아니겠는가! ……혁명의 영도자와 혁명전사 사이에 맺어진 진정한 동지애가 어떤 것인가 하는 것을 비로소 가슴에 깊이, 뜨겁게 새길 수 있었다. 그러나 전사가 영도자에게 바치는 충정에 비하면 너무나도 크고 뜨거운 전사에 대한 영도자의 사랑이 아닐 수 없었다"(203쪽).

드디어 분열의 반세기 역사에 처음으로 남북수뇌 상봉이 이루어졌다. 통일강령 6·15공동선언이 채택되면서 비전향장기수들의 송환도 눈앞에 다가왔다. 광이는 송환을 앞두고 커다란 번민에 싸여 있었다. 운신은 물론 듣지도 못하고 말조차 제대로 하지 못하는, 60평생 단 한번도 아들의 효도를 받아보지 못한 어머니가 자신의 송환을 어떻게 받아들일까였다.

광희와 조카는 진심으로 그의 송환을 축하해주었다. 그는 마음속으로 어머니께 용서를 빌었다. 자신이 가는 길은 "부끄럼 없는 아들로서 사는 길"이라며 머지않아 "휘황한 통일의 여명이, 찬란한 통일의 서광이 밝아"올 때(208), 그때 다시 어머니께 인사 올리겠다고 했다.

송환되는 광이를 환송하는 자리가 '평양옥'에서 열렸다. 승옥, 희애, 그리고 그의 남편 인식이 참석했다. 신학대학 교수로 일하는 인식은 천주교 신자일 뿐 아니라 '민가협'의 핵심 멤버이기도 했다. 자신이 버린 지조를 감옥에서 목숨으로 지키고 있는 광이에 대한 사랑, 죽을 때까지 광이를 향한 사랑을 안고 살겠다는 희애의 "그토록 뿌리 깊은 사랑"(215쪽)을, 그녀의 고통을 승옥에게서 듣고 나서, 인식은 그녀의 고통을 함께 나누고 광이의 뜻을 함께 이어가기 위해 희애와 결혼했다. 결혼 당시의 그때 그의 나이는 서른다섯, 희애보다 세 살 아래였다.

'평양옥'의 환송자리에서 승옥이가 먼저 일어나 "바로 세상에서 가장 명예로운 칭호, 비전향장기수, 통일애국투사의 영광을 지닌"(223쪽) 광이의 송환을 축하하면서 "〈인간정신의 위대함을 보여주었기 때문에…… 반통일세력의 억압에도 통일의 의지를 끝까지 견지함으로써 민족운동의 정통성을 확보해냈기 때문에〉" 그를 "승리자"라 칭했다(223쪽). 광이는 그녀의 말에 명치끝이 찌르르 저려오는 가운데 마음속으로 "자기가 승리자라면 그것은 자기를 변함없이 지켜주고 이끌어준 태양의 빛이 있었기 때문"이라 했다(223쪽). 그는 화답으로 "〈……내가 오늘까지 견딜 수 있었던 것도 그래서 오늘의 영광을 받아안을 수 있었던 것도 다 동지들의 사랑이 있었기 때문입니다"(224쪽) 했다. 인식은 광이에게 선생님이 자신들에게 가장 귀중한 것을 주었다고 했다. 사람이 어떻게 살고 어떻게 사랑해야 하는가를 가르쳐준 분이 광이이며, 자신이 희애와 결혼한 것은 "〈그것은 오직 선생님에 대한 존경, 선생님의 인생관에 대한 매혹 때문이었습니다〉"(225쪽) 했다.

'평양옥'의 마담이 통기타를 들고 나와 자리를 함께 했다. 그녀는 송환되는 광이 '선생님'을 축하하기 위해 이북에서 유행되는 노래를 기타에 맞추어 조용히 부르기 시작했다.

> 인생의 길에 상봉과 리별
> 　그 얼마나 많으랴
> 헤어진대도 헤어진대도
> 　심장 속에 남는 이 있네
> 아— 그런 사람 나는 못 잊어
>
> 오랜 세월을 같이 있어도
> 　기억 속에 없는 이 있고
> 잠간 만나도 잠간 만나도
> 　심장 속에 남는 이 있네
> 아— 그런 사람 나는 귀중해 (229~230쪽)

잠자코 있던 희애가 속삭였다. "〈그래요. 삼진[광이] 씬 저에게 아니 우리 모두의 심장 속에 영원히 영원히 남아 있을 사람이에요"(230쪽). 그리고 광이의 뜻을 저버리고 행한 자신의 전향, 혼인신고서를 갖고 찾아가 간접적으로 그의 전향을 종용한 일, 광이에 대한 이런 "가혹한 배반, 모진 고문"(230쪽)을 행했던 자신의 잘못의 용서를 두 손 모아 쥐고 공손히 고개를 숙이며 광이에게 구했다. "눈에 맺혀 있던 눈물이 볼을 타고 주르르 흘러내리자 입을 싸쥔 희애는 오열을 터뜨리기 시작했다"(232쪽).

광이를 비롯한 비전향장기수들은 판문점을 거쳐 평양으로 왔다. 평양에 돌아온 그의 일행을 취재했던 '청년출판사' 여기자 은옥경은 "사람다운 사람"으로 살아온 광이의 위대한 삶, 그리고 그의 "위대한 넋"에 감동되어, 그의 여자가 되어 자신의 "진정한 사랑과 따뜻한 인간의 정"을 그에게 바치고 싶어했다. 그녀는 자신의 간절한 마음을 취재수첩에 쏟아내었다. "경애하는 장군님께서는 비전향장기수들을 위해서는 하늘의 별이라도 따와야 한다고 하시지 않았는가…… 정녕 나는 될 수 없을까? 장군님께서 그들에게 안겨주고 싶어하시는 그 별, 비록 눈에 보이지 않는 자그마한 별이라 해도…… 그래서 선생이 신념을 지켜 한 생을 바친 대가로 잃어버린 행복을 조금이라도 보상할 수 있다면"(243~244쪽).

은옥경은 "혁명에 가장 충실한 인간, 그래서 가장 훌륭한 인간만이 받을 수 있는 가장 진정한 사랑"(241쪽)을 광이에게 바쳤다. '김정일 장군님'의 축하 속에 그들은 결혼했다.

평양

남대현의 『통일련가』에서 알 수 있듯, 작품의 주인공 "불굴의 통일애국투사인 비전향장기수 고광 동지"(5쪽)도 오뒤세우스처럼 숱한 고난을 겪은 뒤, '고향' 평양으로 돌아간다. 그러나 그의 고향은 어머니를 비롯한 가족도 있는 전라북도 고창이지만, 그의 진정한 고향은 '평양'이다. 취조관이 바뀔 때마다 그들은 그에게 고향이 전북 고창인데 어째서 그렇게 이북을 동경하느냐고 물었다. 그때마다 그는 그들에게 태어난 고향도 중요하지만 그보다 더 중요한 것은 어떠한 압력에도 굴하지 않고 자기 존엄을 지닌 채 떳떳하고 당당하게 살 수 있는 곳이야말로 진정한 고향이며, 이러한 곳을 진정한 고향으로 택하는 것이 "응당한 이치"가 아닌가 했다(160쪽).

'평양'은 이 작품뿐 아니라 다른 작품에서도 진정한 고향으로 등장하고 있다. 가령 해방 직후 '김일성 장군님'이 제시한 건국노선이야말로 "겨레의 통일의 유일한 방안"일 뿐 아니라 "더없이 고귀한 진리"[18]임을 깨닫고, 이를 위한 선전투쟁에 뛰어들었을 뿐 아니라 '조국해방전쟁' 시기 태백산 빨치산 부대와 이남 지하조직에 북의 출판물을 배포하다 체포되어, 30년을 옥살이를 한 뒤 송환되었던 조인영의 장편소설 『그가 가는 길』의 주인공 비전향장기수 한혁준에게도 그의 고향은 경기도 광주이지만, 그의 진정한 고향은 '평양'이다.

가혹한 고문을 당한 뒤 자신의 감방으로 끌려온 주인공이 머리를 들어 북쪽으로 뚫린 공책장 크기만한 뙤창을 바라보았을 때, 그에게는 "그가 바라고 동경하여 마지않던 북녘하늘을 뙤창으로 내다볼 수 있다는것만으로도…….. 이 감방 안에서 누릴 수 있는 무상의 행복을 얻는 셈이었다" (조인영, 24쪽).

그리고 '김일성 장군님'이 세운 보안간부학교를 졸업한 뒤, 보안서에서 일하다 남하하여 지하공작을 하다 체포되어, 수십 년 동안 옥중생활을 한 뒤 북으로 송환되었던 한웅빈과 로정범의 공동 장편소설 『평양사람』의 주인공 비전향장기수 전창호에게도 그의 고향은 충청북도 천안이지만, 그의 진정한 고향은 '평양'이나. 보안감호소에 있는 자신을 심문하는 자에게 전창호는 "사람으로 태어난 곳이 고향이 아니겠소? 내가 사람으로 태어나고 사람으로 산 곳은 평양이오" 했다. 그리고 평양이 진정한 고향이기 때문에 "사람은 어머니를 바꿀 수 없듯이 고향도 바꿀 수 없소" 했다.[19]

그리고 한웅빈의 또 다른 장편소설 『아, 조국!』의 주인공 려호의 경우도 마찬가지다. 광복 전 '연길흥농합작사'에 일하다 광복 직후 청진 도인

---

18) 조인영, 『그가 가는 길』 (평양: 문학예술출판사, 2005), 7쪽. 앞으로 남대현의 『통일련가』뿐 아니라 이 작품의 인용문이 나올 때는 본문 괄호 안에 작자의 이름과 쪽수를 표기함.
19) 한웅빈과 로정범, 『평양사람』 (평양: 문학예술출판사, 2005), 249쪽. 앞으로 이 작품의 인용문이 등장할 때는 본문의 괄호 안에 작가의 이름과 쪽수를 표기함.

민위원회, 그다음 평양중앙소비조합에서 일하다 남파되어 지하공작을 하다 체포되어, 31년의 감옥생활을 한 뒤 북으로 송환되었던 이 비전향장기수에게도 그의 고향은 경상북도 김천이지만, 그의 진정한 고향은 '평양'이다. "한 점의 푸른빛, 생명의 반점 하나 찾아볼 수 없는 무덤" 같은 어두운 그의 감방처럼 "한 포기의 풀도 한 점의 푸른 생명도 키워낼 수 없는" "검은 땅이 펼쳐져 있"는[20] 이남과는 달리, 그리고 "⟨반공⟩의 콘크리트로 ⟨포장⟩된" "불모의 땅"(한웅빈, 209쪽) 이남과 달리, 그에게 평양을 비롯한 이북은 "푸른빛…… 생명의 빛"(한웅빈, 173쪽)이 흘러넘치는 곳이다.

유토피아적 사유를 '희망의 원리'로 삼았던 블로흐가 공산주의를 "황금시대, 젖과 꿀이 흐르는 땅……"[21]이라 일컬었고, "마르크스는 그 유산…… 즉 황금시대를 결코 포기하지 않는다"[22]고 주장했듯, 그들의 공동작품 『평양사람』에서 한웅빈과 로정범은 특히 블로흐를 비롯한 사회주의 사상가들이 가장 이상적인 세계로 동경했던 이른바 '황금시대'와 같은 이상 사회를 공산주의자 '김일성 장군님'이 광복 후 5년간을 평양에서 펼쳤음을 지적하면서(한웅빈과 로정범, 156쪽), 모든 이의 동경으로 남아 있는 유산, 즉 '황금시대'가 이북에서 구현될 것임을 주장하고 있다.

한웅빈의 또 다른 장편소설 『아, 조국!』에서는 다른 어느 작가의 작품들보다 황금시절을 특징 짓는 모티프, 즉 '푸른 생명' '푸른 들판' '푸른 창공' '푸른빛' '푸른 하늘'이 숱하게 등장하고 있다(한웅빈, 168쪽, 160쪽, 173쪽, 179쪽, 365쪽). 황금시대를 표상하듯, 이북은 언제나 "푸른 들

---

20) 한웅빈, 『아, 조국!』 (평양: 문학예술출판사, 2004), 168쪽. 앞으로 이 작품을 인용할 때는 본문의 괄호 안에 작가의 이름과 쪽수를 표기함.
21) Ernst Bloch, *On Karl Marx* (New York: Herder and Herder, 1971), 36쪽.
22) Ernst Bloch, *The Principle of Hope*, N. Plaice · S. Plaice · P. Knight 공역 (Oxford: Blackwell, 1986), 1370쪽.

판 위의 푸른 창공"이 펼쳐진 '생명의 땅'(한웅빈, 168~169쪽)으로 비쳐지고 있다. 그리고 비전향장기수들에게 공산주의 국가의 수도 '평양'은 젖과 꿀이 흐르고, 푸른 들판 위에 푸른 창공이 펼쳐져 있는 '황금의 땅'으로 여겨지고 있다.

비전향장기수들에게 이북이 '푸른 빛' '생명의 빛'과 '정의'가 넘치는 "이상적인 세상" "이상향"(남대현, 159쪽, 160쪽)인 것은 그곳에는 '김일성 장군님'이 있기 때문이다. 그곳 평양에서는 수백 년 동안 핍박과 착취의 희생물이 되어온 피억압계급·농민과 노동자 들을 억압에서 해방시켜 나라의 주인으로 만들었을 뿐 아니라, "국토의 분열, 민족의 분열"을 가져와 '조선민족' 전체의 "온갖 고통의 원인"(남대현, 192쪽), "민족분열의 화근"(한웅빈, 68쪽)이 되고 있는 '미제'에 당당히 맞서 민족의 존엄성을 지키면서 조국통일을 위해 투쟁하는 그가 있기 때문이다.

그들에게 "조선은 김일성 장군님의 나라······ 장군님의 조선"(남대현, 41쪽)이듯, 그는 "이 겨레의 한울님"(조인영, 225쪽)이다. 따라서 김일성 "수령님은 우리의 운명"[23] 그 자체가 되고 있다. 정주군 옥천면 장경리(현재는 광산군 낭사리) 출생의 김병택이 '조국해방전쟁'에 참가했다가 후퇴했을 때, 퇴로가 막혀 지리산 빨치산부대에 들어가 '남부군'의 총사령관 이현상의 호위병이 되어 싸우다 포위되어, 사형을 구형받고 30여 년 동안 모진 감옥생활을 하면서도 "전향하지 않고 견디어낸 것은 수령님께서 계시기 때문"(권정웅, 236쪽)이었다. "예수의 사도들"이 그들의 "주님 예수"를 위해 수난을 겪었듯, 비전향장기수들은 "어버이 수령님" '김일성 장군님'을 그들의 "주님"으로 모시고 "수십 년 간을" 감옥이라는 "무덤 속에서" 전향을 받아들이지 않고 "온갖 고통을 다 겪었다"(한웅빈, 314쪽).

---

23) 권정웅, 『북으로 가는 길』(평양: 문학예술출판사, 2004), 236쪽. 앞으로 이 작품의 인용문이 등장할 때는 본문의 괄호 안에 작가의 이름과 쪽수를 표기함.

따라서 그들에게 신과 같은 그가 사망했을 때, 그에 대한 그들의 '통절한 애환'은 그칠 날이 없었다. 그러나 그들의 "투쟁의 기치였고 신념의 기둥"(남대현, 197쪽)이었던 그가 사망했지만 그들이 결코 절망의 나락으로 떨어지지 않았던 것은 그의 "혁명을 빛나게 계승하"고 있는(권정웅, 245쪽), "위대한 수령님과 같으신 또 한 분의 영도자 김정일 장군님"(한웅빈과 로정범, 161쪽)이 있기 때문이었다. 비전향자들에게 그는 '김일성 장군님'과 마찬가지로 신과 같은 존재다. 그는 "태양" "태양의 빛"(남대현, 209쪽, 223쪽; 조인영, 294쪽, 298쪽; 권정웅, 291쪽; 한웅빈, 371쪽)으로 비쳐지고, "우리 민족, 나아가서는" "지구상의 모든 피억압인민들" "온 인류의 구세주" "인류해방의 은인"(권정웅, 254쪽, 266쪽)으로 일컬어지고 있다.

'김일성 주석님'이 이북을 통치했을 때, 그리고 그와 함께 '김정일 국방위원장'이 "군대를 직접 맡아 영솔하시"고(남대현, 194쪽) 나라를 통치하고 있었을 때, "평양은 이 나라 이 민족의 새 역사의 구심점이었으며…… 나라와 민족의 휘황한 내일이 설계되고 숨쉬고 자라나는 곳이었다. 민족통일의 책원지였다"(한웅빈과 로정범, 117쪽).

작품 『통일련가』의 주인공 광이는 그를 찾아온 고향 친구 용재에게, 참담하기 그지없던 감옥생활이었음에도 불구하고 끝내 전향을 하지 않았던 까닭은, 자신의 고향은 이남이지만 '나의 진정한 고향'인 조국 '이북'이 있기 때문이라 했다. '김정일 국방위원장'이 "미국과 1대 1로 맞서 한번도 후퇴하지 않는 그 배짱"을 내보이면서 당당하게 민족의 존엄을 지키면서 이끌어가는 이북이 있기 때문이라 했다. 그리고 그분의 인생관은 "인민의 존엄과 행복을 위해서는 상대가 누구던 그 어떤 대가를 치르더라도 끝까지 싸운다는 확고한 신념"에 터하고 있다고 했다. 따라서 "민족의 영예를 중시하는" "민족의 최대 행복"인 "존엄"을 지켜주는 그에게 깊은 감동을 받지 않을 수 없다고 했다. 그리고 "그때에야 사람이나 민족의 가치는 바로 영도자에 의해 규정된다는 진리를 깨닫게" 되었으며, 그런 영도자가 있는 "민족이야말로 세상에서 가장 행복한 민족이라는 걸 알게" 되어, 그가 있는 이북이 '나의 조국'이고, 그가 있는 '평양'이 나의 '고향'으로 삼았다고 했다(남대현, 194~195쪽).

자신의 송환을 환영하는 자리에서 광이가 온갖 고문과 시련을 이기고 전향하지 않고 끝끝내 신념을 저버리지 않았던 것은 "자기를 변함없이 지켜주고 이끌어준 태양의 빛이 있었기 때문"(남대현, 223쪽)이라고 스스로에게 말했듯, 고향 고창에는 노모가 있지만 '자신을 지켜주고 이끌어준 태양'이 있는 곳으로 가는 것은 그로서는 "태양을 받드는 혁명전사의 응당한 본분"(남대현, 209쪽)이었다.

비전향장기수들의 고향은 "혁명의 수도"(한웅빈과 로정범, 63쪽) '평양, 궁극적으로는 '김일성 수령님'의 "품"(조인영, 203쪽)과, 자신들을 "세상에서 가장 깨끗한 양심과 신념을 지닌 혁명가들이며 조국의 통일을 위해 싸운" "자신의 가장 귀중한 동지들"(남대현, 198~199쪽)로 믿어주고, "혁명의 영도자와 혁명전사 사이에 맺어진 진정한 동지애가 어떤 것인가"(남대현, 203쪽)를 몸소 보여주는 '김정일 수령님'의 "품"(권정웅, 251쪽) 그 자체였다. "경애하는 김정일 장군님 품"은 그들의 '고향'일 뿐 아니라, 그의 품 자체가 바로 "우리의 조국⋯⋯ 나의 조국"(권정웅, 254쪽)이었기 때문이다.

전향

오뒤세우스가 이타케로 귀환하기 전 겪었던 고난이 주로 바다에서의 끝없는 표류였다면, 비전향장기수들에게 그것은 주로 감옥에서의 끝없는 고통의 삶이었다. 물론 지리산 빨치산 투쟁 시기에 보낸 삶도 고통 그 자체였다. 그러나 수십 년에 이르는 감옥생활의 고통은 그 고통의 기간이 수년에 불과했던 지리산 빨치산의 그것에 비할 바 아니었다. 콘크리트 바닥의 감방 안에서 늘 겪는 허기, 여름날의 더위, 겨울의 추위는 지리산의 그것과 같았지만, 무엇보다도 비전향장기수들에게 가장 큰 고통은 전향을 거부하는 그들에게 가하는 고문이었다.

조인영은 작품 『그가 가는 길』에서 '법무부' 형정국 지하고문실을 다음과 같이 묘사하고 있다. "동서고금의 온갖 형구들이 모두 갖추어진 고문실에서는 화끈한 온기와 함께 타르 끓는 냄새가 지독하게 코를 찔렀다. 전기고문실이며 사람을 매달아 올릴 때 쓰는 각종 쇠사슬이며 활차에다가 이글이글 불을 뿜어올리는 숯불이 있었다……. 한쪽 벽면에는 좁은 문을 단 두 개의 밀폐실이 있는데 하나는 백열등고문실이요, 다른 하나는 소리고문실이었다. 백열등고문실에는 천장에 1,000촉, 500촉짜리 전등을 촘촘히 켜놓아서 눈을 뜰 수 없고 발가벗은 온몸의 피부를 지지는 듯한 염열에 미칠 듯 날뛰게 만드는 곳이다.

소리고문실에서는 200와트 이상의 고출력고성기로 유리 갈리는 소리, 철판 부딪치는 소리, 포성과 총성, 각종 맹수의 울부짖음과 같은 괴성을 24시간 내보낸다. 그러면 두 손을 뒤로 묶인 수인은 몇 시간 안에 청각이 마비되거나 정신이상이 되어 지쳐 쓰러진다. 한쪽 벽체에는 각종 고문형구가 주런이 걸려 있다. 바늘같이 가느다란 철사를 촘촘히 박은 박달방망이며 손발톱을 뽑는 집게…… 그 밑에는 고무방망이며 살점이 뚝뚝 묻어나는 가죽채찍에 고춧가루 물을 풀어놓은 단지와 주전자가 있다"(조인영, 16~17쪽).

고문전문가들은 비전향장기수들의 온몸을 발가벗긴 뒤, 발목과 손목에 뒤 수정을 채우고, 두 손과 발목 사이에 쇠고랑을 걸고 천장에 달아매고는 방망이나 자전거사슬로 갈기며, 연속타격에 의식을 잃게 되면 물을 얼굴에 부어 다시 정신을 들게 한 뒤, 물고문을 행한다. 얼굴 위에 천을 덮어씌우고 그 위에 주전자의 물을 부어, 천이 코와 입을 막아 숨을 쉴 수 없게 해 고통의 몸부림을 치게 한다. 그래도 장기수들이 전향을 거부하면 전기고문이 시작된다. 그러나 비전향장기수들은 온갖 고문에도 전향을 받아들이지 않는다. 그들이 가혹한 고문에 항거하기 위해 단식투쟁을 하면, 관례대로 강제급식이 시작된다.

남대현은 작품 『통일련가』에서 주인공 광이에게 간수들이 행하는 강제급식을 다음과 같이 묘사하고 있다. "왜놈들에게 물려받은 '유산'"(한웅빈과 로정범, 92쪽) 가운데 하나인 "강제급식을 당할 때마다 광이는 자기가 완전히 덫에 걸린 짐승이라는 생각이 들었다. 발버둥칠수록 덫은 더욱 고통스럽게 온몸을 조여들었다. 한 놈이 턱을 움켜쥐고 목을 잔뜩 뒤로 젖히면 다른 놈이 입에 쐐기를 틀어박았다. 혀끝에 느껴지는 껄끄러운 나무의 감촉과 함께 미끄러운 호스가 목구멍에 틀어박히면 대뜸 왁 하고 구역질이 치밀어 올라 뱃속에 있는 것을 토해놓기 시작했다. 토할 때 나무쐐기가 빠지는 순간 다시 이빨을 사려물고 고개를 비틀면 이번에는 거품 같은 미음이 콧구멍과 눈두덩 위로 마구 흘러내렸다"(남대현, 135쪽).

조인영은 작품 『그가 가는 길』에서 고문당한 뒤 징벌방에 갇혀 있는 주인공 한혁준의 모습을 다음과 같이 묘사하고 있다.

징벌방은 0.7평밖에 안 되는 좁은 방……. 밤에는 너무 추워서 마룻바닥에 눕지를 못하고 반쪽짜리 담요를 뒤집어쓴 채로 서서 떨어야 했다…… 다리는 파쇄골절 부위로부터 점차 시커멓게 화농이 번져지면서 마비가 오기 시작하였다. 못 견디게 저리고 쿡쿡 쏘았다. 고막이 터진 귀에서는 며칠 지나서부터 고름이 흘러나왔다……. 이튿날부터 징벌이 더해졌다. 24시간 동안 까딱없이 서 있어야 하는 벌이었다. 밤잠도 재우지 않고 밥도 선 채로 먹게 했다……. 몸통만치 팅팅 불어난 다리는 혈이 통하지 않아 흑자줏빛으로 변하면서 온기를 잃어갔고 바서진 슬개골 조각들이 살 속을 파헤쳐서 생긴 상처 부위로는 피고름이

줄줄 흐르고 있었다(조인영, 99~100쪽).

반공을 제1의 국시로 선포한 군사정권이 들어서면서부터 비전향장기수들이 당하는 고문은 전과 비교할 수 없을 정도로 고통스러웠다. 전향을 거부하면 피비린 고문을 가했다. "고문장에서 피 토하며 쓰러지고 사형장에서는 날마다 총성이 끊이지 않았다…… 여러 명의 열혈투사들이 사형당했다"(조인영, 264쪽). "전향이냐 아니면 죽음이냐 하는 이 하나의 기준에 따라 가해지는 악착같은 고문은 성성하던 사람을 삽시에 혈압이 튄 식물인간으로, 제대로 듣지도 보지도 못하는 정신병자로 변신케 했다. 심지어 고문의 어혈로 먹방구석에 며칠째 버려져 있다가 누구도 모르게 미라처럼 싸늘하게 식어버리는 사람도 부지기수였다. 얼마나 고문이 지독했으면 수십 년을 완강하게 버텨온 사람들까지도 절망에 싸여 감방벽에 머리를 들이박거나 담요깃을 뜯어 만든 밧줄로 목을 매 자살하겠는가!"(남대현, 149쪽).

전향자들도 하나둘 늘어갔다. 그러나 전향한 일부 장기수들과 달리 비전향장기수들은 전향을 거부했다. 권정웅의 작품『북으로 가는 길』의 주인공 김병택은 재판장에서 사형이 구형되었을 때, 그는 "〈두 동강이 난 우리 조국을 통일시키기 위해 나선 전사다. 미국놈을 내쫓고 통일하자는 것이 죄냐?〉"(권정웅, 105쪽)고 했다. 그 후 감옥생활 중 전향이 강요되었을 때, 그는 "〈내가 아직 가지고 있는 사상이나 이념이라는 것은 미제를 이 땅에서 몰아내고 두 동강이 난 조국을 통일하자는 것인데 그것을 버리거나 180도 돌려놓으면 무엇이 되는가?〉"(권정웅, 135쪽) 했다.

비전향장기수들에게 "이 땅에서 일어나는 비극은 크든 작든 모두 미국과 연결되어 있다"(한웅빈, 93쪽). 국토의 분열뿐 아니라 민족의 분열 등, 이 땅의 모든 고통의 원인이 되고 있는 '미국놈들'을 몰아내지 않고는 '민족통일'은 결코 성취될 수 없다는 것이 그들의 부동의 신념이었다. 따라서 그들에게 '전향'이란 이러한 '신념'을 포기하는 것과 마찬가지다.

남대현의 『통일련가』에 등장하는 최남규가 노구의 몸으로 목숨을 각오하면서까지 감옥동지들을 위해 감옥소 당국으로부터 인간다운 대접을 받아내고자 집단단식을 주도했을 때, 그리고 끝까지 자신의 뜻을 관철하기 위해 온갖 고문과 회유에도 불구하고 단식을 풀지 않았을 때, 그때 광이가 그로부터 깨닫고 절감했던 것은 "진정한 신념은……. 남규처럼 숨이 붙어 있을 때까지는…… 앞날에 대한 확신, 자기가 하는 일에 대한 정당성을 믿고 끝까지 그 목적을 관철하고야 마는 것"(남대현, 137쪽)이었다. "김일성 장군님께서 계시는 한 우리는 꼭 이긴다"(권정웅, 166쪽), "김일성 장군님께서 조국통일을 영도하시기에 꼭 우리는 승리"(권정웅, 231쪽)하고야 만다는 것이 비전향장기수들의 앞날에 대한 '확신'이었고, "끝까지 살아서"(조인영, 114쪽) 민족통일의 훼방꾼인 '미국놈들'을 내쫓는 것이 그들이 '관철하고야' 말 '목적'이었다.

한웅빈의 『아, 조국!』의 주인공 려호가 자신에게 전향을 강요하는 취조관에게 "⟨……우리는 통일된 나라를 위하여 조선노동당의 일원으로 싸우고 있는 거요. 그것은 명예가 아니라 존엄이라고 부르는 거요. 통일조국보다, 당보다 더 큰 것을 내 앞에 가져다 놓아보시오. 그보다 더 큰 것을 당신은 세상에서 찾을 수 있소?⟩"(한웅빈, 201쪽) 했다. 조국통일을 위해 자신의 전부를 바치고자 하는 것이 비전향장기수들의 '신념'과 '목표'였을 뿐 아니라, 그들에게 주어진 "사명"(조인영, 114쪽)이기도 했다.

그들에게 '조국통일'은 그 무엇보다도 이남으로부터 '미국놈들'의 축출이 전제되고 있다(한웅빈, 367쪽). 이것 외에 그 어떤 것도 그들의 투쟁에 선행조건이 될 수 없었다. '미국놈'들에 대한 그들의 증오는 절대적이었다.

"한국전쟁 시기 남한과 달리 북한 주민들은 전쟁의 공포를 심하게 겪었다. 1951년 초에 전선이 고착된 후 휴전이 되기까지 미군의 지칠 줄 모르는 공습에 북한 주민들은 일상의 차원에서 심한 고통과 공포를 경험해야만 했다…… 일반 주민들이 느끼는 전쟁에 대한 무서움은 북한의 경우 남한에 비할 바 아니다. 이러한 공포는 이후 미국과 남한에 대한 적대감으로 전환하여 기억의 지층을 형성하였던 것이다. 이것은 50년 가까운 세월에도 불구하고 결코 회석화되지 않은 것이다."[24] 미군의 그침 없는 파괴적인 폭격으로 인해 엄청난 고통과 공포를 경험했던 북한인들의 미국에 대한 증오는 이념적이기 이전에 본능적이었다. 온갖 잔인한 고문에도 불구하고 비전향장기수들이 끝까지 전향을 거부하고 있는 것은 '미제'가 "침략자"로서 "식민지종주국"으로서(한웅빈, 368쪽) 이남에 머무는 것을 이념적으로나 본능적으로 도저히 용납할 수 없었던데다, 이를 용납하는 것은 그들에게 '전향'을 의미하는 것이기 때문이었다. 따라서 전향한다는 것은 "통일의 고임돌이 되어 어버이 수령님의 품에 안겨야 할 사람들"(조인영, 203쪽)로서 얻는 자격을 포기하는 것과 같은 것이었다.

고문으로 인해 숱한 장기수들이 죽고, 고문에 이기지 못해 스스로 목숨을 끊는 일이 비일비재했을 때, 장기수들 간에는 조국통일을 위해 싸우기도 전에 그렇게 비참하게 죽기보다는 차라리 전향서에 가짜도장 찍고 가짜전향을 한 다음에 밖에 나가 때가 오면 본격적으로 투쟁하는 것이 어떠냐는 것이 이따금 제기되었다. 그러나 비전향장기수들에게는, 그것이 가짜이든 아니든, 어떠한 형태의 전향도 "변절이고 혁명의 배반"(권정웅, 147쪽)이었다.

한웅빈의 작품 『아, 조국!』의 주인공 려호가 장기수 감옥동지들에게 '저들이' 그처럼 자신들을 전향시키려고 애쓰는 것은, "〈그것은 바로 우리를 전향시킴으로써 남녘 인민들 앞에서 우리 조국, 공화국의 존엄을 허물어뜨리……고 그리고 나아가서는 우리 수령님의 권위를 훼손시키

---

24) 김재용, 『분단구조와 북한문학』 (서울: 소명, 2000), 15쪽.

려……〉"(한웅빈, 121쪽) 하기 때문이라 했다. 따라서 자신들의 전향으로 인해 '우리 수령님의 권위'가 '훼손'되어서는 안 된다는 것이다. '어버이 수령님'과 '김정일 장군님'을 위해 싸우는, "혁명에 가장 충실한 인간"(남대현, 241쪽)으로 남는 것, 이 길만이 "태양을 받드는 혁명전사의 응당한 본분"(남대현, 209쪽)이자 "애국의 길…… 성스러운 투쟁의 길"(조인영, 293쪽)이다. 따라서 그들에게는 전향은 물론 고문에 대한 저항의 한 형식인 '자살'도 용납되지 않는다. 저항의 가장 극단적이고 절망적인 표현의 하나인 '자살'마저 그들에게는 "가짜전향보다 더한 투항"(권정웅, 210쪽)을 의미했다.

조인영의 작품 『그가 가는 길』의 주인공 한혁준은 전향을 거부하다 고문을 당해 다리가 심한 골수염으로 진행되고 있다는 진단을 받았다. "다리를 자르지 않으면 생명을 내대야 하는 각박한 정황이었다"(조인영, 101쪽). 전향하고 밖에서 수술을 받으면 다리를 절단하지 않고 목숨을 구할 수 있지만, 그렇게 하지 않으면 다리를 절단할 수밖에 없는 처지에 놓여 있었다. 면회 온 누이와 매부는 전향을 독촉했다. "이 가혹한 올가미를 어떻게 피한단 말인가"(조인영, 107쪽). 그러나 혁준은 고개를 옆으로 저으면서 "아니, 아니다. 만약 그렇게 된다면 이 한혁준이라는 인간은 허울과 육체만 남을 뿐…… 육체만 남고 넋은 변절한 한혁준이는 벌써 아니다"(조인영, 107쪽)라 했다. 그는 "죽어도 살아도 경애하는 김일성 장군님을 위해 싸우자"(조인영, 107쪽)며 전향을 받아들이지 않았다.

그의 생명이 위험하여 치안병원에서 대퇴부까지 그의 다리 몽땅 잘라내었다. 수술 부위의 화농으로 전신쇠약이 이어지면서 움직일 적마다 상처에서 출혈이 계속되었다. 위험한 지경에 이른 그의 생명을 구하기 위해 좌익수들이 단식투쟁을 한 결과 그는 병보석을 받고 출소했다. 감옥에서 아버지가 있는 집으로 돌아온 혁준은 감옥에 수감되어 있었을 때 그의 부상을 치료했던 감옥동지 리채련과 결혼했다. 채련은 제주도 4·3봉기로 인해 부모가 '미국놈'에 의해 학살되었고, 부상당한 인민군장병들을 치료했던 죄로 7년 형기의 징역살이를 했던 간호부출신이었다. 집의 생계는 주로 두부를 만들어 파는 그녀에 의해 해결되었다. 채련은 '유선암'이라는 치명적인 병을 앓고 있었다. 혁준은 아내가 숨기는 바람에 이를 모르고 있었다. 형무소 담당인 형정국 차장 김종구가 아내의 병을 알려주면서 아내의 유선암을 수술하려면 엄청난 돈이 필요하니 전향하라 했다. 전향하면 자신들이 그 수술비를 대신 치르고, 목공회사에 다니는 그에게 의류도매상을 하도록 경제적인 도움을 주겠다고 했다.

아내의 병을 알게 된 혁준은 눈앞이 아찔했다. 병보석 기간이 끝나고 다시 재수감되면 아내의 "병은 점점 커져서 결국 쓰러지고 말 것이 아닌가…… 그러니 이 일을 어찌해야 옳단 말인가"(조인영, 238쪽). 오랜 갈등 끝에 혁준은 "안 된다. 절대로 넘어가서는 안 된다" "감옥의 동지들은 나를 참인간이기를 포기한 짐승보다 못한 쓰레기로 규탄하고 증오할 것"(조인영, 238쪽)라며 끝내 전향을 받아들이지 않았다. 반공을 제1의 국시로 삼은 군사정권이 들어서자, 형집행정지로 가석방되었던 혁준은 재수감되었다. 전향을 강요하는 고문이 처참하고 잔인하기 짝이 없었다. 그러나 혁준은 "정황이 암담할수록 위대한 수령님과 공화국을 희망의 표대로 바라보면서 투쟁을 멈추지 않고" 싸워나가겠다고 다짐했다(조인영, 265쪽).

이후 수십 년의 옥살이를 한 뒤, 북으로 송환되기 1년 전 아내 채련은 세상을 떠났고, 어언 40대에 이른 아들과 며느리가 판문점에서 그의 송환을 지켜보면서 석별의 아픔을 나누었다. 그는 유일한 가족인 아들과 며느리가 있는 이남을 떠나 북의 평양으로 향했다. 오뒤세우스가 고난에 찬 표류 끝에 돌아간 곳은 아내 페넬로페가 있는 고향 이타케의 '집'이었지만, 광이나 혁준은 고향의 '집'을 떠나 평양으로 향했다. 그들의 진정한 고향은 평양이었고, 궁극적으로 그것은 '김정일 장군님'의 '품'이기 때문이었다.

혁준이가 비전향장기수들과 더불어 판문점을 넘어 그들을 환영하는 "환희의 꽃바다"(조인영, 298쪽)로 향했을 때, "통일각 정면에 높이 모셔진 위대한 수령 김일성 동지와 경애하는 김정일 장군님의 영상"이 눈앞에 다가왔다. "경애하는 김일성 장군님과 그분과 꼭같으신 또 한 분 김정일 동지께서 자애로운 눈길로 인자하게 바라보고 계시었다"(조인영, 298쪽). 혁준은 가슴속 깊이 "한없이 자애로운 저 눈빛, 태양과 같이 따사로운 저 미소, 수령님, 장군님, 뵙고 싶었습니다!"(조인영, 298쪽) 하고 외쳤다. "하늘은 푸르디푸르고 땅 위엔 끝없는 오색의 꽃바다가 펼쳐졌다. 비전향장기수들이 탄 버스는 어느덧 위대한 장군님께서 계시는 혁명의 수도 평양에 들어서고 있었다"(조인영, 298쪽).

문학가의 길

고대 그리스나 로마에서 왕이나 절대 권력자들은 자신의 업적과 통치 이념을 선전하고 정당화하기 위해 그들 곁에 여러 예술가를 거느리고 있었다. 그리스의 알렉산드로스 대왕, 로마의 아우구스투스 황제 등이 그러했다. 기원전 31년 옥타비아누스(후의 아우구스투스)가 안토니우스와의 악티움 전투에서 승리를 거두고 로마로 돌아온 후, 모든 권력이 거의 그의 손에 들어오자, 자신의 업적을 선전할 시인을 찾았다. 당시 로마에서 시인들이 서사시를 통해 왕이나 절대 권력자, 이름난 무사(武士)들, 그 밖에 영향력 있는 정치가들의 행적을 칭송하는 것이 관례였다. 로마의 최대의 시인 베르길리우스는 서사시 『아이네이스』를 통해 아우구스투스를 '황금시대'를 가져올 통치자, '로마 통치하의 평화'를 전 세계에 펼칠 위대한 통치자로 설정하고, 그의 통치하의 로마 제국의 이데올로기를 정당화했다.[25]

북의 작가들만이 '비전향장기수들'의 삶을 묘사한 작품들 통해 '김일성 장군님'과 '김정일 장군님'을 칭송하고, 그들의 통치이념을 선전하고 있는 것은 아니다. 베르길리우스와 마찬가지로 공산주의 국가가 몰락하기 전, "스탈린 자신이 '인민의 행복'으로, '행복의 건설자'로 보였던"[26] 소련·동구, 마오쩌둥의 통치 아래 있던 중공(中共)의 문학예술가들도 그러했다. 그러나 통치자와 그들의 통치이념을 절대시하고 신성시하는 데 북의 작가들만큼 그렇게 지나친 경우는 드물다. 2000년 남북수뇌의 '6·15공동선언'으로 인해, 일찍이 1993년 이인모에 이어 63명이라는 대규모 비전향장기수들의 북으로의 송환이 이루어지자, 북에서는 이를 '김정일 국방위원장'의 업적으로 돌리고 대대적으로 선전했다.[27] 비전향장기수들을 소재로 한 모든 작품이 그들이 평양으로, 그리고 평양의 '김정일 장군님'의 '품'으로 돌아가는 것으로 끝나고 있음을 보여줌으로써, 북의 작가들은 지금 북을 통치하고 있는 '김정일 국방위원장'을 최고의 통치자로 절대시하고, 그의 통치이념을 정당화하는 데 심혈을 쏟고 있다. 그를 절대시하고 신성시하는 것은 그를 '태양'과 동일시하는 모티프를 통해 드러나고 있다.

고대로부터 여러 나라의 신화와 종교에서 '태양'은 신과 동일시되고 있다.[28] 『바가바드 기타』에서 최초의 존재인 크리슈나는 '빛나는 태양'과 동일시되며, 「찬도가야 우파니샤드」에서 태양은 '신중의 신, 가장 높은

---

25) 이에 대해서는, 임철규, 졸저 「황금시대와 로마제국의 이데올로기」, 『왜 유토피아인가』 (서울: 민음사, 1994), 241~273쪽을 참조할 것.
26) Darrin M. McMahon, *Happiness: A History* (New York: Atlantic Monthly Press, 2006), 402~403쪽.
27) 비전향장기수를 주제로 한 소설이 2001년부터 2004년까지 총 60편의 장편소설이 등장했다. 이에 대해서는 임유경, 「북한 소설과 기억의 정치학-'비전향장기수 주제'를 중심으로」, 연세대학교 대학원 국문과 석사논문 (2007), 36쪽 주97)을 볼 것.
28) 이에 대해서는 임철규, 졸저 『눈의 역사, 눈의 미학』 (파주: 한길사, 2004), 44~46쪽을 참조할 것.

빛'으로 칭송된다. 그리고 인드라는 '최고의 태양신'으로 일컬어진다. 고대 메소포타미아를 비롯해 이집트 · 그리스 · 로마 등지에서도 주요 남성 신들은 대부분 태양과 결부되었다. 메소포타미아의 마르두크 신도, 메소포타미아 최고의 신 이스타누도 태양신으로 칭송되었다. 이집트 '최고의 존재' 아몬-레(아몬-라)도 태양신으로 칭송되었다.

그리스의 아폴론 역시 그러했다. 잉카 제국에서 태양은 백성을 지켜주는 수호신으로, 페르시아에서 그것은 '우주의 통치자'인 미트라 신과 동일시되었다. 『구약』의 여호와는 "벌하고 구원하고 치유하는 태양신"[29]으로, 예수도 일찍이 "정의의 태양"으로 일컬어졌다.[30] 예수가 사망한 이후, 태양으로서의 예수에 대한 숭배가 로마에서 유행했음이 이를 입증한다. 오늘날에도 아프리카의 가나와 나이지리아 북부 지역에 사는 종족도, 아프리카의 일라 족과 발루바 족도, 발카 산맥에 사는 슬라브인도 태양을 신과 동일시하고 있다.

그의 아버지 '김일성 장군님'이 작가 조인영에 의해 '이 겨레의 한울님'이라 일컬어졌듯이, 그의 '혁명을 빛나게 계승'하고 있는 '김정일 장군님'도 그의 아버지와 마찬가지로 여러 작가에 의해 '태양' '태양의 빛'으로 일컬어지고 있으며, '온 인류의 구세주', 즉 신과 같은 존재로 칭송되고 있다. 따라서 북의 작가들에게 "인민의 존엄과 행복을 위해"(남대현, 194쪽) 최강의 나라 미국과 1대 1로 맞서 싸우는 그의 통치행위, 그리고 아버지 '김일성 장군님'이 "유훈"으로 남긴 '조국통일'(남대현, 198쪽)을 민족 전체를 위한 최고의 가치로 삼고 이를 위해 자신의 전부를 바치

---

29) Othmar Keel과 Christoph Uehlinger 공저, *Gods, Goddesses, and Images of God in Ancient Israel*, Thomas H. Trapp 옮김 (Minneapolis: Fortress Press, 1998), 277쪽과 여러 군데를 볼 것.
30) R.C. Zaehner, *Mysticism: Sacred and Profane* (Oxford: Clarendon Press, 1967), 91쪽.

는 그의 통치이념을 우러러 받들고, '태양'인 그를 위해 그들의 문학 역량 전부를 쏟아내는 것이야말로 북의 그 '영도자'에게 행해야 할 당연한 본분이었다. 그렇게 하는 것이야말로 그들이 행할 유일한 길이었다.

이밖에 그들에게는 다른 길은 없다. 권정웅은 작품『북으로 가는 길』에서 "오직 한 길, 김정일 장군님의 전사가 되어 승리를 굳게 믿고 살아가는 길, 그것을…… 그[주인공 김병택]는 안고 있는 것이다……. 20년 전에 걸어 들어왔던 길을 바로 그 사람이 20년 후에 또 걸어나간다. 같은 길, 같은 사람……"(권정웅, 279쪽)이라 했다. 처음 '조국해방전쟁'에 뛰어들어 빨치산으로 싸우다 체포되어 수십 년을 감옥에서 숱한 고문을 겪으면서도 전향하지 않고 마침내 북으로 송환되는 비전향장기수들은 처음부터 마지막까지 장군님의 전사로서 오직 '같은 사람'의 '같은 길'을 가고 있는 것이다.

비전향장기수들은 전쟁터에서, 빨치산으로서 지리산에서, 감옥에서 육체의 부상뿐 아니라 엄청난 공포 · 불안 · 좌절 · 절망 등을 겪었을 것이다. 그러나 그들에게는 어떠한 '트라우마'(trauma)도 없다. 일반적으로 고대 그리스에서 '트라우마'는 '무기에 의한 부상'을 의미했다. 따라서 무기를 포함하지 않는 물리적인 공격에 의한 부상과는 구별되었다. 이러한 '트라우마'에는 부상시킬 때 죽일 의사나 의도가 전제되어 있었다.[31] 외상적(外傷的) 충격이든 지금 흔히 해석되는 '정신적 외상'이든 간에 본래 '트라우마'는 무기를 갖고 상대방을 죽일 의도로 부상을 가하는 것이므로 그만큼 치명적인 것이었다.

비전향장기수들은 전쟁터에서 일어나는 숱한 동지들의 죽음과, 부상에 고통스럽게 몸부림치며 울부짖는 동지들을 목격하면서 죽음에 대한 공포

---

31) David D. Phillips, *"Trauma Ek Pronoias* in Athenian Law," *Journal of Hellenic Studies* 127 (2007), 74쪽.

와 생명의 위험에 대한 불안을 겪지 않을 수 없었을 것이다. 지리산 빨치산 투쟁에서 혹독한 겨울 추위와 흔한 굶주림에 두려움과 절망을 느끼지 않을 수 없었을 것이고, 집어삼킬 듯 그들을 포위하고 총을 겨누는 '토벌대'와 대면하면서 공포의 전율을 또한 떨칠 수 없었을 것이다.

감옥생활에서 자신들에게 가하는 고문에 못 이겨 공포는 물론 스스로 자기 목숨을 끊고 싶을 만큼 엄청난 절망도 느끼지 않을 수 없었을 것이다. 이 모든 상황이 살인 '무기'가 되어 그들의 삶 전체를 지배하고 있었을 것이다. 그러나 작품들에 등장하는 비전향장기수들은 전쟁터라는 살인 '무기', 추위와 굶주림이라는 살인 '무기', 고문이라는 살인 '무기'에 의해 어떠한 정신적 '부상'도 입지 않은 채, 어떠한 흔들림도 없이 수십 년을 '같은 사람'의 '같은 길'을 걸어왔고, 그렇게 걸어가고 있다.

전남대 의대 2학년이던 1985년에 구미유학생 간첩단에 연루되어 무기징역을 받은 뒤, 전향서·준법서약서 쓰기를 거부한 채 14년 동안 복역하고 1999년 3·1절 특사로 출소했던 '세계 최연소 무기수' 강용주는 자신이 감옥에 있었을 때 비전향을 고집한 장기수들 중에는 이른바 사상이나 '신념'에 충실하기 위해 전향을 거부한 분들도 있었지만, 거짓자백을 강요하는 것을 참을 수 없어 전향을 거부한 분들도 있었다고 했다. 자신이나 후자의 경우에 전향거부는 사상이나 신념에 그 원인을 돌릴 수 없는, "인간의 정체성과 자존심을 지키고 싶은 욕망", 즉 '자기'의 '자기'에 대한 '예의'를 저버리고 싶지 않는 욕망 때문이라고 했다.[32]

하지만 작품에 등장하는 북의 비전향장기수들은 하나의 인간으로서 자신의 '정체성'과 '자존심'을 지키기보다 '장군님의 전사(戰士)'로서 그 '태양을 향한 충성, 그 태양을 향한 '예의'를 지키기 위해 전향을 거부했다. 오직 '같은 사람'의 '같은 길'을 걸어가는 그들에게는 어떠한 '트라우

---

32) 강용주, 「자존심과 정체성을 지키고 싶었다」, 2008년 8월 21일자 『경향신문』.

마'도 없다.

따라서 그들에게 어떠한 '자기 변화'도 있을 수 없었다. 자기 변화는 물론 '자기'(自己)마저 없었다. 그들은 언제나 '같은 사람'이었다. 북의 모든 문학가도 자신들의 작품의 주인공 '비전향장기수들'처럼, 바로 그들이 자신들의 '이마고'(imago)인 것처럼, 한 치의 흔들림도 없이 그들처럼 '같은 사람'의 '같은 길'을 걸어가고 있다. 그들에게는 '태양'의 '전사'로서 그 '태양'을 향해, 그리고 그 '태양'을 위해 언제나 '같은 사람'으로서의 '비전향(非轉向)의 길'을 걸어가는 것이야말로 민족과 조국을 위한 유일한 '문학가의 길'이 되고 있다.

시인 고은은 자신의 50년 문학을 더듬어보는 한 대담에서 "일정한 문학의 귀착점에 뿌리를 내리고 정착"하는 것은 자신의 문학의 길이 아니며, "여기에서 저기까지, 또 그다음 저기에서 다른 저기로 떠나는, 그 표류와 표착의 연속과정", 즉 "끝나지 않는 율리시즈[오뒤세우스]의 길"이 자신의 문학의 길이며 "나에게는 집조차 길"이라 했다.[33]

우리는 호메로스의 『오뒤세이아』가 주인공이 고난에 찬 숱한 표류를 겪고 나서 마침내 고향 이타케의 집으로 귀환했지만, 거기에 표착하지 않고 장구한 기간의 고난에 찬 표류의 길을 또다시 떠날 운명에 처한 것으로 끝난 것을 보았다. 호메로스는 오뒤세우스의 이러한 운명을 통해, '문학가의 길'은 '일정한 문학의 귀착점에 뿌리를 내리고 정착'하는 것이 아니라, 끝없는 '표류'와 '표착'의 연속과정의 길임을, '집'에 있어서도 그 집마저 떠나야 할 '길', 즉 끊임없이 움직이는 '오뒤세우스의 길', 이동(移動)의 길임을 말해주고 있다.

호메로스 당시의 많은 그리스인은 먼 지역을 자주 떠돌아다녔다. 사실

---

[33] 「정박하지 않는 시정신, 고은 문학 50년」, 『창작과 비평』, 36: 3 (2008), 178~179쪽.

"늘 그리스인은 여행에 혹해 있었고," 여러 여행을 통해 "지식이나 지혜를 얻는 데 혹해 있었다."[34] 특히 기원전 8세기는 항해기술의 발달로 인해 화물과 사람들을 더 빨리 더 안전하게 싣고 갈 수 있는 배가 등장함으로써 많은 그리스인이 지중해 전체를 떠돌아다닐 수 있었다. 따라서 그들은 여러 나라, 여러 지역을 항해하여 그곳의 문화와 다양한 삶의 모습을 접했으며, 그곳에 대한 많은 지식과 정보를 얻을 수 있었다.[35]

호메로스의 출생지인 이오니아는 본토에서 멀리 떨어져 있지 않았고, 상고시대의 소아시의 그리스 문화의 커다란 중심지는 해상여행의 본거지였던 섬들, 즉 사모스·레스보스, 심지어 키오스에 있었다. 가인(歌人) 호메로스는 이들 지역을 비롯한 여러 지역을 떠돌아다녔다. 그는 많은 '표류'를 통해 이타케의 섬을 포함해서 그리스 전 지역의 지리와 그곳의 삶을 상세히 알고 있었다.[36] 호메로스에 관한 전설에 따르더라도, 그는 떠돌아다니는 가인이었다. 그는 '모든 그리스인 중 가장 현명한 자'이자 '가장 달콤한 시를 읊는 가인(歌人)', 그리스 최고의 시인으로 알려졌으며, 시가(詩歌)의 여신 무사와 아폴론의 아들로도 알려졌다. 무사와 테티스에게서 시적 영감을 입고 시적 기교를 배운 뒤, 호메로스는 마지막으로 키오스에 정착할 때까지 시를 읊으며 여러 도시를 떠돌아다녔으며, 여러 도시를 떠돌아다니다가 환대를 받지 못하고 추방되면 그 도시에 저주를 내뱉고 떠났다는 이야기도 전해지고 있다.[37]

---

34 Carol Dougherty, *The Raft of Odysseus: The Ethnographic Imagination of Homer's 'Odyssey'* (Oxford: Oxford UP, 2001), 3쪽.
35) 같은 책, 5쪽.
36) Barry. B. Powell, 같은 책, 130쪽.
37) Todd M. Compton, *Victim of the Muses: Poet as Scapegoat, Warrior and Hero in Greco-Roman and Indo-European Myth and History* (Washington, D.C.: center for Hellenic Studies/Trustees for Harvard UP, 2006), 69~75쪽을 참조할 것.

호메로스는 자신이 떠돌아다녔던 여러 지역을 목격하고 얻었던 정보와 지식을 토대로 서사시들을 완성했을 뿐 아니라, 이러한 경험의 '사실'을 토대로 하여, 오랜 시간을 통해 구전(口傳)으로 내려오는 여러 이야기 내용을 자신의 뜻에 따라 일부는 빼고 일부는 더하고, 여기에다 자신의 '상상'을 더해 서사시를 완성했다.

그가 여러 다양한 정보와 지식을 얻기 위해 떠돌아다니지 않고 한 지점에 '표착'해 있었더라면, 그의 작품 『오뒤세이아』는 세상에 나오지 못했을 것이다. 이런 점에서 어떤 학자는 호메로스의 『오뒤세이아』를 "시적 인류학"[38]이라 했고, 또 다른 학자는 "소란스럽고 변화무쌍한 현재를 이해하기 위해 신화적인 과거의 세계는 어떠했고 그때의 사람들은 어떠했던가를 독해하고자 하는 민속학 텍스트, 기원전 8세기 후반의 그리스 문화의 산물"[39]이라 했다.

그리스어에서 '떠돌아다님' 또는 '표류'를 의미하는 단어는 알레테이아(alēteia)이고, '진리'를 의미하는 단어도 같은 발음의 알레테이아(alētheia)이다. 전자의 경우 단어 한 자(h)만 빠져 있을 뿐 같은 글자, 같은 발음의 이들 간에는 그밖에 어떠한 차이도 없다. 이것을 우연의 일치라 보기에는 예사롭지 않다. 호메로스가 여러 지역을 떠돌아다니면서 그곳의 지리와 문화, 삶의 방식 등에 대한 정보와 지식을 얻고, 이런 '사실'의 경험을 토대로 작품 『오뒤세이아』를 완성했던 것처럼, '떠돌아다님'은 어떤 정보나 지식, 더 나아가서 어떤 '진리'를 얻는 것을 전제로 한 것이기 때문인지 모른다.

왜 문학을 하는가, 또는 문학가의 길은 무엇인가 하는 물음은 밖으로부터이나 자신으로부터이나 늘 답이 요구되는 물음이다. 이 물음에 대한 대

---

38) François Hartog, *Mémoire d'Ulysse: récits sur la frontière en Grèce* (Paris: Gallimard, 1996), 34쪽.
39) Carol Dougherty, 앞의 책, 9쪽.

답을 찾기 위해, 이의 '진리'를 찾기 위해——비록 그것이 결코 찾아질 수 없다 하더라도——끊임없이 자기 밖이나 안을 떠돌아다니는 것이 문학가의 운명인지 모른다.

고은처럼, 그리고 자신의 떠돌이의 삶처럼, 호메로스도 문학가의 길은 머무름 없이 언제나 떠돌고, 북한 문학가들처럼 '같은 사람'의 '같은 길'을 걸어가지 않고, 끊임없이 움직이는 간단없는 '이동'의 길이라고 생각했던 것처럼 보인다. 고난에 찬 숱한 표류 뒤 20년 만에 고향 이타케 '집'으로 귀환했지만 그 집조차 떠나지 않으면 안 될 '길'임을 알고 다시 떠나야 하는 오뒤세우스의 간단없는 '표류'의 운명을 이 작품의 주요한 모티프로 보여줌으로써, 호메로스는 '집'에 있어도 '집'에 있지 않는 인간 존재의 비극 조건, 즉 인간의 존재론적 '실향성'(失鄕性)을 무엇보다도 강조하고 있다. 그러나 또 한편 그는 그러한 모티프를 통해, 귀착점에 뿌리를 내리고 정착하는 것이 아니라 끊임없이 표류와 표착을 거듭하는 '오뒤세우스의 길', 간단없는 편력의 길이 '문학가의 길'임을 또한 강조하는 것처럼 보인다. 그러나 이것이 전부는 아니다.

레비나스는 "우리는 이타게로 귀환하는 율리시즈[오뒤세우스]의 신화에, 미지의 땅을 향해 영원히 조국을 떠나는, 그리고 종에게 자신의 아들에게 마저도 출발점에 데려가는 것을 금지시키는 아브라함의 이야기를 대비시킬 수 있다"[40]고 말한 적이 있다. 아브라함이 출발점인 '집'을 영원히 떠나 미지의 땅으로 향하듯, 출발점으로 자신의 아들마저 돌아가는 것을 금하고 있듯, 헤브라이적 사유에서 '돌아감'이란 없다. 출발점으로의 '귀환'은 없는 것이다. 아브라함의 자손 유대인 데리다의 '차연'(差延, différance)처럼, 그들에게는 돌아감이 없이 끊임없이 미지의 땅, 데리다

---

40) Emmanuel Levinas, "On the Trial of the Other," Daniel J. Holy 옮김, *Philosophy Today*, 10 (1968), 37쪽.

가 "헤브라이인들의 동경"[41]이라 했던 '약속의 땅'으로 향하고 있을 뿐이다. 자신의 출발점인 자신의 '집'을 떠남으로써 아브라함은 떠돌이, 낯선 자가 된다. 그러나 그가 떠돌며 찾는 '약속의 땅'과 '이스라엘의 집'은 오직 신의 선택과 약속에 의해서만 '알려질' 뿐 자신의 추구에 의해 알려지는 것은 아니다. 신의 선택과 약속이 없는 한, 그의 떠돌아다님, '표류'는 끝이 없다.

북의 문학가들에게는 처음부터 '약속의 땅'이 있었다. 그 땅은 처음이나 지금이나 그들의 통치자에 의해 이미 선택되고 약속된 땅이다. 따라서 그들에게 '표류'란 없으며, 있을 수가 없다. 아브라함과 그 후예들과 달리 출발점, 떠나온 '집'으로 귀환하는 것과 그곳에 영원히 '표착'하는 것만 있을 뿐이다.

오뒤세우스도 북의 '약속의 땅'으로 귀환하는 비전향장기수들과 마찬가지로 '같은 땅'의 '같은 집', 즉 고향 이타케의 집으로 귀환한다. 그러나 그 집에 귀환했지만 그는 다시 떠난다. 이런 점에서 그는 귀환 후의 '표류'가 없는 비전향장기수들과 전적으로 다르다.

오뒤세우스는 20년 만에 고향 이타케의 '집'으로 돌아왔지만, 다시 그 집을 떠나 여러 지역을 표류하다 죽음이 임박한 노령에 이르러 고향 집으로 다시 돌아오게 되어 있다. 그의 삶 전부는 죽음이 임박할 때까지 표류와 표착의 연속과정이다. 그리고 이런 점에서 그는 단 한번도 '표착'이 없는 아브라함과도 전적으로 다르다. 아브라함과 그의 후예 유대인에게는 그들의 신이 약속하고 선택하지 않는 한, 그들이 표류에 종지부를 찍고 표착할 '약속의 땅', 그들의 고향인 '이스라엘'의 집은 그들에게 알려질 수 없다. 그들에게는 데리다의 '차연'처럼 끝없는 '표류'만이 있을 뿐이

---

[41] Jacques Derrida, "Violence and Metaphysics: An Essay on the Thought of Emmanuel Levinas," *Writing and Difference*, Alan Bass 옮김 (Chicago: U of Chicago Press, 1978), 145쪽.

기 때문이다.

　문학가는 왜 문학을 하는가, 또는 '문학가의 길'은 무엇인가 하는 물음을 밖에서부터 또는 자신으로부터 늘 받는다. '진정한' 문학가는 이 물음을 떠나서 '문학'을 할 수 없으므로, 이 물음에 대한 '답'을 찾는 것이 그들의 운명이다. 그들에게는 그 '길'이 무엇인가가 이미 알려져 있는 북의 작가들에서처럼, 어쩌면 그 언젠가 그들의 신으로부터 '약속의 땅'을 알게 될지도 모를 아브라함과 그의 후예 유대인처럼, 어떠한 '태양'도 어떠한 '신'도 존재하지 않는다. '진정한' 문학가는 그들 자신이 '태양'이어야 하고, '신'이어야 한다. 따라서 스스로 그 '길'을, 그 '대답'을 찾아나서지 않으면 안 된다.

　우리는 앞서 그리스어의 '떠돌아다님' 또는 '표류'와 '진리'의 상관관계를 이야기하면서 그것이 갖는 의미를 지적한 바 있다. 그리고 우리는 호메로스의 오뒤세우스가 트로이아 전쟁에 참가하기 위해 고향 이타케를 떠난 뒤 고난에 찬 10년의 표류 끝에 20년 만에 귀향했지만, 또다시 고향집을 떠나 수십 년의 세월이 지나 죽음이 임박한 노령에 이르러 '표류'에 종지부를 찍고 마침내 자신의 '귀착지', 고향 이타게의 집에 '표착'하여 여기에 뿌리를 내리고 '정착'하게 될 것임을 지적한 바 있다.

　호메로스는 끊임없는 표류에 종지부를 찍고, 끝내 고향집에 표착하게 되는 오뒤세우스의 그러한 '귀환'의 모티프를 통해, '진정한 문학가'는 그들이 찾아야 할 '문학가의 길'이 무엇인가를 알기 위해 '표류'와 '표착'을 거듭해야 하나, 마침내 그 '길'이 무엇인가를 찾아내어 '표류'에, 끊임없이 '물음'이 계속되는 데리다식의 '차연'에, 그리고 '탈주선'(脫走線)을 따라 끊임없이 가로지르고 횡단하면서 '탈영토화'(脫領土化)와 '재영토화'(再領土化)를 반복하는 들뢰즈식의 '유목민적인 사유'에 종지부를 찍고, 그 찾은 '길'에 '진리'를 부여하여 뿌리를 내리고 정착해야 함을 말해주는 것처럼 보인다.

찾아보기

| ㄱ |

강용주 403
고은 125, 126, 404, 407
고찰 251, 314
골드힐 312
괴테 15, 126
권정웅 389~392, 394~397, 402
그리핀 253, 288, 310, 313
기저커 333, 355
김규동 47~68
김기림 27, 30, 32, 47, 49~54, 61, 62
김상환 221
김영민 223
김재용 54, 396

| ㄴ |

남대현 317, 365~395, 401
낭시 34
노형석 28, 29
니체 40, 126, 129

| ㄷ |

단테 100, 365
데리다 67, 84, 220, 221, 408

도스토옙스키 48, 107, 108
도어티 405, 406
도즈 299, 307
드 만 33
들뢰즈 409

| ㄹ |

라인하르트 314
라캉 221
라탁츠 294
래드스톤 15
레드필드 230, 299, 302
레비나스 84, 210, 211, 309, 407
로로 311
로웬털 14, 15
로이드-존스 303, 308
로정범 387~393
로즈 303
루카치 106~108

| ㅁ |

마갈리트 15
마르크스 15, 104, 105
몬티글리오 352

몽테뉴 83, 84

| ㅂ |
박경리 9, 135~223
박태원 29
반 위스 230, 251
베르낭 251, 291, 311
베이트 36
벤야민 17, 56, 82, 215, 222
보임 14, 17
블로흐 388
블룸 309
비트겐슈타인 123, 126, 129, 130

| ㅅ |
사르트르 15
사무엘 15
성석제 85
성원근 71~87
소포클레스 35
스넬 252
스타로뱅스키 14, 16, 83
스튜어트 17
시걸 360
시포드 249, 312
신명직 29
실러 24

| ㅇ |
아도르노 33, 36, 41~43, 128, 129, 220, 328, 354, 406
아르토그 406
아리스토텔레스 216, 220, 353, 354
아미차이 121~123, 130
아우구스티누스 67, 222

안재성 210
예거 303
워즈워스 26
윌슨 249, 252
유종호 43
윤영천 30
이병주 210
이상 27, 29, 30
이상진 136
이창동 91, 110~131
이청준 120, 121
임권택 91~109
임유경 400
임철규 25, 26, 35, 52, 56, 107, 288, 296, 299, 300, 303, 312, 400

| ㅈ |
정지용 21~43, 53
정호웅 222
조인영 387, 389, 391~399, 401

| ㅊ |
최유찬 136
최혜실 28, 29

| ㅋ |
칸타렐라 259
칸트 15, 16, 220
컨스 348
코헨 67
콤프턴 299, 405
클라크 297, 310, 351, 356
키르케고르 16

| ㅌ |

테이텀 314
톨스토이 107, 136
투퀴디데스 215
트로츠키 104, 105

| ㅍ |

포웰 355, 405
푸코 296
프로이트 214
프루스트 223
플라톤 83, 129
핀리 227, 362
필립스 402

| ㅎ |

하이데거 33~40, 42, 221
한웅빈 387~391, 393~397
해리슨 212, 314
핼퍼린 259
허천 16
헤겔 209, 210
헤시오도스 24
호르크하이머 210, 328, 354
호메로스 9, 51, 68, 106, 107, 200, 211, 221, 222, 227~364, 404~407, 409
호퍼 13~15
홍성태 101
황지우 16
휠덜린 33, 34, 37~40
히스 295
힐 24, 25

지은이 **임철규**는 연세대학교 영문학과를 졸업한 후 미국 인디애나 대학에서
고전(그리스 · 로마)문학으로 석사학위를, 비교문학으로 박사학위를 받았다.
연세대학교 영문학과와 같은 대학 대학원의 비교문학과 교수를 거쳐,
지금은 연세대학교 명예교수로 있다. 대표적인 저서와 역서로 한길사에서 펴낸
『우리시대의 리얼리즘』『왜 유토피아인가』『눈의 역사 눈의 미학』『그리스 비극』
『귀환』과 『비평의 해부』(노스럽 프라이)가 있다. 그밖의 역서로는 『역사심리학』
(제베데이 바르부), 『문학과 미술의 대화』(마리오 프라즈), 『인간의 본질에 관한
일곱 가지 이론』(레즐리 스티븐스), 『중국에서의 개인과 국가』(비탈리 루빈) 등이
있다. 편역서로 『카프카와 마르크스주의자들』이 있다.